PONS

Bildwörterbuch
Urdu
Deutsch

PONS Langenscheidt GmbH
Stuttgart

INHALT
فہرست

186
SPORT UND FITNESS
کھیل اور فٹنس
212
FREIZEIT
فارغ وقت
236
KÖRPER UND GESUNDHEIT
جسم اور صحت
266
NOTFÄLLE
ہنگامی حالت
276
ERDE UND NATUR
زمین اور فطرت
320
ZAHLEN UND MAßE
نمبر اور پیمائش
332
DIE WICHTIGSTEN SÄTZE
ضروری جملے
DIE VERBEN
فعل
346
INDEX
انڈیکس
394

LEICHTER LERNEN MIT BILDERN – WARUM IST DAS SO?

Liebe Leserin, lieber Leser,

wie wichtig die Bedeutung von Bildern ist, wenn es um das Merken von Begriffen geht, wissen wir seit Jahren aus der Lernpsychologie. Kennen Sie das? Wenn Sie ein Bild zu einem Wort sehen, bleibt das Wort viel schneller im Gedächtnis haften, als wenn es nur geschrieben dasteht. Und wenn es darum geht, in einer fremden Sprache Wortschatz nicht nur nachzuschlagen, sondern auch zu verstehen und ihn sich zu merken, unterstützen die Bilder Sie dabei, sich die Wörter schneller und besser einzuprägen. Das hat ganz einfache Gründe:

→ ***Bilder wirken schneller und direkter als reiner Text.*** *Schon als kleine Kinder denken wir in Bildern und können sie ganz intuitiv entschlüsseln, interpretieren und aufnehmen. Sind Bilder mit Wörtern verknüpft, bilden sie eine Einheit, die unser Gehirn mit hoher Effizienz verarbeitet und abspeichert.*

→ ***Bilder erleichtern und unterstützen das Verständnis.*** *Sie vermitteln Zusammenhänge und liefern uns deutlich mehr Informationen als nur Text alleine.*

→ ***Bilder sind emotional.*** *Sie wecken unser Interesse, steigern unsere Motivation und bleiben besser im Gedächtnis haften als einzelne Wörter.*

→ ***Bilder machen Freude.*** *Wo viel Text abschreckt, sorgen Bilder dafür, dass uns das Lernen Spaß macht, und wir bleiben länger bei der Sache.*

Gesehen, verstanden und schon gemerkt – so leicht kann das visuelle Lernen sein. Überzeugen Sie sich selbst!

Ihre

PONS-Redaktion

تصاویر کے ساتھ آسان سیکھنا – ایسا کیوں ہے؟

عزیز قاری،

سیکھنے کی نفسیات اب ہمیں سالوں سے یہ سکھا رہی ہے کہ جب بات اصطلاحات یاد کرنے کی ہو تو تصاویر کتنی اہم ہوتی ہیں۔ کیا آپ جانتے ہیں کہ؟ اگر آپ تصویر کے ساتھ ایک لفظ دیکھتے ہیں، تو آپ اسے صرف لکھے ہونے کی نسبت زیادہ بہتر طور پر یاد کر سکتے ہیں۔ اور جب بات نہ صرف غیر ملکی زبان میں ذخیرہ الفاظ تلاش کرنے کی ہو، بلکہ اس کو سمجھنا اور یاد رکھنا بھی پڑے، تو تصاویر آپ کو الفاظ تیزی سے اور بہتر طور پر حفظ کرنے میں مدد کرتی ہیں۔ اس کی وجوہات نہایت سادہ ہیں:

- ← **تصاویر تیزی سے اور سادہ متن کی نسبت زیادہ براہ راست کام کرتی ہیں۔** بچوں کے طور پر ہم پہلے ہی ہم تصاویر میں سوچتے ہیں اور انہیں وجدانی لحاظ سے حل، تشریح اور جذب کر سکتے ہیں۔ جب تصاویر کو الفاظ سے منسلک کیا جاتا ہے، تو وہ ایک یونٹ تشکیل دے رہی ہوتی ہیں، جس کی اعلٰی کارکردگی کے ساتھ ہمارے ذہن کے ذریعے عمل کاری اور محفوظ کیا جاتا ہے۔
- ← **تصایر سمجھنے کو آسان بناتی اور معاونت کرتی ہیں۔** وہ اکیلے متن کی نسبت روابط اور یقینی طور پر معلومات منتقل کرتی ہیں۔
- ← **تصاویر جذبات کی حامل ہوتی ہیں۔** وہ ہماری دلچسپی کو جگاتی ہیں، ہماری حوصلہ افزائی میں اضافہ کرتی ہیں اور ایک فرد کی یاداشت میں اکیلے متن کی نسبت زیادہ بہتر یاد رہتی ہیں۔
- ← **تصاویر مزاح ہوتی ہیں۔** جب کہ زیادہ متن مزاحمت پیدا کر سکتا ہے، تصاویر سیکھنے کو پرمزاح بنانے اور امور پر زیادہ کام جاری رکھنے میں مدد کرتی ہیں۔

دیکھنے، سمجھنے اور فوری طور پر یاد کرنے کے لئے – اس طرح سے ہے کہ بصری سیکھنا کتنا آسان ہو سکتا ہے۔ اپنے خود کے لئے دیکھیں!

آپ کی
PONS ڈیسک

SO ARBEITEN SIE EFFIZIENT MIT DEM BILDWÖRTERBUCH

Ganz gleich, ob Sie erst anfangen, eine Fremdsprache zu erlernen, oder ob Sie bereits über gute Sprachkenntnisse verfügen: Dieses Wörterbuch ist Ihr idealer Begleiter. Für jede Sprache decken rund 8.000 Begriffe alle Bereiche des Alltags ab und die Kombination von Wort und Bild ermöglicht Ihnen, Wörter schnell nachzuschlagen, zu übersetzen und sich mühelos einzuprägen. Hier die wichtigsten Tipps, wie Sie den größten Nutzen aus diesem Wörterbuch ziehen:

اس سے کوئی فرق نہیں پڑتا کہ آپ نے ابھی ایک غیر ملکی زبان سیکھنی شروع کی ہے یا آپ پہلے ہی اس میں کچھ مہارتیں رکھتے ہیں: یہ لغت ایک مثالی ساتھی ہے۔ زندگی کے تمام امور کا احاطہ کرنے والی ہر زبان کی تقریباً 8,000 اصطلاحات اور الفاظ اور تصاویر کا مجموعہ آپ کو دیکھنے، ترجمہ کرنے اور باآسانی فوری طور پر الفاظ کو تیزی سے یاد کرنے میں مدد دیتا ہے۔ یہاں کچھ تجاویز موجود ہیں کہ آپ اس لغت سے کیسے زیادہ سے زیادہ فائدہ اٹھا سکتے ہیں:

1. Wörter im Zusammenhang lernen

Wörter werden schneller gemerkt, wenn man sie im Kontext lernt. Aus diesem Grund ist dieses Wörterbuch nach Themenfeldern aus dem Alltagsleben gegliedert. Ganz gleich, in welches Thema Sie eintauchen – ob Einkaufen, Kleidung, Lebensmittel oder Familie – betrachten Sie beim Lernen das Thema als Ganzes und versuchen Sie, möglichst viele Wörter aus dem Themenbereich aufzunehmen. Sie werden erstaunt sein, wie viel Wortschatz Sie sich in kürzester Zeit merken können.

1. شراکت کے ذریعے الفاظ سیکھنا

الفاظ تیزی سے یاد ہوتے ہیں، اگر انہیں سیاق و سباق میں سیکھا جاتا ہے۔ اس وجہ سے، اس لغت کو روزمرہ کی زندگی سے موضوع کے امور میں تشکیل دیا گیا ہے۔ اس سے کوئی فرق نہیں پڑتا کہ آپ کس موضوع سے متعلق چھان بین کر رہے ہیں - پنساری، لباس، کھانا یا خاندان - سیکھنے کے دوران اس موضوع کے بارے میں بطور مجموعی غور کریں اور اس موضوع سے جتنے زیادہ ہو سکیں الفاظ لینے کی کوشش کریں۔ آپ حیران رہ جائیں گے کہ آپ مختصر وقت میں کتنے زیادہ الفاظ یاد کر سکتے ہیں۔

تصویری لغت کے ساتھ موثر انداز میں کس طرح کام کریں

Herzlichen Glückwunsch!	mubarak hö!	مبارک ہو!
Alles Gute zum Geburtstag!	yaume pedaish mubarak hö!	یوم پیدائش مبارک ہو!
Um wie viel Uhr?	kitnay bajay?	کتنے بجے؟
Um sieben Uhr.	sāth bajay	سات بجے
Guten Appetit!	apna khana ka lutf la?	اپنے کھانے کا لطف لیں!
Zum Wohl!	shād bāsh!	شاد باش !
①	②	

2. Die wichtigsten Schlüsselsätze auf einen Blick

Ob in der Fremdsprache nach der Uhrzeit fragen, oder zum Geburtstag gratulieren: In den 13 thematisch sortierten Kapiteln finden Sie neben der reinen Wort-Bild-Zuordnung die wichtigsten Sätze für die häufigsten Situationen ①. Prägen Sie sich diese Schlüsselsätze gut ein und schon haben Sie den Grundstein für eine erfolgreiche Kommunikation gelegt.

2. ایک نظر میں اہم ترین کلیدی جملے

چاہے غیر ملکی زبان میں وقت سے متعلق دریافت کر رہے ہوں یا سالگرہ کی مبارکباد دے رہے ہوں۔ 13 انفرادی طور پر ترتیب شدہ ابواب میں، آپ لفظی۔ تصویری مجموعوں کے آگے، زیادہ تر صورتحال اہم ترین جملے تلاش کر سکتے ہیں①۔ ان کلیدی الفاظ کو احتیاط سے یاد کرنے سے، آپ نے پہلے ہی کامیاب مواصلات کے لئے ایک بنیاد بنا لی ہے۔

3. Richtig aussprechen

Damit Sie jedes Wort richtig aussprechen, haben wir allen Wörtern und Sätzen eine Lautschrift beigefügt ②. Eine Übersicht über die verwendeten phonetischen Zeichen finden Sie bequem auf der letzten Seite des Buches.

3. درست تلفظ

آپ کے ہر لفظ درست انداز میں بول سکنے کے لئے، ہم نے تمام الفاظ اور جملے میں صوتی ہجے بھی شامل کر دیئے ہیں②۔ استعمال کردہ صوتی حروف کا ایک جائزہ سہولت کے ساتھ اس کتاب کے آخری صفحے پر موجود ہے۔

③

glutenfrei
بغیر گلوٹن کے
bagair gluten ka

laktosefrei
بغیر لاکٹوس کے
bagair lactöse ka

④

4. Schnell übersetzen

Wenn es einfach schnell gehen muss, schlagen Sie im Anhang im Stichwortverzeichnis die richtige Übersetzung nach ③. Dort ist jedes Stichwort in Deutsch und Urdu in alphabetischer Reihenfolge aufgeführt und im Nu gefunden.

4. تیز ترجمہ

اگر اسے تیز ہونے کی ضرورت ہے، تو آپ اشاریے کے ضمنی حصے میں صحیح ترجمہ تلاش کر سکتے ہیں③۔ وہاں، جرمن اور اردو میں کوئی بھی کلیدی الفاظ حروف تہجی کے لحاظ سے درج کیے گئے ہیں اور بنا وقت لگائے، فوری تلاش کیے جا سکتے ہیں۔

5. Für den Notfall

Bilder sind eine universelle Sprache, die von allen Kulturen verstanden werden. Sollten Ihnen doch mal die Worte fehlen, zeigen Sie einfach auf das entsprechende Bild ④. Ob im Hotel, Restaurant oder auf der Straße – so können Sie sich überall auf der Welt ganz ohne Sprache verständigen.

5. ہنگامی صورتحال میں

تصاویر ایک آفاقی زبانی زبان ہیں جنہیں تمام ثقافتوں میں پہچانا جا سکتا ہے۔ اگر آپ کو صحیح الفاظ تلاش کرنے میں دشواری کا سامنا ہو، تو آپ صرف اس تصویر کی جانب اشارہ کر سکتے ہیں④۔ ایک ہوٹل میں، ریستوران یا گلی میں - اس طرح سے، آپ کسی بھی زبان کے بغیر دنیا بھر میں ہر جگہ بات چیت/ مواصلت کر سکتے ہیں۔

6. Noch mehr Sprache

Für die ersten Schritte in der fremden Sprache liefern Ihnen die Extras im Anhang des Bildwörterbuchs praktische Unterstützung: Mit den wichtigsten Sätzen auf Deutsch und auf Urdu sind Sie für den gelungenen Einstieg in die Fremdsprache gewappnet. Und wenn es darum geht, eigene Sätze zu bilden, hilft Ihnen unsere ausführliche Verbliste, wo Sie auch abstrakte Verben, die sich nicht abbilden lassen, nachschlagen und übersetzen können.

6. حتی کہ زیادہ زبان

تصویر لغت کے ضمیمہ میں اضافیات آپ کے پہلے مرحلے کے لئے ایک عملی معاونت ہیں: جرمن اور اردو میں سب سے اہم جملے آپ کو ایک کامیاب آغاز کے لیے تیار کرتے ہیں۔ ہماری جامع فعل کی فہرست آپ کو اپنے ہی جملے بنانے میں مدد کر سکتی ہے، کیونکہ آپ تجریدی افعال تلاش کر سکتے ہیں جنہیں بیان نہ کیا جا سکتا ہو۔

die Bankkauffrau
بینک کلرک
bank clerk

der Lehrer
استاد
ustād

die Ingenieurin
انجینئر
enginēr

der Kellner
خدمتگار
khidmatgār

Das sollten Sie noch wissen

Die Stichwörter in diesem Wörterbuch stehen immer in der Einzahl, es sei denn sie werden in der Regel nur in der Pluralform verwendet.

آپ کو معلوم ہونا چاہیے کہ

اس لغت میں کلیدی الفاظ ہمیشہ واحد ہوتے ہیں، جب تک کہ انھیں عام طور پر جمع کی شکل میں نہ استعمال نہ کیا گیا ہو.

Es war uns wichtig, bei Funktions- und Berufsbezeichnungen Männer und Frauen gleichermaßen und gleichberechtigt zu berücksichtigen. Da wir aber aus Platzgründen nicht immer beide Geschlechter gleichzeitig abbilden können, haben wir uns immer für eines entscheiden müssen. Dabei orientiert sich das Geschlecht des Worts immer am Geschlecht der abgebildeten Figur.

ہمارے لئے مرد و عورت کو برابراور عمل اور کام کے ٹائٹل کے ساتھ برابر بنیاد پر اہم تھا.. لیکن اس لئے ہم ہمیشہ دونوں جنس کو ایک وقت میں کچھ وقت کے لئے خاص وجوہات کی بنا پر پیش نہیں کر سکتے. ہمیں ہمیشہ ایک چیز کا فیصلہ کرنا پڑتا ہے. یہاں لفظ کی جنس تصویر جو دکھائی گئی ہے کے جنس کی بنیاد پر ہوتی ہے.

MENSCHEN

لوگ

DIE FAMILIE - خاندان

Der Stammbaum - شجره نسب

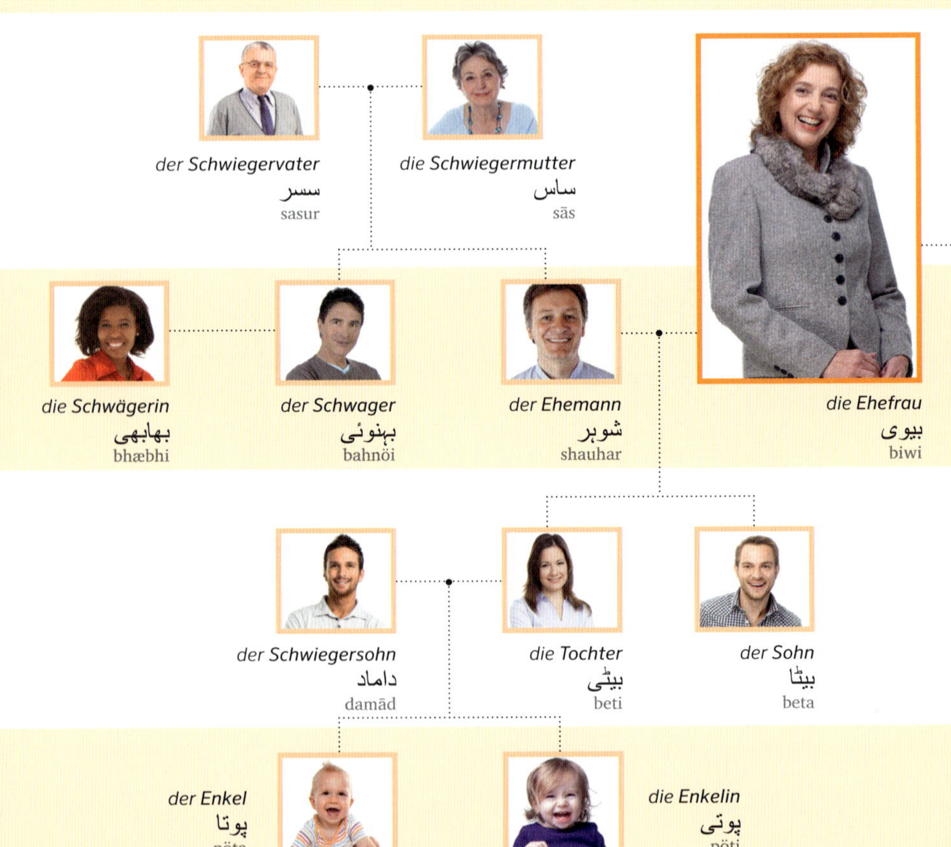

DIE FAMILIE - خاندان

Der Stammbaum - شجره نسب

der Großvater
دادا
dada

die Großmutter
دادی
dadi

die Mutter
ماں
mā

der Vater
باپ
bāp

die Tante
چاچی
tchātchi

der Onkel
چاچا
tchātcha

die Schwester
بہن
behan

der Bruder
بھائی
bhai

die Cousine
چچا زاد بھائی
chaccha zād bhai

die Nichte
بھتیجی
bhatiji

der Neffe
بھتیجا
bhatija

der/die Verwandte	rishtedār	رشتہ دار
die Großeltern	dada dadi	دادا دادی
die Eltern	waldain	والدین
das Ehepaar	shādi shudah jöra	شادی شدہ جوڑا
der Vorfahre	āba ö ajdād	آباء و اجداد
ledig	ghair shādi shudah	غیر شادی شدہ
verheiratet	shādi shudah	شادی شدہ
geschieden	mutallaqa	مطلقہ
verlobt	jis ki mangni hö chuki hö	جس کی منگنی ہو چکی ہو
verwitwet	bewah	بیوہ
verwandt	mutalliq	متعلق

BEZIEHUNGEN - تعلقات

Familie und Lebensphasen - خاندان اور زندگی کے مراحل

das Baby
بچہ
bachcha

das Kind
بچہ
bachcha

Herr ...
محترم
muhtaram

der Mann
آدمی
ādmi

die Jugendliche
بالغ
bāligh

die Zwillinge
جڑواں
jurwa

die Frau
عورت
aurat

Frau ...
محترم/محترمہ/مس
muhtaram\muhtarma\miss

der/die Bekannte
شناسا
shanasa

der Junge
لڑکا
ladka

das Mädchen
لڑکی
ladki

die Freunde
دوست
döst

das Paar
جوڑا
jöra

die Freundin
گرلفرینڈ
girl friend

der Freund
بوائے فرینڈ
böi friend

der Erwachsene	bāligh	بالغ
der Patenonkel	mazhabi bāb	مذہبی باپ
die Patentante	mazhabi mā	مذہبی ماں
der Stiefvater	sautela bāb	سوتیلا باپ
die Stiefmutter	sauteli mā	سوتیلی ماں
der Stiefbruder	sautela bhai	سوتیلا بھائی
die Stiefschwester	sauteli behan	سوتیلی بہن
der Nachbar	parösi	پڑوسی
die Nachbarin	parösi	پڑوسی

BEZIEHUNGEN - تعلقات

Begrüßen und verabschieden - ہیلو اور الوداع کہہ رہا ہوں

jemanden vorstellen
کسی کا تعارف کرانا
kisi ka tāruf karana

jemanden begrüßen
کسی کو مبارک باد دینا
kisi kö mubarak bād dena

sich die Hand geben
مصافحہ کرنا
musafah karna

sich verbeugen
جھکنا
jhukna

sich umarmen
گلے لگنا
gale lagna

lachen
ہنسنا
hansna

weinen
رونا
röna

sich verabschieden
الوداع کہنا
al wida kehna

einen Knicks machen
کرٹسی
curtsey

winken
ہلانا
bölana

jemandem einen Kuss geben
کسی کو چومنا
kisi kö chumna

jemanden anrufen
کسی کو بلانا
kisi kö bölana

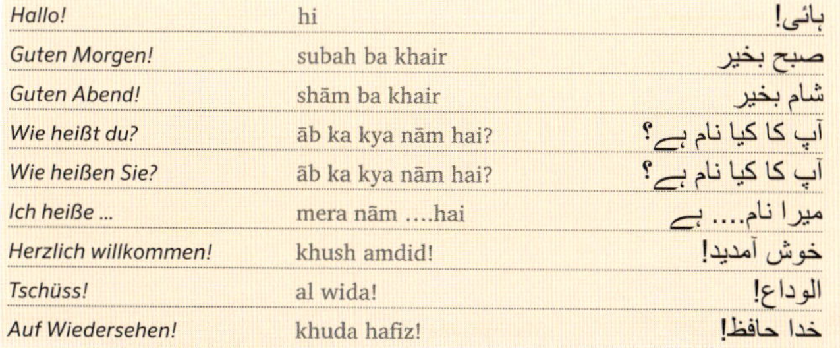

Hallo!	hi	ہائی!
Guten Morgen!	subah ba khair	صبح بخیر
Guten Abend!	shām ba khair	شام بخیر
Wie heißt du?	āb ka kya nām hai?	آپ کا کیا نام ہے؟
Wie heißen Sie?	āb ka kya nām hai?	آپ کا کیا نام ہے؟
Ich heiße ...	mera nām ....hai	میرا نام.... ہے
Herzlich willkommen!	khush amdid!	خوش آمدید!
Tschüss!	al wida!	الوداع!
Auf Wiedersehen!	khuda hafiz!	خدا حافظ!

das kleine Geschenk
چھوٹا تحفہ
chöta töhfa

BEZIEHUNGEN - تعلقات

Feste - جشن

die Hochzeit
شادی
shādi

der Geburtstag
یوم پیدائش
yaume paidaish

das Weihnachten
کرسمس
christmas

der Valentinstag
یوم الحب
yaumul hubb

das Thanksgiving
یوم تشکر
yaume tashakkur

das Halloween
ہالووین
hallöwēn

der/das Silvester
نئے سال کی شام
naya sāl ki shām

das Ostern
ایسٹر
easter

die Hanukkah
ہنوکا
hanukkah

das Wesakfest
وساک
wasak

das Ramadanfest
رمضان کا مہینہ
ramazan ka mahina

das chinesische Neujahr
چین کا نیا سال
chin ka naya sāl

der Karneval
کارنیوال
carniwal

das Diwalifest	diwali	دیوالی
die Feier	tehwar manana	تہوار منانا
der Hochzeitstag	sāl girah	سالگرہ
der Feiertag	sarkari chutti	سرکاری چھٹی
der Muttertag	yaumul umam	یوم الام
der Vatertag	yaumul abb	یوم الاب
die Taufe	chrismas	کرسمس
Herzlichen Glückwunsch!	mubarak hö!	مبارک ہو!
Alles Gute zum Geburtstag!	yaume pedaish mubarak hö!	یوم پیدائش مبارک ہو!

EREIGNISSE IM LEBEN - زندگی کا سنگ میل

Wendepunkte - پوائنٹس ٹرننگ

die Geburt
پیدائش
pedaish

der Kindergarten
کنڈر گارڈن
kindergarten

die Einschulung
اسکول میں داخلہ
shul ma ahāta

der Schulabschlussball
اسکول میں موسیقی کا پروگرام
schūl ma möusiqi ka prögramme

der Studienabschluss
گریجویشن
graduatiön

der Berufseinstieg
افرادی قوت
afrādi quwat

sich verlieben
محبت میں گرفتار ہونا
muhabbat ma giriftar höna

sich verloben
منگنی ہونا
mangni höna

heiraten
شادی کرنا
shādi karna

die Schwangerschaft
حمل
hamal

umziehen
چلنا
chalna

in Rente gehen
ریٹائر ہونا
retire höna

die Beerdigung
جنازہ
janzah

volljährig werden	bāligh höna	بالغ ہونا
jemandem einen Heiratsantrag machen	kisi kö tajwēz pesh karna	کسی کو تجویز پیش کرنا
das Brautkleid	shādi ki dreß	شادی کی ڈریس
die Braut	dulhan	دلہن
der Bräutigam	dulha	دلہا
eine Familie gründen	family shuru karna	فیملی شروع کرنا
sich scheiden lassen	talaq pana	طلاق پانا
sterben	marna	مرنا

MENSCHEN BESCHREIBEN - لوگ وں کی وضاحت

Das Gesicht - چہرہ

das Haar
بال
bāl

die Stirn
پیشانی
peshani

die Schläfe
مندر
mandir

das Ohr
کان
kān

die Wange
رخسار
rukhsar

der Unterkiefer
نیچے کا جبڑا
nechay ka jabra

die Augenbraue
بھویں
bhawien

die Wimper
پلک
palak

das Auge
آنکھ
ānkh

die Nase
ناک
nāk

das Nasenloch
نتھنا
nathna

der Zahn
دانت
dānth

das Kinn
ٹھڈی
thuddi

der Mund
منہ
munh

die Lippe
ہونٹ
hönt

eine Grimasse schneiden
چہرے کا ہاؤ بھاؤ بدلنا
chahra ka haö bhaö badalna

die Haut	jild	جلد
die Falte	jhiri	جھری
das Muttermal	till	تل
das Grübchen	dimple	ڈمپل
die Sommersprossen	chehra par dhabba	چہرے پر دھبہ
der Pickel	dhabba	دھبہ

MENSCHEN BESCHREIBEN - لوگ وں کی وضاحت

Das Haar - بال

gewellt
لہراتے بال
lehratey bāl

rothaarig
سرخ بالوں والا
surkh bālö wala

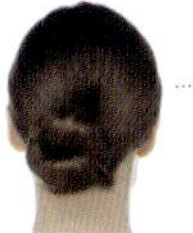

der Dutt
پیٹھ پر لٹکے ہوئے بال
piēth par latakta hua bāl

brünett
بھورے رنگ والی عورت
bhöra rang wali aurat

der Kurzhaarschnitt
چھوٹے بال
chötey bāl

grau meliert
بالوں کا سفید ہونا
bālön ka safaid höna

die Perücke
وگ
wig

der Stufenschnitt
پرتوں والی اسٹائل
partö wali style

der Pony
دھاری
dhāri

die Strähnchen
ہائی لائٹس
highlights

die Bobfrisur
برابر سے کٹے ہوئے بال
arabar sa katey hwe bāl

glatt
سیدھا
sēdha

blond
سنہرے بالوں والی
sunehrey balö wali

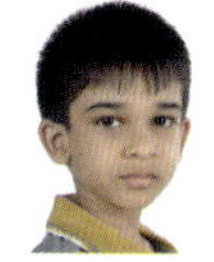

dunkel
گہرا
gehra

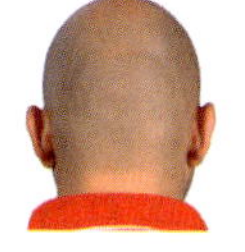

die Glatze
گنجا سر
ganjā sar

der Pferdeschwanz
پونی ٹیل کی طرح بال
pönytail ki tarah bāl

lockig
گھنگھریالے بال
ghungharyale bāl

der Zopf
پلیٹ بال
plate bāl

MENSCHEN BESCHREIBEN - لوگ وں کی وضاحت

Die äußere Erscheinung - بیرونی ظہور

der Bart
داڑھی
dārhi

der Schnurrbart
مونچھ
mönch

jung
جوان
jawan

alt
بوڑھا
budha

muskulös
پٹھوں والا
pathtö wala

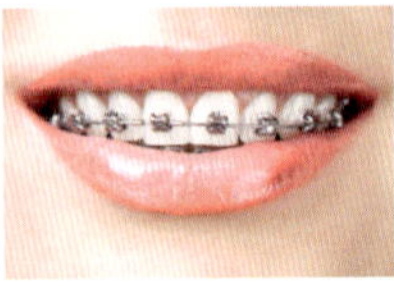

die Zahnspange
کڑا
kara

blass
بے رنگ
bey rang

sonnengebräunt
چمکیلی جلد
chamkēli jild

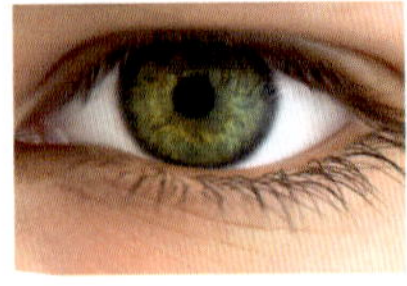

die grünen Augen
سبز آنکھیں
sabz ānkhien

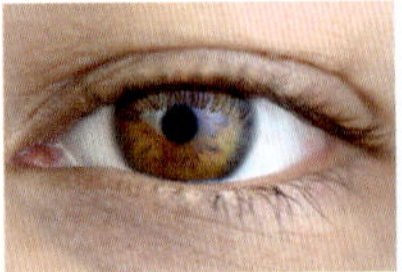

die braunen Augen
بھوری آنکھیں
bhöri ānkhien

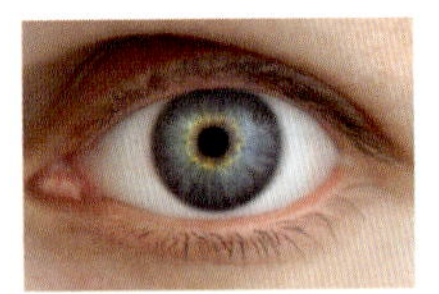

die grauen Augen
سرمئی آنکھیں
surmai ānkhien

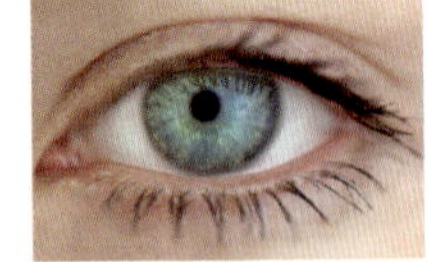

die blauen Augen
نیلگوں آنکھیں
nēlgu ānkhien

attraktiv	dilkash	دلکش
hübsch	khushnuma	خوشنما
hässlich	badsurat	بدصورت
schön	khubsurat	خوبصورت
schlank	dubla patla	دبلا پتلا
dick	möta	موٹا
groß	lamba	لمبا
klein	chöta	چھوٹا
die Narbe	dāgh	داغ

MENSCHEN BESCHREIBEN - لوگ وں کی وضاحت

Gefühle und Persönlichkeit - احساسات اور شخصیت

glücklich
خوش
khush

stolz
پر فخر
pur fakhar

überrascht
حیران
hairān

aufgeregt
بہت پر جوش
bahaut pur jösh

verlegen
شرمندہ
sharmindah

verwirrt
الجھا ہوا
uljha hua

schüchtern
شرمیلا
sharmēla

nachdenklich
تیز
tez

neugierig
متجسس
mutajaßis

niedlich
پیارا
piyar

verliebt
محبّت میں
muhabbat ma

selbstbewusst
پر اعتماد
pur atiemād

tolerant	rawadar	روادار
geduldig	sābir	صابر
freundlich	döstana	دوستانہ
sympathisch	qabil e pasand	قابل پسند
nett	acha	اچھا
lächeln	muskurana	مسکرانا
Ich bin verärgert/froh/traurig.	ma gußa\khushi\gham mehsus karta hu	میں غصہ/خوشی/غم محسوس کرتا ہوں.

MENSCHEN BESCHREIBEN - لوگ وں کی وضاحت

Gefühle und Persönlichkeit - احساسات اور شخصیت

traurig
غمزدہ
gham zadah

gestresst
کشیدگی کا شکار
kashēdgi ka shikar

verärgert
غصّہ میں
gußeh mein

wütend
غصہ میں
gußeh mein

eifersüchtig
جلنے والا
jalne wala

verängstigt
ڈرا ہوا
dara hua

nervös
جلد غصہ میں آنے والا
jald gußa ma āne wala

müde
تھکا ہوا
thaka hua

angeekelt
نا پسندیدہ
na pasandida

dickköpfig
ضدی
ziddi

gelangweilt
بیزار
bezar

sauer
غصہ میں
gußeh mein

die Stirn runzeln	gußeh mein	غصہ میں
unsympathisch	na khush gawar	ناخوشگوار
verzweifelt	mayus	مایوس
neidisch	jalne wala	جلنے والا
ungeduldig	bey sabra	بے صبرا
arrogant	mutakabbir	متکبر
intolerant	na rawadar	نا روادار
sensibel	haßas	حسساس

DIE KLEIDUNG - لباس

Babysachen - بچے کی چیزیں

die Stoffwindel
کپڑوں کا ڈایپر
kaprö ka diaper

die Wegwerfwindel
ڈسپوزیبل ڈائپر
dispösable diapar

der Body
باڈی سویٹ
bödy suit

der Schneeanzug
برف سویٹ
baraf suit

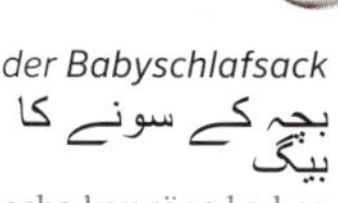

der Babyschlafsack
بچہ کے سونے کا بیگ
bacha key söne ka bag

die Rassel
کھڑکھڑاھٹ
kharkharahat

der Strampler
چھوٹے بچہ کا اوپر کا کپڑا
chötey bache ke upar ka kapra

der Babyfäustling
دستانہ
dastana

die Mütze
اونی ٹوپی
öni töpi

das Babyschühchen
بچوں کا جوتا
bachö ka jöta

der Schnuller
ڈمی
dummy

das Lätzchen
کپڑے کا ٹکڑا
kapra ka tukra

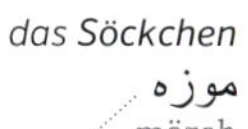

der Sonnenhut
دھوپ کی ٹوپی
dhūp ki töpi

das Söckchen
موزہ
mözah

das Latzhöschen
نیلی جینس
nēli jins

die Babydecke
بچہ کا کمبل
bachche ka kamble

die Biobaumwolle	namyati kapas	نامیاتی کپاس
das Babyfläschchen	bachche ka\i böttle	بچہ کا بوتل

DIE KLEIDUNG - لباس

Unisex-Kleidung - یونیسییکس لباس

der Kapuzenpullover
ٹوپی
töpi

der Trainingsanzug
ٹریک سویٹ
track suit

der Turnschuh
ٹرینر
trainer

der Schlafanzug
پیجامہ
paijamah

der Hausschuh
چپل
chappal

der Bademantel
نہانے کے کپڑے
nahane ke kapre

der Wintermantel
سردی کا کوٹ
sardi ka cöte

die Regenjacke
بارش کا کوٹ
bärish ka cöte

die Schneehose
برفباری والی پینٹ
barafbari wali pant

Könnte ich das mal anprobieren?	kya main is kö check kar sakta hu?	کیا میں اس کو چیک کر سکتا ہوں؟
Haben Sie das auch eine Nummer größer/kleiner?	kya ye āp ke pās chöte bare size ma hai?	کیا یہ آپ کے پاس چھوٹے بڑے سائز میں ہے؟
eng/weit	tang\dhēla	تنگ/ڈھیلا
kurz/lang	chöta\lamba	چھوٹا/لمبا
klein/groß	chöta bara	چھوٹا بڑا
Das passt gut, ich nehme es.	ye sahēh ā raha hai, main ye lunga	یہ صحیح آ رہا ہے، میں یہ لوں گا.
mit kurzen/langen Ärmeln	chöti\lambi āstin wala	چھوٹی/لمبی آستین والا
der Knopf	buttön	بٹن
das Knopfloch	buttön böl	بٹن ہول

DIE KLEIDUNG - لباس

Herrenkleidung - مردوں کے کپڑے

das T-Shirt
ٹی شرٹ
t-shirt

das Polohemd
پولو شرٹ
pölö shirt

der Rollkragenpullover
پولو گردن والا جمپر
pölö gardan wala jumpar

die Weste
جسم کو گرم کرنے والا
jism kö garam karna wala

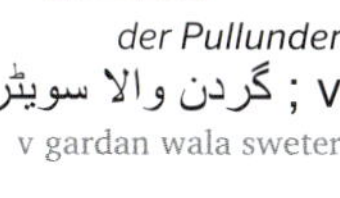

der Pullunder
v ; گردن والا سویٹر
v gardan wala sweter

die Fliege
بو ٹائی
bu tie

der Anzug
سوٹ
suit

der Kragen
کالر
cöllar

die Krawatte
ٹائی
tie

das Hemd
شرٹ
shirt

der/das Sakko
اسپورٹ جیکٹ
spört jackat

die Hose
ٹراؤزر
tröusar

die kurze Hose
شارٹ
shörts

die Boxershorts
مکے باز باکسر
mukky baz boxer

die Unterhose
پتلون
patlun

die Badehose
تیرنے کا ٹرنک
tairne ka trank

DIE KLEIDUNG - لباس

Damenkleidung - خواتین کے کپڑے

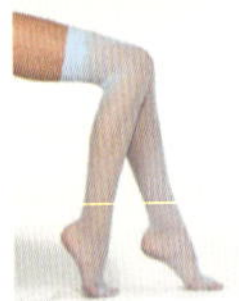
der Strumpf
موزہ
mözah

die Strumpfhose
پینٹی
panty

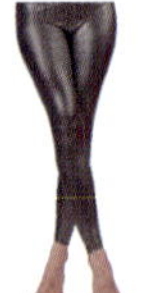
die Leggings
لیگی
legy

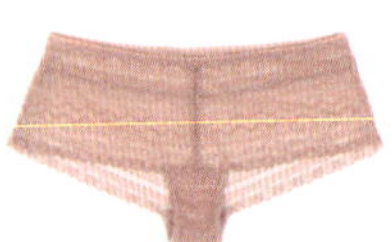
der Slip
پینٹی
panty

der Bikini
بکنی
bikni

der Badeanzug
تیرنے کا کپڑا
tairne ka kapra

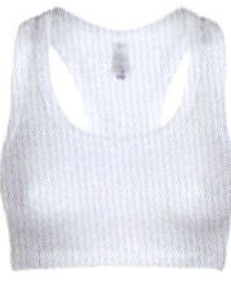
der Sport-BH
کھل کا برا
khal ka bra

der Büstenhalter/der BH
برا
bra

die Rüsche
فرل
frill

die Umstandsmode	zachgi ka kapra	زچگی کا کپڑا
die Naht	āstēn	آستین
der Ärmel	āstēn	آستین
die Seide	resham	ریشم
die Spitze	lace	لیس
die Größe	size	سائز
der Ausschnitt	neckline	نیک لائن
trägerlos	baghair patti ka	بغیر پٹی کے
tailliert	fit kiya hua	فٹ کیا ہوا
leger	ghair rasmi	غیر رسمی
schick	khubsurat	خوبصورت
bequem	āram dah	آرام دہ
mit Stretchanteil	lagai gai belt	لگائی گئی بیلٹ
modisch	fashiön wala libas	فیشن والے لباس

DIE KLEIDUNG - لباس

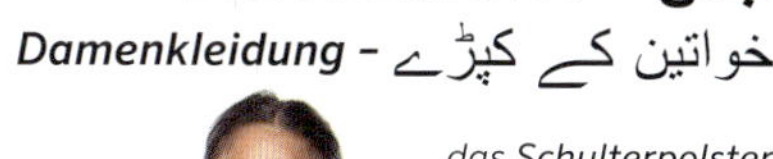

Damenkleidung - خواتین کے کپڑے

die Schleife
ربن
ribbon

das Kleid
ڈریس
dreß

das Schulterpolster
شولڈر پیڈ
shöulder pad

der Blazer
بلازر
blazer

das Oberteil
ٹاپ
töp

das Trägertop
بنیان
banyān

die Bluse
بلاؤز
blöuse

die Jeans
جینس
jeans

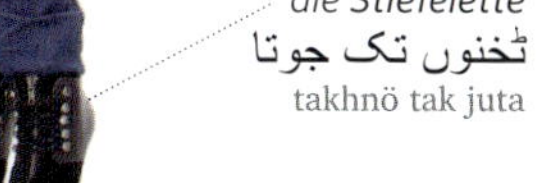

die Stiefelette
ٹخنوں تک جوتا
takhnö tak juta

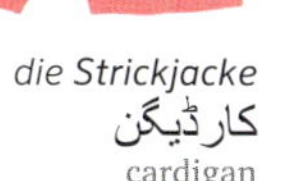

die Strickjacke
کارڈیگن
cardigan

der Rock
اسکرٹ
skirt

die Shorts
شورٹ
short

die Röhrenhose
ڈرین پائپ
drain pipe

die Schlaghose
بیل باٹم
bell böttöm

die leicht ausgestellte Hose
بوٹ کاٹ پتلون
böt kāt patlun

DIE KLEIDUNG - لباس

Accessoires - لوازمات

der Sonnenhut
دھوپ کی ٹوپی
dhūp ki töpi

der Hut
ٹوپی
töpi

die Brille
عینک
ainak

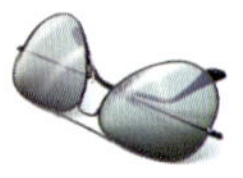

die Sonnenbrille
دھوپ کا چشمہ
dhup ka chashmah

der Rucksack
رک سیک
rucksack

die Krawattennadel
ٹائی پن
tiepin

der Regenschirm
چھاتا
chāta

die Uhr
گھڑی
ghari

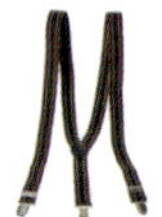

die Hosenträger
بریس
braces

der Ring
انگوٹھی
anguthi

der Handschuh
دستانے
dastāne

die Mütze
اونی ٹوپی
ūni töpi

der Schal
اسکارف
scarf

der Ohrring
کان کے بندے
kān ke bunde

die Halskette
ہار
hār

der Manschettenknopf
کف لنک
cufflink

der Reißverschluss	zip	زپ
die Handytasche	möbile phöne case	موبائل فون کیس
die Reisetasche	höldall	ہولڈ آل
der Koffer	suitcase	سویٹ کیس

DIE KLEIDUNG - لباس

Schuhe und Lederwaren - جوتے اور چمڑے کا سامان

der Pumps
اونچی ایڑی
ūnchi äri

die Sandale
سینڈل
sandal

der Ballerina
بیلیٹ فلیٹ
ballet flat

der Gummistiefel
ویلنگٹن بوٹ
wellingtön būt

der Flip-Flop®
فلپ فلاپ
flip-flöp

der hohe Stiefel
گھٹنوں تک جوتا
ghutnö tak juta

die Handtasche
ہینڈ بیگ
hand bag

das Portemonnaie
پرس
purse

die Brieftasche
والٹ
wallet

die Aktentasche
بریف کیس
briefcase

der Gürtel
بیلٹ
belt

die Lederjacke
چمڑے کی جیکٹ
chamre ki jacket

der Schnürschuh
فیتہ
fēta

der Wanderstiefel
چلنے کا جوتا
chalne ka jūta

die Socke
موزہ
möza

der Schnürsenkel	jūte ka fēta	جوتے کا فیتہ
der Keilabsatz	wedge ki äri	ویج کی ایڑی
der Absatz	äri	ایڑی
die Sohle	talwa	تلوا
der Riemen	strap	اسٹراپ
die Schnalle	buckswa	بکسوا

die Trekkingsandale
ٹریکنگ سینڈل
tracking sandal

der Turnschuh
پلیمسول
plimsöll

DIE KÖRPERPFLEGE - ذاتی حفظان صحت

die Zahnpasta
ٹوتھ پیسٹ
tūth paste

das Parfüm
پرفیوم
perfume

das Deo
ڈیوڈورانٹ
deödrant

die Gesichtscreme
چہرے کی کریم
chehre ki cream

der Kamm
کنگھی
kangi

das Duschgel
نہانے کا جیل
nahāne ka gel

das Shampoo
شیمپو
shampö

die Spülung
کنڈیشنر
cönditiöner

die Seife
صابن
sābun

die Haarbürste
بالوں کا برش
bālön ka brush

die Sonnencreme
دھوپ کی کریم
dhūp ki cream

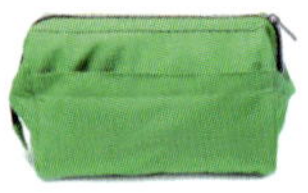

der Kulturbeutel
ٹائلیٹ کا بیگ
töilet ka bag

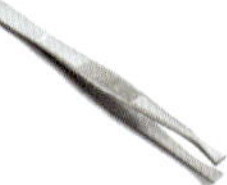

die Pinzette
ٹویزر
twēzers

die Nagelschere
ناخن کی قینچی
nākhun ki qainchi

die Nagelfeile
ناخن کی فائل
nākhun ki file

die Haarspange
بالوں کی کلپ
bālön ki klip

die Feuchtigkeitscreme	möisturiser	موئیسچریزر
sich die Augenbrauen zupfen	kisi ki bhawen tör lena	کسی کی بھویں توڑ لینا
die Enthaarung	bālön kö hatana	بالوں کو ہٹانا
der Nagellackentferner	nākhun ki pölish hatane wala	ناخن کی پالش ہٹانے والا
das Haarprodukt	bālön ke pröduct	بالوں کو پروڈکٹ
sich die Haare föhnen	kisi ke bāl sukhana	کسی کے بال سکھانا
sich die Haare glätten	kisi ke bāl sēdhe karna	کسی کے بال سیدھے کرنا
der/das Haargummi	bālön ka band	بالوں کا بینڈ

SCHMINKSACHEN - کاسمیٹکس

der Kajalstift	eye liner	آئی لائنر
der/das Lipgloss	höntö ki chamak	ہونٹوں کی چمک
die Wimpernzange	palkö kö ghunghriyala banāne wala	پلکوں کو گھنگھریالہ بنانے والا

ZU HAUSE

گھر پر

DIE WOHNUNG - فلیٹ

der Hausschlüssel
دروازے کی چابی
darwazy ki chabi

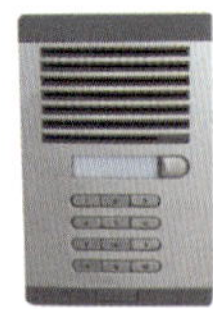

die Sprechanlage
آلہ مواصلات
āla möwasalāt

die Hausnummer
گھر کا نمبر
ghar ka number

die Türklingel
دروازے کی گھنٹی
darwāze ki ghanti

das Türschloss
دروازے کا تالا
darwāze ka tāla

der Fußabtreter
دروازے کی چٹائی
darwāze ka chatāi

der Briefkasten
لیٹر باکس
letter böx

das Einfamilienhaus
گھر
ghar

das Doppelhaus
دو ایک جیسے گھر
do aik jaise ghr

das Reihenhaus
چھت والا گھر
chat wāla ghar

das Mehrfamilienhaus
فلیٹ کے بلاک
flat ke blöck

der Bungalow
بنگلہ
bungla

der Schirmständer
چھاتے کا اسٹینڈ
chāte ka stand

die Eigentumswohnung	frēhöld flat	فری ہولڈ فلیٹ
die Mietwohnung	kirāye ka flat	کرائے کا فلیٹ
der Hof	sehan	صحن
das Eigentum	jāidād	جائیداد
das Grundstück	plöt	پلاٹ
der Anbau	extensiön	ایکسٹینشن
zu verkaufen	bechne ke liye	بیچنے کے لئے

DIE WOHNUNG - فلیٹ

der Dachboden

چھت کے نیچے والا کمرہ
chat ke nēche wala kamra

der Keller
گودام
gödām

der Flur
فرش
farsh

der Aufzug
لفٹ
lift

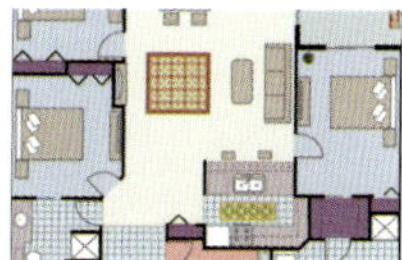

der Grundriss
زمین کا خاکہ
zamēn ka khāka

die Garage
کار گودام
car gödām

der Carport
کارپورٹ
carpört

der Altbau
پرانی عمارت
purāni imārat

der Hausmeister
دیکھ بھال کرنے والا
dekh bhāl karne wala

die Wendeltreppe
گول سیڑھی
göl sērhi

der Rauchmelder
دھوئیں کا پتا لگانے والا
dhü ka pata lagane wala

das Treppenhaus
سیڑھی
sērhi

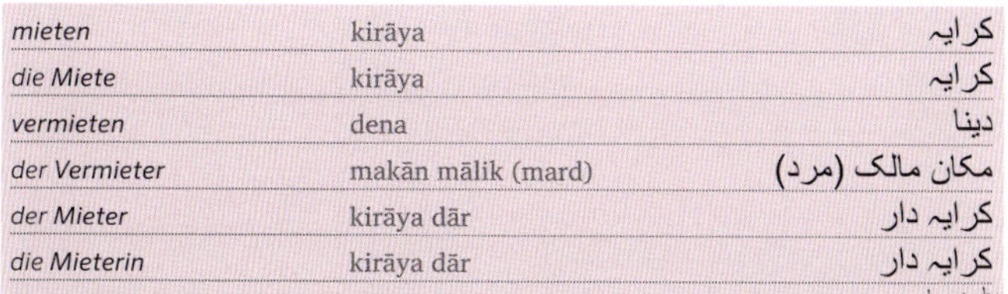

mieten	kirāya	کرایہ
die Miete	kirāya	کرایہ
vermieten	dena	دینا
der Vermieter	makān mālik (mard)	مکان مالک (مرد)
der Mieter	kirāya dār	کرایہ دار
die Mieterin	kirāya dār	کرایہ دار
die Kaution	depösit	ڈپازٹ

der Mietvertrag
کرایہ داری کا معاہدہ
kirāya dāri ka muahida

DAS HAUS - گھر

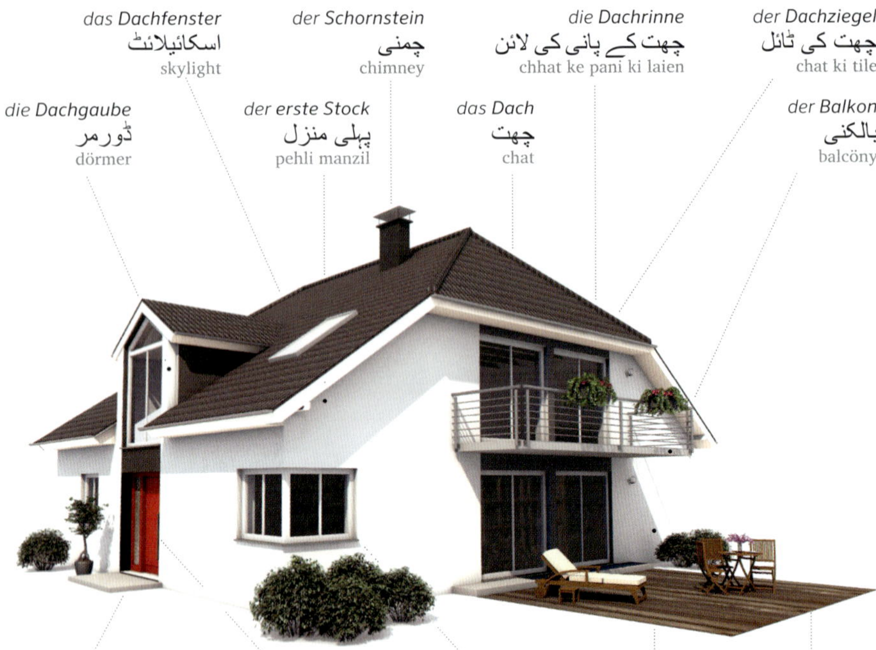

das Einzelhaus	aleda ghar	علیدہ گھر
der Neubau	nai imārat	نئی عمارت
die Dreizimmerwohnung	tēn kamrōn ka flat	تین کمروں کا فلیٹ
möbliert	furniture laga huwa tayyār	فرنیچر لگا ہوا تیار
das Stockwerk	manzil	منزل
der Eigentümer/die Eigentümerin	mālik	مالک
eine Hypothek aufnehmen	girwi nikāl lena	گروی نکال لینا

DAS HAUSE - گھر

Der Eingang - داخلہ ہال

die Diele
ہال
hall

der Spiegel
شیشہ
shēsha

der Sessel
بازو والی کرسی
bāzu wali kursi

der Ablagetisch
کنارے کی میز
kināre ki mez

die Wohnungstür
سامنے کا دروازہ
sāmne ka darwaza

der Garderobenständer
ٹوپی کا اسٹینڈ
töpi ka stand

der Schirmständer
چھاتہ کا اسٹینڈ
chāte ka stand

das Treppengeländer
بانسٹر
banister

die Treppe
سیڑھی
sērhi

der Treppenabsatz
لینڈنگ
landing

die Treppenstufe
قدم
kadam

das Schlüsselbrett
بنیادی ہک
bunyādi hūk

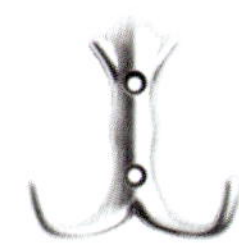

der Kleiderhaken
کوٹ لٹکانے کی کھونٹی
cöat latkāne ki khönti

der Kleiderbügel
کوٹ کا ہینگر
cöat ka hanger

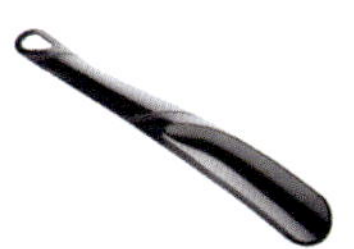

der Schuhlöffel
شو ہارن
shöhörn

DAS HAUS - گھر

Das Wohnzimmer - رہنے کا کمرہ

der Spiegel
شیشہ
shēsha

der Vorhang
پردہ
parda

der Ventilator
پنکھا
pankha

die Decke
چھت
chat

der Bilderrahmen
تصویر کا فریم
taswēr ka frame

das Gemälde
پینٹنگ
painting

das Sofa
صوفا
söfa

die Lampe
لیمپ
lamp

das Sofakissen
گدا
gadda

der Beistellschrank
کنارے کی الماری
kināre ki almāri

der Kaminsims
منٹل پیس
mantelpiece

der gepolsterte Hocker
پوف
pöuf

der Teppichboden
بچھی ہوئی قالین
bichi hue qaleen

der Kamin
چمنی
chimney

der Sessel
بازو والی کرسی
bāzu wali kursi

der Couchtisch
کافی کی میز
cöffē ki mez

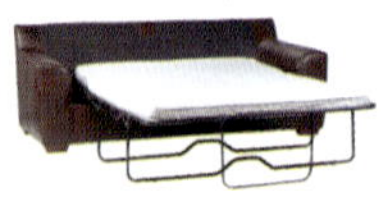

die Schlafcouch
صوفا بیڈ
söfa bed

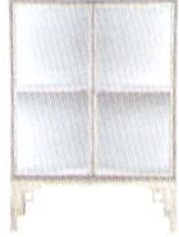

die Vitrine
الماری
almāri

die Fernsehbank
ٹی وی بنچ
tv bench

das Bücherregal
کتابوں کی الماری
kitābön ki almāri

DAS HAUS - گھر

Das Esszimmer - کھانے کا کمرہ

das Rollo
رولر بلائنڈ
röller blind

der Kronleuchter
لائٹ کے جھالر
light ke jhālar

die Vitrine
الماری
almāri

die Zimmerpflanze
گھرکا پلانٹ
ghar ka plant

das Fensterbrett
کھڑکی کے نچلے حصّہ میں لگا ہوا مادہ
khirki ke nichle hiße me laga huwa māda

der Tischläufer
ٹیبل رنر
table runner

die Kerze
موم بتی
mūm batti

der Stuhl
کرسی
kursi

der Esstisch
ڈائننگ ٹیبل
dining table

die Tischdekoration
میز کی تزئین
mez ki tazēn

der Holzboden
لکڑی کا فلور
lakdi ka flūr

die Blumenvase
برتن
bartan

die Anrichte
سائیڈ بورڈ
side böard

die Wanduhr
دیوار گھڑی
dēwār ghari

der Hochstuhl
اونچی کرسی
ūnchi kursi

DAS HAUS - گھر

Die Küche - باورچی خانے کے

die Einbauküche
فٹ کیا ہوا مطبخ
fit kiya huwa matbakh

die Einbauleuchte
لگی ہوئی اسپاٹلائٹ
lagi huwi spötlight

die Dunstabzugshaube
نکلنے والا ہوڈ
nikalne wala hūd

die Arbeitsplatte
ورک ٹاپ
wörktöp

der Hängeschrank
دیوار والی الماری
dēwār wali almari

der Backofenschalter
کنٹرول کنڈی
cönträl kundi

der Herd
اسٹوو
stöve

der Backofen
چولہا
chūlha

das Spülbecken
سنک
sink

die Frühstückstheke
ناشتہ کا بار
nāshte ka bār

der Küchenhocker
مطبخ کا اسٹول
matbakh ka stūl

die Spülmaschine
ڈش دھلنے والا
dish dhulne wāla

die Schublade
دراز
daraz

der Kühlschrank
فرج
fridge

der Gefrierschrank
فریزر
frēzer

das Geschirrtuch
ٹی کی تولیہ
tea ki tauliya

der Mülleimer	kūre dān	کوڑے دان
die Mülltrennung	fazla kö alag karna	فضلہ کو الگ کرنا
die Verpackung	pack karna	پیک کرنا
das Altglas	recycle ke glaß	ری سائیکل کے گلاس
den Ofen vorheizen	pehle se chūlhe kö garam karna	پہلے سے چولہے کو گرم کرنا
die Spülmaschine laufen lassen	dish kö dhulne wala kö chalana	ڈش کو دھلنے والے کو چلانا
das Essen auftauen	khāne kö garam karna	کھانے کو گرم کرنا

DAS HAUS - گھر

Küchengeräte - باورچی خانے کا سامان

die Mikrowelle
مائکروویو
micröwave

die Küchenmaschine
فوڈ پروسیسر
fūd pröceßör

der Mixer
ملانے والی مشین
milāne wali machine

der Pürierstab
ہاتھ میں پکڑنے والی ملانے کی مشین
hāth me pakarne wāli milāne ki machine

der Elektrogrill
بجلی کا باربیکیو
bijli ka barbecü

das Waffeleisen
وافل آئرن
wafal irön

der Wasserkocher
بجلی والی کیتلی
bijli wāli kettle

das Handrührgerät
ہاتھ سے ملانے والا
hāth se milāne wala

der Sandwichgrill
سینڈوچ گرم کرنے والا
sandwich garam karne wala

der Schnellkochtopf
پریشر کوکر
preßure cūker

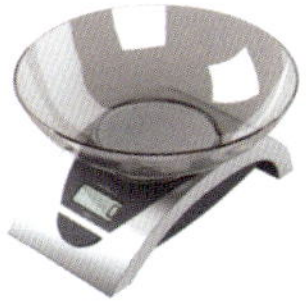
die Küchenwaage
مطبخ کے ترازو
matbakh ke tarāzu

der Toaster
توس گرم کرنے والا
töast garam karne wala

der Reiskocher
چاول کوکر
chāwal cūker

der Raclettegrill
راکلیٹ گرل
raclette grill

der Dampfgarer
اسٹیم کوکر
steam cūker

die Kaffeemaschine
کافی مشین
cöffē machine

DAS HAUS - گھر *Koch- und Backutensilien* - باورچی خانے سے متعلق اور بیکنگ کے برتن

der Küchenwecker
کچن ٹائمر
kitchen timer

das Ausstechförmchen
بسکٹ کاٹنے والا
biscuit kātne wala

das Küchenpapier
کچن کا رول
kitchen ka röll

die Schürze
باورچیوں کا کپڑا
bāwarchiyö ka kapra

das Muffinförmchen
کپ کیک کیس
cupcake case

die Törtchenform
کپ کیک کی ٹرے
cupcake ki tray

die Springform
اسپرنگ کلپ ٹن
spring-clip tin

das Backblech
بیکنگ ٹرے
baking tray

der Messerschärfer
چھری تیز کرنے والا
churi tez karne wala

das Teigrad
پیسٹری وہیل
pastry whēl

der Topfhandschuh
چولہے کا دستانہ
chūlhe ka dastāna

das Tablett
ٹرے
tray

die Sanduhr
آور گلاس
höurglaß

der Gefrierbeutel	frēzer ka bag	فریزر کا بیگ
das Kuchengitter	cake ka rack	کیک کا ریک
das Backpapier	baking ka tukra	بیکنگ کا ٹکڑا
die Frischhaltefolie	clingfilm	کلنگ فلم
der Putzlappen	sāf karne wala kapra	صاف کرنے والا کپڑا
die Alufolie	tin ka warq	ٹن کا ورق
die Rührschüssel	milāne wala piyāla	ملانے والا پیالہ

DAS HAUS - گھر

Koch- und Backutensilien - باورچی خانے سے متعلق اور بیکنگ کے برتن

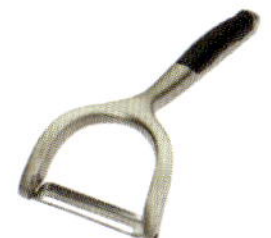

der Schäler
چھلکے ہٹانے کی مشین
chilke hatāne ki machine

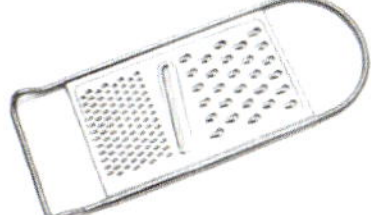

die Reibe
گراٹر
grater

das Hackmesser
گوشت کاٹنے کا چھرا
gōsht kātna ka chura

das Küchenmesser
باورچی خانہ کی چھری
bāwarchi khane ki churi

das Küchensieb
چھلنی
chalni

das Abtropfsieb
کولانڈر
cōlandar

der Kartoffelstampfer
آلو کچلنے کا آلہ
ālu kuchalne ka āla

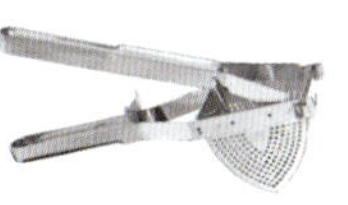

die Knoblauchpresse
لہسن پیسنے کا آلہ
lehsen pēsne ka āla

die Schöpfkelle
لاڈل
ladle

der Schneebesen
وہسک
whisk

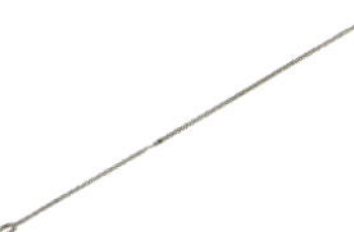

der Spieß
اسکیور
skewer

der Dosenöffner
ٹن کھولنے کا آلہ
tin khōlne ka āla

der Mörser	masālah kūtne ka āla	مصالحہ کوٹنے کا الہ
der Stößel	kūtna ka āla	کوٹنے کا الہ
der Fleischklopfer	ghōsht kūtna ka āla	گوشت کوٹنے کا آلہ
der Eierschneider	anda slice karne ka āla	انڈا سلائس کرنے کا آلہ
der Eisportionierer	ice cream ka scūp	آئس کریم کا اسکوپ
die Thermoskanne®	thermō flask	تھرمو فلسک
der Spüllappen	dishclōth	ڈش کلاتھ

das Schneidebrett
کاٹنے کا تختہ
kātne ka takhta

DAS HAUS - گھر

Koch- und Backutensilien - باورچی خانے سے متعلق اور بیکنگ کے برتن

der Korkenzieher
کارکسکریو
cörkscrew

der Backpinsel
پیسٹری برش
pastry brush

das Nudelholz
رول کرنے کا پن
röll karne ka pin

der Pfannenwender
سوراخ والا ٹرنر
sūrākh wala turner

die Küchenzange
چیزوں کو پکڑنے کا آلہ
chizön kö pakadna ka āla

der Teigschaber
کچن اسپٹلا
kitchen spatula

der Servierlöffel
پروسنے والا چمچ
parūsne wala chammach

der Kochlöffel
لکڑی کا چمچ
lakri ka chammach

die Bratpfanne
تلنے کا برتن
talne ka bartan

der Wok
ووک
wök

der Kochtopf
ساوس پین
saucepan

der Schmortopf
ایک طرح کی ڈش
ek tarah ki dish

das Auflaufförmchen
ایک چھوٹی ڈش
ek chöti dish

die Bratengabel	mura huwa förk	مڑا ہوا فورک
der Untersetzer	cöaster	کوسٹر
die Grillpfanne	grill karne ka pan	گرل کرنے کا پین
der Messbecher	nāpne ka jug	ناپنے کا جگ
der Trichter	pipe	پائپ
der Messlöffel	nāpne ka chammach	ناپنے کا چمچ
der Flaschenöffner	böttla khölne ka āla	بوتل کھولنے کا آلہ

DAS HAUS - گھر

Das Schlafzimmer - بیڈروم

der Bettbezug
رضائی کا غلاف
razai ka ghilaf

die Bettdecke
رضائی
razai

das Kopfteil
بستر کا سرہانہ
bister ka sarhana

das Doppelbett
ڈبل بیڈ
döuble bed

das Kopfkissen
تکیہ
tikka

der Kissenbezug
تکیہ کا غلاف
takya ka ghilag

die Nachttischlampe
بستر کے کنارے لیمپ
bister ke kinaray lamp

die Kommode
الماری
almari

das Bettgestell
بیڈ شیٹ
bed shēt

das Laken
چادر
chadar

der Teppich
قالین
qālin

der Hocker
پاوف
pauf

die Matratze
چٹائی
chatai

der Nachttisch
بستر کے کنارے کی ٹیبل
bister ke kinaray table

der Kleiderschrank	almari	الماری
der Wecker	alarm ghari	الارم گھڑی
den Wecker stellen	ghari ma alarm lagana	گھڑی میں الارم لگانا
die Wärmflasche	garam pāni ki böttla	گرم پانی کی بوتل
die Heizdecke	electrönic kamble	الیکٹرک کمبل
die Tagesdecke	bedspread	بیڈ اسپریڈ
die Schlafbrille	söne ka mask	سونے کا ماسک

DAS HAUS - گھر

Das Kinderzimmer - نرسری

der Ball
بال
ball

die Puppe
گڑیا
gurya

die Wickeltasche
تبدیل کرنے کا بیگ
tabdēl karna ka bag

der Kinderwagen
بچوں کی گاڑی
bachoon ki gari

das Gitterbettchen
ایک طرح کا بستر
ak trah ka bister

die Flauschdecke
نرم کمبل
naram kambla

das Mobile
موبائل
möbile

der Gitterstab
بار
bar

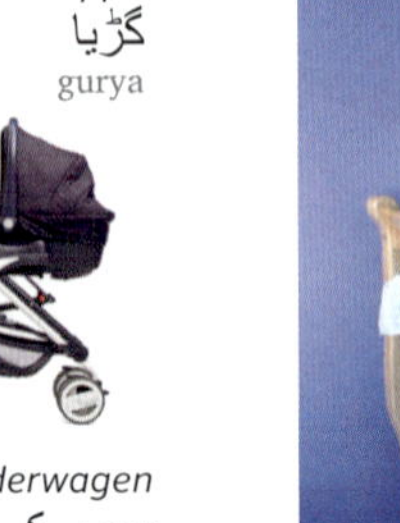

der Teddy
ٹیڈی بیئر
teddy bear

der Wickeltisch
تبدیل کرنے کی میز
tabdiē karne ki maiz

das Kuscheltier
کڈلی کھلونا
kaddli khilöna

das Spielzeug
کھلونا
khilöna

die Wickel-auflage
تبدیل کرنے کی چٹائی
tabdil karne ki chatai

das Babyfon®
بچہ کا الارم
bachcha ka alarm

der Laufstall
بچے کے لیئے محفوظ جگہ
Bachay ke liye mehfooz jaga

das Töpfchen
پوٹی
pötty

die Babytragetasche
کیری کوٹ
keri cöat

der Schulranzen
ایک قسم کا بیگ
ik qisam ka bag

das Bauklötzchen
تعمیر کرنے والے بلاک
tamēr karne wala

DAS HAUS - گھر

Das Jugendzimmer - کشور بیڈروم

schlafen	söna	سونا
tief schlafen	gahri nind ma höna	گہری نیند میں ہونا
der Albtraum	darawna khawab	ڈراؤنا خواب
aufwachen	bedar höna	بیدار ہونا
wach sein	bedar höna	بیدار ہونا
aufstehen	uthna	اٹھنا

das Etagenbett	aisa furniture jis ma dö bed hö	ایسا فرنتچر جس میں دو بیڈ ہوں
ins Bett gehen	bistar par jana	بستر پر جانا
einschlafen	söna ka liia jana	سونے کے لئے جانا
träumen	khawab dakhna	خواب دیکھنا
schnarchen	kharrate lena	خراٹے لینا
ausschlafen	nēnd ma höna	نیند میں ہونا
das Bett machen	bistar thik karna	بستر ٹھیک کرنا

DAS HAUS - گھر

Das Arbeitszimmer - مطالعہ

der Bilderrahmen
تصویر کا فریم
taswēr ka frame

die Verandatür
دروازہ کے پاس کی ہموار جگہ
darwaza ka paß ki hamwar jagah

der/das Laptop
لیپ ٹاپ
laptöp

die Zimmerpflanze
گھر میں اگے ہوئے پودے
ghar ma uge hü paude

das Foto
تصویر
taswēr

das Tageslicht
دن کی روشنی
din ki röshni

der Bücherschrank
کتابیں رکھنے کی جگہ
kitaba rakhna ki jagah

die Rückenlehne
پیٹھ کا سہارا
pēth ka sahara

der Sessel
بازو والی کرسی
bazu wali kursi

der Schreibtisch
ڈیسک
desk

der Rollcontainer
رولر کنٹینر
röller cöntainer

der Drehstuhl
گھومنے والی کرسی
ghömne wali kursi

die Armlehne
بازو کا سہارا
bazu ka sahara

die Unterlage	dastawēz	دستاویز
die Steuererklärung	tax return	ٹیکس ریٹرن
arbeiten	kām karna	کام کرنا
sich konzentrieren	tawajjah markuz karna	توجہ مرکوز کرنا
die Überstunde	övertime	اوور ٹائم
eine Pause machen	möhlat lana	مہلت لینا
selbstständig sein	khud ka mölazim höna	خود کا ملازم ہونا

DAS HAUS - گھر

Das Badezimmer - غسلخانہ

die Duschkabine
شاور کا کمرہ
shawar ka kamra

der Spiegel
شیشہ
shisha

das Waschbecken
واش بیسن
wash basin

der Seifenspender
سوپ ڈسپنسر
söap dispenser

der Waschbecken-unterschrank
بیسن کی کیبنٹ
baisan ki cabinet

die Dusche
پانی کی پھوار
pāni ki phuwar

der Handtuchhalter
تولیہ پائپ
taulia ka pipe

das Handtuch
تولیہ
taulia

der Wasserhahn
ٹونٹی
tunti

die Badewanne
باتھ ٹب
bath tub

die Toilette
بیت الخلا
baitul khila

die Toilettenspülung
بیت الخلا کا فلش
baitul khila ka flush

der Spülkasten
ٹینک جس میں فلش کے لئے پانی جمع ہوتا ہے
tank jis ma flush ka liia pāni jama höta hai

auf die Toilette gehen
بیت الخلا جانا
baitul khala jāna

der Toilettendeckel
بیت الخلا کا ڈھکن
baitul khila ka dhakkan

die Toilettenbrille
بیت الخلا کی سیٹ
baitul khala ki seat

die Kloschüssel
بیت الخلا کا کٹورا
baitul khala ka katöra

die Klobürste
بیت الخلا کا برش
baitul khala ka brush

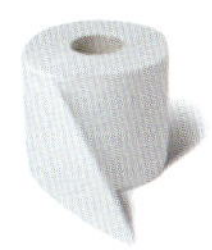

das Toilettenpapier
بیت الخلا کا پیپر
baitul khala ka paper

der Raumduft
ہوا صاف رکھنے والا مادہ
hawa sāf rakhna wala maddah

der Klostein
رم بلاک
rim blöck

DAS HAUS - گھر

Sanitäre Anlagen - حرارتی اور پلمبنگ

der Elektroboiler
ابالنے کا برقی آلہ
ubālna ka barqi āla

der Behälter
برتن
bartan

das Thermostat
تھرمامیٹر
thermömeter

der Warmwasserablauf
گرم پانی کی فراہمی
garam pāni ki farahmi

der Kaltwasserzulauf
ٹھنڈے پانی کی فراہمی
thanda pāni ki farahmi

das Gas-Wandheizgerät
دیوار میں لگا ہوا گیس بوائلر
dēwar ma laga hua gas böiler

das Sicherheitsventil
سیفٹی ویلوو
safety valve

der Regler
کنٹرول
cöntröl

der Überlauf
فالتو پانی نکلنے کی جگہ
faltu pani nikalny ki jaga

das Waschbecken
واش بیسن
wash baisan

die Zuleitung
سپلائی پائپ
supply pipe

der Absperrhahn
اسٹاپ کاک
stöp cöck

der Abfluss
نالی
nāli

der Siphon
سیفون
siphön

der Spülkasten
ٹینک جس میں فلش کے لئے پانی جمع ہوتا ہے
tank jis ma flush ka liia pani jama höta hai

die Heberglocke
فلش ویلوو
flush valve

der Überlauf
بہنا
bahna

DAS HAUS - گھر

Im Badezimmer - غسل خانے میں

das Wattepad
کاٹن کا اونی پیڈ
cöttön ka uni pad

der Duschschwamm
الگ الگ اسپنج
alag alag spönge

der Lockenstab
گھنگھریالہ بنانے کا آلہ
ghunghryala banana ka āla

das Glätteisen
بال سیدھا کرنے والا
bāl sidha karna wala

der Rasierapparat
بال کاٹنے والی مشین
baal katny wali machine

das Schwammtuch
اسپنچ کا کپڑا
spönge ka kida

die Zahnseide
دانتوں کا فلاس
dantön ka flöß

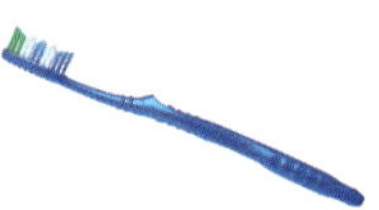

die Zahnbürste
ٹوتھ برش
tūthbrush

das Taschentuch
ٹشو
tißü

das Wattestäbchen
کاٹن بڈ
cöttön bud

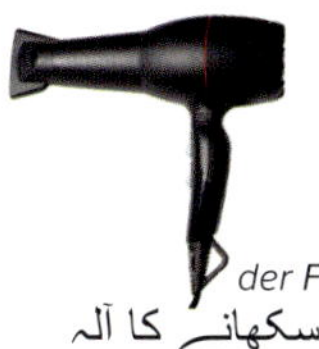

der Föhn
بال سکھانے کا آلہ
bāl sukhana ka āla

der Rasierschaum
داڑھی صاف کرنے کا صابن
darhi sāf karna ka sabun

der Waschlappen	ak qism ka kida	ایک قسم کا کپڑا
das Mundwasser	munh dhulna ka madda	منہ ڈھلنے کا مادہ
sich rasieren	möndna	مونڈنا
sich frisch machen	taza banana	تازہ بنانا
sich schminken	make-up karna	میک اپ کرنا
sich die Zähne putzen	dantön kö sāf karna	دانتوں کو صاف کرنا
das Rasierwasser	möndna ka bād	مونڈنے کے بعد
der Duschvorhang	shöwar ka parda	شاور کا پردہ
die Badematte	ghusl khana ki chatai	غسل خانہ کی چٹائی
sich waschen	dhulna	دھلنا
baden	nahana	نہانا
den Hahn auf-/zudrehen	tunti khulna band karna	ٹونٹی کھولنا/بند کرنا
duschen	shöwar sa nahana	شاور سے نہانا

der Rasierer
ریزر
razör

DAS HAUS - گھر

Die Waschküche - لانڈری کا کمرہ

die Waschmaschine
واشنگ مشین
washing machine

die Waschmittelkammer
ڈٹرجنٹ پاؤڈر
datargent pöwdar

der Frontlader
سامنے کا لوڈر
samna ka löader

der Wäschekorb
دھلنے کی ٹوکری
dhulna ki tökri

die zusammengelegte Wäsche
جوڑی ہوئی لانڈری
jödi hui laundri

die Wäscheleine
کپڑوں کی لائن
kaprön ki line

die Wäscheklammer
کپڑے کی کھونٹی
kira ki khunti

der Fleckenentferner
دھبہ مٹانے والا
dhabba mitana wala

der Weichspüler
کپڑے کو نرم بنانے والا
kira kö naram banana wala

das Bleichmittel
بلیچ
bleach

das Waschpulver
ڈھلنے کا پاؤڈر
dhulna ka pöwdar

das Bügeleisen
استری
istari

das Bügelbrett
استری کرنے کا تختہ
istari karna ka takhta

die Waschmaschine füllen	washing machine bharna	واشنگ مشین بھرنا
die Wäsche waschen	dhulna	دھلنا
der Wäscheständer	aisa frama jis ma dhula hua kapra rakhkha jata hain	ایسا فریم جس میں دھلے ہوئے کپڑے رکھے جاتے ہیں
der Wäschetrockner	tumble dryer	ٹمبل ڈرائر
die Wäsche zum Trocknen aufhängen	dhuli hui chiz kö sukhna ka liia latkana	دھلی ہوئی چیز کو سوکھنے کے لئے لٹکانا
bügeln	karna	استری کرنا

DAS HAUS - گھر

Reinigungsartikel - صفائی کا سامان

das Reinigungsmittel
صاف کرنے والا ڈیٹرجنٹ
sāf karna wala detergent

das Spülmittel
دھلنے والا سیال مادہ
dhulna wala sayyal madda

der Gummiwischer
کھڑکیاں صاف کرنے کا مادہ
khirkian sāf karna ka madda

die Sprühflasche
چھڑکاؤ کرنے کی بوتل
chirkaö karna ki böttle

die Bürste
برش
brush

die Kehrschaufel
دھول رکھنے کا سامان
dhul rakhna ka saman

der Handfeger
ہاتھ والا برش
hāth wala brush

der Wischmopp
جھاڑو
jharö

der Schwamm
اسپنچ
spönge

der Gummihandschuh
ربر کا دستانہ
rubbar ka dastana

der Eimer
بالٹی
balti

der WC-Reiniger
بیت الخلا صاف کرنے کا مادہ
baitul khala sāf karna ka madda

fegen	jharu lagana	جھاڑو لگانا
polieren	pölish karna	پالش کرنا
putzen	sāf karna	صاف کرنا
abwischen	pönchna	پونچھنا
der Staubsauger	vacüm cleaner	ویکیوم کلینر
Staub saugen	sāf karna	صاف کرنا
der Staubwedel	pankhön ki dhöl sāf karna wala	پنکھوں کی دھول صاف کرنے والا

die Wurzelbürste
رگڑنے کا برش
ragarna ka brush

DAS HAUS - گھر

Die Heimwerkstatt - ورکشاپ

die Handsäge
دستی آری
dasti āri

die Schere
قینچی
qainchi

die Schraube
پیچ
pech

die Mutter
نٹ
nut

der Schrauben-schlüssel
پانا
pana

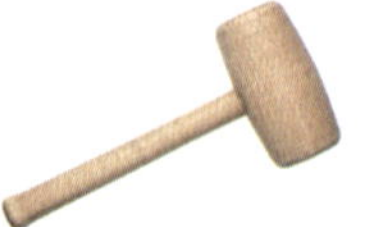

der Holzhammer
ہتھوڑا
hathöra

die Rohrzange
رنچ
ranch

das Maßband
پیماشی فیتہ
paimashi fita

der Nagel
کیل
keel

der Hammer
ہتوڑی
hatori

das Schleifpapier
سینڈ پیپر
sand papar

die Wasserwaage
اسپرٹ لیول
spirit

die Kombizange
زنبور
zanbur

der Schraubenzieher
پیچ کس
pechkas

die Bügelsäge
معدنی آری
mādani āri

das Teppichmesser
بلیڈ
blade

DAS HAUS - گھر

Die Heimwerkstatt - ورکشاپ

der Akkubohrer
بے تار پیچ کس
be tār pechkas

der Akku
بیٹری پیک
battery pack

der Bohrer
ڈرل
drill

der Elektrobohrer
سوراخ کرنے کی مشین
surakh karne ki machine

das Stemmeisen	lakdi ki chani	لکڑی کی چھینی
die Nietenzange	jödna wala zanbur	جوڑنے والا زنبور
der Seiten-schneider	tār katna ki machine	تار کاٹنے کی مشین
das Sägeblatt	blade	بلیڈ
schrauben	pach kasna	پیچ کسنا
löten	sölder sa jörna	سولڈر سے جوڑنا
messen	paimaish karna	پیمائش کرنا
sägen	āri sa katna	آری سے کاٹنا
schneiden	kātna	کاٹنا
bohren	surakh karna	سوراخ کرنا
hämmern	hathöura sa pitna	ہتھوڑے سے پیٹنا
feilen	tartib sa rakhna	ترتیب سے رکھنا
abschmirgeln	rait sa chitkaö karna	ریت سے چھڑکاؤ کرنا
hobeln	lakri kö barabar karna	لکڑی کو برابر کرنا
streichen	paint karna	پینٹ کرنا

die Klebepistole
بندوق کی شکل میں مشین
banduq ki shakl ma machine

die Stichsäge
ایک قسم کی مشینی آری
ak qism ki machini āri

der Bandschleifer
بلیڈ مشین
blade machine

die Kreissäge
آرا مشین
āra machine

DAS HAUS - گھر

Die Heimwerkstatt - ورکشاپ

der Müllbeutel
بن لائنر
bin liner

das Mikrofasertuch
مائکرو فائبر کپڑا
micrö fibre kapra

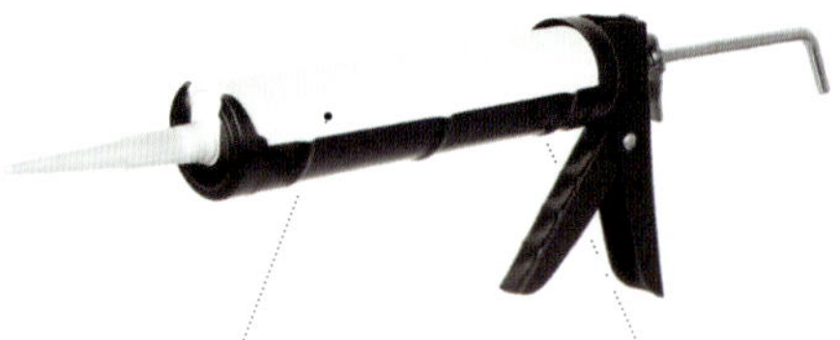
der Dichtstoff
سوراخ بند کرنا
surakh band karna

die Kartuschenpistole
تعمیر میں استعمال کیا جانے والا مرکب
tamēr ma istamal kia jana wal murakkab

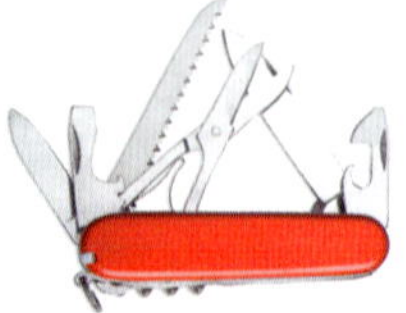
das Taschenmesser
چھوٹی چھری
chöti churi

der Werkzeugkasten
اوزار رکھنے کا باکس
awzar rakhna ka böx

die Werkbank
کام کرنے کی بنچ
kām karna ki bench

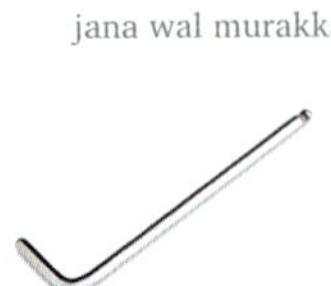
der Inbus®-Schlüssel
ایلن کلید®
allan klēd

der Besen
جھاڑو
jharu

die Schutzbrille
حفاظتی چشمہ
hifazati chashma

der Lötkolben
جوڑنے والا لوہا
jödna wala löha

das Lötzinn
جوڑنے والا مادہ
jödna wala mada

die Spanplatte	chip böard	چپ بورڈ
der Lack	ak qism ki pölish	ایک قسم کی پالش
das Metall	dhāt	دھات
der rostfreie Stahl	stainleß stēl	اسٹینلیس سٹیل
der Kunststoff	plastic	پلاسٹک
der Draht	tār	تار
das Holzbrett	lakdi ka takhta	لکڑی کا تختہ

DAS HAUS - گھر

Renovieren - ڈیکوریشن

der Farbroller
پینٹ رولر
paint röller

der Handwerker
تاجر
tājir

die Leiter
سیڑھی
sēri

die Latzhose
ڈنگریس
dungarēs

die Farbdose
پینٹ کی ٹین
paint ki tin

der Flachpinsel
چھوٹا رنگ کا برش
chōta rang ka brush

der Acryllack
اکریلک پینٹ
acrilic paint

die Farbwanne
پینٹ کی ٹرے
paint ki tray

das Verdünnungsmittel
سفید اسپرٹ
safad sprit

der/die Spachtel
کھرچنی
khurchani

tapezieren
کمرہ یا دیوار پر وال پیپر لگانا
kamre ki dēwar par wall paper lagana

die Tapetenrolle
وال پیپر کا رول
wall papar ka röll

der Tapeziertisch
چپکانے والی میز
chipkana wali maze

die Farbe
پینٹ
paint

das Abdeckband
ماسکنگ ٹیپ
masking tape

kacheln	tile sa dhakna	ٹائل سے ڈھکنا
verputzen	plaster karna	پلاسٹر کرنا
spachteln	bharna	بھرنا
die Tapete entfernen	wall papar kö hatana	وال پیپر کو ہٹانا
die Abdeckfolie	dhul sa bachö ki shit	دھول سے بچاؤ کی شیٹ
das Lösungsmittel	sölvent	سالوینٹ
das Versiegelungsmittel	sil ka mada	سیل کا مادہ

das Farbmuster
رنگ کا چارٹ
ring ka chart

DAS HAUS - گھر

Strom und Heizung - بجلی اور حرارتی

der Stromzähler
بجلی کا میٹر
bijli ka meter

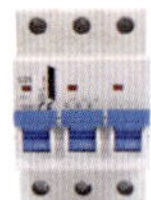

die Sicherung
فیوز
fuse

der Heizkörper
انجن ٹھنڈا کرنے کا آلہ
engine thanda karna ka āla

der Kaminofen
لکڑی کا چولہا
lakdi ka chulha

der Stecker
پلگ
plug

die Steckdose
ساکٹ
söcket

die Energiesparlampe
کم انرجی والا لائٹ بلب
kam energy wala light bulb

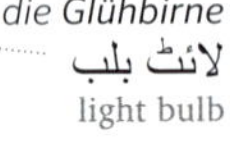

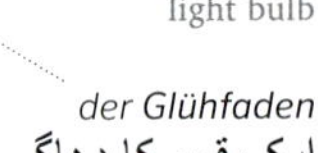

die Glühbirne
لائٹ بلب
light bulb

der Lampensockel
لیمپ ساکٹ
lamp söcket

der Glühfaden
ایک قسم کا دھاگہ
ik qism ka dhaga

das Verlängerungskabel
توسیعی کیبل
tausii cabal

der Schalter
سوئچ
switch

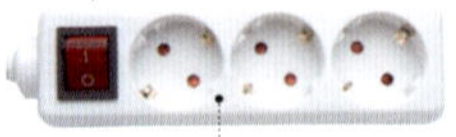

die Mehrfachsteckdose
متعدد ساکٹ
mutaddid söckat

der Luftkanal	air duct	ایئر ڈکٹ
die Heizung anschalten/ausschalten	heating chalu/band karna	ہیٹنگ چالو/بند کرنا
erneuerbare Energie	qabil e tajdēd energy	قابل تجدید انرجی
das Stromnetz	pöwer grid	پاور گرڈ
die Stromstärke	current	کرنٹ
die Spannung	völtage	وولٹیج
die Solarheizung	shamsi hararat	شمسی حرارت
die Zentralheizung	markazi hararat	مرکزی حرارت
die Fußbodenheizung	zar e zamin hararat	زیر زمین حرارت
der Sicherungskasten	fuseböx	فیوز باکس
die Leitung	tār lagana	تار لگانا
das Ampere	ampere	امپیر
das Watt	watt	واٹ
das Volt	völt	وولٹ
der Adapter	adaptar	اڈاپٹر
die Erdung	zamin	زمین

DER GARTEN - باغ

die Terrasse
چھت
chat

der Gartenteich
باغیچہ کا تالاب
bāgicha ka talab

der Gartenweg
باغیچہ کا راستہ
bāgicha ka rasta

der Gemüsegarten
سبزی کا باغیچہ
sabzi ka bagicha

die Küchenkräuter
باورچی خانے کے جڑی بوٹیوں
bawarchi khana ka jadi bötijö

das Gewächshaus
گرین ہاؤس
grēnhöuse

das Gartenhaus
باغیچہ کا چھپر
bāgicha ka chappar

das Blumenbeet
پھولوں کا باغیچہ
phulö ka bagicha

die Gartenbank
باغیچہ کی بینچ
bāgicha ki bench

die Gartenmöbel
باغیچہ کا فرنیچر
bāgicha ka furniture

die Gartenmauer
باغیچہ کی دیوار
bāgacha ki dewar

der Dachgarten
عمارت کی چھت پر باغیچہ
emarat ki chat par bāgicha

der Komposter
مرکب
murakkab

der Steingarten
ایک چھوٹا سجاوٹی باغیچہ
ak chöta sajawati bāgicha

der Gartenzaun
چہار دیواری
chahar dewari

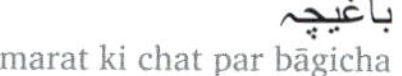

die Hecke
باڑھا
barha

DER GARTEN - باغ

Gartengeräte - باغبانی کے اوزار

die Rosenschere
کاٹنے کی مشین
kātna ki machine

der Gartenschlauch
باغیچہ کا ٹیوب
bāgicha ka tube

die Topfpflanze
گملوں کا پلانٹ
gamlö ka plant

der Handrechen
ہاتھ کی ریک
hāth ki rake

der Laubrechen
لان ریک
lawn rake

der Spaten
بیلچہ
bälcha

die Blumenkelle
ٹرووِیل
tröwel

die Gießkanne
پانی دینے کی کین
pani dene ki cane

der Gartenhandschuh
باغیچہ کے دستانہ
bāgicha ka dastana

der Rasenmäher
گھاس کاٹنے کی مشین
ghās kātna ki machine

der Rasentrimmer
کناروں کو چھوٹا
کرنے کی مشین
kanarö kö chöta karna ki machine

der Rechen
ریک
rake

die Mistgabel
کھیت میں استعمال ہونے والا
اوزار
khet ma istamāl höna wālā auzār

die Schubkarre
باغیچہ یا تعمیری کام میں استعمال
ہونے والی چھوٹی کارٹ
bāgigah ja tāmiri kām ma istamāl
höna wali chöti cart

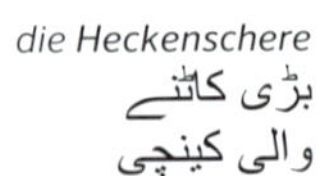

die Heckenschere
بڑی کاٹنے
والی کینچی
bari katne wali keinchi

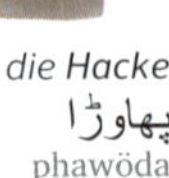

die Hacke
پھاوڑا
phawöda

der Rasensprenger
چھڑکاؤ کرنے والی
ڈیوائس
chidkaö karna wlai dawica

DER GARTEN - باغ

Die Gartenarbeit - گارڈن کا کام

Rollrasen verlegen
گھاس لگانا
ghās lagana

den Rasen sprengen
لان میں چھڑکاؤ کرنا
lawn ma chidkaö karna

das Laub rechen
پتیوں کو جمع کرنا
pattiiön kö jama karna

pflanzen
پودے لگانا
pauda lagāna

stutzen
کانٹ چھانٹ کرنا
kānt chānt karna

den Rasen mähen
لان کی کانٹ چھانٹ کرنا
lawn ki kant chānt karna

Unkraut jäten
کاٹنا
kātna

umgraben
کھدائی کرنا
khudai karna

zurückschneiden
کانٹ چھانٹ کرنا
kant chant karna

pflücken
چھانٹنا
chāntna

säen
بونا
höna

spritzen
چھڑکاؤ کرنا
chidkaö karna

düngen	khād lagana	کھاد ڈالنا
ernten	fasl kantna	فصل کاٹنا
züchten	kāsht karna	کاشت کرنا
gießen	pāni dana	پانی دینا
der Sämling	bij sa ugaja hu nja pauda	بیج سے اگایا ہوا نیا پودا
der Dünger	khād dālna	کھاد ڈالنا
der Unkrautvernichter	ghair zaruri jangli paudö kö khatm karna ki dwa	غیر ضروری جنگلی پودوں کو ختم کرنے کی دوا

eintopfen
گملے میں پودا لگانا
gamla ma pauda lagana

ESSEN UND TRINKEN

کھانا ور
پینا

TIERISCHE PRODUKTE - جانوروں کی مصنوعات

Fleisch - گوشت

das Lammfleisch
دنبا
dunba

das Rindfleisch
گائے کا گوشت
gai ka gösht

das Steak
بہترین گائے کا گوشت
bahtrin gai ka gösht

das Schweinefleisch
سور کا گوشت
suwar ka gösht

das Filet
بغیر ہڈی والا گوشت
bagair haddi wala gösht

das Kalbfleisch
بچھڑے کا گوشت
bachda ka gösht

die Keule
جوڑ
jöd

das Kotelett
گوشت کا بڑا ٹکڑا
gösht ka bada tukda

die Leber
جگر
jigar

die Niere
گردہ
gurdah

das Kaninchen
خرگوش
khargösh

der Schinken
سور کا گوشت
suwar ka gösht

das Hackfleisch
کٹا ہوا گوشت
kata hua gösht

die Wurst
ایک قسم کا خاص گوشت
ak qism ka khās gösht

der Aufschnitt
ٹھنڈا پکایا ہوا یا پراسیس کیا ہواگوشت کے ٹکڑے
thanda pakaja hua ja pröccaß kya hu gösht ka tukda

die Salami
موسمی گوشت
mösmi gösht

TIERISCHE PRODUKTE - جانوروں کی مصنوعات

Geflügel - پولٹری

das Hähnchen
چکن
chikan

der Schenkel
ران
rān

die Brust
سینہ
sina

der Flügel
پر
par

die Hähnchenkeule
مرغ کا پیر والا حصّہ
murgh ka pair wala gösht

die Ente
بطخ
batakh

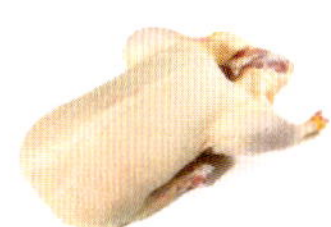

das Entenfleisch
بطخ
batakh

die Gans
ہنس
hans

das Gänsefleisch
ہنس
hans

die Wachtel
بٹیر
batar

das Wachtelfleisch
بٹیر کا گوشت
btair ka ghost

die Pute
ٹرکی
turkai

das Putenfleisch
ٹرکی کا گوشت
turkai ka gösht

das Bioprodukt	nāmjāti masnuāt	نامیاتی مصنوعات
die Innereien	janwar ka khaja jana wala andruni hißah	جانور کا کھایا جانے والا اندرونی حصّہ
mariniert	chatni ma duböja hua gösht	چٹنی میں ڈبویا ہوا گوشت
geräuchert	dhuwa dija hu gösht	دھواں دیا ہوا گوشت
braten	bhunna	بھوننا
schmoren	talna	تلنا
grillen	grill kya hua	گرل کیا ہوا

aus Freilandhaltung
فری رینج
fri ranga

TIERISCHE PRODUKTE - جانوروں کی مصنوعات

Fisch - مچھلی

die Forelle
ٹراؤٹ مچھلی
tröut machli

der Karpfen
کارپ مچھلی
carp machli

der Zander
پائک مچھلی
pika machli

der Seeteufel
مونک مچھلی
mönk machli

die Makrele
میکریل مچھلی
mackaral machli

die Seezunge
تلوا
talwa

die Sardine
سارڈینا کی مچھلی
sardina ki machli

die Scholle
پلیس مچھلی
plaica ki macchli

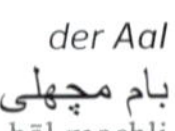

der Aal
بام مچھلی
bāl machli

der Thunfisch
ٹونا مچھلی
tuna machli

der Kabeljau
سمندری مچھلی
samundri machli

der Seebarsch
سمندر باس مچھلی
samundar bas machli

der Lachs
سالمن مچھلی
salmön machli

der Heilbutt
ہیلوبٹ مچھلی
halibut machli

der Fischrogen
کیویار مچھلی
cawiar machli

das Fischsteak
مچھلی سٹیک
machli stik

TIERISCHE PRODUKTE - جانوروں کی مصنوعات

Meeresfrüchte - سمندری غذا

die Garnele
جھینگا
jhinga

der Hummer
جھینگا
jhinga

der Krebs
کیکڑا
kakda

der Flusskrebs
کرے مچھلی
kara machli

die Miesmuschel
بلو مسل
blua mußal

die Kammmuschel
سیپ
siip

die Venusmuschel
وینس کلیم
wanus clam

die Herzmuschel
کوکل
kukla

die Auster
کستورا مچھلی
kastura machli

der Tintenfisch
چارے کی مچھلی
chāra ki machli

der Krake
آکٹوپس
öctöpus

der Räucherfisch
دھواں ڈی ہوئی مچھلی
dhuwa di hui machli

geräuchert	dhuwa dija hua	دھواں دیا ہوا
einen Fisch entgräten	machli sa haddi nikalna	مچھلی سے ہڈی نکالنا
die Gräte	haddi	ہڈی
die Schuppe	machli ki haddi wāli chöti patli plata	مچھلی کی ہڈی والی چھوٹی پتلی پلیٹ
abschuppen	machli ki haddi wāli chöti patli plata hatana	مچھلی کی ہڈی والی چھوٹی پتلی پلیٹ ہٹانا
tiefgefroren	jami hui	جمی ہوئی

der Dosenfisch
ڈبہ بند مچھلی
dabbah band machli

TIERISCHE PRODUKTE - جانوروں کی مصنوعات

Milchprodukte und Eier - دودھ کی مصنوعات اور انڈے

die Sahne
کریم
crim

die Milch
دودھ
dudh

der Joghurt
دہی
dahi

der Hüttenkäse
کاٹیج پنیر
cöttaga panir

der Ziegenkäse
بکری کی پنیر
bakri ki panir

der Quark
ایک قسم کی کم چربی والی پنیر
ak qism ki kam charbi wali panir

der Brie
ایک قسم کی کریم والی پنیر
ak qism ki krim wali panir

der Gorgonzola
ایک قسم کی اطالوی پنیر
ak qism ki atālwi panir

der Feta
سفید نمکین یونانی پنیر
safad namkin jöunāni panir

das Hühnerei
مرغی کا انڈا
murgi ka anda

die Eierschale
انڈے کا چھلکا
anda ka chilka

das Eiweiß
انڈے کی سفیدی
anda ki safadi

das Eigelb
انڈے کی زردی
anda ki zardi

das Wachtelei
بٹیر کا انڈا
batar ka anda

das Gänseei
ہنس کا انڈا
hans ka anda

TIERISCHE PRODUKTE - جانوروں کی مصنوعات

Milchprodukte und Eier - دودھ کی مصنوعات اور انڈے

der Eierkarton
انڈے کا باکس
anda ka bax

die Butter
مکھن
makhkhan

der Parmesan
اطالوی سوکھی اور سخت پنیر
atalwi sukhi aur sakht panir

der Emmentaler
سوئزرلینڈ کی پنیر
swizarland ki panir

der Cheddar
ایک قسم کی پنیر جو جنوب مشرقی انگلینڈ میں بنی جاتی ہے
ak qism ki panir jö junub mashraqi angland ma banai jāti hai

der Raclettekäse
سوئزرلینڈ کی ڈش میں ملی پنیر
swizarland ki dish ma mili panir

der Camembert
ایک قسم کی پنیر جو نارمنڈی میں بنائی جاتی ہے
ak qism ki panir jö nār mandi ma banai jāti hai

der Gouda
ایک قسم کی گول مسطح پنیر جو نیدرلنڈ میں بنائی جاتی ہے
ak qism ki göl musattah panir jö naitharland ma banai jāti hai

der Mozzarella
سفید اطالوی پنیر
safad atālwi panir

der geriebene Käse
گراٹیڈ پنیر
gratad panir

die Buttermilch
چھاچھ
chāch

der Frischkäse
کریم پنیر
krim panir

die Kuhmilch	gai ka dudh	گائے کا دودھ
die Ziegenmilch	bakri ka dudh	بکری کا دودھ
die Sojamilch	söjabin dudh	سویا بین دودھ
pasteurisiert	pastaurizad	پاسچرایزد
fettarm	kam charbi	کم چربی
die Vollmilch	puri krim wala dudh	پوری کریم والا دودھ
laktosefreie Milch	lactösa nikala hua dudh	لاکٹوز نکالا ہوا دودھ

die Kondensmilch
گاڑھا دودھ
gādha dudh

GEMÜSE - سبزیاں

die/der Trüffel
ٹرفل
truffla

der Champignon
بٹن مشروم
buttön mushrum

der Steinpilz
یورپ اور جنوبی امریکا میں کھایا جانے والا مشرووم
auröpa aur junubi amrika ma khaja jana wala mashrum

der Pfifferling
کھایا جانے والا مشروم
khāja jana wala mashrum

der Spargel
اسپراگس
asparagus

der Kohlrabi
کوہلرابی
köhlrabi

der Rhabarber
روبرب
rhubarb

der Mangold
سویس چرڈ
swiß chard

der Fenchel
فنیل
fannal

der/die Stangensellerie
کیلیری
calari

die Artischocke
ارٹیچوک
artigöka

die Kresse
کریب
craß

die Brunnenkresse
واٹر کرس
watarcras

das Blatt	patta	پتا
der Strunk	ak qism ka pauda	ایک قسم کا پودا
das Herz	dil	دل
die Spitze	nukila ja göl kinarah	نکیلا یا گول کنارہ
das gedämpfte Gemüse	bhāp lagi hui sabzi	بھاپ لگی ہوئی سبزی
aus biologischem Anbau	nāmjāti	نامیاتی
aus heimischer Produktion	maqami taur par ugai hui	مقامی طور پر اگائی ہوئی

GEMÜSE - سبزیاں

Wurzelgemüse - روٹ سبزیاں

die Süßkartoffel
میٹھا آلو
mithāalu

die Karotte
گاجر
gajar

die Kartoffel
آلو
ālu

die Schalotte
ایک قسم کا چھوٹا پیاز
ak qism ka chöta pijaz

die rote Zwiebel
لال پیاز
lāl pijaz

die Pastinake
چکبصور
chakabsur

der Knoblauch
لہسن
lahsan

die Rübe
شلجم
shaljam

die Zwiebel
پیاز
pijaz

das Radieschen
مولی
muli

die Frühlingszwiebel
موسم بہار کا پیاز
mausama bahar ka piyaz

die Rote Bete
چقندر
chuqandar

die Knoblauchzehe	lahsan ka clöwa	لہسن کا کلوو
die Knoblauchknolle	lahsan ka bulb	لہسن کا بلب
mehligkochend	gösht dār	گوشت دار
bitter	kadwa	کڑوا
roh	kachcha	کچا
scharf	garam	گرم
festkochend	möm jaisa	موم جیسا

der Lauch
پیاز کی طرح کی سبزی
pijaz ki tarah ki sabzi

GEMÜSE - سبزیاں

Blattgemüse - لفافی سبزیاں

der Brokkoli
بروکولی
bröccöli

der Rotkohl
لال گوبھی
lāl göbhi

der Wirsing
سوویو گوبھی
sawöj göbhi

der Rosenkohl
گوبھی کی قسم کی سبزی
göbhi ki qism ki sabzi

der Blumenkohl
گوبھی
göbhi

der Weißkohl
سفید گوبھی
safad göbhi

der Kopfsalat
ایک قسم کا پودا
ak qism ka pauda

der Eisbergsalat
پھول گھوبی
phool ghobi

der Römersalat
بند گھوبی
band ghobi

der/die Chicorée
ایک قسم کا پودا
ak qism ka pauda

der Feldsalat
ایک قسم کا پودا
ak qism ka pauda

der Spinat
پالک
pālak

der Rucola
پتے ایک قسم کے
patty ik qisam ke

der Endiviensalat
مولی کے پتے
moli ka patty

GEMÜSE - سبزیاں

Fruchtgemüse - پھل سبزیاں

der/die *Paprika*
میٹھی مرچ
mithi mirch

die *Zucchini*
کورگٹ
cörgatta

die *Aubergine*
اوبرجین
aubargina

die *Tomate*
ٹماٹر
tameter

die *Kirschtomate*
چیری ٹماٹر
charrj tameter

die *Olive*
زیتون
zaitun

die *Okraschote*
اوکرا پیڈ
ökra pöd

die *Chilischote*
مرچ
mirch

die *Avocado*
اووکڈو
awöcadö

die *Gurke*
کھیرا
khirah

der *Kürbis*
کدو
kaddö

der *Butternusskürbis*
بٹرنٹ اسکواش
buttarnut squash

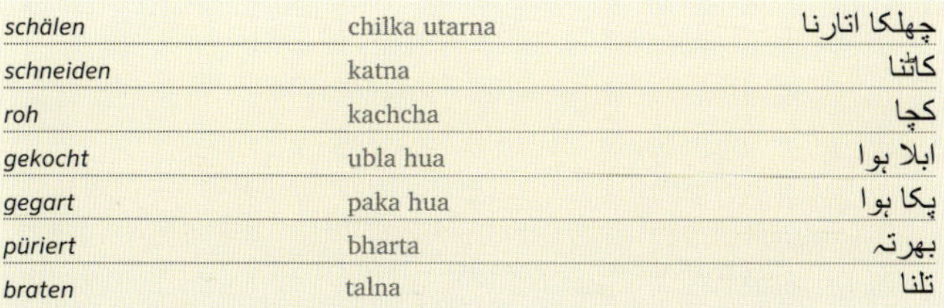

schälen	chilka utarna	چھلکا اتارنا
schneiden	katna	کاٹنا
roh	kachcha	کچا
gekocht	ubla hua	ابلا ہوا
gegart	paka hua	پکا ہوا
püriert	bharta	بھرتہ
braten	talna	تلنا

der *Mais*
میٹھی مکئی
mithi makai

GEMÜSE - سبزیاں

Hülsenfrüchte - دلہن

die grüne Linse
ہری دال
hari dāl

die Ackerbohne
کالی دال
kali daal

die schwarze Bohne
سیاہ دال
siyah dāl

die Gartenerbse
مٹر کے دانے
matar ke dany

die Kichererbse
چنا
chana

die rote Linse
لال دال
lāl dāl

die grüne Bohne
ہری دال ثابت
hari dal sabut

die Zuckererbse
مانگ ٹاؤٹ
mang töut

die Kidneybohne
گردہ کے شکل کی دال
gurdah ka shakl ki dāl

die Limabohne
سفید دال
safad dāl

die Tellerlinse
بھوری دال
bhuri dāl

die Hülse	pöd	پوڈ
der Kern	dāna	دانہ
die Schote	pöd	پوڈ
der Samen	bij	بیج
die Sojasprossen	dāl ka akhwa	دال کا اکھوا
die Sojabohne	söja bin	سویا بین
die Mungobohne	mung dāl	منگ دال

OBST - پھل

Beeren und Steinobst - بیر اور پتھر کا پھل

die Erdbeere
اسٹرا بیری
strawberry

die Himbeere
اسٹرا بیری
raspberry

die Brombeere
بلیک بیری
blackberry

die Heidelbeere
بلیو بیری
blüberry

die roten Johannisbeeren
میٹھی اور چھوٹی بیری
mithi aur chöti bari

die schwarzen Johannisbeeren
چھوٹی گول کھانے والی کالی بیری
chöti göl khana wali kali bari

die Weintraube
انگور
angur

die Stachelbeere
کروندے کا پھل
karnda ka phal

die Preiselbeere
لنگوم بیری
lingöm barri

die Kirsche
چیری
charri

die Holunderbeere
نیلی کالی بیری
nili kāli bari

der Pfirsich
آڑو
āru

die Nektarine
نیکٹارین
nactarina

die Zwetschge
آلو بخارا
ālu bukhara

die Aprikose
اپریکوٹ
apricöt

der Apfel
سیب
sab

die Birne
ناشپاتی
naspāti

die Quitte
ناشپاتی کی شکل کا پھل
naspāti ki shakl ka phal

OBST - پھل

Exotische Früchte - غیر ملکی پھل

die Feige
انجیر
injir

die Birnenmelone
میٹھی پوٹیٹو
mithi pötatö

die Physalis
فزلیس
physalis

die Litschi
لیچی
lichi

die Sternfrucht
ستارہ پھل
setara phal

die Ananasguave
انناس امرود
anannas amrud

die Papaya
پوپو
pawpaw

die Cherimoya
چیریمویا
cherimöya

die Passionsfrucht
پیشن فروٹ
paßiön fruit

die Mangostanfrucht
مانگوستین
mangöstēn

der Granatapfel
انار
anār

die Kiwano
ہورنڈ میلن
örnad malön

die Rambutan
رموٹان
rambutan

die Drachenfrucht
پیتہایا
pithaja

die Ananas
انناس
anannas

die Guave
امرود
amrud

die Banane
کیلا
kala

die Kiwi
کیوی
kawi

die Mango
آم
ām

die Kokosnuss
ناریل
narjal

OBST - پھل

Zitrusfrüchte und Melonen - پھل اور فروٹ

die Orange
سنترہ
santrah

die Limette
لیموں
limu

geschält
چھلکا اتارا ہوا
chilka utara hua

die Clementine
کلیمنٹائین
clamantina

die Grapefruit
انگور کا پھل
angur ka phal

die Zitrone
لیموں
limu

der Schnitz
ٹکڑا
tukda

die Schale
چھلکا
chilka

die Zuckermelone
مسک لیموں
mask limu

die Honigmelone
ہونی ڈیو لیموں
höni daw limu

die Wassermelone
تربوز
tarbuz

die Blutorange
بلڈ سنترہ
blud santrah

kernlos	ba bich ka	بے بیج کا
saftig	jus sa bhara	جوس سے بھرا
knackig	ak tarah ki awaz	ایک طرح کی آواز
sauer	khatta	کھٹا
reif	paka hua	پکا ہوا
frisch	tāza	تازہ
faulig	sara hua	سڑا ہوا

die Kumquat
سنترہ کی طرح کا پھل
santrah ki tarah ka phal

OBST - پھل

Nüsse und Trockenobst - گری دار میوے اور خشک پھل

die *Cashewkern*
کاجو
kāju

die *Mandel*
بادام
bādām

die *Kastanie*
چیسٹ نٹ
chast nut

die *Walnuss*
اخروٹ
akhröt

die *Haselnuss*
ہیزل نٹ
hazal nut

die *Erdnuss*
مونگ پھلی
mung phali

die *Pekannuss*
پکن نٹ
pacan nut

die *Macadamianuss*
میکادامیا نٹ
macadamia nut

der *Pinienkern*
صنوبر کا دانہ
sanbar ka darakht

die *Rosine*
کشمش
kishmish

die *Sultanine*
ایک چھوٹی بھوری کشمش
ak chöti bhöri kishmish

die *Backpflaume*
پرون
pröwn

die *Dattel*
کھجور
khujur

die *Paranuss*	brazil ka akhröt	برازیل کا اخروٹ
die *Pistazie*	pastashjöu	پستشیو
geröstet	bhuna hua	بھنا ہوا
gesalzen	namkin	نمکین
der *Nussknacker*	akhröt tödna wala	اخروٹ توڑنے والا
die *Nussschale*	akhröt ka chilka	اخروٹ کا چھلکا
eine Nuss knacken	akhröt kö törna	اخروٹ کو توڑنا

KRÄUTER UND GEWÜRZE - جڑی بوٹیاں اور مصالحہ جات

Kräuter - جڑی بوٹیاں

der Lavendel
لیونڈر
lawandar

der Estragon
ٹریگن
tarragan

der Oregano
اورگانو
öraganö

das/der Liebstöckel
لوواج
löwaga

der Salbei
سیج
saij

die Minze
منٹ
mint

der Majoran
مارجورم
marjöram

der Rosmarin
روزمیری
rasa marj

das Basilikum
تلسی
tulsi

die Petersilie
دھنیا
dhanja

der Thymian
تہائم
thaim

der Koriander
کوریںڈر
cöriandar

der Schnittlauch
چیوز
chiwas

der Fenchel
فننیل
fannal

der Dill
ڈل
dill

die Zitronenmelisse
لیموں کا مرہم
limu ka marham

KRÄUTER UND GEWÜRZE - جڑی بوٹیاں اور مصالحہ جات

Gewürze - مصالحے

der Sternanis
اسٹار انیسیڈ
star anisid

das Lorbeerblatt
بے لیف
bay leaf

der Koriander
کورینڈر
cöriander

die Zimtrinde
سینامین کی چھال
sanna;mön barg

die Kurkuma
ہلدی
haldi

das Currypulver
کری پاؤڈر
curry pöwder

der Paprika
لال مرچی
lal mirchi

der Pfeffer
مرچ
mirch

die Muskatnuss
نٹ میگ
nut mag

der/das Kardamom
الائچی
alaigi

die Nelken
لونگ
löng

der Ingwer
ادرک
adrag

die Chiliflocken
پسی ہوئی مرچ
pisi hui mirch

die Chilischote
مرچ
mirch

der Fenchel
ذیرہ
zeera

das Garam masala
گرم مسالا
garam masala

KRÄUTER UND GEWÜRZE - جڑی بوٹیاں اور مصالحہ جات

Würzmittel und Soßen - موسم گرما اور ساس

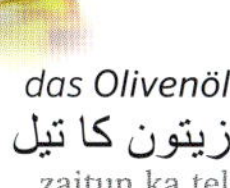

der Essig
سرکہ
sirka

das Olivenöl
زیتون کا تیل
zaitun ka tel

der Pfeffer
مرچ
mirch

die Pfeffermühle
مرچ کی برنی
mirch ki barni

das Salz
نمک
namak

die Salsa
سالسا
salsa

der/das Ketchup
ٹماٹر کی چٹنی
tameter ki chatni

der Senf
سرسوں
sarsö

die Mayonnaise
میئونیز
mayönnaise

zerstoßen	pisa hua	پسا ہوا
gemahlen	zamin	زمین
geraspelt	pisa hua	پسا ہوا
der Salzstreuer	namak ka gödām	نمک کا گودام
die Salatsoße	salad tajjar karna	سلاد تیار کرنا
würzen	khana ma masala lagana	کھانے میں مسالا لگانا
marinieren	chatni ma dubana	چٹنی میں ڈبانا

die Sojasoße
سویا بین سے بنی چٹنی
söyabin sa bani chatni

GETREIDE UND MEHL - اناج اور آٹا

der Dinkel
ایک قسم کا گیہوں
ak qism ka gahu

die Kürbiskerne
کدو کے بیج
kaddu ka bij

die Sonnenblumenkerne
سورج مکھی کے بیج
suraj mukhkhi ka bij

die Quinoa
ایک قسم کا پودا
ak qism ka pauda

der Wildreis
وائلڈ چاول
wild chawal

der Hafer
جو
jau

die Gerste
جو
jau

der Naturreis
بھورا چاول
bhura chawal

der Mais
مکئی
makai

die Hirse
باجرا
bājrā

der Weizen
گیہوں
gehu

der/das Couscous
دلیا
dalya

der Buchweizen
ایک قسم کا گیہوں
ik qism ga gahu

der Basmatireis
باسمتی چاول
basmati chawal

der Bulgur
بلگر گیہوں
balgar gahu

der Reis
چاول
chawal

GETREIDE UND MEHL - اناج اور آٹا

die Penne
ایک قسم کا پاستا
ak qism ka pasta

die Tagliatelle
ایک قسم کا پاستا
ak qism ka pasta

die Spaghetti
ایک قسم کا پاستا
ak qism ka pasta

die Ravioli
ایک قسم کا چھوٹا پاستا
ak qism ka chöta pasta

die Fusilli
پاستا کے ٹکڑے
pasta ka tukra

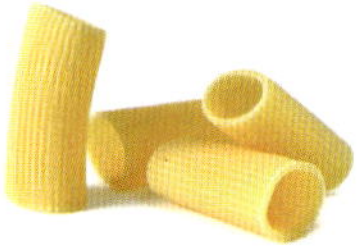

die Rigatoni
ایک قسم کا پاستا
ak qism ka pasta

die Tortellini
چھوٹا چوکور پاستا
chöta chaukör pasta

das Weizenmehl
گیہوں کا آٹا
gehu ka āta

das Maismehl
مکئی کا آٹا
makai ka āta

die Hefe
خمیر
khamir

der Teig
گوندھا ھوا آٹا
göndha hua āta

das Backpulver	röti pakana ka pöwdar	روٹی پکانے کا پاؤڈر
das Roggenmehl	rai ka āta	رائی کا آٹا
das Vollkornmehl	pura gahu ka āta	پورے گیہوں کا آٹا
sieben	chānna	چھاننا
kneten	ghöndhna	گوندھنا
verrühren	bölana	بلانا
backen	pakana	پکانا

die Reisnudeln
چاول کے نوڈل
chawal ka nudle

GETREIDE UND MEHL - اناج اور آٹا

Brot - روٹی

die Brezel
خستہ نمکین بسکٹ
khasta namkin biscuit

das Croissant
کریسنٹنٹ
creeßant

das/die Baguette
فرنچ روٹی
french röti

das Schwarzbrot
بھوری روٹی
bhuri röti

das Weißbrot
سفید روٹی
safad röti

das Vollkornbrot
پورے گیہوں کی
کالی روٹی
pura gahu ki kāli röti

das Mehrkornbrot
گراناری روٹی
granarhj röti

das Graubrot
رائی کی روٹی
rai ki röti

das Fladenbrot
مسطح روٹی
musattah röti

die Tortilla
تورٹیلا
tödtala

das Toastbrot
ٹوسٹ
töast

das Sauerteigbrot
خمیر کی روٹی
khamir ki röti

das Brötchen
رول
röll

der Bagel
موٹی روٹی
möti röti

das belegte Brötchen
بھرا ہوا رول
bhara hua röll

das Knäckebrot
خستہ روٹی
khasta röti

GETREIDE UND MEHL - اناج اور آٹا

Brotaufstriche - سپریڈ

das Glas
بڑا برتن
bada bartan

der Honig
شہد
shahad

der Waldhonig
ہنی ڈیو ہنی
höneydew höney

der flüssige Honig
صاف شہد
sāf shahad

der Zitronenaufstrich
لیموں کا دہی
limu ka dahi

die Marmelade
جیم
jam

die Konfitüre
ایک قسم کا اچار
ik qisam ka achar

der Ahornsirup
میپل سے بنی سیرپ
maple sa bani sirup

die Erdnussbutter
مونگ پھلی سے تیار کردہ مکھن
mung phali sa tajjar kardah makhkhan

der Schokoladen-aufstrich
چاکلیٹ کا پیسٹ
chöcölate ka pasta

die Margarine
مکھن
makhkhan

der Laib
بڑی روٹی
bari röti

die Scheibe
سلائس
slice

das Paniermehl
روٹی کا چورا
röti ka chura

das Sandwich
سینڈوچ
sandwich

GETREIDE UND MEHL - اناج اور آٹا

Kuchen und Gebäck - کیک اور پیسٹری

der Käsekuchen
پنیر کیک
panir cake

die Schokoladentorte
چاکلیٹی کیک
chöcölati cake

der Muffin
امریکی مفن
amriki muffin

die Makrone
مکرون
macarun

der Lebkuchen
ادرک کی روٹی
adrak ki röti

das Biskuit
ٹرفل اسپنچ کیک
trifla spönge cake

der Berliner
چھوٹا فرائی کیا ہوا کیک
chöta frj kya hua cake

der Gugelhupf
انگوٹھی کی شکل کا کیک
anguthi ki shakl ka cake

die Obsttorte
فروٹ ٹارٹ
fruit tart

die Schwarzwälder Kirschtorte
بلیک فارسٹ کیک
black förast cake

der Zwetschgenkuchen
ڈمسون ٹارٹ
damsön tart

die Linzer Torte
لنذر ٹارٹ
linzar tart

das Marmeladentörtchen
جام ٹارٹ
jam tart

das Marzipan	mazipan	مرزیپان
der Geburtstagskuchen	jauma paidaish cake	یوم پیدائش کیک
die Geburtstagskerze	jauma paidaish möm batti	یوم پیدائش مومبتی
die Kuchendekoration	cake ki sajawat	کیک کی سجاوٹ
das Gebäck	pastri	پیسٹری
das Eclair	éclair	ایکلئیر
das Baiser	maringua	مرینگو

DESSERTS UND SÜßSPEISEN - ڈیسرٹ اور پڈنگ

der Apfelstrudel
سیب سے بنی ہوئی پیسٹری
sab sa bani hui pastri

das Tiramisu
ٹیرمسو
taramisu

die Eiscreme
آئس کریم
ice cream

die Eiskugel
آئس کریم کا چمچ
ice cream ka chamach

die Eiswaffel
کون
köna

der Pfannkuchen
پین کیک
pan cake

die Crêpe
کریپ
crape

der Eisbecher
آئس کریم کی ڈش
ica crima ki dish

der Karamellpudding
کریم کارمل
cream caramal

die Mousse
میٹھی اور زیادہ نمکین ڈش
mithi aur zajadah namkin dish

die Schlagsahne
جھاگ والی کریم
jhag wali cream

die Crème brûlée
کریم برلی
cream burli

die Panna cotta
پاننا کوٹٹا
panna cötta

der Wackelpudding
جیلی
jelly

der Obstsalat
فروٹ سلاد
fruit salad

GETRÄNKE - مشروبات

Erfrischungsgetränke - سافٹ ڈرنکس

das Wasser
پانی
pāni

das Tonicwater
ٹانک واٹر
tönic water

der Orangensaft
اورینج جوس
öranga juice

der Tomatensaft
ٹماٹر کا جوس
tameter ka juice

das alkoholfreie Bier
بغیر الکحل کی شراب
bagair alcöhal ki sharab

der Karottensaft
گاجر جوس
gajar ka juice

die/das Cola
کوک
cöke

die Limonade
شکنجبین
shankjēn

der Eiskaffee
ٹھنڈی کافی
thandi cöffi

die Eisschokolade
ٹھنڈی چاکلیٹ
thandi chöcölate

der Eistee
ٹھنڈی چائے
thandi chai

die Apfelschorle
ایپل سپٹرزر
apple spritzer

der Milchshake
دودھ کا شیک
dudh ka shake

die Saftpresse	juica nikalna ki machine	جوس نکالنے کی مشین
der frisch gepresste Grapefruitsaft	taza nikala hua angur ka jus	تازہ نکالا ہوا انگور کا جوس
das Tafelwasser	böttla ka pani	بوتل کا پانی
das Leitungswasser	tunti ka pani	ٹونٹی کا پانی
das Mineralwasser mit Kohlensäure	chamakta pāni	چمکتا پانی
das stille Mineralwasser	ruka huwa muadni pāni	رکا ہوا معدنی پانی
der Apfelsaft	sab ka jus	سیب جوس
der Johannisbeersaft	kāli kishmish ka sharbat	کالی کشمش کا شربت

GETRÄNKE - مشروبات

Heißgetränke - گرم مشروبات

der Espresso
ایسپریسو
espreßö

die Kaffeebohnen
کافی بینز
cöffē beens

der Amaretto
امیرٹو
amarettö

der Kaffee zum Mitnehmen
جانے کے لئے کافی
jāne ke liye cöffē

der Deckel
ڈھکن
dhakon

der Becher
کپ- پیالہ
kup-pyala

der Milchschaum
ملک فروتھ
dood ki jhaag

der Teebeutel
چائے بیگ
chai bag

die Teeblätter
چائے کی پتی
chai ki patti

die Teekanne
چائے کی کیتلی
chaay kee ketalee

der Schwarztee
کالی چائے
kali chai

der/die Latte macchiato
لیٹی
latte

der Kaffee
کافی
cöffē

der Cappuccino
کیفیچینو
kapichino

der Milchkaffee
سفید کافی
safad cöffē

der Minztee
پودینہ والی چائے
pödina wali chai

der Kamillentee
کیمومائل چائے
chamömile chai

der Kräutertee
ہربل انفیوژن
herbal infusiön

der Glühwein
میوے شراب
mewe sharāb

GETRÄNKE - مشروبات

Alkoholische Getränke - شراب

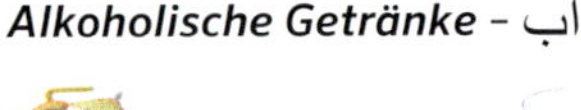

der Cocktail
پھلوں کا مشروب
phalön ka mashrūb

die Sangria
سنگھرا
sanghra

mit Eis
چٹانوں پر
chattānö par

der Whisky
وسکی
whiski

der Gin Tonic
گن اور ٹنک
gin and tönic

der Rum
رم
rum

das Bier
شراب
sharāb

das Pils
پلسنر
pilsner

das dunkle Bier
کالی شراب
kali sharāb

der Wodka
ووڈکا
wödka

der Roséwein
روز شراب
röz sharāb

der Weißwein
سفید شراب
safad sharāb

der Rotwein
سرخ شراب
surkh sharāb

der Sekt
چمک شراب
chamak sharāb

der Tequila
ٹیکویلا
tequila

der Weinbrand	shnapps	برانڈی
der Schnaps	shnapps	شَناپس
der Sherry	sherry	شیری
der Likör	sharāb	شراب
der Cidre	cider	سائڈر
die Weinschorle	spritzer	سپٹرزر
das Hefeweizen	gahu ki sharab	گیہوں کی شراب
der Champagner	champagne	شیمپین

KOCHEN - کھانا پکانے

Zubereitung - خوراک کی تیاری

schälen
چھلکا اتارنا
chilka utarna

schneiden
کاٹنا
katna

schlagen
پھینٹنا
phetna

reiben
گھسنا
ghisna

zerstoßen
کچلنا
kuchalna

glasieren
چمکانا
chamkana

sieben
چھاننا
channa

stampfen
میش کرنا
mash karna

klopfen
دبانا
dabana

ausrollen
لپٹانا
liptāna

salzen
نمک لگانا
namak lagana

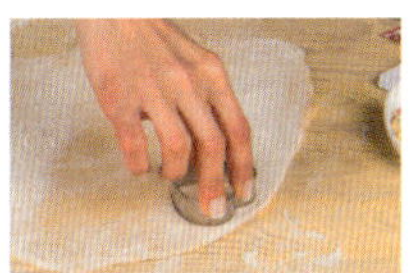

ausstechen
کاٹنا
katna

rösten	bhunna	بھوننا
kochen	ubalna	ابالنا
köcheln lassen	uthana	اٹھانا
grillen	āg par senkna	آگ پر سینکنا
anbraten	bhönna	بھوننا
braten	talna	تلنا
frittieren	khub talna	خوب تلنا

streuen
چھڑکنا
chirakna

GERICHTE UND MAHLZEITEN - کھانے اور برتن

Das Frühstück - ناشتہ

das Brot
روٹی
röti

der Orangensaft
سنترہ کا جوس
santrah ka juica

das Brötchen
رول
röll

die Milch
دودھ
dudh

der Käse
پنیر
panir

die Marmelade
جام
jām

der Cappuccino
کافی
cöffē

das gekochte Ei
ابلا ہوا انڈا
ubla hua anda

das Müsli
ایک قسم کی اناج
aik qisam ki anaj

die Melone
خربوزہ
kharbūza

der Schinken
پٹھا
pattha

die Butter
مکھن
makhkhan

die Frühstücksflocken
دانہ
dāna

das Croissant
کریسنٹنٹ
cröißant

die Cornflakes
کارنفلیککس
cörnflakes

der Früchtejoghurt
پھل کی دہی
phal ki dahi

das frische Obst
تازہ پھل
tāzah phal

der Müsliriegel
اناج کی بار
anaj ki bar

die Weizenkeime
گندم جرثومہ
gandum jartöma

GERICHTE UND MAHLZEITEN - کھانے اور برتن

Das Frühstück - ناشتہ

das Toastbrot
ٹوسٹ
töast

die gegrillte Tomate
گرل کیا ہوا ٹماٹر
grill kia hua tamater

die gebackenen Bohnen
پکی ہوئی بین
paki hui bin

die Rösti
ہیش براؤن
hash bröwn

die Blutwurst
سیاہ پڈنگ
siyah pudding

der Speck
ثور کا گوشت
suwar ka gösht

die Pilze
مشروم
mushrum

die Wurst
چٹنی
chatni

das Spiegelei
تلا ہوا انڈا
tala hua anda

das Rührei
انڈے کا بھرتہ
ande ka bhurta

das Omelett
املیٹ
ömalatte

armer Ritter
فرانسیسی ٹوسٹ
fransesi töast

die Waffel
روغنی روٹی
röghni röti

der Pfannkuchen
پینکیک
pancake

der Haferbrei
دلیہ
dalya

der Fruchtshake
اسموتھی
smūthie

die heiße Schokolade
گرم چاکلیٹ
garam chöcölate

GERICHTE UND MAHLZEITEN - کھانے اور برتن

Snacks und Knabbereien - نمکین اور نببلیں

die Chips
کرسپس
crisps

die Salzbrezel
نمکین
namkēn

das Popcorn
پاپ کارن
pöpcörn

der/das Bonbon
ابلی ہوئی مٹھائی
öbli hui mithai

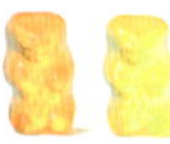

das Gummibärchen
جیلی بیئر
jelly bear

die Lakritze
لیکورس
liquorice

der/das Kaugummi
چیونگ گم
chewing gum

der Lutscher
لولی پوپ
loly pop

die weiße Schokolade
سفید چاکلیٹ
safad chöcölate

der Schokoriegel
چاکلیٹ بار
chöcölata bar

die Zartbitter-schokolade
کالی چاکلیٹ
kali chöcölate

die Milchschokolade
دودھ کی چاکلیٹ
dudh ki chöcölate

der Eislutscher
آئس لولی
ice lölli

der Frozen Yogurt
جمی ہوی دہی
jami huwi dahi

der Keks
بسکٹ
biscuit

die Praline
چاکلیٹ بار
chöcölate bar

GERICHTE UND MAHLZEITEN - کھانے اور برتن

Das Fastfood - فاسٹ فوڈ

das Stück Pizza
پزا کے ٹکڑے
pizza ka tukda

die Pizza
پزا
pizza

der Hamburger
برگر
burger

die Pommes frites
فرائز
fries

die Tortilla-Chips
ٹارٹیلا چپس
törtilla chips

der Taco
ٹیکو
tacö

die gebratenen Nudeln
تلے ہوئے نوڈل
tala hua nudla

das Sushi
سشی
sushi

der/das Hot Dog
ہاٹ ڈاگ
höt dög

der Döner
ڈونر کباب
dönar kabab

der Wrap
لپیٹ
lapet

der Fisch mit Pommes
مچھلی اور چپس
machli aur chips

Eine Portion Pommes rot-weiß, bitte.	baraha karam majönnaisa aur chatni ka sāth chips ka hißah	براہ کرم میئونیز اور چٹنی کے ساتھ چپس کا حصّہ
klein/mittelgroß/groß	chöta\mutawaßeat\bada	چھوٹا/ متوسط/ بڑا
süß	mitha	میٹھا
salzig	bachi	بچی
der Lieferservice	delivery service	ڈلیوری سروس
bestellen	ördar dana	آرڈر دینا
liefern	daliwar karna	ڈیلیور کرنا

das Nugget
نگٹ
nugget

GERICHTE UND MAHLZEITEN - کھانے اور برتن

Hauptmahlzeit - اہم برتن

die Suppe
سوپ
söup

die Frikadelle
کباب
kabab

das Steak
سٹیک
steak

der Beilagensalat
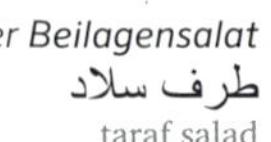
طرف سلاد
taraf salad

die Kartoffelspalten

آلو کے بیکڈ قتلے
ālö ke baked katle

die Lasagne
لسانیہ
lasagne

die Spaghetti Bolognese
سپیگیٹی بولونیس
spaghetti bölögnese

das Brathähnchen
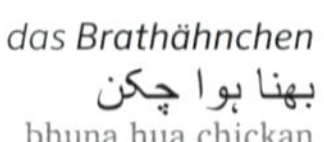
بھنا ہوا چکن
bhuna hua chickan

das panierte Schnitzel
بریڈید ایسکلیپ
breaded escalöpe

die Bratkartoffeln
تلے ہوئے آلو
tala hua ālu

der Eintopf
اسٹو
stew

der Auflauf
روٹی بنانا
röti banana

die Pastete
پائی
pie

die Quiche
شکم پور
shikam pūr

das Curry
کری
kari

GERICHTE UND MAHLZEITEN - کھانے اور برتن

Im Restaurant - ایک ریستوران میں

① *der Gast*
ڈنر
diner

② *der Kellner*
ویٹر
waiter

③ *der Tisch für zwei Personen*
دو کے لئے میز
dö ka lia maze

④ *das Rotweinglas*
لال شراب کا گلاس
lāl sharab ka glaß

⑤ *die Speisekarte*
مینو
menu

⑥ *die Bestellung*
آرڈر
örder

die Vorspeise
اسٹارٹر
startar

der Nachtisch
ڈزرٹ
deßert

die Beilage
سائڈ ڈش
side dish

das Hauptgericht
مین کورس
main cöurse

die Suppe
سوپ
söup

der Aperitif
شراب کی قسم
sharāb ki kisam

der/das Sorbet
شربت
sharbat

der Salat
سلاد
salad

der Käseteller
پنیر پٹا
panēr patta

der Kaffee
کافی
cöffi

der Likör
شراب
sharāb

das Käsemesser
پنیر کاٹنے کی چھڑی
panēr kātne ki churi

das Stäbchen
چاپ اسٹک
chöpstick

GERICHTE UND MAHLZEITEN - کھانے اور برتن

Geschirr und Besteck - کراکری اور کٹلری

die Serviette
نیپکین
napkin

der Brotteller
طرف پلیٹ
taraf plate

die Gabel
فورک
förk

die Tischdecke
میز کا کپڑا
maz ka kapre

der Essteller
ڈنر کی پلیٹ
dinnar ki plate

das Wasserglas
پانی کا گلاس
pāni ka glaß

das Weinglas
شراب کا گلاس
sharab ka glaß

der Dessertlöffel
ڈزرٹ کا چمچ
daßart ka chamch

der Suppenlöffel
سوپ کا چمچ
söup ka chamch

das Messer
چاقو
chāqu

die Schüssel
پیالہ
payala

die Karaffe
قرابہ
kurāba

das Steakmesser
سٹیک چاقو
tūthpick

der Zahnstocher
ٹوتھ پک
tuth picg

Könnten Sie uns bitte die Weinkarte bringen?	baraha karam kya hama sharab ki list mil sakti hai?	براہ کرم کیا ہمیں شراب کی لسٹ مل سکتی ہے؟
Guten Appetit!	apna khana ka lutf la?	اپنے کھانے کا لطف لیں!
Zum Wohl!	shād bāsh!	شاباش !
Als Vorspeise/Hauptgericht/ Nachtisch nehme ich ...	main.... startar ka taur lunga/main cörse ka lija/disart ka liija	میں .... سسٹارٹر کے طور لوں گا/ مین کورس کے لئے/ ڈزرٹ کے لئے
Ich hätte gerne die Rechnung, bitte.	baraha karam, bill	براہ کرم، بل.
die Bezahlung	adāgi	ادائیگی
das Trinkgeld	tip	ٹپ

DIE ERNÄHRUNG - خوراک اور غذا

das Fett
چربی
charbi

der Zucker
شکر
sugar

das Kohlenhydrat
کاربوہائڈریٹ
carböhydrate

das Eiweiß
پروٹین
prötein

ohne Eier
بغیر انڈے کے
bagair anda ka

zuckerfrei
بغیر شکر کے
bagair shakr ka

glutenfrei
بغیر گلوٹن کے
bagair gluten ka

laktosefrei
بغیر لاکٹوس کے
bagair lactöse ka

die Ballaststoffe
کھانے والا فائیبر
khana wala fibar

das Cholesterin
کولیسٹرول
chölesteröl

vegetarisch
سبزی خور
sabzi khör

vegan
ویگن
vegan

die Lebensmittelintoleranz	khana sa allargi	کھانے سے الرجی
die Fruktose	fructöse	فروکٹوس
die Glukose	glucöse	گلوکوس
das Natrium	södium	سوڈیم
die Kalorien	calöries	کیلوری
die gesunde Ernährung	sahatmand khana	صت مند کھانا
fasten	khāli pait rahna	خالی پیٹ رہنا

die Diät
خوراک
khörak

UNTERWEGS

راستے میں

STRAßEN UND VERKEHR – سڑکوں اور ٹریفک

① *die Straßenlaterne*
اسٹریٹ لائٹ
strit wala

② *die Einbahnstraße*
ون وے اسٹریٹ
one way street

③ *die Fußgängerampel*
پلیکن کراسنگ
pelican crößing

④ *der Bürgersteig*
فٹ پاتھ
fut path

⑤ *der Bordstein*
فرش کی سنگین گوٹ
farash ki sangēn gūt

⑥ *die Ampel*
ٹریفک لائٹ
traffic light

⑦ *das geparkte Auto*
پارک کی ہوئی کار
park ki hui kar

⑧ *die Fahrspur*
ٹریفک لین
traffic lana

⑨ *die Straßen-markierung*
سڑک مارکنگ
sarak marking

⑩ *der Rinnstein*
گٹر
guttar

der Tunnel
سرنگ
surang

der Parkschein-automat
ٹکٹ کی مشین
ticket ki machine

der Fahrradweg
سائیکل کا راستہ
cicla ka rasta

der Behinderten-parkplatz
غیر فعال پارکنگ کی جگہ
gher fāl parking ki jagah

die Brücke
پل
pul

der Kreisverkehr
راؤنڈاباؤٹ
röundaböut

der Zebrastreifen
زیبرا کراسنگ
zabra crößing

die Notrufsäule
ایمرجنسی ٹیلی فون
amarganci talaphōna

STRAßEN UND VERKEHR - سڑکوں اور ٹریفک

das Autobahnkreuz
موٹر وے کی چوک
mötörway ki chöwk

die Autobahn
سڑک
sarak

der Berufsverkehr
دن کے اوقات جب ٹریفک زور پر ہو۔
din ke öqāt jab traffic zör pr hö

① der Mittelstreifen
مرکزی تحفظ
markazi tahaffuz

② die Überholspur
تیز لین
taz lana

③ die Überführung
فلائی اوور
fli öwar

④ die Kurve
موڑ
mör

⑤ die Unterführung
انڈرپاس
undar paß

⑥ die Einfahrt
پھسلن والی سڑک
phislan wali sarak

⑦ die Ausfahrt
نکلنے کا راستہ
nikalna ka rasta

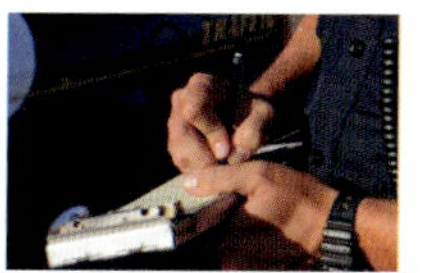

der Verkehrspolizist
ٹریفک پولیس افسر
traffic pölice afsar

der Strafzettel
ٹکٹ مشین
ticket machine

die Mautstelle
ٹول گیٹ
tul gata

abschleppen
دور کرنا
dör karna

die Kreuzung	junctiön	جنکشن
die Vorfahrt	sahi tarēke se	صحیح طریقے سے
die Geschwindigkeitsüberschreitung	tazi	تیزی
anhalten	rukna	رکنا
der Standstreifen	sakht kandhe	سخت کندھے
die Raststätte	service ara	سروس ایریا
rückwärtsfahren	palta dena	پلٹا دینا

der Stau
ٹریفک جام
traffic jam

STRAẞEN UND VERKEHR - سڑکوں اور ٹریفک

Verkehrsschilder - روڈکے نشان

Einfahrt verboten
نو انٹری
nö entry

das Halteverbot
نو اسٹاپانگ
nö stöpping

die Baustelle
روڈ ورک
röad wörk

der Tunnel
سرنگ
surang

das Parkverbot
نو پارکنگ
nö parking

der Stau
ٹریفک جام
traffic jam

das Gefälle
کھڑی خالی
khari khali

der Kreisverkehr
راؤنڈاب آوٹ
röundaböut

die Geschwindigkeitsbegrenzung
رفتار کی حد
raftar ki had

Vorfahrt gewähren!
راستہ دیجئے!
rasta dijiye!

die Einbahnstraße
ایک طرفہ گلی
iktarfa gali

der Gegenverkehr
سامنے سے آنے والی ٹریفک
sāmne se āne wali traffic

Einbiegen nach rechts verboten
کوئی دایاں موڑ نہیں
köi daya mör nahi

Einbiegen nach links verboten
کوئی بایاں موڑ نہیں
köi baja möd nahi

Wenden verboten
نو ٹرننگ
nö turning

die Schnee- oder Eisglätte
کالی آئس
kali ica

DAS AUTO - کار

Autotypen - گاڑی کی اقسام

die Stretchlimousine
مسلسل لیمو
musalsal lemö

das Cabrio
بدلنے والی
badalane vaalee

die Fließhecklimousine
ہاک بیک بیک
hatchback

der Sportwagen
اسپورٹ کار
spört car

der Kleinstwagen
مائکرو. کار
micrö car

der Kleinwagen
چھوٹی کار
chöti car

der Oldtimer
ونٹیج کار
wintage car

die Limousine
سیلون
salun

der Kombiwagen
اسٹیٹ
estate

der Pick-up
پک اپ
pickup

der Kleintransporter
وین
wan

die Klimaanlage	air cönditiöning	ایئر کنڈیشننگ
die Automatikschaltung	autö matic transmißiön	آٹومیٹک ٹرانسمیشن
die Handschaltung	manual gear	مینوئل گیر
die Zündung	iginitiön	اگنیشن
Sitzheizung	garam siz	گرم سیٹ
dreitürig	tin darwaza	تین دروازہ
viertürig	char darwaza	چار دروازہ

der Geländewagen
تمام پہاڑی گاڑی
tamam pahari gari

DAS AUTO - کار

Das Auto – Außenansicht - گاڑی بیرونی

das Reifenprofil
چلنا
chalna

der Ölmessstab	dipstick	ڈپسٹک
der Luftfilter	hawa sāf karna wala	ہوا صاف کرنے والا
der Bremsflüssigkeitsbehälter	brake siāl zakhair	بریک سیال ذخائر
die Antenne	fazai	فضائی
die Radaufhängung	whēl suspensiön	وہیل معطل
das Abblendlicht	beam duba	بیم ڈوبا
das Fernlicht	high beam	ہائی بیم

DAS AUTO - کار

Das Auto – Außenansicht - گاڑی بیرونی

① der Seitenspiegel
ونگ آئینے
wing aina

② die B-Säule
بی کالر
b-pillar

③ der Kofferraum
بوٹ
but

④ die Heckscheibe
پیچھے کی کھڑکی
picha ki khirki

⑤ die Motorhaube
بونٹ
bönnat

⑥ das Seitenfenster
سائیڈ کی کھڑکی
sida ki khirki

⑦ die Autotür
کار کا دروازہ
kar ka darwaza

⑧ die Radkappe
ہب ٹوپی
hub töpi

⑨ der Scheinwerfer
ہیڈلائٹ
hid light

⑩ der Türgriff
دروازہ کا ہینڈل
darwaza ka handla

⑪ die Bremsleuchte
بریک کی لائٹ
brigki light

⑫ die Rückleuchte
پونچھ کی روشنی
pönch ki röshni

⑬ der Reifen
ٹائر
tire

⑭ die Seitenschutzleiste
حفاظتی پٹی
hifazati patti

⑮ der Rückfahrscheinwerfer
روشنی تبدیل کرنا
röshni tabdēl karna

der Motor	engine	انجن
der Benzintank	petröl tank	پٹرول ٹینک
das Getriebe	gir böx	گیر باکس
der Kühler	radiatör	ریڈی ایٹر
der Ventilator	pankha	پنکھا
die Batterie	battari	بیٹری
das Auspuffrohr	agxhust pipa	ایگزاسٹ پائپ

die Felge
پہیہ کا رم
phaiya ka alarm

DAS AUTO - کار

Das Auto – Innenausstattung - کار داخلہ

① *der Seitenspiegel*
ونگ آئینے
wing ainey

② *das Lenkrad*
سٹیرنگ کی پہیہ
stiring ka phaiya

③ *das Armaturenbrett*
ڈیش بورڈ
dashböard

④ *der Türöffner*
دروازہ کھولنے والا
darwaza khölna wala

⑤ *der Fahrersitz*
ڈرائیور کی سیٹ
driver ki seat

⑥ *die Mittelkonsole*
مرکز کنسول
markaz cönsöle

⑦ *die Handbremse*
ہینڈ بریک
handbraka

⑧ *der Heizungsregler*
ٹمپریچر کنٹرول
tamparatura cönträls

⑨ *das Handschuhfach*
گلوو باکس
glöwaböx

⑩ *der Schalthebel*
گیر اسٹک
gir stick

⑪ *der Beifahrersitz*
مسافر کی سیٹ
musafir ki seat

der Warnblinkschalter
خطرے کی وارننگ دینے والی سوئچ
khatra ki warning dana wali switch

die Stereoanlage
سٹیریو
stereö

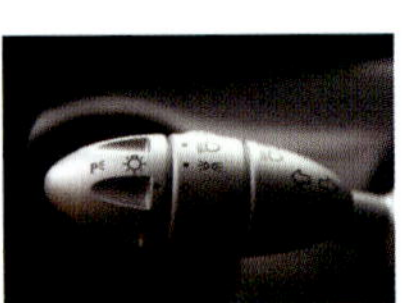

der Blinkerhebel
انڈیکیٹر سوئچ
indicatör swig

der Zigarettenanzünder
سگریٹ کا لائٹر
cigaratta ka lightar

das Navigationsgerät
سنئوی
satnaf

die Hupe	hörn	ہارن
das Kupplungspedal	clutch ka pedal	کلچ کا پیڈل
das Bremspedal	braka padal	بریک پیڈل
das Gaspedal	accalaratör padal	ایکسلریٹر پیڈل
der Sicherheitsgurt	seat balt	سیٹ بیلٹ
die Kopfstütze	takya	تَکیہ
der Airbag	air bag	ایئر بیگ

DAS AUTO - کار

Die Tankstelle - پٹرول کی اسٹیشن پر

die Preisanzeige
قیمت کا ڈسپلے
qimat ka displai

die Literanzeige
لیٹر کا ڈسپلے
lattar ka displai

der Feuerlöscher
آگ بجھانے والا
āg bujhana wālā

die Zapfsäule
پٹرول پمپ
petröl pump

das Reifenfüllgerät
ٹائر پریشر گاگ
tire praßura gauge

das Rauchverbot
تمباکو نوشی کی پابندی
tumbacö nöshi ki pabandi

das Benzin
پٹرول
petröl

der Diesel
ڈیزل
diasal

bleifrei
غیر جانبدار
gher janibdār

verbleit
قیادت
qayadat

der Zapfschlauch
پٹرول کی پمپ کی نلی
petröl pump ki nalli

die Zapfpistole
پمپ منہ دہانہ
pump muh dahana

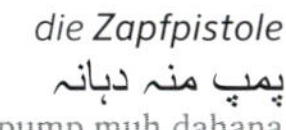

der Tankdeckel
پٹرول کیپ
petröl cap

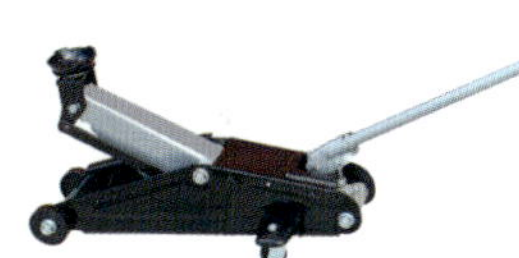

der Wagenheber
جیک
jack

(das) Öl wechseln	tal badalna	تیل بدلنا
der Reifendruck	tire praßura	ٹائر پریشر
der Keilriemen	pankha ki balt	پنکھے کی بیلٹ
die Lichtmaschine	altanatör	الٹی نیٹر
der Sommerreifen	garmi ka tire	گرمی کے ٹائر
der Winterreifen	sardi ka tire	سردی کے ٹائر
der Allwetterreifen	tamam mausam ka tire	تمام موسم کے ٹائر
die Schneekette	baraf zanjirö	برف زنجیروں

tanken
تیل بھرنا
tal bharna

DAS AUTO - کار
Die Tankstelle - پٹرول کی اسٹیشن پر

① *die Tankanzeige*
پٹرول گاگ
petröl gauge

② *die Tankleuchte*
کم تیل بتانے والی لائٹ
kam tal batana wali light

③ *der/das Tachometer*
spēd meter اسپیڈ موٹر

④ *die Geschwindigkeit*
spēd اسپیڈ

⑤ *der Kilometerstand*
miliga riding مائلیج ریڈنگ

⑥ *der Drehzahlmesser*
ریوولوشن کاؤنٹر
rawölutiön cöunter

⑦ *die Kühlmitteltemperaturanzeige*
ٹمپریچر گوگ
tempearature gauge

den Reifen wechseln
ٹائر بدلنا
tire badlna

der Radmutternschlüssel
پہیہ کے نٹ کا رنچ
phaiya ka nut ka wranch

das Reserverad
فالتو پہیہ
fāltu phaiya

die Reifenpanne
پنچر
punctura

der Verkehrsunfall	röad hadisa	روڈ حادثہ
Ich habe eine Panne.	mari gādi kharab hö gai hai	میری گاڑی خراب ہو گئی ہے
Könnten Sie bitte den Pannendienst anrufen?	کیا آپ بریک داؤن سروس سے رابطہ کر سکتے ہیں؟ kya āp brigdöwn sarwica sa rābtah kar sakta hai	
Der Motor springt nicht an.	kar chalu nahi hö gi	کار چالو نہیں ہوگی
das Starthilfekabel	chalāng ki taraf jata ha	چھلانگ کی طرف جاتا ہے
der Ersatzreifen	falttö tire	فالتو ٹائر
Könnten Sie mir Starthilfe geben?	براہ کرم کیا آپ کار جمپ اسٹارٹ کرنے میں مدد کر سکتے ہیں؟ baraha karam kya āp kar jump start karna ma madad kar sakta hai	

DER BUS - بس

der Doppeldecker
ڈبل ڈیکر
döuble dackar

die Liniennummer
روٹ نمبر
röute numbar

das Fahrziel
منزل
manzil

der Reisebus
کوچ
cöach

die Automatiktür
آٹومیٹک دروازہ
autömatic darwaza

der Gepäckraum
سامان کا ہولڈ
saman ka höld

die Bushaltestelle
بس اسٹاپ
bus stöp

der Fahrplan
ٹائم ٹیبل
tima tabla

das Wartehäuschen
بس شیلٹر
bus shaltar

der Schulbus
اسکول بس
shul bus

der Halteknopf
اسٹاپ بٹن
stöp buttön

der Busbahnhof	bus statiön	بس اسٹیشن
der Linienbus	ragular bus sarwica	ریگولر بس سروس
der Kleinbus	mini bus	منی بس
die Monatskarte	mahwari ticket	ماہواری ٹکٹ
der Fahrpreis	kiraya	کرایہ
die Fahrkarte	ticket	ٹکٹ
der Fahrkartenautomat	ticket machine	ٹکٹ مشین

die Halteschlaufe
سپورٹ ہینڈل
suppört handla

DAS MOTORRAD - موٹر سائیکل

der Motorroller
اسکوٹر
scutar

das Quad
کواڈ موٹر سائیکل
quad mötörcycle

das Geländemotorrad
گندگی موٹر سائیکل
gandagi mötörcycle

der Chopper
چوپر موٹرسائیکل
chooper motocycle

DAS MOTORRAD - موٹر سائیکل

der Motorradhelm
موٹر سائیکل ہیلمٹ
mötör cycle helmet

die Lederjacke
چمڑے کی جیکٹ
chamda ki jackat

die Motorradkombi
چمڑا
chamra

der Lederhandschuh
چمڑے کے دستانہ
chamda ki jackat

das Visier
ویزار
fisör

der Lufteinlass
ہوا ڈک
hawa duck

der Reflektorstreifen
عکاس پٹی
akās patti

der/das Tachometer
اسپیڈ موٹر
spead mötör

der Lenker
ہینڈل بار
handla bar

der Tankdeckel
ٹینک کیپ
tankcap

der Benzintank
پٹرول ٹینک
petröl tank

der Blinker
انڈیکیٹر
indicatör

der Bremshebel für die Vorderradbremse
سامنے بریک لیور
sāmne break lefer

der Gasdrehgriff
موڑ - گرفت تختہ
mörr-grift takhta

das Motorradgespann
موٹر سائیکل مجموعہ
mötörcycle majmöa

der Tourer
ٹورر
töurer

der Beiwagen
سائڈ کار
sidecar

DAS FAHRRAD - سائیکل

der Schalthebel	gear lefer	گیئر لیور
der Bremshebel	break lefer	بریک لیور
die Luftpumpe	pump	پمپ
der Fahrradhelm	bike helmet	بائیک ہیلمٹ
der Dynamo	dynamö	ڈائمنامو
in die Pedale treten	paddle	پیڈل
bremsen	briglagana	بریک لگانا
in einen höheren/niedrigeren Gang schalten	high/löwar gir ma dalna	ہائی/لوور گیر میں بدلنا
Radfahren lernen	bike chalana sikhana	بائیک چلانا سیکھنا
einen Fahrradschlauch flicken	andar ka tube lagana	اندر کا ٹیوب لگانا

DAS FAHRRAD - سائیکل

der Kindersitz
بچہ کی سیٹ
bachcha ki seat

das Einrad
یونی سائیکل
unicycle

das Tandem
ٹنڈم
tandem

das BMX-Rad
BMX بائیک
bmx bike

das Rennrad
ریس کی بائیک
race ki bike

das Tourenfahrrad
ٹور کی بائیک
töur ki bike

das Mountainbike
پہاڑوں کی بائیک
paharö ki bike

das Elektrofahrrad
برقی بائیک
barqi bike

das Liegerad
آرام دہ اور پرسکون سائیکل
arāmda ör pursukūn

das Dreirad
ٹری سائیکل
tricycle

das Fahrradschloss
بائیک کا لاک
bike ka löck

das Flickzeug
مرمت کرنے کی کٹ
mörammat karna ki kit

das Leihfahrrad
کرائے پر لی ہوئی سائیکل
kiraja par li hui cjcla

der Kinderanhänger
بچہ موٹر سائیکل ٹریلر
bacha mötörcycle

die Satteltasche
پیننیئر بیگ
pannier bag

der Fahrradständer
سائیکل اسٹینڈ
cicla stand

DAS LASTKRAFTFAHRZEUG - ٹرک

der Sattelschlepper
واضح لاری
wazeh löri

das Auspuffrohr
راستہ اسٹیک
rasta stake

die Schlafkabine
سلیپر برتھ
slipar berth

die Kühlerhaube
بونٹ
bönnat

das Lufthorn
ائیر ہارن
air hörn

der Kühlergrill
ریڈی ایٹر گریل
radiatör grill

der Stauraum
سٹوریج کمپارٹمنٹ
störage cömpartment

der Scheinwerfer
ہیڈ لائٹ
headd light

der Stoßfänger
بمپر
bumper

die Windschutzscheibe
ونڈرن
windscrēn

die Trittstufe
قدم
qadam

der Kraftstofftank
پٹرول ٹینک
petröl tank

der Autotransporter
کار ٹرانسپورٹ کرنے والہ ٹرک
car transport karne wala truck

die Schneefräse
برف اٹھانے والہ ٹرک
barf uthane wala truck

die Straßenkehrmaschine
جھاڑو لگانے والہ ٹرک
jharo lagane wala truck

der Müllwagen
کچھرے کا ٹرک
kachray ka truck

der Tankwagen
ٹینکر
tanker

der Sattelzug
لمبا ٹرک
lamba truck

der Auflieger
ٹریلر
trailer

der Flachbettauflieger
فلیٹڈ ٹریلر
flatbed trailer

WEITERE FAHRZEUGE -

der Bagger
کھودنے والا
khödna wala

der Radlader
ملبا اٹھانے والہ ٹرک
malba uthane wala truck

der Betonmischer
کنکریٹ کو ملانے والا
cöncrete kö milane wali

der Kipper
ڈمپر
dumper

der Wohnwagen
کاروان
carvan

das Wohnmobil
کیمرا گاڑی
camera truck

der Gabelstapler
فورک لفٹ ٹرک
förk lift truck

das Feuerwehrfahrzeug
فائر انجن
fire engine

der Anhänger
ٹریلر
tailar

der Traktor
ٹریکٹر
tractör

der Polizeiwagen
پولیس کی کار
pölice ki car

das Taxi
ٹیکسی
taxi

der Abschleppwagen
گاڑیاں اٹھانے والا ٹرک
gariyan uthane wla truck

der Fahrzeugkran
بھاری ٹرک
bhari gari

der Taxistand
ٹیکسی کی جگہ
Taxi ki jaga

ein Taxi herbeiwinken
ٹیک ٹیکس
ek taxi bulaen

DER ZUG - ریل گاڑی

der Zug
ٹرین
train

der Führerstand
ڈرائیور کی کیب
driver ki cab

das Kleinabteil
کمپارٹمنٹ
cömpardmand

die Gepäckablage
ہیڈ ریک
headrack

die Schiene
ریل
rail

der Waggon
گاڑی
gari

die Armlehne
بازو آرام
bazö aram

der Sitz
سیٹ
seat

die Kopflehne
سر آرام
sar arām

der Güterzug
سامان منتقلی ٹرین
saman muntaqali train

die Straßenbahn
ٹرام
tram

die U-Bahn
زیر زمین
zara zamin

die Einschienenbahn
منوریل
mönörail

die Dampflok
بھاپ والا انجن
bhap wala engine

der Hochgeschwindigkeitszug	taz raftar train	تیز رفتار ٹرین
der Triebwagen	rail car	ریل کار
die Oberleitung	öper ki tarien	اوپر کی تاریں
die erste Klasse	first claß	فرسٹ کلاس
die zweite Klasse	secönd claß	سیکنڈ کلاس
der Klapptisch	földing table	فولڈنگ ٹیبل
die Sitzplatzreservierung	seat reservatiön	سیٹ ریزرویشن

DER ZUG - ریل گاڑی

Am Bahnhof - پٹرول کی اسٹیشن پر

der Bahnsteig
پلیٹ فارم
platförm

einsteigen
چڑھنا
charna

aussteigen
اترنا
utarna

das Geländer
ریلنگ
railing

die Gleisnummer
پلیٹ فارم نمبر
platförm numbar

der Wegweiser
علامت
alamat

der Reisende
مسافر
mösafir

die Rolltreppe
ایسکلیٹر
esclatör

die Bahnhofshalle
اسٹیشن کے مواقع
statiön ka mawaqe

der Fahrkartenschalter
ٹکٹ کاؤنٹر
ticket cöunter

der Fahrkarten-automat
ٹکٹ مشین
ticket machine

die Schaffnerin
کنڈکٹر
cönducter

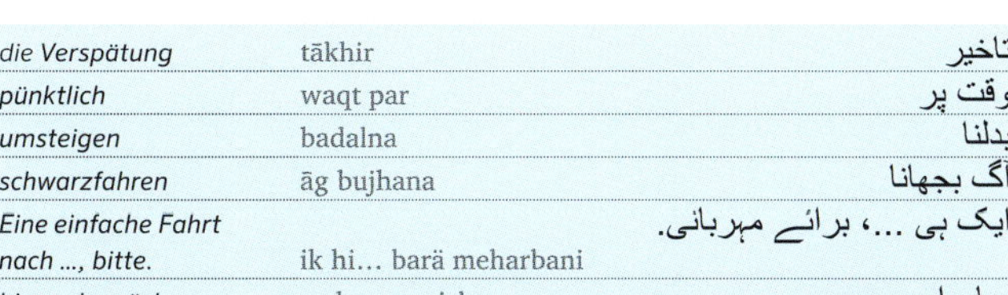

die Verspätung	tākhir	تاخیر
pünktlich	waqt par	وقت پر
umsteigen	badalna	بدلنا
schwarzfahren	āg bujhana	آگ بجھانا
Eine einfache Fahrt nach ..., bitte.	ik hi… barä meharbani	ایک ہی ...، برائے مہربانی.
hin und zurück	waha aur picha	وہاں اور پیچھے
Ist dieser Platz noch frei?	kia ye set köi le chuka ha?	کیا یہ سیٹ کوئی لے چکا ہے؟

der Kofferkuli
سامان کی ٹرالی
saman ki tröley

DAS FLUGZEUG - ہوائی جہاز

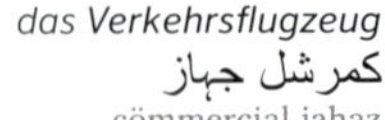

das Verkehrsflugzeug
کمرشل جہاز
cömmercial jahaz

der Rumpf
پنکھے
pankhy

das Cockpit
فلائٹ ڈیک
flight deck

das Heck
دم
dum

das Fenster
کھڑکی
khirki

die Tragfläche
پنکھ
pankh

die Flugzeugtür
دروازہ
darwaza

das Seitenleitwerk
عمودی استحکام
amödi istehkam

der Frachtraum
کارگو ہولڈ
cargö höld

das Fahrwerk
لینڈ کرنے کا ٹائر
land karne ka tire

der Bug
ناک
nāk

das Höhenleitwerk
دوپہر
döpher

das Querruder
ایائلر
ailerön

das Triebwerk
انجن
engine

das Bugfahrwerk
لینڈ کرنے کا ٹائر
land karne ka tire

der Windsack
ہوا کی ساک
hawa ki sāk

Ihr Flug ist jetzt zum Einsteigen bereit.	āp ki böarding ka liye tayyar hai	آپ کی بورڈنگ کے لئے تیار ہے.
die Fluggesellschaft	airline	ایئر لائن
der Flugsicherungsdienst	air traffic cöntröl	ایئر ٹریفک کنٹرول
der Pilot/die Pilotin	pilöt	پائلٹ
die erste Klasse	first claß	فرسٹ کلاس
die Businessklasse	busineß claß	بزنس کلاس
die Economyklasse	ecönömy claß	اکانومی کلاس

DAS FLUGZEUG - ہوائی جہاز

Im Flugzeug - جہاز کے اندر

die Sicherheitsanweisung
حفاظتی ہدایات
hifazti hidayat

die Flugbegleiterin
فلائٹ اٹینڈنٹ
flight attendant

der Sitzplatz
سیٹ
seat

das Gepäckfach
اوپر کی ٹوکری
öper ki tökri

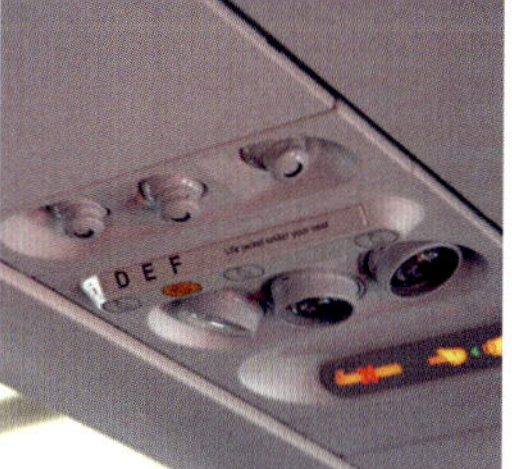

die Luftdüse
ہوائی اخراج
hawai ikhrāj

die Sitznummer
سیٹ نمبر
seat numbar

der Nichtraucherflug
نان سموکنگ فلائٹ
nön smöking flight

die Leselampe
ریڈنگ لائٹ
reading light

das Handgepäck
ہاتھ کا سامان
hāth ka sāmān

der Gang
گلیارے
gilyari

der Notausgang
ایمرجنسی ایگزٹ
emergency exit

der Sitzabstand
سیٹ کی خالی جگہ
seat ki khali jagah

die Sitzreihe	qatar	قطار
der Sicherheitsgurt	seatbelt	سیٹ بیلٹ
sich anschnallen	seat belt bāndhna	سیٹ بیلٹ باندھنا
die Start- und Landebahn	runway	رن وے
fliegen	urna	اڑنا
starten	urna	اڑنا
landen	land karna	لینڈ کرنا
die Turbulenzen	ghaflat	غفلت
die Notlandung	emergency landing	ایمرجنسی لینڈنگ
die Sauerstoffmaske	öxygen mask	آکسیجن ماسک

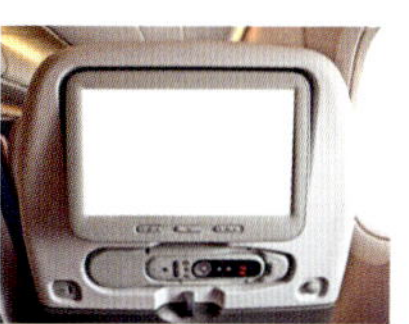

der Bildschirm für das Bordprogramm
فلائٹ کا تفریحی نظام
flight ka tafrihi nazam

DAS FLUGZEUG - ہوائی جہاز

Am Flughafen - ہوائی اڈے پر

der Check-in-Automat
خود سروس چیک میں
khud service check kare

der Check-in-Schalter
چیک ان کاؤنٹر
check-in cöunter

die Bordkarte
بورڈنگ پاس
böarding paß

der Reisepass
پاسپورٹ
paßpört

die Ankunft
آنا
āna

der Abflug
جانا
jāna

das Terminal
ٹرمنل
tarminal

der Zoll
چنگی
chungi

die Sicherheits-kontrolle
سیکورٹی چیک
sacuriti chack

die Ticketkontrolle
ٹکٹ چیک
ticket chack

der Duty-free-Laden
بغیر ڈیوٹی والی دکان
bagair duti wali dukan

die Fluggasttreppe
ہوائی سیڑھی
hawai sidhi

der Flugsteig
دروازہ
darwaza

die Fluggastbrücke
ہوائی پل
hawai pul

der Kontrollturm
کنٹرول ٹاور
cönträl töwer

der Fluglotse
ایئر ٹریفک کنٹرولر
air traffic cöntröller

DAS FLUGZEUG - ہوائی جہاز

Am Flughafen - ہوائی اڈے پر

① die Anzeigetafel
معلومات کی سکرین
mālumat ki scrēn

② das Reiseziel
منزل
manzil

der Langstreckenflug
لمبی مسافت کی فلائٹ
lambi mösafat ki flight

der Auslandsflug
انٹرنیشنل فلائٹ
internatiönal flight

der Inlandsflug
ڈومیسٹک فلائٹ
dömestic flight

① DEPARTURES

Time	Destination ②	Flight
19:30	BEIJING	R4 4509
19:30	ATLANTA	EB 7134
19:45	LONDON	DN 0045
19:40	NEW YORK	OD 7158
19:50	FRANKFURT	NP 6890
20:05	DUBAI	UC 1207
20:10	CHICAGO	EB 3436
20:20	TOKYO	R4 4581
20:45	PARIS	NP 1976

der Rollkoffer
ٹرالی کیس
trali casa

das Übergepäck
زیادہ سامان
zajda saman

das Gepäckband
چکّر کھانے والا سامان
chakkar khana wala samān

der Fahrsteig
چلنے والا راستہ
chalne wala rasta

die Zwischenlandung	stöpöfer	سٹاپ
einen Flug buchen	flight bugkarna	فلائٹ بک کرنا
der/das Online-Check-in	önlina chacgin	آن لائن چیک ان
die Buchungsnummer	buking ka rafaranca	بکنگ کا ریفرنس
das Visum	visa	ویزا
die Gepäckkontrolle	saman check	سامان چیک
der Währungsumtausch	currency exchange	کرنسی ایکسچینج

der Rucksack
روکساک
röksak

DAS SCHIFF - بحری جہاز

das Kreuzfahrtschiff
کروز جہاز
cruise jahaz

die Funkantenne
ریڈیو ایئر
radiö ärial

das Deck
ڈیک
dacg

die Kabine
کیبن
cabin

der Schornstein
چمک
chamak

die Radarantenne
رڈار فضائی
radar fiazai

die Backbordseite
بندرگاہ کی طرف
bandargah ki taraf

der Rumpf
ہول
böl

das Bullauge
جہاز کی دوربین
jahaz ki dūrbēn

die Steuerbordseite
اسٹار بورڈ کی طرف
star böard ki taraf

der Bug
دخش
daksh

das Rettungsboot
زندگی بچانے والی کشتی
zindagi bachane wali

der Bugwulst
بلبس دخش
bulböus daksh

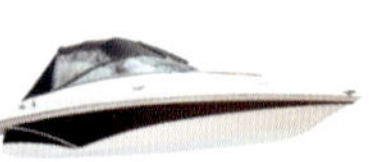

das Segelboot
سیلنگ بوٹ
sailing böat

die Motorjacht
موٹر یاٹ
mötör yacht

das Motorboot
موٹر بوٹ
mötör böat

der Katamaran
چوبی کَشتی
chöbi gashti

DAS SCHIFF - بحری جہاز

Der Hafen - بندرگاہ میں

der Containerhafen
سمندری کنٹینر ٹرمینل
samandari cöntainer terminal

das Containerlager
کنٹینر ڈپو
cöntainer depöt

die Fracht
کارگو
cargö

der Kai
گھاٹ
ghāt

der Kran
کرین
crane

das Containerschiff
کنٹینر شپ
cöntainer ship

der Leuchtturm
لائٹ ہاؤس
light höuse

die Vertäuung
مذاق
mazzak

der Poller
بٹ
bitt

die Boje
لنگر نما
langar numa

den Anker werfen/lichten	dröp /langer wazan	ڈراپ / لنگر وزن
die Küstenwache	cöast guard	کوسٹ گارڈ
anlegen	land karna	لینڈ کرنا
auslaufen	kashti rani karni	کشتی رانی کرنا
an Bord gehen	sawar höna	سوار ہونا
von Bord gehen	utarna	اتارنا
der Landungssteg	yashta	پشتہ

die Fähre
فیری
ferry

IN DER STADT

شهر میں

DIE INNENSTADT – شہر کا مرکز

die Vorstadt
مضافات
muzāfāt

die Brücke
پل
pul

der Fluss
ندی
nadi

die Straße
گلی
gali

das Geschäftsviertel
تجارتی ضلع
tijārati zila

der Fernsehturm
ٹیلی ویژن ٹاور
televisiön töwer

der Wohnblock
فلیٹ کے بلاک
flat ka blöck

der Dom
گرجا گھر
girja ghar

der Gehweg
فٹ پاتھ
fūtpath

die Altstadt
پرانا ٹاؤن
purana töwn

der Turm
ٹاور
töwer

die Straßenbeleuchtung
اسٹریٹ لائٹنگ
strēt lighting

die Seitenstraße
سائیڈ اسٹریٹ
side strēt

der Boulevard
وسیع مسطح راستہ
wasii musattah rashta

die Treppe
قدم
qadam

die Gasse
پتلی گلی
patli gali

DIE INNENSTADT - شہر کا مرکز

der Park
پارک
park

der Kanal
نہر
nehar

das Ausgehviertel
تفریح ضلع
tafrih zila

der Platz
چوکور
chaukör

das Einkaufsviertel
شاپنگ کی عمارت
shöpping ki amarat

das Industriegebiet
انڈسٹریل علاقہ
industrial alaqa

das Wohngebiet
رہائشی علاقہ
rihaishi ilaqa

das Rathaus
ٹاؤن ہال
töwn hall

die Universität
یونیورسٹی
universeaty

die Schule
اسکول
schūl

die Post
پوسٹ آفس
pöst öffice

die Feuerwache
فائر اسٹیشن
fire statiön

die Polizeiwache
پولیس اسٹیشن
pölice statiön

das Krankenhaus
ہسپتال
höspital

die Bibliothek
کتب خانہ
kutub khana

das Gerichtsgebäude
کورٹ ہاؤس
cöurt höuse

DIE INNENSTADT - شہر کا مرکز

Gebäude in der Innenstadt - شہر کے مرکز میں عمارتیں

der Wolkenkratzer
بلند و بالا
buland ö bāla

die Burg
قلعہ
qilā

das Schloss
محل
mahal

die Kirche
چرچ
church

die Moschee
مسجد
masjid

die Synagoge
عبادت گاہ
ibadat gāh

der Tempel
مندر
mandir

die Ruine
ملبہ
malba

das Bürogebäude
آفس بلاک
öffice blöck

das Theater
تھیٹر
theatre

das Kino
سنیما
cinema

die Fabrik
فیکٹری
factöry

die Botschaft
سفارت خانہ
safarat khana

das Opernhaus
غنائیہ خانہ
ghanaina khana

das Museum
عجائب گھر
ajaib ghar

die Kunsthalle
آرٹ گیلری
art gallery

DIE INNENSTADT - شہر کا مرکز

Auf der Straße - گلیوں میں

die Straßenlaterne
گلی کی روشنی
gali ki röshni

die Fußgängerampel
ہواسیل کراسنگ
höwasil crößing

die Ampel
ٹریفک کا اشارہ
traffic ka ishara

das Denkmal
یادگار
yādgār

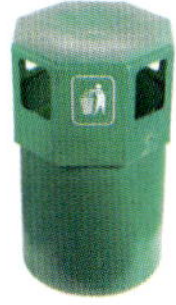
der Abfalleimer
کچرا پھینکنے والا
kachra phenkne wala

der Kanaldeckel
مین ہول کور
manhöle cöver

der Hydrant
ہائیڈرنٹ
hydrant

der Friedhof
قبرستان
qabristan

die Bushaltestelle
بس اسٹاپ
bus stöp

der Kiosk
اخبار یا فون کا کھوکا
akhbar ya phöne ka khöka

die Tiefgarage
زیر زمین کار پارک
zair e zamēn ka park

die Fußgängerzone
پیدل چلنے والوں کی جگہ
paidal chalne walö ki jaga

Entschuldigen Sie bitte, wie komme ich nach ...?	کیا آپ مجھے راستہ بتا سکتے ہیں، برائے مہربانی۔ kya ap mujhe rāsta bata skte hs? barä meharbani
Könnten Sie mir bitte sagen, wo ... ist?	کیا آپ مجھے بتا سکتے ہیں یہ کدھر ملے گا، برائے مہربانی؟ kya ap mujhe bata skte ha ye kidhar mile ga?
an der Ecke	köney par — کونے پہ
rechts/links abbiegen	daye/baye muray — دائیں/بائیں مڑیں
auf der rechten/linken Seite	daye/baye taraf — دائیں/بائیں طرف
(schräg) gegenüber	bilmuqabil — بلمقابل
in der Nähe (von)	qarēb — قریب

DIE INNENSTADT - شہر کا مرکز

Das Hotel - ہوٹل کے

die Rezeption
استقبالیہ
istaqbalia

die Empfangsdame
استقبالی
istaqbali

die Schlüsselkarte
کی کارڈ
key card

die Klingel
گھنٹی
ghanti

die Lobby
دالان
dalān

die Bar
شراب خانہ
sharāb khana

das Restaurant
ریسٹورنٹ
resturaunt

die Hotelanlage
سیرگاہ
sair gah

das Doppelzimmer
دو کمرے
dö kamre

das Zweibettzimmer
جُڑواں کمرے
jurwa kamre

das Einzelzimmer
سنگل کمرہ
single kamra

der Fitnessraum
ورزش گاہ
warzish gah

der Pool
جوہڑ
jöhar

Ich habe ein Zimmer unter dem Namen ... gebucht.	میں نے ایک کمرہ بُک کروایا ہے-- maine ik kamra būk karwaya ha
Was kostet das Zimmer, bitte?	یہ کمرہ کتنے کا ہے؟ ye kamra kitne ka ha?
Ich hätte gerne ein Doppelzimmer für eine Nacht.	مجھے ایک رات ک لیئے دو کمرے چاہیئں، برائے مہربانی muje ik rāt ka lye dö kamre chahye, barä meharbani
Haben Sie ein Zimmer frei?	کیا آپ کے پاس کوئی کام ہیں؟ kya ap ka pas köi kām ha?

DIE INNENSTADT - شہر کا مرکز

Das Hotel - ہوٹل کے

der/die Concierge
دریافت
daryaft

der Kofferwagen
سامان اُٹھانے والی گاڑی
saman uthanay wali gāri

der Türanhänger „Bitte nicht stören"
برائے مہربانی، پریشان نہ کیجئیے' دروازے پہ لگانے کی تختی
„baraye mehārbani pareshān na kijiye" darwazay peh laganay ki takhtti

die Gepäckablage
سامان رکھنے کی جگہ
saman rakhnay ki jaga

der Zimmerservice
روم سروس
rūm service

das Zimmermädchen
سرائے خادمہ
saraye khadma

die Suite
سوئیٹ
suite

die Toilettenartikel
ہوٹل کی سہولتیں
hötel ki sahölatain

die Minibar
منی بار
mini bar

die Zimmernummer
کمرہ نمبر
kamrah number

das Frühstücksbuffet
بوفے برائے ناشتا
buffet baraye naishta

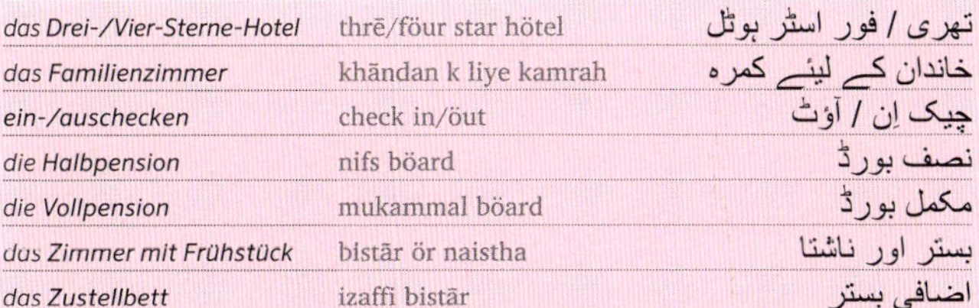

das Drei-/Vier-Sterne-Hotel	thrē/föur star hötel	تھری / فور اسٹار ہوٹل
das Familienzimmer	khāndan k liye kamrah	خاندان کے لیئے کمرہ
ein-/auschecken	check in/öut	چیک اِن / آؤٹ
die Halbpension	nifs böard	نصف بورڈ
die Vollpension	mukammal böard	مکمل بورڈ
das Zimmer mit Frühstück	bistār ör naistha	بستر اور ناشتا
das Zustellbett	izaffi bistār	اضافی بستر
der Weckanruf	wake up call	ویک اپ کال

der Tresor
محفوظ
mehfūz

DIE INNENSTADT - شہر کا مرکز

Die Bank - بینک

das *Chipkartenterminal*
ادائیگی ٹرمینل
adayegi terminal

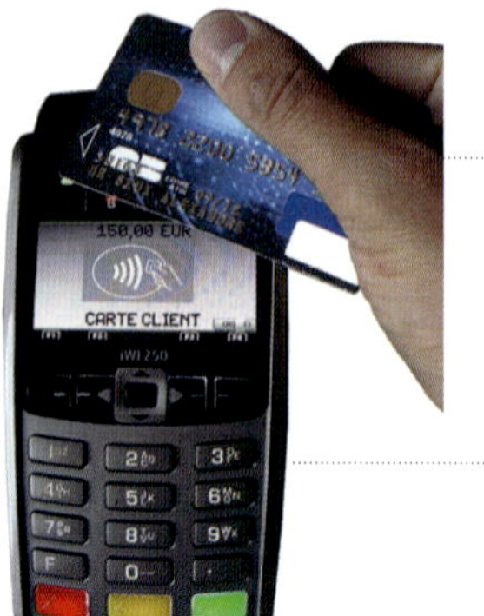

die *EC-Karte*
نقد کارڈ
naqad card

das *Tastenfeld*
کی بورڈ
keyböard

der *Schalter*
تجارتی تختہ
tijairi takhta

die *Kassiererin*
خزانچی
khazanchi

das *Onlinebanking*
آن لائن بینکنگ
önline banking

der *Geldautomat*
ننقد مشین
naqad machine

Geld abheben
پیسے نکالنا
paisay nikalna

Geld einzahlen
جمع کرائی گئی رقم
jāma karaiye gai rakam

einen Scheck ausstellen
ایک چیک لکھیں
aik cheqü likhen

das *Girokonto*	möjuda accöunt	موجودہ اکاؤنٹ
das *Sparkonto*	bachāt accöunt	بچت اکاونٹ
die *PIN-Nummer*	khufia number	خفیہ نمبر
der *Zinssatz*	sūd ki shirah	سود کی شرح
das *Darlehen*	karz	قرض
die *Hypothek*	girvi	گروی
die *Kontonummer*	khata number	کھاتا نمبر

DIE INNENSTADT - شہر کا مرکز

Die Bank - بینک

der Geldschein
بینک کا جاری کردہ نوٹ
bank ka jari karda nöte

die Münze
سکہ
sikkah

die Währung
رائج الوقت
rāej al waqt

das Wertpapier
ضمانت نامہ
zamayt nama

der Wechselkurs
زر مبادلہ کی شرح
zar mubadalah ki shirah

das Bankschließfach
تِجوری
tijöri

der Tresor
محفوظ
mehfūz

die Kreditkarte
اُدھار کارڈ
udhār card

die Börse
صرافہ کا بازا
sarafa ka bazār

der Börsenkurs
مُرَوّج قیمَت/ بازاری قیمت
murūj qimat/bazāri qimat

der Finanzberater
مالی مشیر
māli mashēr

die Rechnung
چالان بل
chalān bill

Könnten Sie mir das bitte wechseln?	کیا میں اسے تبدیل کر سکتا ہوں، براہ مہربانی؟ kya mai isay change kar sakta hūn? baraiye meharbāni
Wie ist der aktuelle Wechselkurs?	موجودہ تبادلہ کی شرح کیا ہے؟ möjuda tabdēli ka shirah kya hai ?
Ich möchte gerne ein Konto eröffnen.	میں ایک کھاتا کھولنا چاہتا ہوں، براہ مہربانی۔ mai aik khata khölna chata baraiye meharbāni
der Betrag	raqam رقم
der Reisescheck	musafir ka cheqü مسافر کا چیک
die Provision	cömmißiön کمیشن
die Wechselstube	tabādla gah تبادلہ گاہ

der Überweisungs-schein
منتقلی کا حکم
muntaqil ka huqum

EINKAUFEN - خریداری

Läden und Geschäfte - دکانوں میں

der Markt
بازار
bazār

der Marktstand
بازاری کھوکا
bazāri khōkha

das Schaufenster
دوکان میں سامان کی
نمائش کی شیشے دار کھڑکی
dukān mai samān ki numaish ki shēshay dār khirkhi

die Tierhandlung
پالتو جانور کی دوکان
paltö janwar ki dukān

der Gemüseladen
سبزی کی دکان
sabzi ki dukan

die Metzgerei
قصائی کی دکان
qasai ki dukan

die Bäckerei
بیکری
bakery

die Konditorei
کیک کی دوکان
cake ki dukān

der Supermarkt
بڑا بازار
bara bazār

das Fischgeschäft
مچھلی مچانےوالے کا
machli machanay walay ka

die Weinhandlung
شراب کے بیوپاری کا
sharāb kay biyöpari ka

der Blumenladen
گُل فَروش
gul farösh

das Lebensmittel-geschäft
پنسار کی دوکان ۔
pansār ki dukān

der Bioladen
نامیاتی پنسار کی
دوکان
numai pansār ki dukān

das Schreibwaren-geschäft
سامان تحریر کی دوکان
saman tehrēr ki dukān

der Tante-Emma-Laden
کونے والی دوکان
könay wali dukān

EINKAUFEN - خریداری

Läden und Geschäfte - دکانوں میں

der Buchladen
کتاب کی دوکان
kitāb ki dukān

die Drogerie
دوا فروش/کیمیا دان کا
dawa farōsh/kēmiya dān ka

die Boutique
مَلبُوسات اور دیگر اشیا
کی فَروخَت کی جَگہ/دُوکان
malbusāt ōr degār ishya ki farōkhāt ki jaga/dukān

der Antiquitätenladen
قدیم چیزوں کی دوکان
qadēm chezūn ki dukān

der Spielzeugladen
کھلونے کی دوکان
khilōnay ki dukān

das Juweliergeschäft
زیورات کی دوکان
zaiwrat ki dukan

das Möbelgeschäft
فرنیچر کی دوکان
furniture ki dukān

der Elektrofachmarkt
بجلی کی دوکان
bijli ki dukān

das Schuhgeschäft
جوتے کی دکان
jūtay ki dukān

der Friseursalon
حجام کی دکان
hajjam ki dukan

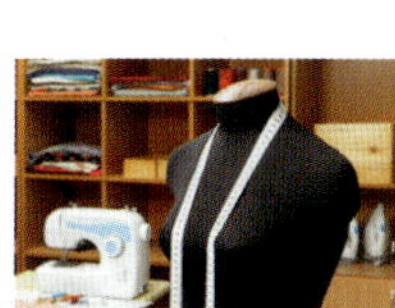

die Schneiderei
درزی کی دکان
darzi ki dukan

die Parfümerie
عطار خانہ
itār khāna

der Baumarkt
ڈی آئ وائ گودام
diy gōdam

der Geschenkeladen
تحائف کی دوکان
tuhāif ki dukān

die Apotheke
دواخانہ
dawakhāna

der Optiker
عینک ساز/عینک
فروش کا
ainak sāz/ainak farōsh ka

EINKAUFEN - خریداری

Das Einkaufszentrum - شاپنگ سینٹر

der Lichthof
اندرونی عدالت
andrūni adalat

die zweite Etage
دوسری منزل
dösri mānzil

die erste Etage
پہلی منزل
pehli mānzil

das Geschäft
دوکان یونٹ
dukān unit

die Rolltreppe
متحرک زینہ ۔
maiharak zēna

das Erdgeschoss
زمینی منزل
zamēni mānzil

die Verkäuferin
گاھگ کی خدمت کرنے والا
gahak ki khidmat karne wala

der Food Court
مال میں کھانے کی جگھ
mall ma khana ki jaga

die Umkleidekabine
کپڑے تبدیل کرنے کا کمرہ
kapray tabdēl karnay ka kamrah

der Parkplatz
گاڑی کھڑی کرنے کی جگہ
gari khāri karnay ki jaga

der Wickelraum
بچوں کے کپڑے بدلنے کا کمرے
bachūn kay kapray badalnay ka kamrah

der Kundendienst	gahaq ki khidmat guzār	گاہک کی خدمت گزارے
der Sicherheitsdienst	hifāzati muawnat	حفاظتی معاونت
Könnten Sie mir bitte ... zeigen?	kya mai dekh sakta hūn? baraiye meharbani	کیا میں دیکھ سکتا ہوں ...، براہ مہربانی؟
Wie viel kostet es?	yeh kitnay ka hai ?	یہ کتنے کا ہے؟
Kann ich das bitte umtauschen?	kya mai yeh tabdēl kar sakta hūn ? baraiye meharbani	کیا میں یہ تبدیل کر سکتا ہوں، براہ مہربانی؟
der Ausverkauf	farōkht karna	فروخت کرنا۔

EINKAUFEN - خریداری

Das Kaufhaus - ڈیپارٹمنٹ اسٹور

die Schaufensterpuppe
دوکان کی کٹھ پتلی
dukān ki kath putli

die Einkaufstüte
خریداری کا تھیلا
kharidāri ka tehla

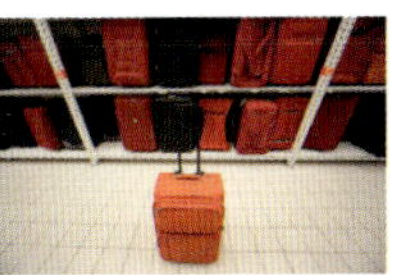

die Taschenabteilung
سامان کا محکمہ
samān ka mehakma

der Imbissbereich
کیفیٹیریا
cafeteria

die Sportabteilung
کھیل کا محکمہ
khel ka mehakma

die Kurzwaren
خوردہ فَروشی
khörda farösh

die Unterwäsche
عورتوں کا اندرونی لباس
ortoon ka androni libas

die Kosmetikabteilung
آرائشی محکمہ
araishi mehakma

die Herrenabteilung
مردانہ کپڑے
mardana kapray

die Damenabteilung
عورتوں کا لباس
auratūn kay libās

die Kinderabteilung
بچوں کا محکمہ
bachūn kay mehakma

die Schuhabteilung
جوتوں کا محکمہ
jūtōn ka mehakma

die Lebensmittel-abteilung
پنساری کا محکمہ
pānsari ka mehakma

die Multimedia-Abteilung
بجلی کا محکمہ
bijli ka mehakma

die Heimtextilienabteilung
سجاوٹ کے لئے کپڑوں سے بنی چیزوں کا محکمہ
sajawat kay liye kaprön say bani chezön ka mehakma

die Schreibwaren-abteilung
سامان تحریر کا محکمہ
saman tehrēr ka mehakma

EINKAUFEN - خریداری

Der Supermarkt - سپر مارکیٹ

der Kassierer
کیشئر
cashier

die Kundin
گاہک
gahag

die Ware
سامان
samān

das Warentransport-band
کنویئر بیلٹ
cönvey belt

das Warenregal
دیوار میں لگا ہوا تختا
dēwar ma laga hwa takhta

der Einkaufswagen
خریداری کی ٹرالی
kharidari ki trölly

die Kasse
ٹل
till

der Scanner
سکینر
scanner

die Käsetheke
پنیر کا کاؤنٹر
panēr ka cöunter

die Fleischtheke
گوشت کا کاؤنٹر
gösht ka cöunter

die Einkaufsliste
خریداری کی فہرست
kharidari ki fehrist

der Gang
بغلی راستہ
baghli rāsta

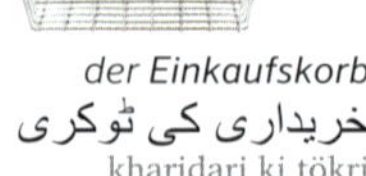

der Einkaufskorb
خریداری کی ٹوکری
kharidari ki tökri

der Strichcode
بار کوڈ
barcöde

das Sonderangebot
خصوصی پیشکش
khusūsi peshkash

die SB-Kasse
خود خدمت چیک آؤٹ
khud khidmat check öut

EINKAUFEN - خریداری

Der Supermarkt - سپر مارکیٹ

das Kühlregal
مصالحہ
masala

die Milchprodukte
دودھ کی پیداوار
dūdh ki pedawār

die Tiefkühlkost
جماهوا کھانا
jama hwa khana

das Obst und Gemüse
پھل اور سبزیاں
phal ör sabzia

das Fleisch und Geflügel
گوشت اور پولٹری
gösht ör pöultry

die Konserven
محفوظ کھانا
mehfūz khana

die Feinkost
خوشبو
khushbū

der Kassenzettel
رسید
rasēd

die Babyartikel
بچے کی مصنوعات
bache ki masnöāt

die Frühstücksflocken
ناشتا اناج
nashta anāj

die Backwaren
پکی ہوئی اشیاء
paki hue ashia

die Fischtheke
مچھلی کا کاؤنٹر
machli ka cöunter

die Getränke	mashrūbat	مشروبات
die Süßigkeiten	cönfictiönery	کنفیکشنری
das Tierfutter	paltū janwarö ka khana	پالتو جانوروں کا کھانا
das Kleingeld	halki tabdēli	ہلکی تبدیلی
bezahlen	tankhwah	تنخواہ
der Preis	khēmat	قیمت
das Preisschild	khēmat tag	قیمت ٹیگ

die Reinigungsmittel
ڈٹرجنٹ
detergent

EINKAUFEN - خریداری

Der Kiosk - نیوز ایجنٹ

die Zeitung
اخبار
akhbar

die Zeitschrift
رسالہ
risala

das Notizbuch
کاپی
cöpy

der/das Comic
کامک
cömic

das Zeitschriftenregal
رسالہ شیلف
risala shelf

die Grußkarte
مبارکباد کارڈ
mubarakbād card

der Lottoschein
لوٹری ٹکٹ
löttery ticket

das Buch
کتاب
kitāb

der/das Kaugummi
چیوئینگ گم
chewing gum

der/das Pfefferminz-bonbon
منٹ
mint

der Schokoriegel
چاکلیٹ بار
chöclate bar

der Tabak
تمباکو
tömbakö

die Zigarette
سگریٹ
cigratte

die Pfeife
پائپ
pipe

das Feuerzeug
لائیٹر
lighter

die Zigarre
سگار
cigar

CAFÉS UND BARS - کیفے اور بارس

das Straßencafé
سڑک کیفے
sarak café

die Sonnenterrasse
چھت
chat

die Theke
کاؤنٹر
cöunter

die Kaffeemaschine
کافی مشین
cöffē machine

das Tablett
ٹرے
trey

der Zapfhahn
نلکا
nalka

der Barkeeper
ساقی
saqi

der Barista
باریک
barēk

der Barhocker
قہوہ خانے میں سٹول
kehwah khana ma stūl

der Korkenzieher
ڈاٹ کھولنے والا
dāt khölne wala

der Cocktailshaker
کاکٹیل شیکر
cöcktail shaker

der Weinkühler
شراب کولر
sharāb cūler

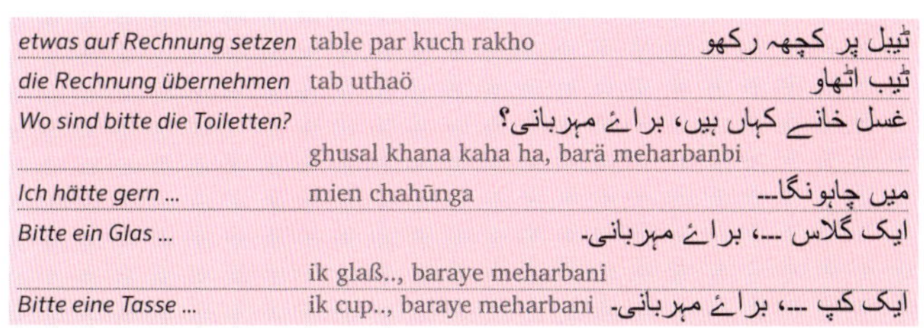

etwas auf Rechnung setzen	table par kuch rakho	ٹیبل پر کچھ رکھو
die Rechnung übernehmen	tab uthaö	ٹیب اٹھاو
Wo sind bitte die Toiletten?	ghusal khana kaha ha, barä meharbanbi	غسل خانے کہاں ہیں، برائے مہربانی؟
Ich hätte gern ...	mien chahūnga	میں چاہونگا۔۔۔
Bitte ein Glas ...	ik glaß.., baraye meharbani	ایک گلاس ۔۔۔، برائے مہربانی۔
Bitte eine Tasse ...	ik cup.., baraye meharbani	ایک کپ ۔۔۔، برائے مہربانی۔

der Aschenbecher
راکھدان
rakhdan

SEHENSWÜRDIGKEITEN – نظارے

der Stadtplan
نقشہ
naqsha

die Touristen-information
سیاح کی معلومات
sayyah ki malūmat

der Reiseführer
ٹور گائیڈ
töur guide

das Souvenir
نشانی
nishāni

die Stadtbesichtigung
ہدایت کا دورہ
hidayat ka döura

die Stadtrundfahrt
زیارت کروانا
ziyarat karwana

die Flussfahrt
دریا کا جہازی سفر کرنا
darya ka jahazi safar karna

das Aquarium
مچھلی گھر
machli ghar

die Aussichtsplattform
پلیٹ فارم دیکھنا
platförm dekhna

die Ausstellung
نمائش
numaish

der Straßenmusiker
جھاڑیوں
jhariyö

der Straßenkünstler
گلی مے مظاہرہ
gali ma muzahira

die Warteschlange
قطار
qatār

der Fremdenführer	rah dekhana	راہ دکھانا
der Ausflug	ghūmne phirne	گھومنے پھرنے
die Öffnungszeiten	ibtadai ghantey	ابتدائی گھنٹے
geöffnet	khula hwa	کھلا ھوا
geschlossen	band	بند
das Eintrittsgeld	dakhla fēs	داخلا فیس
die Ermäßigung	riayat	رعایت

DIE ARCHITEKTUR – فن تعمیر

klassizistisch
کلاسیکی
claßical

gotisch
گوتھک
göthic

barock
باروک
baröqe

romanisch
رومنشیک
römanesqü

die *Renaissance*
پنرجہرن
renaißance

der/das *Art déco*
آرٹ ڈیکو
art decö

der *Jugendstil*
آرٹ نوو
art nöuveau

das *Rokoko*
روکوکو
röcöcö

das *Bauhaus*
باہس
bauhaus

die *Säule*
کالم
cölumn

der *Bogen*
محراب
mehrāb

die *Kuppel*
گنبد
gaind

die *Fassade*	samney	سامنے
der *Flügel*	winng	ونگ
das *Grabmal*	qabar	قبر
der *Innenhof*	andröni	اندرونی صحن
die *Stadtmauer*	sheher ki dēwār	شہر کی دیوار
die *Katakomben*	tehe khāna	تہہ خانہ
die *Gedenkstätte*	yādgār	یادگار

das *Wahrzeichen*
حد بندی
had bandi

PARK UND SPIELPLATZ - پارک اور کھیل گراؤنڈ

der Kurpark
سپا ٹاؤن پارک
spa töwn park

① der Pavillon
پویلین
paviliön

② der Fußweg
پیدل سفر
pedal safar

③ die Liegewiese
کچھ سیکھنے کی جگہ
kuch sekhne ki jaga

die Gartenanlage
باغات
bāghāt

④ der Brunnen
فوارہ
fawwara

⑤ die Parkbank
پارک کی بینچ
park ki bench

der botanische Garten
نباتاتی باغ
nabatāti bāgh

der Schlosspark
اسٹیٹ
estate

der Landschaftspark
باغ کے بیچ کی زمین
bagh ke bech ki zameen

der See
جھیل
jhēl

der Nationalpark
نیشنل پارک
natiönal park

der Bergpark
پہاڑی پارک
pahāri park

der Zoo
چڑیا گھر
chirya ghar

der Wildpark
سفاری پارک
safari park

PARK UND SPIELPLATZ - پارک اور کھیل گراؤنڈ

der Spielplatz
کھیل کا میدان
khel ka medān

der Sandkasten
ریت کا گڑھا
ret ka garha

① das Klettergerüst
چڑھنے کے چوکھٹ
charhne ki chöukat

② die Rutsche
کھسکانا
khisakna

das Hangelgerüst
بندر بار
bandar bar

③ die Schaukel
جھولنا
jhūlna

④ die Wippe
کنارے
kināre

der Irrgarten
بھول بھلیاں
bhūl bhulaiyya

der Vergnügungspark
تفریحی پارک
tafrēhi park

der Grillplatz
باربیکیو کی جگا
barbecü ki jaga

das Picknick
پکنک
picnic

spazieren gehen
سیر کے لئے جانا
ser ke liye jāna

das Slacklining
سلیمان
sulemān

joggen
جوگ کرنا
jög karna

das Planschbecken
پیڈلنگ پول
paddling pūl

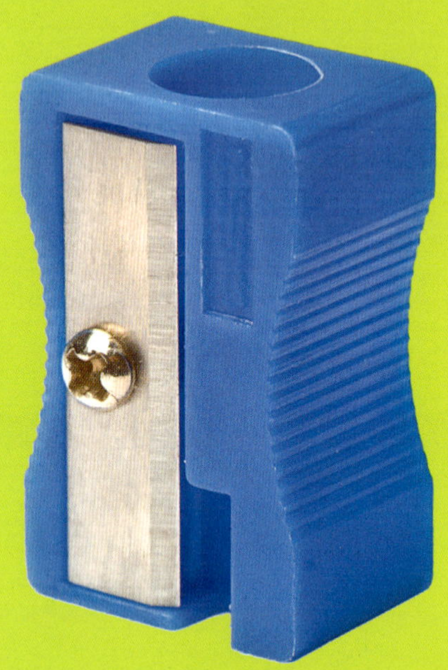

BILDUNG UND BERUF

تعلیم اور کام

DIE SCHULE – اسکول میں

der Kindergarten
کنڈرگارٹن
kindergarten

die Vorschule
پری اسکول
preschūl

die Grundschule
بنیادی اسکول
bunyādi schūl

die weiterführende Schule
ثانوی اسکول
sānvi schūl

das Gymnasium
قوائد
kawāid

die Klasse
جماعت
jamāt

die Prüfung
امتحان
imtihān

die Aula
اسمبلی ہا ل
aßembly hall

der Computerraum
کمپیوٹر کمرہ
cömputer kamra

die Schulleiterin
ہیڈ استاد
head ustād

die Lehrerin
استاد
ustād

der Sportplatz
کھیلوں کا میدان
khelön ka medān

die Schuluniform
اسکول کی وردی
schūl ki wardi

der Aufsatz	mazmūn	مضمون
die Klassenarbeit	claß test	کلاس ٹیسٹ
die Note	darja	درجہ
seinen/ihren Abschluss machen	graduate karna	گریجویٹ کرنا
der mittlere Schulabschluss	sānvi tālēm ka sinid	ثانوی تعلیم کا سند
die Privatschule	niji schūl	نجی اسکول
das Abitur	āla sathi imtihān	اعلی سطحی امتحان
das Internat	böarding schūl	بورڈنگ اسکول

DIE SCHULE - اسکول میں

Das Klassenzimmer - کلاس روم میں

das Lehrerpult
استاد کی میز
ustād ki mez

die Tafel
تختے سیاہ
takhte siyāh

der Schüler
شاگرد
shāgird

die Schülerin
شاگردنی
shāgirdni

der Winkelmesser
پروٹیکٹر
prötractör

der Bleistift
پنسل
pencil

das Schulheft
مشق کی کتاب
mashq ki kitāb

das Federmäppchen
پنسل کا ڈبا
pencil ka dabba

das Zeichendreieck
مربع مقرر
marba mukarrar

das Lineal
فٹا
fitta

die Schultasche	schūl ka basta	اسکول کا بستہ
das Wörterbuch	lughat	لغت
die Nachhilfe	niji tuitiön	نجی ٹیوشن
die Kreide	chalk	چاک
das Schulbuch	darsi kitāb	درسی کتاب
der Füller	röshnāi wala kalam	روشنائ والا قلم
die Tintenpatrone	siyāhi kārtūs	سیاہی کارتوس

der Taschenrechner
جیب کیلکولیٹر
jeb ka calculatör

DIE SCHULE - اسکول میں

Die Schulfächer - سکول کے مضامین

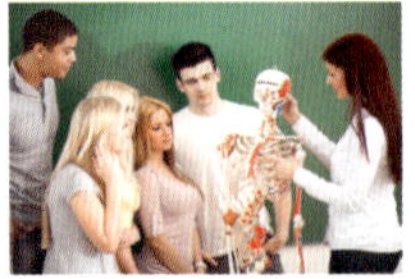

die Biologie
حیاتیات
hayātiyāt

die Mathematik
ریاضی
riyāzi

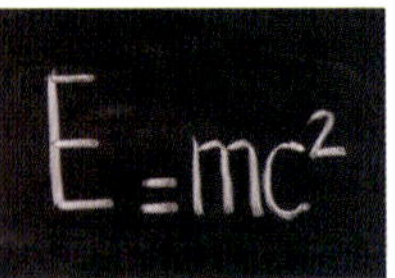

die Physik
طبیعیات
tabiayāt

die Chemie
کیمیاء
kēmiya

der Religionsunterricht
مذہبی تعلیم
mazhabi tālēm

der Ethikunterricht
اخلاقیات
ikhlākiāt

die Kunst
فن
fun

die Erdkunde
جغرافیہ
jugrāfiya

die Fremdsprachen
زبانیں
zubāne

die Geschichte
تاریخ
tārēkh

der Sport
جسمانی تعلیم
jismāni tālēm

die Musik
موسیقی
mōsēqi

das Drama
ناٹک
nātak

die Informatik
کمپیوٹر سائنس
cömputer science

der Werkunterricht
لکڑی اور دھات کا کام
lakri ör dhāt ka kām

die Gemeinschaftskunde
معاشرتی علوم
möāshrati ulūm

DIE SCHULE - اسکول میں

Die Schulfächer - سکول کے مضامین

das Technische Zeichnen
ٹیکنیکل ڈرائینگ
technical drawing

die Hauswirtschaft
گھریلو معاشیات
gharelö māshiyāt

schreiben
لکھنا
likhna

rechnen
جمع کرنا
jama karna

buchstabieren
ہجے کرنا
hijje karna

lesen
پڑھنا
parhna

sich melden
اپنا ہاتھ اٹھانا
apna hāth uthāna

die Klassenfahrt
کلاس کا سفر
claß ka safar

der Stundenplan
نظام الاوقات
nizām e ökāt

der Abschlussball
پروم
pröm

die Hausaufgabe
گھر کا کام
ghar ka kām

das Sportfest
کھیلوں کا دن
khelön ka medān

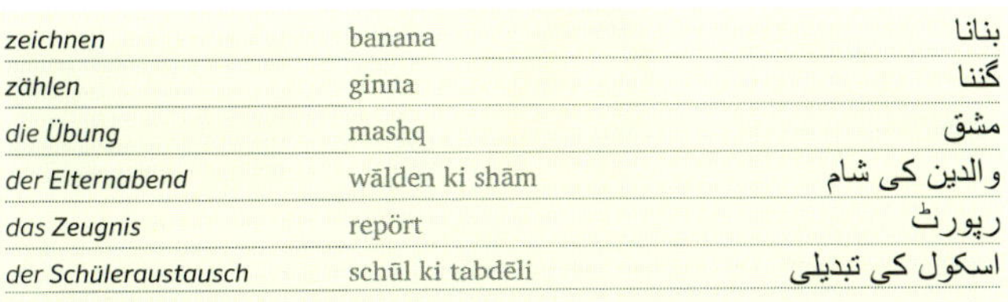

zeichnen	banana	بنانا
zählen	ginna	گننا
die Übung	mashq	مشق
der Elternabend	wālden ki shām	والدین کی شام
das Zeugnis	repört	رپورٹ
der Schüleraustausch	schūl ki tabdēli	اسکول کی تبدیلی
das Schulfach	mazmūn	مضمون

die Ferien
چھٹیاں
chuttiyān

DIE SCHULE - اسکول میں

Im Labor - لیبارٹری میں

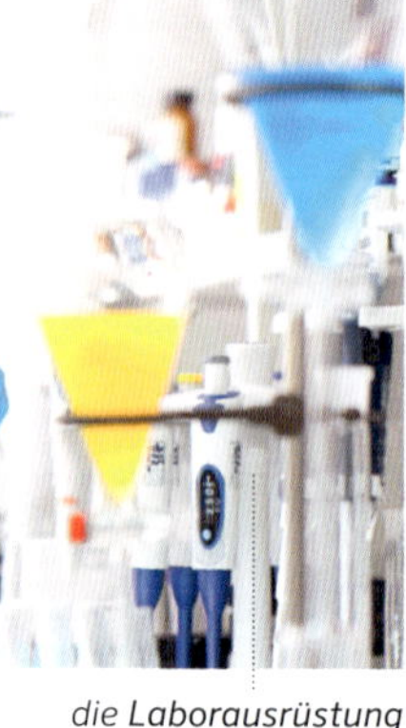

der Versuch
تجربہ
tajurba

die Schutzbrille
حفاظتی عینک
hifāzati āinak

der Kittel
لیبارٹری کا کوٹ
labörätöry ka cöat

das Reagenzglas
ٹیسٹ ٹیوب
test tube

der Chemikalienhandschuh
حفاظت کے دستانے
hifāzat ke dastāne

die Laborausrüstung
لیبارٹری کا سامان
labörätöry ka samān

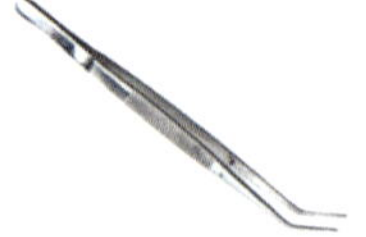

die Pinzette
ٹائزر
twēzers

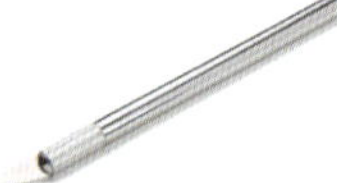

das Skalpell
سکیلپل
scalpel

die Lupe
کلاں نما شیشہ
klān numa shēsa

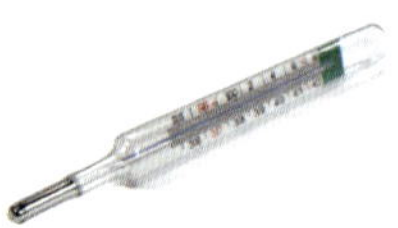

das Thermometer
ترمامیٹر
thermömeter

die Laborwaage
ترازو
tarāzö

die Stoppuhr
ٹائمر
timer

der Magnet
مقناطیس
maknatēs

die Batterie
بیٹری
battery

DIE SCHULE - اسکول میں

Im Labor - لیبارٹری میں

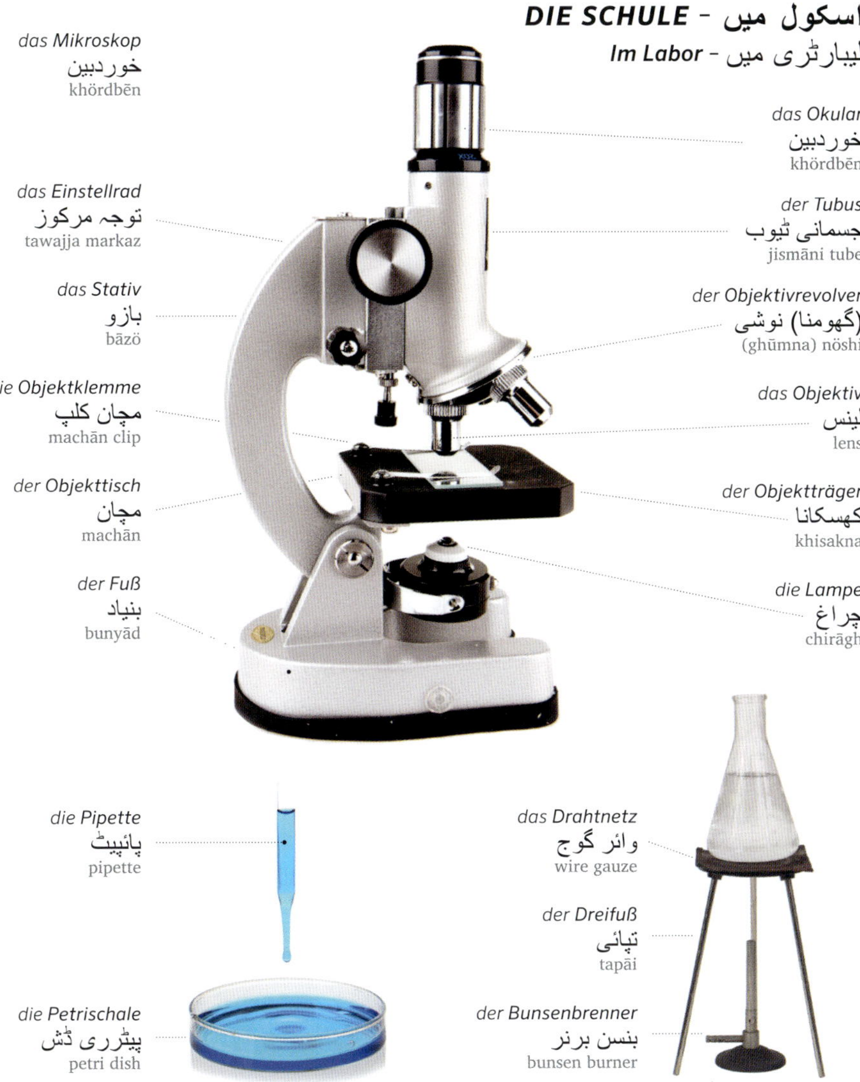

DIE SCHULE - اسکول میں

In der Pause - وقفے پر

die Mittagspause
کھانے کا وقفہ
khāne ka wakfa

das Tablett
ٹرے
tray

die Butterbrotdose
کھانے کا ڈبہ
khāne ka dabba

das Pausenbrot
سینڈوچ
sandwich

die Schulglocke
اسکول کی گھنٹی
schūl ki ghanti

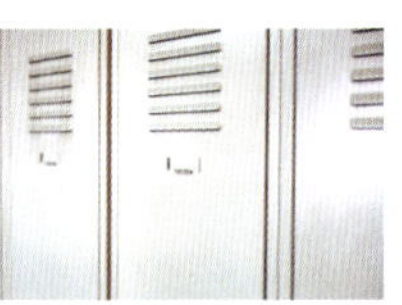

der Spind
لاکر
löcker

die Pause
وقفہ
wakfa

der Schulhof
کھیل کا میدان
khel ka medān

Himmel und Hölle spielen
ہپسکوٹچ کھیلنا
höpscötch khelna

der Speisesaal
طعام خانہ
tām khāna

das Lunchpaket
پیک دوپہر کا کھانا
pack dupeher ka khana

die Essensausgabe
خوراک کی تقسیم
khurak ki taqseem

DIE SCHULE - اسکول میں

Die Sporthalle - کھیلوں کا ہال

der Volleyball
والی بال
völleyball

der Basketball
باسکٹ بال
basketball

der Handball
ہینڈبال
handball

der Fußball
فٹ بال
fūtball

der Baseball
بیس بال
baseball

der Federball
شٹلکاک
shuttlecöck

der Tennisball
ٹینس کی گیند
tennis ki gend

der Football
امریکی فٹ بال
amrēki fūtball

der Puck
پک
puck

der Basketballkorb
باسکٹ بال کی ٹوکری
basketball ki tökri

die Sprossenwand
دیوار کی سلاخیں
dēwār ki salākhen

das Korbbrett
بیک بورڈ
backböard

die Strickleiter
رسی کی سیڑھی
raßi ki sērhi

das Trampolin
ٹرامپولین
trampöline

die Ringe
بال کا رنگ
ball ka ring

das Springseil
کودنے والی رسی
kūdne wali raßi

DIE UNIVERSITÄT - جامعہ میں

der Campus
کیمپس
campus

der Hörsaal
تقریر کرنے کا بڑا کمرا
taqrēr karne ka bara kamra

die Politikwissenschaft
سیاسی سائنس
siyāsi sciences

die Kunstgeschichte
فن کی تاریخ
fun ki tārēkh

die Rechtswissenschaft
قانون
kanūn

die Betriebswirtschaftslehre
معاشیات
māshiyāt

die Geisteswissenschaften
انسانیت
insāniyāt

die Naturwissenschaften
قدرتی سائنس
kudrati sciences

das Ingenieurwesen
انجینئرنگ
enginēring

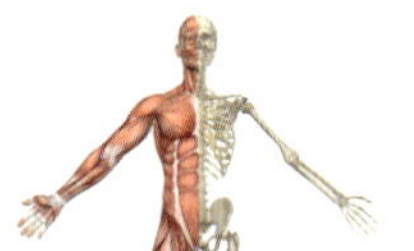

die Medizin
دوا
dawa

die Pädagogik
تعلیمی سائنس
tālēmi sciences

der Professor
معلم
muallim

die Dozentin
لیکچرر
lecturer

das Diplom	sinid	سند
der Bachelor	bachelör	بیچلر
der Master	master's	ماسٹر
die Dissertation	makālö	مقالو
die Promotion	phd	پی ایچ ڈی
die Forschung	tehkēk	تحقیق
das Forschungsinstitut	tehkēki idāra	تحقیقاتی ادارہ

DIE UNIVERSITÄT - جامعہ میں

ein Referat halten
کاغذ پیش کرنا
kāghaz pesh karna

das Seminar
سیمینار
seminar

die Vorlesung
لیکچر
lecture

die Klausur
امتحان
imtihān

der Lesesaal
پڑھنے کا کمرا
parhne ka kamra

die Ausleihe
جاری کردہ میز
jāri karda mez

das Bücherregal
کتابوں کی الماری
kitābö ki almāri

die mündliche Prüfung
زبانی امتحان
zabāni imtihān

sein Studium abschließen
گریجویٹ کرنا
graduate karna

das Studentenwohnheim
رہائشی ہال
rihāishi hall

die Mensa
کھانے کی جگہ
khane ki jaga

die Bibliothek
کتب خانہ
kutub khāna

der Student
شاگرد
shāgird

der Bibliothekar/die Bibliothekarin	librarian	لائبریرین
der Bibliotheksausweis	kutub khāne ka card	کتب خانے کا کارڈ
ausleihen	udhār lena	ادھار لینا
verlängern	barhāna	بڑھانا
vorbestellen	mehfūz karna	محفوظ کرنا
das Rückgabedatum	wāpsi ki tārēkh	واپسی کی تاریخ
das Periodikum	dörāniya	دورانیہ

DIE UNIVERSITÄT - جامعہ میں

die Lerngruppe
مطالعاتی گروپ
mutālāti gröup

lernen
مطالعہ
mutuāla

das Praxissemester
عملی سمسٹر
amli semester

das Praktikum
انٹرنشپ
internship

das Volontariat
تربیت پوزیشن
tarbiyat pöseatiön

das freie Jahr
وقفے کے سال
wakfe ka sāl

jobben
آرام دہ اور پرسکون کام کرو
arām dah ör pur sukūn kām karö

das schwarze Brett
نوٹس بورڈ
nötice böard

die Ausbildung
پیشہ ورانہ تربیت
pesha warāna tarbiyat

die Berufsfachschule
پیشہ ورانہ کالج
pesha warāna cöllege

die Kunsthochschule
آرٹ کالج
art cöllege

die Musikhochschule
موسیقی کا کالج
mösēqi ka cöllege

die Akademie für darstellende Künste
فنکاروں کے اکیڈمی
funkārö ki academy

der Studentenausweis	tālib ilm ki shanākt	طالب علم کی شناخت
der Kurs	cöurse	کورس
das Semester	semester	سمسٹر
die Semesterferien	universeaty ki chutti	یونیورسٹی کی چھٹی
der Fachbereich	mehakma	محکمہ
die Hausarbeit	supurdgi	سپردگی
der Hochschulabschluss	universeaty ki degrē	یونیورسٹی کی ڈگری
das Stipendium	schölarship	اسکالرشپ

DIE ARBEITSWELT - کام کی دنیا

Die Bewerbung - نوکری کی درخواستیں

das Bewerbungsgespräch
نوکری کا انٹرویو
nökri ka interview

die Personalreferentin
زاتی افسر
zāti öfficer

der Lebenslauf
نوکری درخواست نمہ
nökri darkhuwāst nāma

die Bewerbungsunterlagen
درخواست دستاویزات
darkhuwāst dastawēzāt

die Bewerberin
نوکری کی امیدوار
nokri ki umeedwar

die Stellenanzeige
ملازمت اشتہار
mulāzmat ishtihār

die Zeitarbeit
عارضی کام
ārzi kām

die Festanstellung
مستقل پوزیشن
mustakil pöseatiön

die Karriere
کیریئر
carēr

sich um eine Stelle bewerben	pöseatiön ke liye darkhuwāst dena	پوزیشن کے لئے درخواست دینا
die Arbeitsbedingungen	kām ke hālāt	کام کے حالات
die Schichtarbeit	tabdēli ka kām	تبدیلی کا کام
die Teilzeit	jaz wakti kām	جزوقتی کام
die Vollzeit	mukammal wakt ka kām	مکمل وقت کا کام
die Qualifikation	ehliyat	اہلیت
die Berufserfahrung	pesha warāna tajurba	پیشہ ورانہ تجربہ

jemanden einstellen
کسی کو کرائے پر لینا
kisi kö kiraye par lena

DIE ARBEITSWELT - کام کی دنیا

Berufe - قبضے

der Arzt
ڈاکٹر
döctör

der Chirurg
سرجن
surgeön

der Krankenpfleger
نرس
nurse

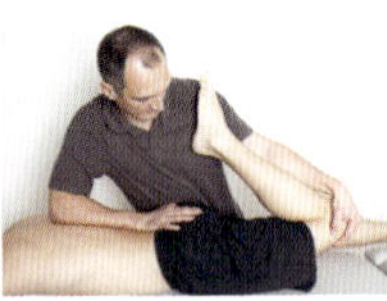

der Physiotherapeut
فیزیوتھراپی
physiötherapist

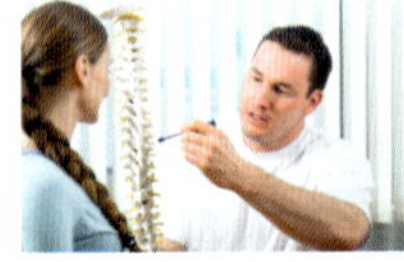

der Orthopäde
آرتھوپیڈیاسٹ
örthöpädist

der Zahnarzt
دانتوں کا ڈاکٹر
däntö ka döctör

die Psychologin
ماہر نفسیات
māhir nafsiyāt

die Apothekerin
کیمیا دان
kēmiya dān

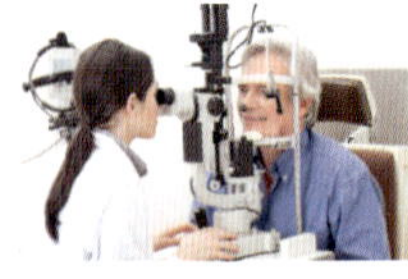

die Optikerin
نظریاتی
nazayāti

der Tierarzt
ڈاکٹر
döctör

die Empfangsdame
استقبالیہ
istakbālia

der Rechtsanwalt
وکیل
wakēl

die Richterin
جج
judge

der Wirtschaftsprüfer
اکاؤنٹنٹ
accöuntant

die Unternehmens-beraterin
مشورہ گیر
mashwara gēr

der Informatiker
کمپیوٹر ماہر
cömputer māhir

DIE ARBEITSWELT - کام کی دنیا

Berufe - قبضے

der Architekt
معمار
memār

die Ingenieurin
انجینئر
enginēr

der Schreiner
بڑھئی
barhai

der Elektriker
الیکٹریشن
electrician

der Klempner
پلمبر
plumber

der Dachdecker
چھت کا کام
chat ka kām

der Maler
سجاوٹ
sajāwat

der Müllmann
کلیکٹر
calactor

die Kfz-Mechanikerin
گاڑی ک میکینک
gāri ka mechanic

der Landwirt
کسان
kisān

die Soldatin
سپاہی
supāhi

die Briefträgerin
پوسٹل کارکن
pöstal kārkun

der Bauarbeiter
تعمیراتی مزدور
tāmērāti mazdūr

der Gebäudereiniger
صفائی کرنے والا
safai karne wala

der Landschaftsgärtner
زمین کی باغاتی
zameen ki baghati

der Fischer
ماہی گیری
māhi gēri

DIE ARBEITSWELT - کام کی دنیا

Berufe - قبضے

der Pilot
پائلٹ
pilōt

die Flugbegleiterin
فضائی میزبان
fizāi mezbān

der Koch
باورچی
bāwarchi

der Kellner
خدمتگار
khidmatgār

der Bäcker
بیکر
baker

die Metzgerin
کسائ
kasāi

der Verkäufer
سیلز اسسٹنٹ
sales aßistant

die Friseurin
ھجام
hajjām

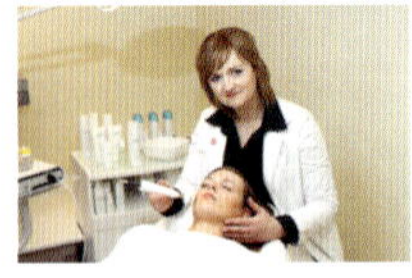

die Kosmetikerin
خوبصورتی کرنے والا
khūbsūrti karne wala

der Gärtner
مالی
māli

die Immobilien-maklerin
اسٹیٹ ایجنٹ
estate agent

die Bürokauffrau
دفتر کا منتظم
daftar ka mantazam

der Sanitäter
طبعی معاون
tibbi muawin

der Busfahrer
بس چلانے والا
bus chalāne wala

der Taxifahrer
ٹیکسی چلانے والا
taxi chalāne wala

der Paketzusteller
پارسل ڈیلیورير
parcel deliverer

DIE ARBEITSWELT - کام کی دنیا

Berufe -

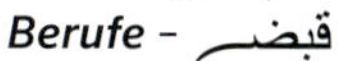

die Journalistin
صحافی
sahāfi

der Wissenschaftler
سائنسدان
sāinsdān

die Grafikerin
گرافک ڈیزائنر
graphic designer

der Profisportler
پیشہ ورانہ کھلاڑی
pesha warāna khilāri

die Moderatorin
پیش کنندگان
pesh kanandgān

die Schauspielerin
اداکار
adakār

die Sängerin
گلوکار
gulökār

der Tänzer
رقاصہ
rakāsa

die Kunstmalerin
آرٹسٹ
artist

der Fotograf
فوٹوگرافر
phötögrapher

die Musikerin
موسیقار
mösikār

die Schneiderin
درزی
darzi

der Bildhauer
مجسمہ
majasma

die Bankkauffrau
بینک کلرک
bank clerk

der Bibliothekar
محافظ کتبخانہ
muhafiz kutubkhāna

der Lehrer
استاد
ustād

DIE ARBEITSWELT - کام کی دنیا

Das Organigramm - تنظیمی ڈھانچہ

das Sekretariat
دفتر انتظامیہ
daftar intazāmia

der kaufmännische Bereich
کاروباری انتظامیہ کے لئے محکمہ
kärōbāri intazāmia ke liye muhikma

die kaufmännische Leitung
کاروباری انتظامیہ کے انتظام
kärōbāri intazāmia ke intazām

die IT-Leitung
آئی ٹی مینجمنٹ it management

die Buchhaltung
اکاؤنٹنگ accöunting

das Controlling
کنٹرول کرنا cöntröl karna

das sekundäre Geschäftsfeld
ثانوی کاروباری طبقہ
sānwi kärōbāri tabka

die Geschäftsführung
جنرل مینیجر
general manager

das primäre Geschäftsfeld
بنیادی کاروباری طبقہ
bunyādi kärōbāri tabka

die Geschäftsführung
جنرل مینیجر
general manager

das Team
ٹیم team

die Teamleitung
ٹیم لیڈر team leader

der Angestellte
ملازم mulāzim

die Zweigstelle
ذیلی دفتر
zeli daftar

der Manager
منتظم
muntazim

die Aktiengesellschaft (AG)	public limited cömpany	پبلک لمیٹڈ کمپنی
der Aktionär/die Aktionärin	sharehölder	شیئر ہولڈر
die Gesellschaft mit beschränkter Haftung (GmbH)	mehdūd zimedāri cömpany	محدود ذمہ داری کمپنی
GmbH & Co. KG	ek mehdūd partner ör mehdūd shirākat dār mushtamil mehdūd kārōbāri shirākat dāri	ایک محدود پارٹنر اور محدود شراکت دار مشتمل محدود کاروباری شراکت داری
die Kommanditgesellschaft (KG)	mehdūd shirākat dāri	محدود شراکت داری
die offene Handelsgesellschaft (OHG)	ām tijārti shirākat dāri	عام تجارتی شراکت داری
der Konzern	cörpörätiön	کارپوریشن

der Vorstand
بورڈ
böard

der Gesellschafter
رفیق
rafēq

die Geschäftsführung
جنرل مینیجر
general manager

die stellvertretende Geschäftsführung
ڈپٹی
deputy

der Prokurist
دستخط کا مجاز
dastakhat ka mijāz

die Personalabteilung
زاتی حصہ
zāti hißa

die Personalleitung
اہلکاروں کے انتظام
ehelkārö ke intizām

die Rechtsabteilung
قانونی محکمہ
kānöni muhikma

die Marketingabteilung
مارکیٹنگ محکمہ
marketing muhikma

die Marketingleitung
مارکیٹنگ مینجمنٹ
marketing management

die PR-Abteilung
پی آر ڈیپارٹمنٹ
pr department

die Produktion
پیداوار
pedawār

die Produktionsleitung
پیداوار کی انتظامیھ
pedawār ki intazāmia

der Betriebsrat
کام کونسل
kām cöuncil

der Vertrieb
فروخت کا محکمہ
farūkht ka muhikma

die Vertriebsleitung
فروخت کے انتظام
farūkht ke intazām

das Key-Account-Management
اہم اکاونٹس کا مینیجر
ehem accöunt ka manager

der Außendienst
فروخت کے نمائندے
farūkht ke numāinde

der Innendienst
دفتر کا کام
daftar ka kām

der Kundendienst
گاھگ کی خدمت
gāhak ki khidmat

die Kundenakquise
گاھگ حصول
gāhak husūl

DAS BÜRO - دفتر

Büromöbel - دفتری فرنیچر

der Arbeitsplatz
ورکسپیس
wörkspace

die Ablage
خط ٹرے
khat tray

die Schublade
دراز
darāz

die Büromöbel
دفتری فرنیچر
daftari furniture

der Schreibtisch
میز
mez

die Schreibunterlage
ڈیسک چٹائی
desk chatāi

der Bürostuhl
دفتر کی کرسی
daftar ki kursi

der Safe
محفوظ
mehfūz

der Aktenschrank
فائلوں والی الماری
filōn wali almāri

der Wasserspender
پانی کے ڈسپنسر
pāni ke dispenser

die Schreibtischlampe
میز چراغ
mez chirāgh

die Pinnwand
پن بورڈ
pin böard

der Papierkorb
فضلہ کاغذ ٹوکری
fazla kāghaz tökri

der Terminkalender	diary	ڈائری
die Akte	file	فائل
der Aktenvernichter	tukra	ٹکڑا
das Postfach	kabūtar höle	کبوتر ہول
der Termin	taqarrari	تقرری
die Hauspost	andrūni pöst	اندرونی پوسٹ
die Teeküche	bāwarchi khāna	باورچی خانہ

DAS BÜRO - دفتر

Der Bürobedarf - آفس کا سامان

die Schere
قینچی
kenchi

der Kugelschreiber
بال پوائنٹ
ballpöint

der Textmarker
ہائی لائٹر
highlighter

der Bleistift
پینسل
pencil

die Haftnotiz
خود چپکنے والا کاغذ
khud chipakne wala kaghaz

das Notizbuch
کاپی
cöpy

der Haftstreifen
خود چپکنے والی پٹی
khud chipakne wali patti

die Reißzwecke
ڈرائنگ پن
drawing pin

der Bleistiftspitzer
پنسل تیز کرنے والا
pencil tez karne wala

der Radiergummi
مٹانے والا
mitāne wala

der Stiftehalter
میز صاف
mez sāf

die Büroklammer
پیپر کلپ
paper clip

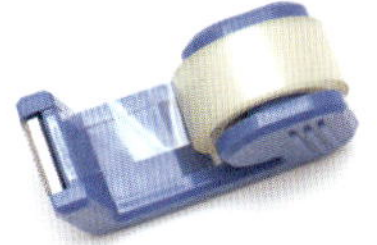

der Tesafilm®
سیلوٹیپ
sellötape®

der Tacker
سٹیپلر
stapler

der Locher
ہول پنچ
höle punch

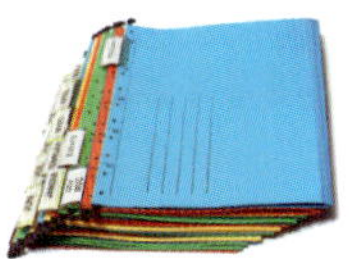

das Hängeregister
معطلی فائل
muattali file

der Briefumschlag
لفافہ
lifāfa

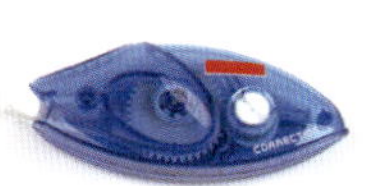

das Tipp-Ex®
ٹپ ایکس ®
tipp-ex®

der Ordner
فولڈر
földer

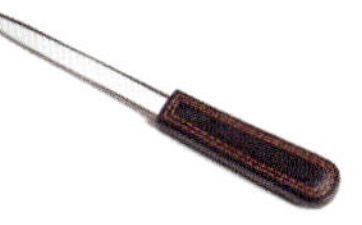

der Brieföffner
خط کھولنے کا آلہ
khat khölne ka āla

DAS BÜRO - دفتر

Der Besprechungsraum - کانفرنس کے کمرے

die Sitzung
ملاقات
mulakāt

der Teamleiter
ٹیم کا رہنما
team ka rehnuma

der Teilnehmer
شرکاء
shirka

die Tagesordnung
ایجنڈا
agenda

protokollieren
ریکارڈ رکھنے والا
records rakhne wala

der Besprechungstisch
کانفرنس کی میز
cönference ki mez

die Präsentation
پیشکش
peshkash

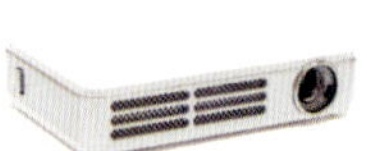

der Beamer
پروجیکٹر
pröjectör

das Balkendiagramm
بار چارٹ
bar chart

das Tortendiagramm
پرسنٹیج چارٹ
percentage chart

die Folie
سلائڈ
slide

organisieren	tartēb dena	ترتیب دینا
die Besprechung	mulakāt	ملاقات
der Bericht	repört	رپورٹ
das Protokoll	minutes	منٹس
der Vertrag	muāhida	معاہدہ
der Geschäftsmann/-frau	busineß executive	بزنس ایگزیکٹیو
die Geschäftsreise	tijārati safar	تجارتی سفر

DAS BÜRO - دفتر

Der Büroalltag - کانفرنس کے کمرے

der Arbeitgeber
آجر
ājar

① die Assistentin
اسسٹنٹ
aßistant

② der Kollege
ساتھی
sāthi

③ der Arbeitnehmer
ملازم
mulāzim

④ die Kollegin
ساتھی
sāthi

⑤ die Managerin
مینیجر
manager

⑥ der Chef
مالک
mālik

die Visitenkarte
کاروباری رابطے کا کارڈ
kāröbāri rābte ka card

entlassen werden
بے حد بنا دیا جائے
be had bana diya jaye

das Personal
افراد
afrād

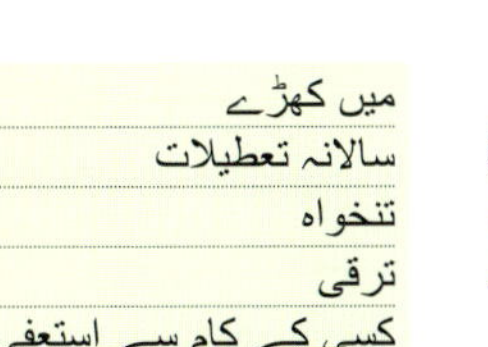

die Elternzeit
ولادتی چھٹی
wilādati chutti

die Vertretung	me khare	میں کھڑے
der Jahresurlaub	sālana tātēlāt	سالانہ تعطیلات
das Gehalt	tankhuwa	تنخواہ
die Beförderung	tarakki	ترقی
seine Stelle kündigen	kisi ke kām se istifa	کسی کے کام سے استعفی
verdienen	kamana	کمانا
in Rente gehen	kinara kash hōna	کنارہ کش ہونا

der Mutterschafts-urlaub
زچگی کی چھٹی
zachgi ki chutti

KOMMUNI-KATION

مواصلات

DER COMPUTER - کمپیوٹر

Der Desktop-Computer - ڈیسک ٹاپ کمپیوٹر

der Desktop-Computer
ڈیسک ٹاپ کمپیوٹر
desktöp cömputer

der Ein/Aus-Schalter
کھل / بند سوئچ
khul/band switch

die USB-Schnittstelle
یو ایس بی انٹرفیس
usb-interface

das CD/DVD-Laufwerk
سی ڈی / ڈی وی ڈی ڈرائیو
cd/dvd drive

das Computergehäuse
ڈبا
dibba

die Tastatur
کی بورڈ
keyböard

der Bildschirm
اسکرین
scrēn

die Maus
ماؤس
möuse

das Scrollrad
اسکرول ویل
scröll whēl

die Tastatur
کی بورڈ
keyböard

die Escapetaste
اسکیپ کی
escape key

die Tabulatortaste
ٹیبلوٹر کی
tabulatör key

die Feststelltaste
کیپس لوک کی
caps löck key

die Rücklöschtaste
بیک اسپیس کی
backspace key

die Eingabetaste
انٹر کی
enter key

die Steuerungstaste
کنٹرول کی
cönträl key

die Leertaste
اسپیس بار
space bar

die Umschalttaste
شفٹ کی
shift key

DER COMPUTER - کمپیوٹر

Hardware und Zubehör - ہارڈ ویئر اور سامان

der Lautsprecher
لاؤڈسپیکر
löudspeaker

der/das Laptop
لیپ ٹاپ
laptöp

das Stromkabel
برقی کیبل
barki cable

die Laptoptasche
لیپ ٹاپ کیس
laptöp case

der Prozessor
پروسیسر
pröceßör

die (externe) Festplatte
بیرونی ہارڈ ڈسک
berūni hard disk

der Arbeitsspeicher
مرکزی میموری
markazi memöry

die Webcam
ویب کمیرہ
web camera

die CD-ROM
سی ڈی روم
cd-röm

der USB-Stick
یو ایس بی فلیش ڈرائیو
usb flash drive

der Scanner
سکینر
scanner

der Tintenstrahldrucker
انکجیٹ پرنٹر
ink-jet printer

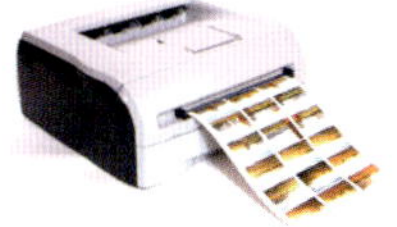

der Laserdrucker
لیزر پرنٹر
laser printer

die Tintenpatrone
سیاہی کارتوس
siyāhi kārtūs

die Tonerkartusche
ٹونر کارتوس
tūner kārtūs

das Mauspad
ماؤس میٹ
möuse mat

DER COMPUTER - کمپیوٹر

Am Computer arbeiten - کمپیوٹر پر کام کرنا

tippen
ٹائپ کرنا
type karna

klicken
کلک کرنا
click karna

scrollen
اسکرول کرنا
scröll karna

ausschneiden
کاٹنا
kātna

kopieren
نقل کرنا
nakal karna

einfügen
پیسٹ کرنا
paste karna

eine Datei ausdrucken
فائل پرنٹ کرنا
file print karna

speichern
بچانا
bachana

eine Datei öffnen
فائل کھولنا
file khölna

löschen
حذف کرنا
hazaf karna

der Ordner
فولڈر
földer

der Papierkorb
کچرے دان
kachre dān

suchen
ڈھونڈنا
dhūndna

eingeben	dākhil höna	داخل ہونا
eine Datei verschieben	file muntaqil karna	فائل منتقل کرنا
eine Sicherungskopie erstellen	backup banana	بیک اپ بنانا
markieren	chunna	چننا
sich einloggen	lög ön karna	لاگ ان کرنا
sich ausloggen	lög öff karna	لاگ اف کرنا
der Neustart	rebūt	ریبوٹ

DER COMPUTER - کمپیوٹر

Am Computer arbeiten - کمپیوٹر پر کام کرنا

rückgängig machen
واپس لانا
wāpis lāna

wiederherstellen
بحال کرنا
bihāl karna

die Einstellungen
ترتیبات
tartēbāt

die Schriftart
فونٹ
fönt

die Fehlermeldung
غلطی کا پیغام
ghalti ka peghām

der Mauszeiger
کرسر
cursör

die Sanduhr
ریت گھڑی
ret ghari

der Lautstärkeregler
آواز کا اختیار
awāz ka ikhtiyār

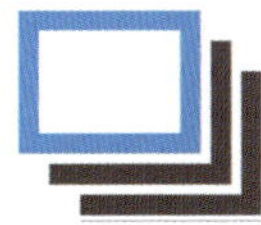

ein Fenster minimieren
ونڈو کو کم سے کم کرنا
windöw kö kam se kam karna

eine DVD auswerfen
سی ڈی کو نکالنا
cd kö nikālna

den Rechner hochfahren
کمپیوٹر کو بوٹ کرنا
cömputer kö būt karna

den Rechner herunterfahren
کمپیوٹر بند کرنا
cömputer band karna

die Datei	file	فائل
das Programm	prögram	پروگرام
der Scrollbalken	scröll bar	اسکرول بار
ein Programm installieren	prögram install karna	پروگرام انسٹال کرنا
ein Programm deinstallieren	prögram uninstall karna	پروگرام ان انسٹال کرنا
das Betriebssystem	öperating system	آپریٹنگ سسٹم
die Taskleiste	task bar	ٹاسک بار

das Fenster
کھڑکی
khirki

DER COMPUTER - کمپیوٹر

Das Internet - انٹرنیٹ

das WLAN
وائی فائی
wi-fi

der Router
راؤٹر
röuter

das LAN-Kabel
لین کیبل
lan cable

der Browser
براؤزر
bröwser

das Lesezeichen
بک مارک
būkmark

der Download
ڈاؤن لوڈ
döwnlöad

die Nachricht
پیغام
peghāma

die Social Media
سوشل میڈیا
söcial media

der Online-Einkauf
آن لائن خریداری
önline kharēdāri

die Verschlüsselung
خفیہ کاری
khufya kārö

die E-Mail-Adresse
ای میل اڈریس
email addreß

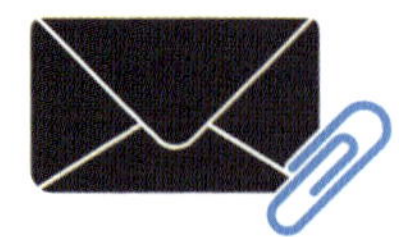

der Anhang
منسلکہ
mansalka

eine Mail weiterleiten
میل آگے بڑھانا
mail āge barhāna

senden	bhejna	بھیجنا
empfangen	hāsil karna	حاصل کرنا
das Benutzerkonto	accöunt	اکاؤنٹ
der Posteingang	āne wala mail	آنے والے میل
der Postausgang	bheji gayi mail	بھیجی گئی ای میل
die Spammail	fuzūl	فضول
im Internet surfen	internet surf karna	انٹرنیٹ سرف کرنا

DER COMPUTER - کمپیوٹر

Mobile Endgeräte - موبائل آلات

der Tablet-Computer
ٹیبلٹ
tablet

der E-Book-Reader
ای بک ریڈر
e-būk reader

der MP3-Player
ایم پی تھری پلیئر
mp3 player

das Bluetooth®-Headset
بلوٹوت® ہیڈسیٹ
blütūth® headset

die App
ایپ
app

die SIM-Karte
سم کارڈ
sim card

die Handytasche
موبائل کا احاطہ
möbile cöver

das Handy
موبائل فون
möbile phöne

der Surfstick
موبائل ڈونگل
möbile döngle

wischen
سوائپ کرنا
swipe

die SMS
لفظی پیغام
text meßage

das Smartphone
اسمارٹ فون
smartphöne

der Touchscreen
ٹچ اسکرین
töuchscrēn

der Datenspeicher	data störage	ڈیٹا اسٹوریج
das Funkloch	dead zöne	ڈیڈ زون
die Flatrate	flat rate	فلیٹ کی شرح
die Prepaidkarte	pay-as-yöu-gö card	کارڈ کے طور پر ادائیگی
das Guthaben	credit	کریڈٹ
der Klingelton	ringtöne	رنگٹون
der Akku	battery	بیٹری

DAS TELEFON – ٹیلی فون

das Display
ڈسپلے
display

das Telefonbuch
ٹیلی فون ڈائریکٹری
telephöne directöry

der Anrufbeantworter
جواب دینے والی مشین
jawab dene wali machine

das Tastenfeld
ٹیلی فون کیپیڈ
telephöne keypad

der Telefonhörer
رسیور
receiver

das Kabel
کیبل
cable

das schnurlose Telefon
کورڈلیس فون
cördleß phöne

der Hörer
رسیور
reciever

abheben
جواب دینا
jawab dena

auflegen
انتظار کرانا
intezār karna

die Basisstation
بنیاد
bunyād

der Kopfhörer
ہیڈ فون
headphöne

das Mikrofon
مائکروفون
micröphöne

das Faxgerät
فیکس مشین
fax machine

jemanden anrufen	kisi kö bulana	کسی کو بلانا
wählen	dial kare	ڈائل کرنا
klingeln	bajna	بجنا
Ich möchte bitte ... sprechen.	میں بات کرنا چاہتا ہوں ...، برائے مہربانی. mein bāt karna chahta hūn..., baraye meharbani	
Entschuldigung, ich habe mich verwählt.	معذرت، میں نے غلط نمبر ڈالی ہے. muazrat, ma na ghalat kya	
Bitte hinterlassen Sie eine Nachricht nach dem Signalton.	ٹون کے بعد ایک پیغام چھوڑ دو tune ka bād ik paigham chördö	
Können Sie mich bitte zurückrufen?	کیا تم مجھے دوبارہ کال کر سکتے ہو؟ kya tum mujhe dubara call kar skte hö	

DIE MEDIEN - میڈیا

Das Fernsehen - ٹیلی ویژن

die Fernbedienung
ریموٹ کنٹرول
remöte cöntröl

stumm schalten
میوٹ موڈ میں تبدیل کرنا
mute möde ma tabdil karna

die Lautstärke
حجم
hajam

zurückspulen
پیچھے کرنا
peche karna

abspielen
کھیلنا
khelna

umschalten
چینلز کو سوئچ کرنا
channels kö switch karna

aufnehmen
ریکارڈ کرنا
recörd karna

vorspulen
تیزی سے آگے بڑھانا
tezi sa agay barhna

die Stopptaste
بند کرنے کا بٹن
band karne ka buttön

die Pausetaste
روکنے کا بٹن
rökne ka buttön

der DVD-Player
ڈی وی ڈی پلیئر
dvd player

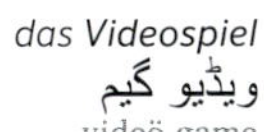

das Videospiel
ویڈیو گیم
videö game

der Fernseher
ٹی وی
tv

der Digitalempfänger
ڈیجیٹل رسیور
digital reiever

die DVD
ڈی وی ڈی
dvd

das Kabelfernsehen	cable tv	کیبل ٹی وی
das Free-TV	muft tv	مفت ٹی وی
das Bezahlfernsehen	ada tv	ادا ٹی وی
fernsehen	tv dekhna	ٹی وی دیکھنا
die Fernsehserie	tv series	ٹی وی سیریز
zappen	channel höp karna	چینل ہاپ کرنا
die Folge	qist	قسط

die Satellitenschüssel
سیٹلائٹ ڈش
satellite dish

DIE MEDIEN - میڈیا

Das Fernsehen - ٹیلی ویژن

das Set
سیٹ
set

der Tele-prompter®
® اوٹو کیو
autöcü

die Nachrichtensprecherin
خبر پڑھنے والا
khabar parhne wala

die Nachrichten
خبر
khabar

das Interview
انٹرویو
interview

der Interviewpartner
انٹرویو
interview

die Reporterin
رپورٹر
repörter

das Mikrofon
مائکروفون
micröphöne

die Szene
منظر
manzar

der Schauspieler
اداکار
adakar

die Klappe
کلیپر بورڈ
clapper böard

die Livesendung
براہ راست نشریات
barahe rast nasharyat

das Publikum
سامعین
samön

der *Dokumentarfilm*	dastawezi	دستاویزی
die *Talkshow*	talkshaw	ٹاک شو
die *Reportage*	khusūsiat	خصوصیت
die *Quizshow*	game shöw	گیم شو
der *Moderator*	pesh gandegan	پیش کنندگان
die *Moderatorin*	pesh gandegan	پیش کنندگان
der *Teilnehmer/die Teilnehmerin*	harēf	حریف

DIE MEDIEN - میڈیا

Das Radio - ریڈیو

der DJ
ڈی جے
dj

die Tonaufnahme
ساز بندی
saz bandi

die Antenne
فضائی
fizä

das Radio
ریڈیو
radiö

die Frequenz
کثرت
kasrat

der Radiosender
ریڈیو اسٹیشن
radiö statiön

der Wetterbericht
موسم کا حال
mausam ka hāl

die Verkehrsnachrichten
سفر کی خبریں
safar karna

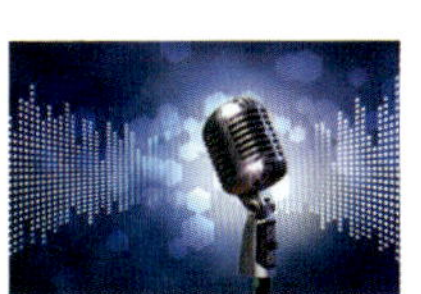

die Hitparade
گانا گانے کا شو
gana gane ka show

das Hörspiel
ناٹک کی ریکارڈنگ
natak ki recording

die Liveaufzeichnung
لائیو ریکارڈنگ
live recörding

die Sendung	prögram	پروگرام
der Berichterstatter	repörter	رپورٹر
die Berichterstatterin	repörter	رپورٹر
der Werbespot	ishtehar	اشتہار
senden	nashar karna	نشر کرنا
die Langwelle	lambi lehar	لمبی لہر
die Kurzwelle	mukhtasar lehar	مختصر لہر

DIE MEDIEN - میڈیا

Die Printmedien - پرنٹ کریں

die Zeitung
اخبار
akhbar

das Tabloidformat
ٹیبلڈ فارمیٹ
tablöid förmat

das Bild
تصویر
tasvēr

der Artikel
مضمون
mazmūn

die Titelseite
فرنٹ پیج
frönt bench

die Schlagzeile
سرخی
surkhi

der Vorspann
قیادت پیراگراف
qayadat paragraph

die Zeitungsspalte
کالم
cölumn

die großformatige Zeitung
بروڈ شیٹ
bröadshēt

der Stellenmarkt
خالی جگہیں
khali jaghen

der Werbeprospekt
کتابچہ
kitabcha

die Anzeige
اشتہار
ishtehar

das Abonnement
سبسکرپشن
subscriptiön

der Leitartikel	rehnuma	رہنما
die Todesanzeige	zikar rehlat	ذکر رحلت
die Boulevardzeitung	tablöid	ٹیبلوڈ
die Wochenzeitung	haftawar kaghaz	ہفتہ وار کاغذ
die Tageszeitung	röznama kaghaz	روزنامہ کاغذ
die Kolumne	cölumn	کالم
die Beilage	zamima	ضمیمہ

DIE MEDIEN - میڈیا

Die Printmedien - پرنٹ کریں

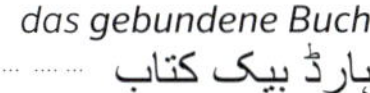

das gebundene Buch
ہارڈ بیک کتاب
harback kitab

der Einband
ڈھکن
dhakan

der Buchdeckel
کور بورڈ
cöver böard

der Buchrücken
ریڑہ
rērah

der Schutzumschlag
دھول جیکٹ
dhūl jacket

das Taschenbuch
گتے
gattey

die Seite
صفحہ
saffah

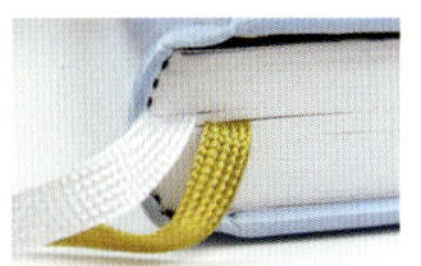

das Lesebändchen
بک مارک
būkmark

in einem Buch blättern
کتاب کے ذریعے پھینکنا
kitāb ka zarye phekna

das Sachbuch
غیر افسانہ کتاب
gher afsana kitāb

der Roman
افسانہ
afsana

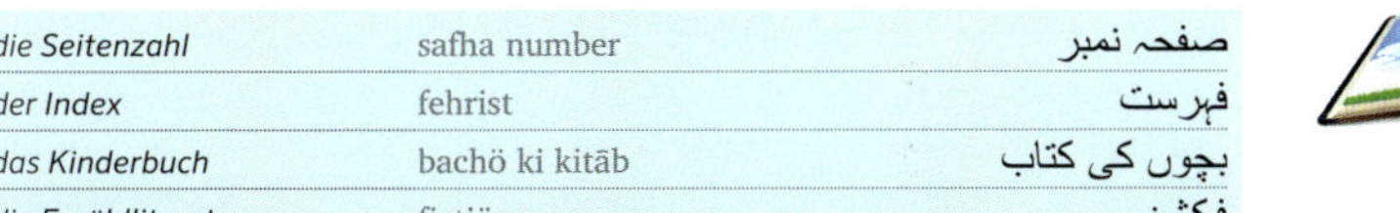

die Seitenzahl	safha number	صفحہ نمبر
der Index	fehrist	فہرست
das Kinderbuch	bachö ki kitāb	بچوں کی کتاب
die Erzählliteratur	fictiön	فکشن
die Sachliteratur	gher afsana	غیر افسانہ
das Inhaltsverzeichnis	fehrist	فہرست
das Kapitel	bāb	باب

der Bildband
کافی کے میز کی کتاب
cöffē ka maze ki kitab

DIE POST - پوسٹ

der Briefumschlag
لفافه
lifafa

die Briefmarke
مہر
möhör

der Empfänger
ایڈریسی
addreßē

die Adresse
پتہ
pata

der Absender
بھیجنے والا
bhejne wala

die Postleitzahl
پوسٹ کوڈ
pöstcöde

der Poststempel
پوسٹ مارک
pöst mark

das Postfach
پی. او. باکس
pö böx

die Postkarte
پوسٹ کارڈ
pösrcard

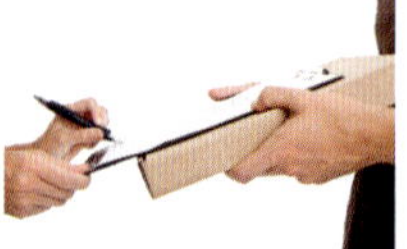

die Empfangsbestätigung unterschreiben
رسید پر دستخط کرنا
rasēd par dastakhat karna

der Briefkasten
ڈاک کا ڈبہ
dāk ka dabba

einen Brief einwerfen
خط پوسٹ کرنا
khat pöst karna

das Paket
پارسل
parcel

der Brief	khat	خط
der Eilbrief	expreß khat	ایکسپریس خط
portofrei	dāk ada kia	ڈاک ادا کیا
einen Brief erhalten	ik khat wasūl karna	ایک خط وصول کرنا
einen Brief beantworten	ik khat ka jawāb dena	ایک خط کا جواب دینا
jemandem einen Brief schicken	kisi kö ik khat bhejna	کسی کو ایک خط بھیجنا
das Einschreiben	registered khat	رجسٹرڈ خط

DIE POST - پوسٹ

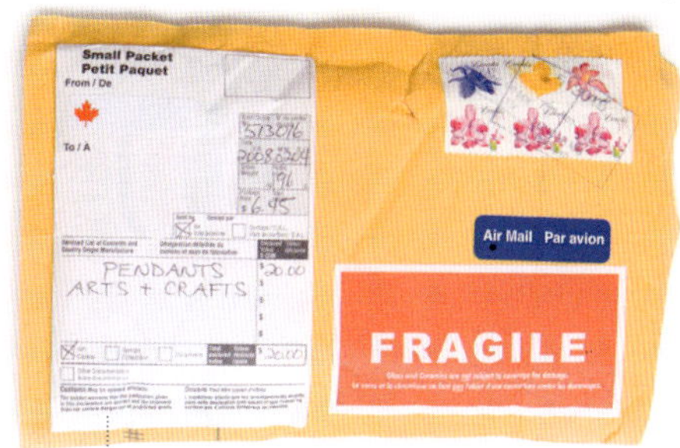

das Klebeband
پارسل ٹیپ
parcel tape

die Styroporflocken
پولسٹریئر چپس
pölystyrene chips

das Päckchen
چھوٹا پیکج
chöta package

per Luftpost
ای میل کے ذریعے
email ka zarye

das Porto
ڈاک
dāk

zerbrechlich
نازک
nazuk

vor Nässe schützen
خشک رکھیں
khusk rakhe

oben
یہ ختم ہو گیا ہے
ye khatm högaya ha

die Zustellung
ترسیل
tarsēl

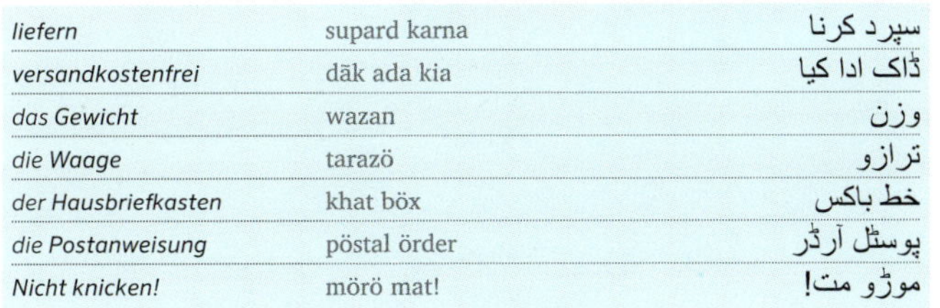

liefern	supard karna	سپرد کرنا
versandkostenfrei	dāk ada kia	ڈاک ادا کیا
das Gewicht	wazan	وزن
die Waage	tarazö	ترازو
der Hausbriefkasten	khat böx	خط باکس
die Postanweisung	pöstal örder	پوسٹل آرڈر
Nicht knicken!	mörö mat!	موڑو مت!

der Kurierdienst
کورئیر سروس
cöurier service

SPORT UND FITNESS

کھیل اور فٹنس

BALLSPORTARTEN - بال کھیل

Der Fußball - فٹ بال

das Spielfeld
فٹ بال پچ
fūtball match

der Mittelkreis
مرکزی حلقہ
markazi halka

der Anstoßpunkt
مرکز کی جگہ
markaz ki jaga

der Strafraum
جرمانے کا علاقہ
jurmane ka ilaqa

der Eckbogen
کونے کی آرک
kōne ki arc

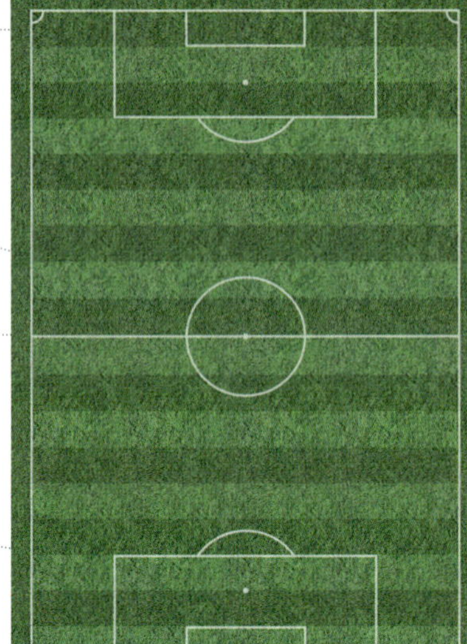

die Torlinie
سزا آرک
saza arc

der Elfmeterpunkt
جرمانہ جگہ
jurmana jaga

der Teilkreis am Strafraum
جرمانہ جگہ
jurmana jaga

die Mittellinie
آدھا راستہ
adha rasta

die Seitenlinie
ٹچ لائن
tōuch line

der Torraum
گول کا علاقہ
gōal ka ilaqa

das Stadion
اسٹیڈیم
stadium

die Zuschauertribüne
اسٹینڈ
stand

die Zuschauer
ناظرین
nazrēn

der Platzverweis
باہر بھیجنا
bahar bhejna

die rote Karte
لال کارڈ
lāl card

der Schiedsrichter
ریفری
refrē

BALLSPORTARTEN - بال کھیل

Der Fußball - فٹ بال

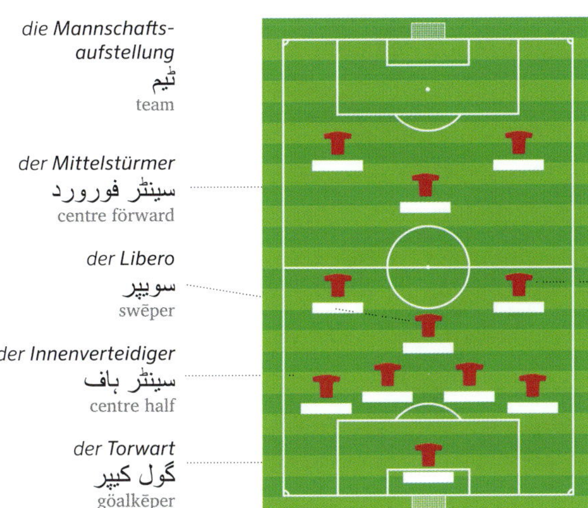

die Mannschaftsaufstellung
ٹیم
team

der Mittelstürmer
سینٹر فورورد
centre förward

der Libero
سویپر
swēper

der Innenverteidiger
سینٹر ہاف
centre half

der Torwart
گول کیپر
göalkēper

der Außenstürmer
ونگ
wing

der Mittelfeldspieler
مڈفیلڈر
midfielder

der Außenverteidiger
ونگ بیک
wingback

angreifen

نمٹنا
nimatna

der Eckstoß
کونا
köna

der Freistoß
مفت کک
muft kick

der Einwurf
اندر پھینکنا
andar phenkna

die Liga	leagü	لیگ
die erste Liga	pehla uturn	پہلا ڈویژن
die Meisterschaft	championship	چیمپئن شپ
der Pokal	cup	کپ
die gelbe Karte	pēla card	پیلا کارڈ
das Foul	föul	فاؤل
die Verteidigung	jeetna	جیتنا

das Tor
گول
göal

BALLSPORTARTEN - بال کھیل

Der Fußball - فٹ بال

der Fußball
فٹ بال
fūtball

der Fußballschuh
فٹ بال بوٹ
fūtball būt

der Stollen
جڑنا
jurna

das Trikot
جرسی
jersey

die Hose
شارٹس
shörts

der Schienbeinschoner
پنڈلی کی ہڈی کا محافظ
pindli kö haddi ka muhafiz

der Stutzen
جرابیں
jurabien

den Ball halten
گیند کو بچاؤ
gaind kp bachaö

das Tornetz
نیٹ
net

der Torpfosten
گول پوسٹ
göal pöst

der Torwarthandschuh
گول کیپر کے دستانے
göalkēper ka dastane

schießen
مارنا
marna

die Halbzeit	adha waqt	آدھاوقت
das Unentschieden	banana	بنانا
die Verlängerung	izafi waqt	اضافی وقت
der Elfmeter	jurmana	جرمانہ
das Abseits	parli taraf	پرلی طرف
köpfen	sar	سر
kicken	kick	کک

BALLSPORTARTEN - بال کھیل

Der Handball - ہینڈبال

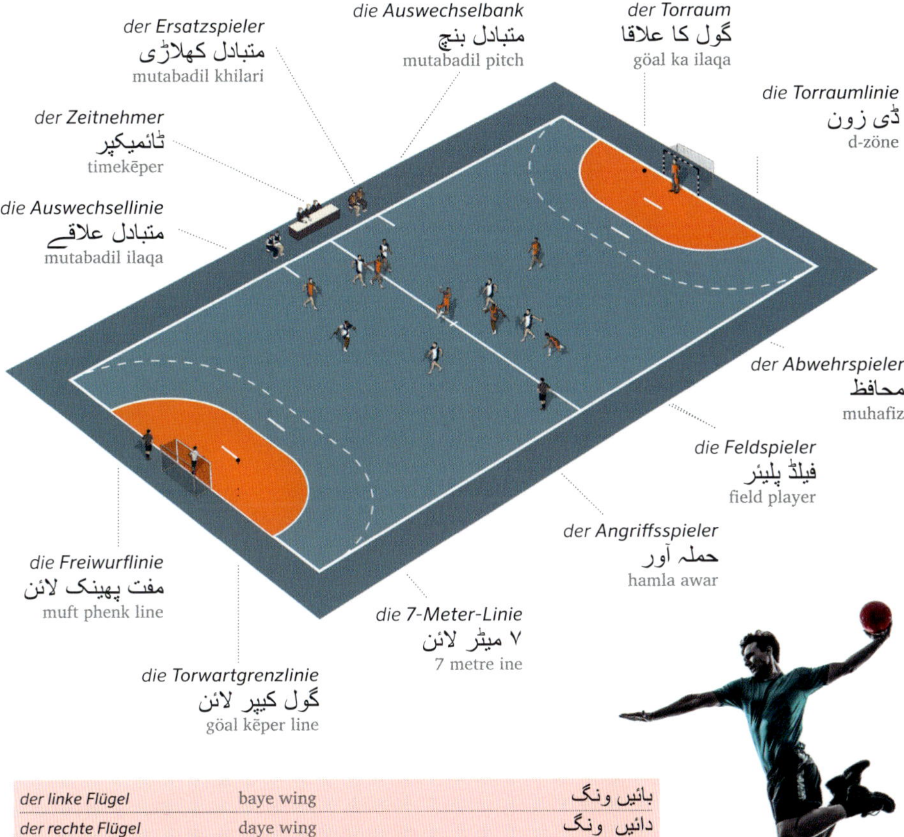

der Sprungwurf
چھلانگ شاٹ
chalāng shōt

der linke Flügel	baye wing	بائیں ونگ
der rechte Flügel	daye wing	دائیں ونگ
der Schlagwurf	ik hath pas	ایک ہاتھ پاس
die Disqualifikation	najaiz	ناجائز
die Auszeit	waqt khatm	وقت ختم
die Verwarnung	intebāh	انتباہ
der Siebenmeter	7 meter phenk	۷ میٹر پھینک

BALLSPORTARTEN - بال کھیل

Der Volleyball - ہینڈبال

die Angriffszone
حملے کے علاقے
hamla ka ilaqa

der Außenangreifer
بائیں / دائیں حملہ آور
baye/daye hamla awar

der Mittelangreifer
درمیانی حملہ آور
darmiyani hamla awar

die Verteidigungszone
واپس زون
wapis zōne

der Libero
سویپر
swēper

die Grundlinie
بیس لائن
baseline

der Abwehrspieler
پیچھے
peche

die Seitenlinie
طرف لائن
taraf line

der Linienrichter
لائن جج
line judge

die Netzkante
سفید ٹیپ
safaid tape

das Netz
نیٹ
net

die Angriffslinie
حملے کی لائن
hamla ki line

der Freiraum
واضح جگہ
wazeh jagah

die Reservebank
متبادل بنچ
mutabadil pitch

der Beachvolleyball
بیچ والی بال
bench wali ball

schmettern
توڑنا
törna

blocken
بلاک
blöck

der Aufschlag
بال کو ہاتھ سے مارنا
ball ko hath se marna

baggern
بال کو دھکیلنا
ball ko dhakelna

pritschen
بال کو جمانا ہاتھوں پر
ball ko jamana hathon par

die Hechtabwehr
بال کہ اچھالنا
ball ko uchalna

BALLSPORTARTEN - بال کھیل

Der Basketball - باسکٹ بال

die Seitenlinie
گزرنا
guzarna

die Drei-Punkte-Linie
تین نکاتی لائن
tēn nukati line

die begrenzte Zone
محدود علاقے
mehfūz line

die Grundlinie
بیس لائن
baseline

im Aus sein
باہر ہوگئی
bahar hogai

die Freiwurflinie
مفت پھینک لائن
muft phenk line

die Mittellinie
مڈکوٹ لائن
midcöurt line

der Mittelkreis
مرکزی حلقہ
markazi halka

der Dunk
ڈنک
dunk

das Korbbrett
بیک بورڈ
back baörd

der Korbring
ھوپ
hūp

das Netz
نیٹ
net

der Korb
ٹوکری
tökri

das Doppeldribbling	uchal	اچھال
der Rebound	baghwat	بغاوت
der Sprungball	chalāng shöt	چھلانگ شاٹ
fangen	pakrö	پکڑو
werfen	phenk dö	پھینک دو
zielen	mār	مار
decken	nishān	نشان

WEITERE BALLSPORTARTEN – دیگر بال کھیلوں

das Hockey
فیلڈ ہاکی
field höckey

das Eishockey
آئس ہاکی
ice höckey

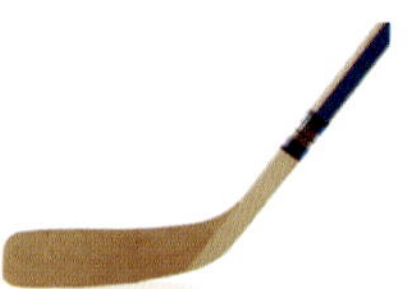

der Hockeyschläger
ہاکی چھڑی
höckey chari

der Puck
پک
puck

der Softball
نرم بال
naram ball

der Baseball
بیس بال
baseball

der Baseballschläger
بیس بال کا بلا
baseball ka balla

der Baseballhandschuh
بیس بال کے دستانے
baseball ka dastane

der American Football
امریکی فٹ بال
amreci fütball

das Rugby
رگبی
rugby

das Kricket
کرکٹ
cricket

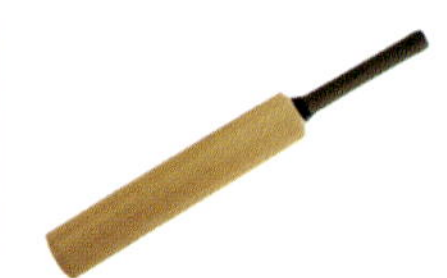

das Schlagholz
بلا
balla

die Trillerpfeife
سیٹی
sēti

die Mannschaft	team	ٹیم
der Sieger	fateh	فاتح
der Verlierer	hara hwa	ہارا ہوا
der Weltmeister	almi champiön	عالمی چیمپئن
das Turnier	töurnament	ٹورنامنٹ
der Spielstand	scöre	سکور
der Trainer/die Trainerin	cöach	کوچ
die Anzeigetafel	scöre böard	سکور بورڈ

BALLSPORTARTEN MIT SCHLÄGERN - ریکیٹ کھیل

Das Badminton - بیڈمنٹن

der Badmintonplatz
بیڈمنٹن کورٹ
badmintön cöurt

das linke Aufschlagfeld
بائیں سروس کورٹ
baye service cöurt

das rechte Aufschlagfeld
دائیں سروس کورٹ
daye service cöurt

die hintere Aufschlaglinie Einzel
سنگلز کے لئے طویل سروس لائن
single ka lye töuwil line

die hintere Aufschlaglinie Doppel
ڈبلز کے لئے طویل سروس لائن
döubles ka lye töuwil line

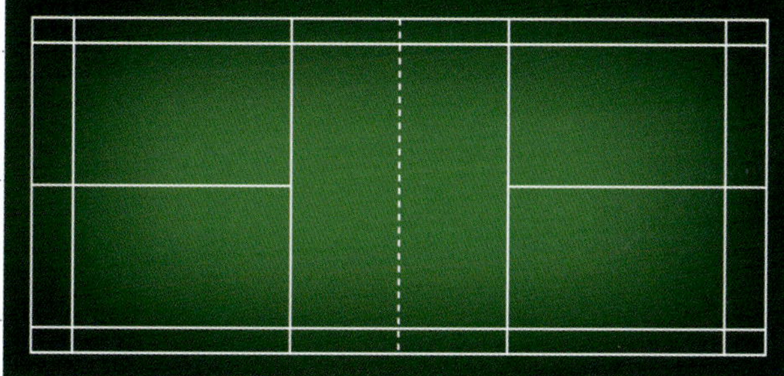

die Seitenlinie Einzel
واحد سائیڈلاین
wahid sideline

die vordere Aufschlaglinie
مختصر سروس لائن
mukhtasir service line

die Mittellinie
مرکز لائن
markaz line

die Seitenlinie Doppel
دوگنا سائیڈلاین
dugna sideline

das Squash
اسکواش
squash

der Racquetball
ریسکٹ بال
racqütball

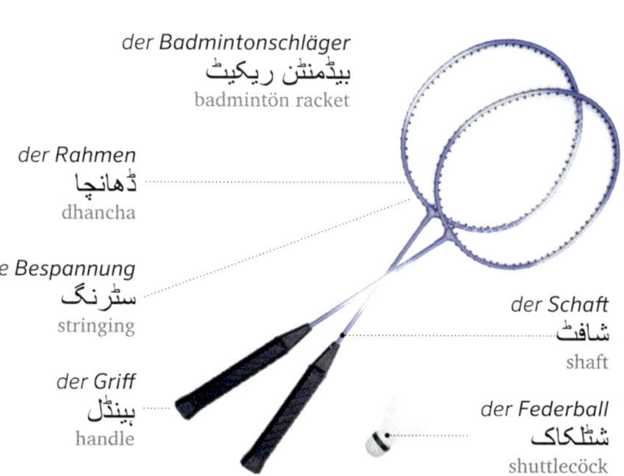

der Badmintonschläger
بیڈمنٹن ریکیٹ
badmintön racket

der Rahmen
ڈھانچا
dhancha

die Bespannung
سٹرنگ
stringing

der Griff
ہینڈل
handle

der Schaft
شافٹ
shaft

der Federball
شٹلکاک
shuttlecöck

BALLSPORTARTEN MIT SCHLÄGERN - ریکیٹ کھیل

Das Tennis - ٹینس

der Balljunge
گیند لڑکے
gaind böy

die Grundlinie
بیس لائن
net

die Aufschlaglinie
سروس لائن
service line

das Halbfeld
فوریکورٹ
service line

das Netz
نیٹ
förecöurt

die Seitenlinie für das Einzelspiel
سنگل سایڈ لائن
single sideline

die Seitenlinie für das Doppelspiel
دوگنا سایڈلاین
dugna sideline

die Aufschlagmittellinie
مرکز سروس لائن
markaz service line

der Tennisball
ٹینس گیند
tennis gaind

der Tennisschläger
ٹینس ریکیٹ
tennis racket

die Vorhand
پکڑنے کی جگہ
pakarny ki jaga

die Rückhand	wapis hath	واپس ہاتھ
das Einzel	singles	سنگلز
das Doppel	döubles	ڈبلز
der/das Tiebreak	tie break	ٹای بریک
der Einstand	discö	ڈسکو
der Fehler	ghalti	غلطی
das Ass	ikka	اکا
der Satz	jamana	جمانا
der Schiedsrichter	umpire	امپائر
die Schiedsrichterin	umpire	امپائر
der Linienrichter	line judge	لائن جج

BALLSPORTARTEN MIT SCHLÄGERN - ریکیٹ کھیل

Das Tischtennis - ٹیبل ٹینس

DAS GOLF – گالف

der Golfplatz
گالف کا میدان
gölf ka maidān

das Wasserhindernis
پانی کی خطرہ
pani ka khatra

der Bunker
بنکر
bunker

das Fairway
منصفانہ
fairway

das Rough
کھردرا
khurdura

der Abschlag
ٹی آف
tē-öff

die Haltung
موقف
möqif

das Tee
ٹی
tē

der Golfball
گولف گیند
gölf gaind

einlochen
ڈالیں
dalein

die Fahne
پرچم
parcham

das Loch
سوراخ
surakh

das Grün
سبز
sabz

DAS GOLF - گالف

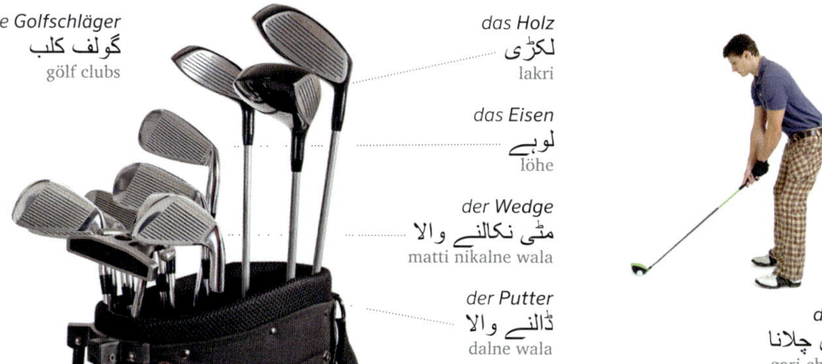

die Golfschläger
گولف کلب
gölf clubs

das Holz
لکڑی
lakri

das Eisen
لوہے
löhe

der Wedge
مٹی نکالنے والا
matti nikalne wala

der Putter
ڈالنے والا
dalne wala

die Golftasche
گولف بیگ
gölf bag

driven
گاڑی چلانا
gari chalana

der Golfspieler
گولف کھلاڑی
gölf khilari

der Caddie
گلف کھیلنے والوں کا ملازم
gölf khelne walö ka mulazim

der Golftrolley
گولف ٹرالی
gölf trölley

der Durchschwung
مار کر پیچھے کی طرف اسٹک
mar kr piche ki taraf stick

schwingen	jhūna	جھولنا
chippen	tukra	ٹکڑا
das Par	par	پار
das Birdie	gölf mien jēta hwa	گالف میں جیتا ہُوا نَمبَر
das Bogey	ubhalö	ابھالُو
das Handicap	mazūr	معذور
das Hole-in-one	gölf: gaind kö sēdha surakh ma phaunchane wali zarab	گولف: گیند کو سیدھا سوراخ میں پہنچانے والی ضرب

das Golfcart
گولف کی گاڑی
golf ki gari

DIE LEICHTATHLETIK – ایتلایلیات

die Sprunggrube
لینڈنگ گڑھے
landing garhey

der Weit- und Dreisprung
لمبی کود اور ٹرپل چھلانگ
lambi kūd ör tripple chalang

die Anlaufbahn
رن وے
runway

das Schutznetz
حفاظت کیج
hifazat cage

die Bahn
لین
lane

die Aschenbahn
ٹریک
track

der Hochsprung
اونچی چھلانگ
uūnchi chalang

die Latte
بار
bar

die Ziellinie
ختم لائن
khatm line

der Diskus- und Hammerwurf
ڈسکس تھرو اور ہیمر تھرو
discuß thröw ör hammer thröw

die Startlinie
شروع لائن
shru line

die Matte
لینڈنگ پیڈ
landing pad

der Wurfkreis
حلقہ میں پھینکنا
halka ma phenkna

der Sprint
سپرنٹ
sprint

der Startblock
شروع ہونے والا بلاک
shru höne wala blöck

der Hürdenlauf
رکاوٹیں
rukawatien

die Hürde
رکاوٹیں
rukawatien

der Stabhochsprung
پول والٹ
pöle vault

der Staffellauf	relay döre	ریلے دوڑ
der Stab	sūnta	سونٹا
einen Rekord brechen	recörd törna	ریکارڈ توڑنا
der Marathon	merathön	میراتھن
die persönliche Bestleistung	zati behtarēn	ذاتی بہترین
der Speerwurf	javelin	جیلین
die Stoppuhr	ghari band karö	گھڑی بند کرو

DAS TURNEN - جمنا سٹکس

der Sprungtisch
چھیلانگ لگانے والی ٹیبل
chilaang lagane wali table

der Handstand
ہینڈ اسٹینڈ
handstand

der/das Spagat
تقسیم کرتا ہے
taksēm karta hai

das Reck
افقی بار
afqi bar

der Barren
متوازی سلاخیں
mutwazi salaqien

das Pauschenpferd
پینل گھوڑے
pömmel ghöre

die Ringe
کرتب دکھانے والی رسی
kartab dikhane wali rassi

der Schwebebalken
بیلنسنگ بیم
balancing beem

das Bodenturnen
فرش ورزش
farash warzish

der Stufenbarren
غیر معمولی سلاخوں
gher māmöli salākhön

der Turnanzug
ایک ٹکڑے کی چُست لَچکدار پوشاک
ek tykre ki chust lachakdār pöshāk

die Turnhalle
جمنازیم
gymnasium

die Turnerin
جمناسٹ
gymnast

die Magnesia
چاک
chalk

das Gold	söne	سونے
das Silber	chandi	چاندی
die Bronze	kānsi	کانسی
die Medaille	tamghe	تمغے
der Wettkampf	mukābla	مقابلہ
der Salto	barasā karna	براساں کرنا
der Aufgang	jama karna	جمع ہونا

DER WASSERSPORT - پانی کے کھیل

Das Schwimmen - تیراکی

das Wettkampfbecken
مقابلہ پول
mukābla pūl

① *der Wendehinweis für Rückenschwimmer*
بیکسٹروک باری اشارے
backströke bāri ishāre

② *die Bahn*
لین
lane

③ *das Ziel*
ختم دیوار
khatam dewār

④ *die Linie*
قطار
katār

⑤ *das Wasser*
پانی
pāni

⑥ *der Startblock*
شروع ہونے والا بلاک
shuru höne wala blöck

⑦ *die Schwimmleine*
لین مارکر
lane marker

die Wende
موڑ
mör

der Armzug
اسٹروک
ströke

das Rückenschwimmen
پس منظر
pas manzar

das Brustschwimmen
چھاتی کے بل تیرنا
chaati ke bal tairna

kraulen
کرال سوئم
crawl swim

das Schmetterlingsschwimmen
تتلی کی طرح تیرنا
titli ki tarhan tairna

der Startsprung
غوطہ لگانے کی ڈوڑ
göta lagane ki dör

der Fehlstart
غلط آغاز
ghalat āghāz

DER WASSERSPORT - پانی کے کھیل

Das Schwimmen - تیراکی

der Wasserball
واٹر پولو
water pölö

springen
غوطہ لگانا
göta lagana

das Kunstspringen
غوطہ
göta

das Synchronschwimmen
ہم آہنگ تیراکی
hum āhank terāki

der Schwimmflügel
پانی ونگ
pāni wing

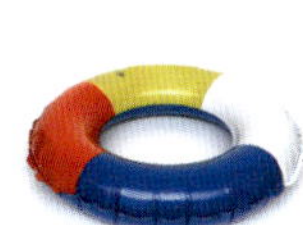

der Schwimmring
ربڑ کی رنگ
rubber ki ring

das Schwimmerbecken
تیراکی کا تالاب
terāki ka talāb

das Nichtschwimmerbecken
غیر تیراکی کے پول
gher terāki ke pūl

die Schwimmweste
زندگی بچانے والی جیکٹ
zindagi bachāne ki jacket

die Schwimmnudel
پول نوڈل
pūl nūdle

die Schwimmerin
تیراک
terāk

die Badekappe
تیراکی ٹوپی
terāki töpi

der Schwimmanzug
تیراکی کا لباس
terāki libās

die Schwimmbrille
چشمیں
chashme

schwimmen	terna	تیرنا
das Sprungbrett	diving böard	ڈائیونگ بورڈ
der Sprungturm	diving platförm	ڈائیونگ پلیٹ فارم
das Schwimmbrett	terna	تیرنا
der Bademeister	pūl hāzir	پول حاضر
die Bademeisterin	pūl hāzir	پول حاضر
der Wasserpark	ābi park	آبی پارک

DER WASSERSPORT - پانی کے کھیل

Das Segeln - سیلنگ

der Mast
ستون
satūn

die Takelage
مستول
mastūl

das Großsegel
مینسیل
mainsail

die Fock
فارسیل
föresail

der Bug
جہاز کی پیشانی
jahāz ki peshāni

der Rumpf
بھوسی
bhösi

das Heck
پشت
pusht

der Rettungsring
محافظ زندگی
muhāfiz zindagi

die Leuchtrakete
راکٹ بھاؤ
röcket flare

der Segler
کشتی کو چَلانے والا
kashti kö chalāne wala

der Baum
بوم
būm

das Cockpit
پائلٹ کی جگہ
pilöt ki jagah

die Pinne
کاشتکار
kāshtkār

der Seegang	sög	سوگ
der Wind	hawa	ہوا
die Meeresströmung	samandar ka bahaö	سمندر کا بھاؤ
der Anker	langar	لنگر
die Crew	amla	عملہ
das Ruder	patwār	پتوار
kentern	ulta höna	الٹا ہونا
der Jachthafen	samandar ke kināre	سمندر کے کنارے
das Rettungsboot	zindagi bachāne wali kashti	زندگی بچانے والی کشتی

DER WASSERSPORT - پانی کے کھیل

Das Tauchen - ڈائیونگ

der Tauchanzug
تر پوشاک
tar pōshāk

die Druckluftflasche
ڈائیونگ سلنڈر
diving cylinder

der Lungenautomat
ڈائیونگ ریگولیٹر
diving regulatör

die Taschenlampe
مشعل
mashal

der Tiefenmesser
گہرائی گیج
gehrayi gauge

die Schwimmflosse
فلپر
flipper

der Tauchstiefel
ڈائیونگ بوٹ
diving būt

der Schnorchel
اسنورکل
snörkel

die Tauchmaske
ڈائیونگ ماسک
diving mask

das Finimeter
مواد کی گیج
mawād ki gauge

der/das Kajak
کایک
kayak

das Doppelpaddel
ڈبل مرکبی پیڈل
döuble marakkabi paddle

der Kanadier
کینیڈا کا ڈونگا
canada ka dönga

das Stechpaddel
واحد مرکبی پیڈل
wāhid marakkabi paddle

der Sitz
کرسی
kursi

der Vordersteven
تنا
tana

das Heck
پشت
pusht

der Bug
جہاز کی پیشانی
jahāz ki peshāni

der Bootsrumpf
چھلکا
chilka

der Achtersteven
دُمبالک
dumbālak

DER WASSERSPORT - پانی کے کھیل

Das Surfen - سرفنگ

surfen
سرف
surf

das *Surfbrett*
سرف بورڈ
surfböard

das *Windsurfen*
آب سواری
āb sawāri

das *Schothorn*
نشان
nishān

der *Surfer*
سرفر
surfer

die *Welle*
لہر
lehar

das *Segel*
بادبان
bādbān

der *Mast*
ستون
satūn

der *Windsurfer*
آب سوار
āb sawār

das *Paddelbrett*
پیڈل بورڈ
paddleböard

das *Kitesurfen*
پتنگ اڑانا
patang urāna

das *Bodyboarden*
باڈی بورڈنگ
bödyböarding

das *Wakeboarden*
ویک بورڈنگ
wakeböarding

der *Jetski®*
جیٹ بائیک کی سیر®
jet bike ki sair®

das *Wasserski*
پانی کی سیر
pani ki sair

das *Rudern*
کشتی چلانا
kashti chalana

das *Rafting*
چوب بندی
chōb bandi

DER KAMPFSPORT – مارشل آرٹس

das Karate
کراٹے
karate

das Aikido
آیکیڈو
aikidö

das Kendo
کینڈو
kendö

das Taekwondo
تائی کوان ڈو
täkwöndö

der schwarze Gürtel
سیاہ بیلٹ
siyāh belt

das Judo
جوڈو
judö

das Kung-Fu
کنگ فو
kung fu

das Kickboxen
کک باکسنگ
kickböxing

das Ringen
کشتی
kushti

das Boxen
باکسنگ
böxing

der Sandsack
گھونسا مارنے کا بیگ
ghūnsa mārne ka bag

der Boxball
گھونسا مارنے کی بال
punching ball

der Kopfschutz
سر پوش
sarpūsh

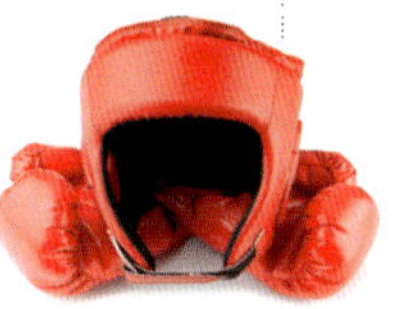
der Boxhandschuh
باکسنگ دستانے
böxing dastāne

der Mundschutz	gumshield	گمشیلڈ
der Knock-out	knöck-öut	ناک آوٹ
die Selbstverteidigung	apna bachaö	اپنا بچاؤ
das Tai-Chi	t'ai chi	تائی چی
das Jiu-Jitsu	jujitsu	جٹسسو
die Capoeira	capöira	کیپیررا
das Wing Chun	wing chun	ونگ چن

DER REITSPORT – شہسواری

DER REITSPORT - شہسواری

das Pferderennen
گھوڑوں کی دوڑ
ghörön ki dör

das Rennpferd
گھڑ دوڑ
ghur dör

der Jockey
جاکی
jöckey

das Dressurreiten
لباس
libās

der Ausritt
ہیک
hack

der Trabrennsport
گھوڑے گاڑی کا ساز
ghöre gāri ka sāz

das Jagdrennen
شکار کی دوڑ
shikar ki dor

ohne Sattel reiten
بیربیک سوار کرنا
bareback sawār karna

der Stall
مستحکم
mustehkam

der/das Rodeo
روڈیو
rödeö

das Polo
پولو
pölö

das Springreiten
چھلانگ دکھائیں
chalāng dikhāye

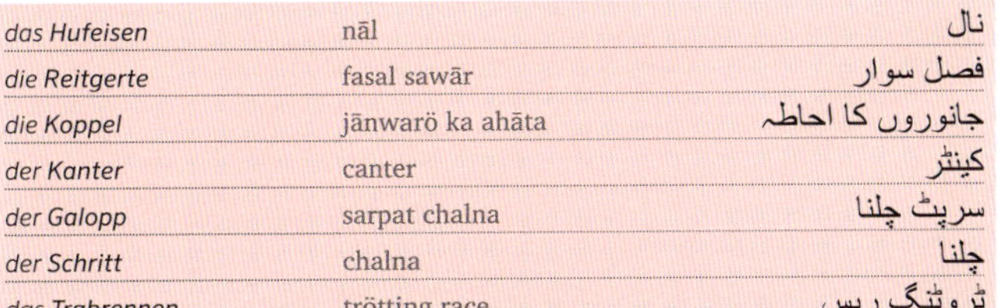

das Hufeisen	nāl	نال
die Reitgerte	fasal sawār	فصل سوار
die Koppel	jānwarö ka ahāta	جانوروں کا احاطہ
der Kanter	canter	کینٹر
der Galopp	sarpat chalna	سرپٹ چلنا
der Schritt	chalna	چلنا
das Trabrennen	trötting race	ٹروٹنگ ریس

der Pferdepfleger
گھوڑا دوست
ghora dost

DAS ANGELN – ماہی گیری

der Angler
مچھلی کا شکاری
machli ka shikāri

die Angel
ماہی گیری چھڑی اور لائن
māhi gēri churi ör line

die Angelrute
ماہی گیری چھڑی
māhi gēri churi

die Anglerweste
ماہی گیری جیکٹ
māhi gēri jacket

einen Fisch fangen
مچھلی پکڑنا
machli pakarna

der Unterfangkescher
لینڈنگ نیٹ
landing net

der Watstiefel
پانی میں چلانے والا
pāni me chalāne wala

die Spule
سپول
spūl

die Angelrolle
مچھلی پکڑنے کی مشین
machli pakarne ki machine

die Kurbel
کرینک
crank

die Angelausrüstung
ماہی گیری کا سامان
māhi gēri ka samān

die Angelschnur
کھونٹی
khönti

die Kunstfliege
مصنوعی مکھی
masnūyi makhi

die Pose
تیرنا
terna

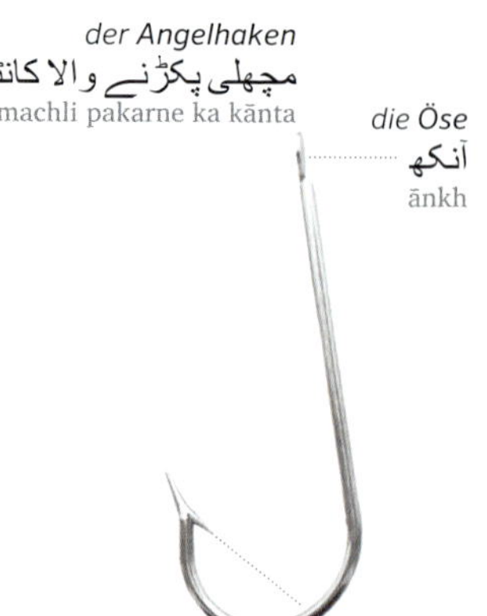

der Angelhaken
مچھلی پکڑنے والا کانٹا
machli pakarne ka kānta

die Öse
آنکھ
ānkh

der Widerhaken
خار
khār

DAS ANGELN – ماہی گیری

das Brandungsangeln
سرفیکشنگ
surfcasting

mit dem Netz fangen
نیٹ
net

das Hochseeangeln
گہرے سمندر میں مچھلیاں پکڑنا
gehre samandar me machliya pakarna

das Süßwasserangeln
تازہ پانی ماہی گیری
tāza pāni māhi gēri

das Speerfischen
سپیئر ماہی گیری
spear māhi gēri

einholen
کانٹا ڈالنا
kanta dalna

das Fliegenfischen
ماہی گیری پرواز
māhi gēri parwāz

fangen
پکڑو
pakrö

freilassen
رہائی
rihāi

der Köder
چارہ
chāra

der Fang
پکڑی ہوئی مچھلی
pakri hue machli

die Hummerfalle
جھینگا برتن
jhēnga bartan

der Angelschein	māhi gēri license	ماہی گیری لائسنس
anbeißen	kātna	کاٹنا
der Fischkorb	takhlēq	تخلیق
der Wobbler	lālach	لالچ
die Harpune	harpūn	ہارپون
die Angel auswerfen	line cast karen	لائن کاسٹ کریں
einen Fisch einholen	ek machli me rēl	ایک مچھلی میں ریل

der Spinnerkasten
ٹول باکس
tool box

DER WINTERSPORT – سردیوں کے کھیل

der Sturzhelm
ہیلمیٹ
helmet

der Pulverschnee
پاؤڈر
pöwder

der Stockteller
ٹوکری
tökri

der Skistock
سکی چھڑی
ski chari

der Skianzug
سکی سوٹ
ski suit

die Seilbahn
کیبل کار
cable car

die Spitze
ٹپ
tip

der Ski
سکی
ski

der Skistiefel
سکی بوٹ
ski būt

die Skipiste
پست
piste

die Kante
کنارے
kināre

der Skiläufer
اسکاٹی پہن کر
iskāti pehan kar

der Slalom
سلالوم
slalöm

der Abfahrtslauf
پہاڑی سے نیچے سکیئنگ
pahāri se nēche skiing

das Skispringen
سکی جمپنگ
ski jumping

abseits der Piste
پست بازی
past bāzi

der Skihang
سکی ڈھال
ski dhāl

das Biathlon
بیاتھلون
biathlön

der Langlauf
کراس ملک سکینگ
crößß mulk skiing

die Langlaufloipe
کراس ملک سکی رن
cröß mulk ski run

DER WINTERSPORT - سردیوں کے کھیل

die Skibrille
سکی چگلیں
ski chaglen

der Snowboard-fahrer
سنوبورڈر
snöwböarder

das Snowboard
سنوبورڈ
snöwböard

die Bindung
حفاظت پابند
hifāzat pāband

die Halfpipe
آدھا پائپ
ādha pipe

das Rail
پٹری
patri

Schlitten fahren
سلیڈجنگ
sledging

das Rennrodeln
لیوگ
luge

der Bobsport
برف گاڑی چلانے کا عمل
baraf gāri chalāne ka amal

das Curling
حلقہ دار بال
halka dār bāl

Schlittschuh laufen
آئس اسکیٹ
ice-skate

der Eisschnelllauf
رفتار سکیٹنگ
raftār skating

das Skifahren	skiing	سکینگ
das Snowboarding	snöwböarding	سنو بورڈنگ
der Winter-Fünfkampf	mausam sarma ke pentathlöm	موسم سرما کے پینٹاتھون
der Freistil	frēstyle	فری اسٹائل
das Schneeschuhwandern	barfani jūte wala	برفانی جوتے والا
das Hundeschlittenfahren	kutta gāri	کتا گاڑی
das Après-Ski	après ski	ایرس سکی
die Skihütte	ski lödge	سکی لاؤنج

der Eiskunstlauf
فگر سکیٹنگ
figure skating

SONSTIGE SPORTARTEN – دیگر کھیلوں

das Klettern
چڑھنے
charne

das Wandern
پیدل سفر
pedal safar

der Radsport
بائیک
biking

das Mountainbiken
نیچے کی موٹر سائیکل
nēche ki mötör cycle

das Abseilen
رسی کے سہارے پہاڑ سے اترنا
raßi ke sahāre pahār se utarna

das Bungeespringen
بنجی جمپنگ
bungē jumping

das Drachenfliegen
ہینگ گلائڈنگ
hang-gliding

das Fallschirmspringen
محافظ چھتری
muhāfiz chatri

das Rallyefahren
ریلی ڈرائیونگ
rally driving

die Formel 1®
فارمولا ون ®
förmula öne ®

das Motocross
موٹر کراس
mötöcröß

das Motorradrennen
موٹر سائیکل ریسنگ
mötör cycle racing

das Skateboardfahren
سکیٹ بورڈنگ
skateböarding

das Longboardfahren
لمبی بورڈنگ
lambi böarding

das Inlineskaten
آن لائن سکیٹنگ
in-line skating

das Offroadfahren
آف روڈنگ
öff-röading

SONSTIGE SPORTARTEN – دیگر کھیلوں

das Fechten
باڑ
bār

das Bowling
ٹینپین بولنگ
tenpin böwling

das Bogenschießen
تیر اندازی
tēr andāzi

die Jagd
شکار
shikār

das Darts
ڈارٹس
darts

das Poolbillard
پول
pūl

das Snooker
سنوکر
snūker

das Lacrosse
لیکروس
lacröße

die rhythmische Sportgymnastik
متوازن ورزش کا طریقہ
mutawāzan warzish ka tarēka

das Frisbee®
فرسبی ®
frisbē®

das Triathlon
ٹرریتھولون
triathlön

der Australian Football
آسٹریلوی قواعد فٹ بال
austrailwi qawāid fūtball

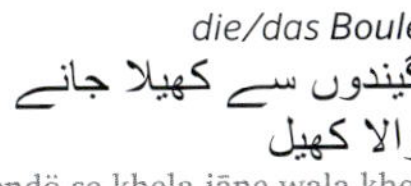

die/das Boule
گیندوں سے کھیلا جانے والا کھیل
endö se khela jāne wala khel

das Ballett
بیلے
balene

das Krocket
حریف کی گیند ہٹانا
harēf ki gend hatana

der/das Parkour
پارکور
parköur

DIE FITNESS - تندرست رہنا

das Fitnessstudio
جم
gym

die Langhantel
ویٹ لِفٹِنگ کے لِیے لوہے کی سَلاخ
weightlifting ke liye löhe ki salākh

die Gewichtsscheibe
وزن
wazan

die Bank
بینچ
bench

das Krafttraining
وزن کی تربیت
wazan ki tarbiyat

die Bizepsübung
چوڑائی خم
chörāi kham

die Kurzhantel
لوہے یا لکڑی کا چھوٹا مُگدر
löhe ya lakri ka chöta mugdar

das Bankdrücken
بینچ پریس
bench preß

trainieren
سکھانا
sikhāna

der Fitnessball
ورزش گیند
warzish gend

die Matte
چٹائی
chatāi

das Ergometer
طاقت پیما مشین
taqet paima machine

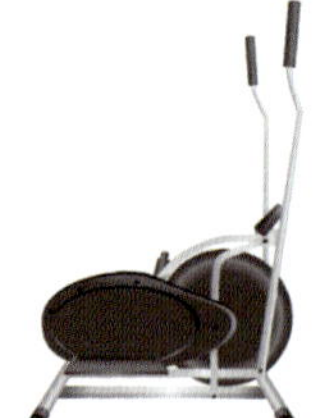

der Crosstrainer
آڑی بیضوی تربیتی مشین
aari bezvi tarbiati machine

das Laufband
بھاگنے کی مشین
bhagny ki machine

das Rudergerät
صف مشین
sif machine

DIE FITNESS - تندرست رہنا

der Ausfallschritt
ورجش کا ایک قسم کا طریقہ
warjish ka ik qisam ka tareqa

die Rumpfbeuge
آگے جھکنا
āge jhukna

der Liegestütz
پش اپس
push ups

der Sit-up
اوپر بیٹھنا
ūper bethna

der Muskelkater
اوپر اکھاڑنا
ūper ukhārna

der Klimmzug
ہینچو
henchö

die Kniebeuge
گھٹنے موڑنا
ghutne mörna

das Pilates
پایلیٹس
pilates

das Spinning®
پیروں کی مشین
pairon ki machine

die Pulsuhr
دل کی شرح مانیٹر
dil ki sharah mönitör

das Aerobic
ایروبکس
äröbics

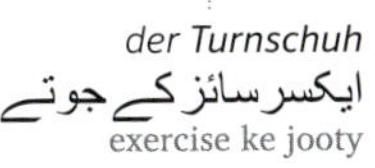

das Steppbrett
قدم کو اوپر کرنا
qadam ko uper karna

der Turnschuh
ایکسرسائز کے جوتے
exercise ke jooty

sich aufwärmen	garam karna	گرم کرنا
sich abkühlen	thande hö jāye	ٹھنڈے ہو جائیے
das Zirkeltraining	circuit tarbiyat	سرکٹ تربیت
das Bodypump	bödypump	باڈی پمپ
die Sauna	bhāp	بھاپ
die Umkleidekabine	tabdēli cube	تبدیلی کیوب
die Dehnung	phelna	پھیلنا
Kalorien verbrennen	calörie jalāyen	کیلوری جلائیں

FREIZEIT

وقت فارغ

DAS THEATER - تھیٹر

① der Balkon
بالکنی
balcöny

② der zweite Rang
اوپری حلقہ
ūpery halka

③ die Loge
ڈبہ
dibba

④ der erste Rang
دائرہ
dāira

⑤ die Sitzreihe
ٹائر
tier

⑥ die Kulisse
پنکھ
pankh

⑦ die Bühne
مرحلے
marhale

⑧ das Foyer
تھیٹر کا دالن
ther ka dālan

⑨ das Parkett
اسٹال
stalls

⑩ der Sitzplatz
نشست
nashist

⑪ der Vorhang
پردے
parde

das Varieté
مختلف قسم کے شو
mukhtalif kisam ke shöw

das Freilufttheater
کھلا ہوا تھیٹر
khula huwa theatre

das Ballett
بیلے
bele

die Aufführung
کارکردگی
kārkardgi

der Zauberkünstler
جادوگر
jādōgar

der Komiker
مزاحیہ
mazāhiya

die Tragödie
سانحہ
sānha

die Komödie
مزاحیہ
mazāhiya

DAS THEATER - تھیٹر

das Theaterstück
کھیلنا
khelna

① *das Bühnenbild*
اسٹیج ڈیزائن
stage design

② *die Besetzung*
کاسٹ
cast

③ *das Theaterkostüm*
کپڑے
kapre

④ *der Applaus*
تعریف
tārēf

⑤ *das Publikum*
سامعین
sāmēn

die Probe
ریہرسل
rehearsal

⑥ *der Schauspieler*
اداکار
adakār

⑦ *die Schauspielerin*
اداکار
adakār

⑧ *der Regisseur*
ڈائریکٹر
directör

die Premiere	première	پریمیئر
die Pause	wakfa	وقفہ
das Programm	prögramme	پروگرام
die Generalprobe	dreß rehearsal	ڈریس ریہرسل
der/die Platzanweiser/-in	sarifeen	صارفین
die Theaterkasse	böx öffice	باکس آفس
die Eintrittskarte	ticket	ٹکٹ

die Künstlergarderobe
کپڑے بدلنے کا کمرہ
kapre badalne ka kamra

DIE MUSIK - موسیقی

Das Orchester - آرکسٹرا

das Sinfonieorchester
سمفنی آرکسٹرا
symphöny örchestra

der Gong
گھنٹہ
ghanta

die kleine Trommel
دلکش چیز
dilkash chēz

die große Trommel
باس ڈھول
baß dhöl

die Pauke
کیتلی ڈھول
kettle dhöl

das Xylophon
زیلوفون
xylöphöne

die Röhrenglocken
ٹائلر گھنٹیاں
tāilar ghantiya

das Dirigentenpult
کنڈکٹر پوڈیم
cönductör's pödium

der Notenständer
موسیقی کا موقف
mösēqi ka mökif

der Dirigent
موصل
mösal

der Taktstock
سونٹا
sönta

die Solistin
تنہا گانے بجانے والا
tanha gāne bajane wala

die Opernsängerin
اوپیرا سنگر
öpera singer

die Noten
موسیقی کے سکور
mösēqi ke scöre

die Ouvertüre	āghaz e guftugö	آغاز گفتگو
das Quartett	rubāi	رباعی
die Sonate	sönata	سوناتا
die Tonhöhe	tārköl	تارکول
ein Instrument stimmen	ek āla kö tānna	ایک آلہ کو تاننا
der Chor	chörus	کورس
die Oper	öpera	اوپیرا

DIE MUSIK - موسیقی

Die Musikinstrumente - موسیقی کے آلات

das Cello
سیلو
cellö

der Bogen
دخش
daksh

die Geige
وایلن
viölin

die akustische Gitarre
دونک گٹار
dönk guitar

die Harfe
چنگ
ching

die elektrische Gitarre
الیکٹرک گٹار
electric guitar

die Bassgitarre
باس گٹار
baß guitar

die Tuba
ٹوبا
tuba

die Posaune
ترومبون
trömböne

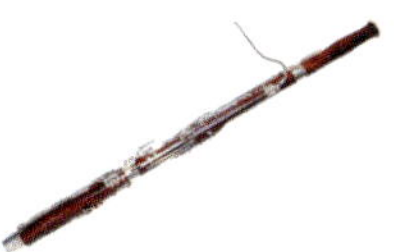

das Fagott
بین
bēn

die Oboe
اوبو
öbö

das Horn
فرانسیسی هارن
frānsēsi hörn

die Trompete
ثور
sūr

die Pikkoloflöte
چھوٹی بانسُری
chöti bānsurö

das Saxofon
سیگزوفون
saxöphöne

die Klarinette
کلیرینیٹ
clarinet

die Querflöte
بانسری
bānsuri

DIE MUSIK - موسیقی

Die Musikinstrumente - موسیقی کے آلات

das Tamburin
دف
daf

das Becken
تھالی نما ساز
thāli numa sāz

die/das Hi-Hat
ہائ ہیٹ
hi-hat

das Schlagzeug
ڈھول کٹ
dhöl kit

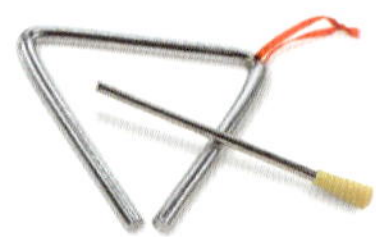

die/der/das Triangel
تثلیث
taslēs

die Rassel
ماراکا
maracas

die Bongos
بونگو ڈرم
böngö drums

die Kesselpauke
کیتلی ڈھول
kettle dhöl

die Kastagnetten
کھرتال
khurtāl

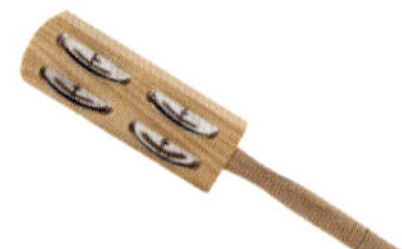

die Schellenrassel
جین چھڑی
jēn chari

die Panflöte
پین پائپ
pan pipes

der Schlagzeugstock
چوب نقارہ
chöb naqara

die Mundharmonika
ہارمونیکا
harmönica

der Dudelsack
بیگ پائپ
bagpipes

das Akkordeon
دہونکنی کا باجا
dahönkni ka baja

der Flügel
گرینڈ پیانو
grand pianö

DIE MUSIK - مو سیقی

die Notation
تشریح
tashrē

der Violinschlüssel
تگنی موسیقی کی ایک علامت
takni mösēqi ki ek alāmat

die Notenlinie
لچکدار لائن
lachakdār line

der Bassschlüssel
بیس کلیف
baß clef

das Vorzeichen
اہم دستخط
ehem dastakhat

die Taktangabe
وقت دستخط
wakt dastakhat

die Note
نوٹ
nöte

das Kreuz
تیز
tez

der Taktstrich
بار لائن
bar line

die klassische Musik
کلاسیکی موسیقی
claßici mösēqi

das Heavy Metal
بھاری دھات
bhāri dhāt

der Rap
ریپ
rap

der Hip-Hop
ہپ ہاپ
hip-höp

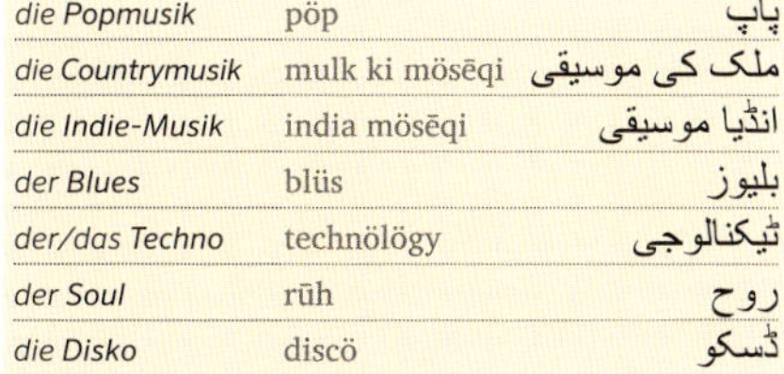

die Popmusik	pöp	پاپ
die Countrymusik	mulk ki mösēqi	ملک کی موسیقی
die Indie-Musik	india mösēqi	انڈیا موسیقی
der Blues	blüs	بلیوز
der/das Techno	technölögy	ٹیکنالوجی
der Soul	rūh	روح
die Disko	discö	ڈسکو

der Jazz
جاز
jazz

der Rock
راک
röck

DIE MUSIK - موسیقی

Das Konzert - محفلیں

das Rockkonzert
راک کنسرٹ
röck cöncert

① der Scheinwerfer
سپوٹ لأٹ
spötlight

② das Mikrofon
بولنے والہ آلہ
bolny wala aala

③ die Band
سازینہ
sāzina

④ der Bassist
باس گٹارسٹ
baß guitarist

⑤ der Verstärker
امپلیفائر
amplifier

⑥ der Gitarrist
ستار نواز
seatār nawaz

⑦ der Schlagzeuger
نقارچی
naqārchi

⑧ der Frontmann
لیڈ گلوکار
lead gulökār

die Konzerthalle
کنسرٹ مقام
cöncert muqām

die Fans
پرستار
parseatār

das Musikfestival
موسیقی میلہ
möseqi mela

der DJ
ڈی جے
dj

das Mischpult
مرکب میز
markab mez

singen	gāna	گانا
mitsingen	ek sāth gāyen	ایک ساتھ گائیں
pfeifen	sēti	سیٹی
die Zugabe	mukarar	مُکرّر
der/das Rave	barhāna	بڑھانا
das Lied	gāna	گانا
der Liedtext	dhun	دھن

DIE MUSIK - موسیقی

Musik hören - موسیقی سننا

die Stereoanlage
سیسے کی دھرنا
sēse ki dharna

der MP3-Player
MP3 پلیئر
mp3 player

der CD-Spieler
سی ڈی پلیئر
cd player

der Lautstärkeregler
آواز کو کنٹرول
awāz kö cöntröl

die Lautsprecherbox
اسپیکر
speaker

die Schallplatte
محفوظ کرنا
mehfūz karna

der Plattenspieler
ریکارڈ پلیئر
recörd player

die USB-Schnittstelle
یو ایس بی پورٹ
usb pört

das Radio
ریڈیو
radiö

das Gesangstück	awāz dār tukra	آواز دار ٹکرا
die Komposition	mail	میل
das Instrumentalstück	wasāil ka tukra	وسائل کا ٹکڑا
akustisch	samāti	سماعتی
der Refrain	hum āhangi	ہم آہنگی
die Melodie	dhun	دھن
der Beat	dhun	دھن

der Kopfhörer
ہیڈ فون
headphönes

HOBBYS - مشغلہ

gravieren
مشغول
mashgūl

schnitzen
کاٹنا
kātna

Briefmarken sammeln
ڈاک ٹکٹ جمع کریں
dāk ticket jama karen

die Modelleisenbahn
ماڈل ریلوے
mödel railway

modellieren
مجسمہ
mujasma

die Bildhauerei
مجسمہ
mujasma

töpfern
آلودہیاں کرو
ālödhiyan karö

Mosaik legen
پچی کاری
pachi kāri

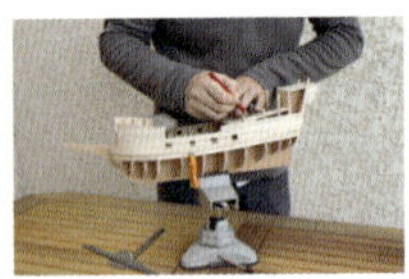

der Modellbau
نمونہ سازی
namūna sāzi

Schmuck herstellen
زیور سازی
zewar sāzi

lesen
پڑھنا
parhna

kochen
پکانا
pakana

gärtnern
باغ
bāgh

das Origami	örigami	اوری گیمی
das Scrapbooking	tarāshön ka majmuah	تراشوں کا مجموعہ
Möbel restaurieren	furniture ki bahali	فرنیچر کی بحالی
im Chor singen	taifah mein gana	طائفہ میں گانا
Filme drehen	film banana	فلم بنانا
Vögel beobachten	parindön kö dekhna	پرندوں کو دیکھنا
das kreative Schreiben	takhlēqi tehrēr	تخلیقی تحریر

HOBBYS - مشغلہ

Kunst und Basteln - فنون اور دستکاری

der Buntstift
سرمئی قلم
surmai qalam

die Wasserfarbe
پانی کا رنگ
pani ka rang

der Wachsmalstift
موم کے رنگ
möum kay rung

die Lackfarbe
چمکیلے رنگ
chamkēlay rung

die Ölkreide
رنگدار پینسل
rangdar pencil

die Kreide
نرم و رنگین پینسل
narm ö rungēn pencil

die Ölfarbe
روغنی رنگ
röghani rung

die Acrylfarbe
اکریلیک رنگ
acrilic rang

die Pastellkreide
پھیکا زرد رنگ
phēka zard rung

der Filzstift
نمدا بنانا ٹپ قلم
numda banana tip qalam

die Tusche
چین میں بنا سیاہ رنگ
china ma bana siyah rang

die Zeichenkohle
کوئلہ
köylah

die Gouache
گَدلے رَنگوں کي نقاشي
gadlay rungön ki naqqashi

der Klebstoff
گوند
gönd

der Pinsel
برش
brush

die Palette
رنگ کي تختي
rung ki takhti

HOBBYS - مشغلہ

Kunst und Basteln - فنون اور دستکاری

die Aquarellmalerei
پانی سے پتلا کیا جانے والا رنگ
pani sa patla kia jana wala rang

die Ölmalerei
روغنی پینٹنگ
röghani painting

die Collage
فن آرٹ
fun art

die Wandmalerei
دیواری پینٹنگ
dewari painting

die Tuschezeichnung
لم سے نقش بنانا
qalam se naqsh banana

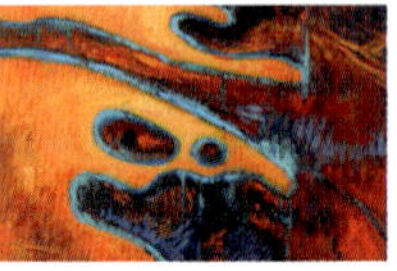

die abstrakte Malerei
ایک اچھے چریقے کا ڈیزائن
aik achy tariqe ka Design

die Landschaftsmalerei
ایک طرح کا زمینی خاکہ
aik tarhan ka zamini khaka

die Porträtmalerei
ایک اچھے طریقے سے بنانا
aik achy tariqe se banana

die Bleistiftzeichnung
اندرونی دیواری پینٹنگ
androni dewari painting

das Stillleben
پھلوں کا خاکہ بنانا
phalon ka khaka bnana

das Graffiti
ایک اعلی قسم کا ڈیزائن بنانا
aik aala qisam ka design bnana

der Siebdruck
دیوار پر کچھہ بنانا
dewar par kch banana

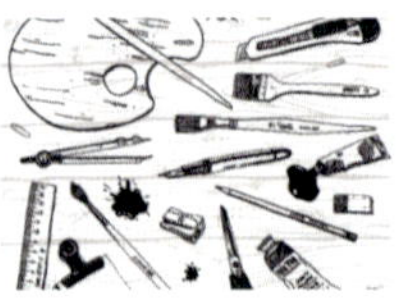

die Skizze
مینسل سے نقش بنانا
pencil se naqsh bnana

die Aktmalerei
کسی کی تصویر بنانا
kisi ki tasweer bnana

die Leinwand
کینوس
canvas

der Karton
سخت کاغذ
sakht kāghaz

HOBBYS - مشغلہ

Kunst und Basteln - فنون اور دستکاری

die Farbe
رنگ
rung

das Schwarz
siyah سیاہ

das Grau
surmai سرمئی

das Schwarzbraun
siyahi mayil bhura سیاہی مائل بھورا

das Braun
bhura بھورا

das Hellbraun
gandumi rang گندمی رنگ

das Olivgrün
zetūn زیتون

das Smaragdgrün
sabz ferōzah سبز فیروزہ

das Grün
sabz سبز

das Gelbgrün
zardi mayil sabz زردی مائل سبز

das Cyan
nēla hara mix rung نیلا ہرا مکس رنگ

das Blau
nēla نیلا

das Dunkelblau
gehra nēla گہرا نیلا

das Violett
jamuni جامنی

das Lila
gul yās گل یاس

das Blutrot
gehra lāl rung گہرا لال رنگ

das Pink
gulabi گلابی

das Rosa
halka gulabi ہلکا گلابی

das Rot
surkh سرخ

das Gelborange
naranji mayil zard نارنجی مائل زرد

das Ocker
halka badāmi rung ہلکا بادامی رنگ

das Orange
naranji نارنجی

das Gelb
pēla پیلا

das Hellgelb
pēla zard پیلا زرد

das Weiß
safaid سفید

HOBBYS - مشغلہ

Nähen und Stricken - سلائی اور بننا

der Kopf
سر
sir

der Fadenhebel
دھاگہ کا بیرم
dhāgeh ka berum

die Fadenführung
دھاگہ گائیڈہ
dhāgah guide

der Garnrollenstift
چرخی کی پن
charkhi ki pin

die Nähmaschine
سلائی مشین
silāi machine

der Spuler
دھاگہ کی ریل
dhāgeh ki rēl

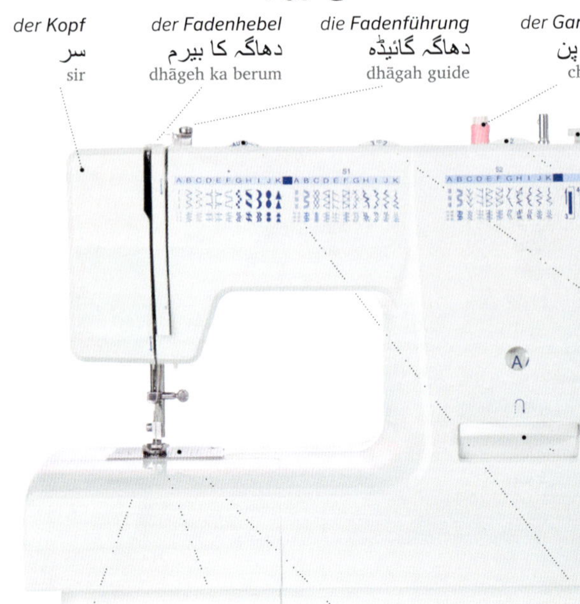

der Stichbreitenwähler
سلائی چوڑائی ریگولیٹر
silāi chaurai regulatör

das Handrad
پہیہ
pahiyah

der Stichwähler
سلائی سلیکٹر
silāi selectör

die Rückwärtsnähtaste
پیچھے
pēchay

die Nadel
سوئی
sui

der Nähfuß
پاؤں سے دبانے والا
paön say dabanay wala

die Stichplatte
سوئی کی تختی
sui ki takhti

der Nähfußdruckregler
پاؤں سے دبانے والا ریگیولیٹر
paön say dabanay wala regulatör

die Overlock
اوپر سے مقفل کرنا
ūper se makhfal kerna

das Maßband
ناپنے والا ٹیپ
nāpnay wala tape

die Spule
پھرکی
phirki

das Nähgarn
دھاگہ
dhāgah

HOBBYS - مشغلہ

Nähen und Stricken - سلائی اور بننا

die Schneiderpuppe
درزی کی ڈمی
darzi ki dummy

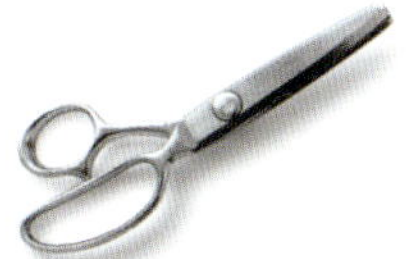
die Schere
قینچیاں
qenchiyan

das Nähkästchen
سلائی کی باسکٹ
silāi ki basket

das Nadelkissen
پن کا تکیہ
pin ka takiyah

das Schnittmuster
نمونہ برائے نقل۔
namūnah baraye naqal

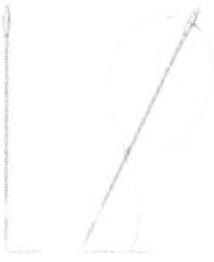
die Nähnadel
سوئی
sui

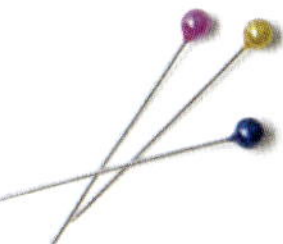
die Stecknadel
پن
pin

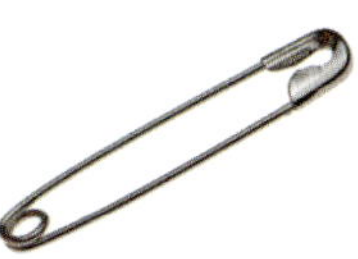
die Sicherheitsnadel
بکسواء
buksua

der Stoff
کپڑا
kapra

der Knopf
بٹن
buttön

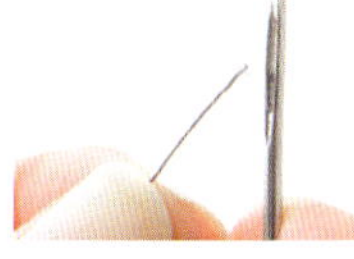
einen Faden einfädeln
دھاگہ
dhāgah

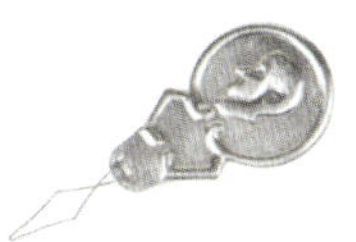
der Einfädler
سوئی دھاگہ
sui dhāgah

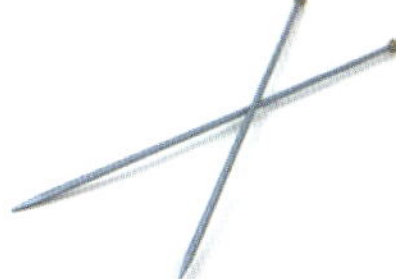
die Stricknadel
بنائی کی سوئیاں
bunai ki suiyan

die Wolle
اون
öun

der Fingerhut
انگشتری
angashtri

der Nahtauftrenner
چھوٹا بخیہ
chöta bakhiyah

HOBBYS - مشغلہ

Nähen und Stricken - سلائی اور بننا

nähen
سلائی
silai

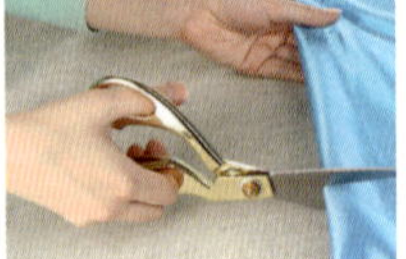
schneiden
کٹائی
katai

das Patchwork
پیوند کاری
pewand kāri

häkeln
کروشیا
kureshiya

der Kreuzstich
ترچھی سلائی
tirchē silai

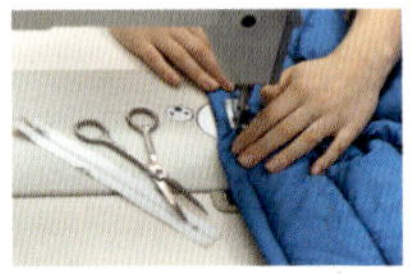
wattieren
توشک
töushak

stricken
بننا
bunna

stopfen
رفو کرنا
rafu kerna

weben
بننا
bunna

Spitze klöppeln
لیس بنانا
lais banana

einen Teppich knüpfen
قالین بننا
qalēn banana

der Reißverschluss
زپ
zip

auftrennen
ادھیڑنا
udherna

sticken	karhai kerna	کڑھائی کرنا
das Leinen	katān ka barēk kapra	کتان کا باریک کپڑا
die Seide	resham	ریشم
das Nylon®	nylön	نائلون
die Baumwolle	sūt	سوت
der Stich	sēna	سینا
heften	kachi silai kerna	کچی سلائی کرنا

HOBBYS - مشغلہ

Das Kino - سنیما

der Kinosaal
سنیما آڈیٹوریم
cinema auditörium

die Snackbar
سنیک بار
snack bar

① die Kinoleinwand
بڑا پردہ
bara pardah

② die Sitzreihe
قطار
qatār

das Getränk
مشروب
mashrūb

das Popcorn
پاپ کارن
pöpcörn

die Kinokasse
باکس آفس
böx öffice

die Komödie
مزاحیہ
mazahiyah

der Horrorfilm
ڈراؤنی فلم
draöni film

der Liebesfilm
رومانوی
römanwi

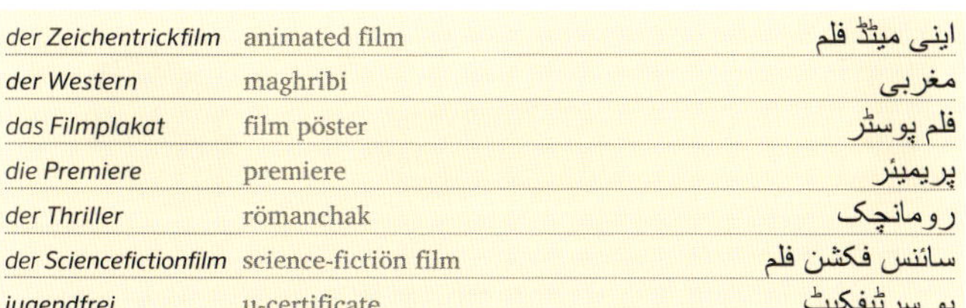

der Zeichentrickfilm	animated film	اینی میٹڈ فلم
der Western	maghribi	مغربی
das Filmplakat	film pöster	فلم پوسٹر
die Premiere	premiere	پریمیئر
der Thriller	römanchak	رومانچک
der Sciencefictionfilm	science-fictiön film	سائنس فکشن فلم
jugendfrei	u-certificate	یو سرٹیفکیٹ

der 3D-Film
3D فلم
3d film

HOBBYS - مشغلہ

Fotografieren - فوٹوگرافی

die Programmwählscheibe
پروگرام کا انتخاب
prōgram ka intikhāb

die Spiegelreflexkamera
انعکاس کیمرہ
inakās camera

der Blitzschuh
ہوٹ شو
hot shoe

der (ausklappbare) Blitz
پاپ اپ (فلیش)
(pōp-up) flash

der/das Zoom
زوم لینس
zūm lens

das Objektiv
لینس
lens

der Auslöser
شٹر کی رہائی
shutter ki rihai

das Kameragehäuse
کیمرے کی ساخت
camera ki sākht

der Blendenregler
یپرچر ڈائل
aperture dial

das Selbstauslöser-Lichtsignal
خود ٹائمر روشنی
khud timer rōshni

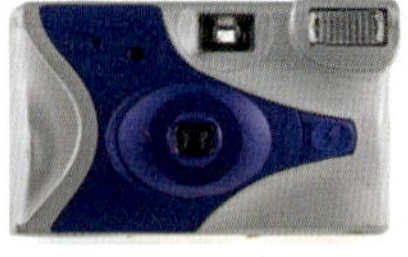

die Einwegkamera
ڈسپوزایبل کیمرے
dipōsable camera

die Sofortbildkamera
فوری کیمرہ
fauri camera

die Analogkamera
فلم کیمرہ
film camera

die Digitalkamera
ڈیجیٹل کیمرہ
digital camera

das Stativ
تپائی
tapai

der Aufsteckblitz
فلیش بلب
flash bulb

der Filter
تصویر صاف کرنے والا
tasweer saf karne wala

der Objektivdeckel
لینس ٹوپی
lens tōpi

HOBBYS - مشغلہ

Fotografieren - فوٹوگرافی

der Film
جھلی
jhilli

das Fotostudio
تصویر سٹوڈیو
taswēr studiö

ein Foto machen
ایک تصویر لیں
aik taswēr lein

die Bildbearbeitung
تصویر ترمیم
taswēr tarmēn

die Compact-Flash-Karte
کمپیکٹ فلیش میموری کارڈ
cömpact flash memöry card

sich fotografieren lassen
تصویر کے لئے پوز کریں
taswēr kay liye pöse karein

die Kameratasche
کیمرہ کیس
camera case

die Dunkelkammer
اندھیرا کمرہ
andhera kamrah

die Speicherkarte
میموری کارڈ
memöry card

unscharf
توجہ سے باہر
tawajjah say bahar

überbelichtet
اضافی طور پر
izāfi taur par

unterbelichtet
انڈرایکسپوز
underexpösed

das Hochformat	taswēr ki shakal	تصویر کی شکل
das Querformat	zamēn ki tazēn ki shakal	زمین کی تزئین کی شکل
die Vergrößerung	tausē	توسیع
der Rote-Augen-Effekt	surkh ānkh ka asar	سرخ آنکھ کا اثر
matt	matt	میٹ
glänzend	chamakdār	چمکدار
das Fotoalbum	taswēr album	تصویر البم

der digitale Bilderrahmen
ڈیجیٹل فریم
digital frame

HOBBYS - مشغلہ

Spiele - کھیل

die Spielkarte
کھیل کارڈ
khel card

das Karo
ہیرے
hēray

das Pik
چوڑائی
chaurai

das Herz
دل
dil

das Kreuz
کلب
club

das Ass
اکا
ikka

der Joker
جوکر
jöker

der König
بادشاہ
bādshah

die Dame
ملکہ
malkah

der Bube
جیک
jack

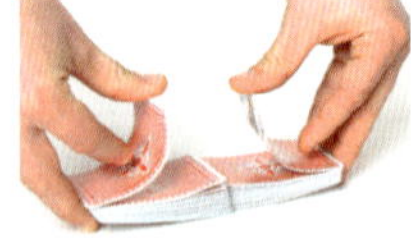

die Karten mischen
گڈمڈ کرنا
gudmud kerna

geben
سودا
sauda

das Blatt
ہاتھ
hāth

Poker spielen
پوکر کھیلنے
pöker khelnay

der Dominostein
نقاب
naqāb

das Backgammon
دو آدمیوں کا ایک کھیل
do admiyon ka aik khail

das Damespiel
ڈراف
drof

das Puzzle
ذہنی معما
zehni muamma

HOBBYS - مشغلہ

Spiele - کھیل

das Schach
شطرنج
shatranj

der König
بادشاہ
bādshah

die Dame
ملکہ
malkah

der Läufer
اُسقف
usqaf

der Springer
سُورما
sūrma

der Turm
دغا دینا
dagha dena

der Bauer
شطرنج کا پیادہ
shatranj ka piyadah

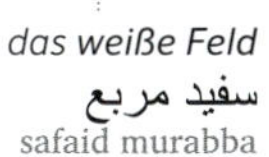

das weiße Feld
سفید مربع
safaid murabba

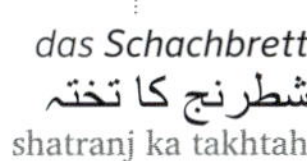

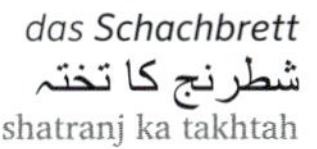

das Schachbrett
شطرنج کا تختہ
shatranj ka takhtah

das schwarze Feld
سیاہ مربع
siyah murabba

der Zug
حرکت
harkat

das Brettspiel
بورڈ کھیل
böard khel

das Monopoly®
مونو پولی
mönöpöly

das Mensch ärgere dich nicht®
لوڈو
ludö

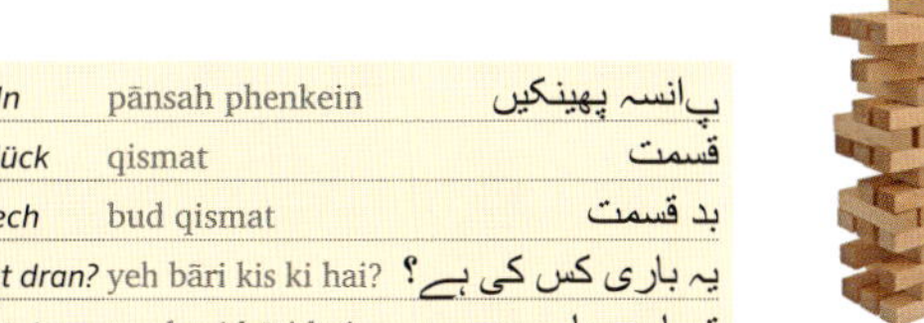

würfeln	pānsah phenkein	پانسہ پھینکیں
das Glück	qismat	قسمت
das Pech	bud qismat	بد قسمت
Wer ist dran?	yeh bāri kis ki hai?	یہ باری کس کی ہے؟
Du bist dran.	tumhari bāri hai.	تمہاری باری ہے۔
gewinnen	jēt	جیت
verlieren	hār	ہار

das Jenga®
جینگا
jenga

der Würfel
پانسہ
pānsah

FERIEN - چھٹیوں

Am Strand - ساحل پر

der Strand
ساحل سمندر
sāhil e samundar

die Stranddüne
ریت کا ٹیلہ
rait ka tēlah

der Sonnenuntergang
غروب آفتاب
ghurūb e aftab

das Meer
بحر
behar

der Strandkorb
ساحل سمندر کی کرسی
sāhil e samundar ki kursi

der Sand
ریت
rait

die Küste
ساحل
sāhil

die Strandpromenade
سمندری جگہ
samandari jaga

der Wasserball
ساحل سمندر پر گیند سے کھیلنا
sāhil e samundar per gend say khelna

das Strandtuch
ساحلی تولیہ
sāhili tauliyah

die Kinderschaufel
بیلچہ
belchah

der Flip-Flop®
فلپ فلاپ
flip flōp

der Eimer
بالٹی
bālti

der Liegestuhl
سمندر کے لیئے کرسی
samandar ke liye kurse

FERIEN - چھٹیوں

Am Strand - ساحل پر

der Sonnenschirm
سورج
suraj

der Steinstrand
پتھروں کا ساحل
pattharön ka sāhil

die Strandmuschel
ساحل سمندر کی پناہ گاہ
sāhil e samundar ki panah gāh

die Sandburg
ریت کا محل
rait ka mahal

der Seetang
سمندری ڈاکو
samundari dāku

die Sonnencreme
دھوکہ
dhöka

das Strandresort
ساحل ریزورٹ
sāhil resört

der Steg
ستون
satūn

das Kreuzworträtsel
پہیلی
paheli

das Sudoku
سوڈوکو
sudöku

das Strandhäuschen
ساحل سمندر کی ہٹ
sāhil e samundar ki hut

die Strandbar
ساحل سمندر بار
sāhil e samundar bar

die Ebbe	halki leher	ہلکی لہر
die Flut	tez leher	تیز لہر
die Strömung	bahaö	بہاؤ
das Strandgut	āb āwardah	آب آوردہ
der Sonnenbrand	dhūp mein jalna	دھوپ میں جلنا
die Brandung	surf	سرف

sich sonnen
سورج کی روشنی میں لیٹنا
soraj ki roshni mein letna

FERIEN - چھٹیوں

Das Zelten - کیمپنگ

das Wohnmobil
موٹر گھر
mötör ghar

der Wohnwagen
کاروان
caravan

der Campingbus
کیمپ وین
camp van

das Indianerzelt
خیمہ ایک کپڑے کا
khaima aik kapre ka

der Campingstuhl
تہ کرنے کرسی
teh kerne kursi

der Gasbrenner
گیس برنر
gas burner

der Grillrost
باربیکیو گرل
barbecü grill

die Lagerfeuerstelle
کیمپ فائر
camp fire

der Campingplatz
خیمہ
khemah

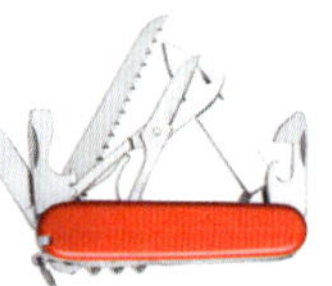

das Taschenmesser
جیبی چاقو
jebi chāqöu

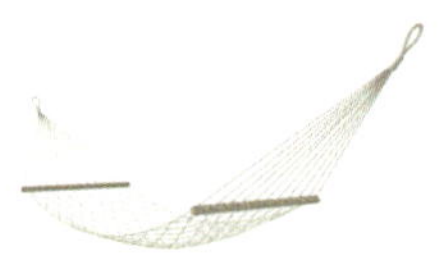

die Hängematte
جھولن کھٹول
jhulan khatöul

das Zelt
خیمہ
khemah

der Zeltplatz
پچ
pitch

die Gasflasche	gas cylinder	گیس سلنڈر
das Propangas	calör gas	کیلور® گیس
der Stromanschluss	pöwer cönnectör	پاور کنیکٹر
die Duschen und Toiletten	shöwer aur töilet blöck	شاور اور ٹوائلٹ بلاک
der Feueranzünder	āg jalanay wala lighter	آگ جلانے والا لائیٹر
die Holzkohle	köylah	کوئلہ
der/das Insekten-spray	kēray mār dawa	کیڑے مار دوا

FERIEN - چھٹیوں

Das Zelten - کیمپنگ

der Schlafsack
بیگ نما بستر
bag numa bister

das Außenzelt
فلائی شیٹ
fly shēr

das Innenzelt
اندرونی خیمہ
andrūni khemah

der Zelteingang
خیمے کے فلیپ
khemay kay flap

die Zeltstange
چوکھٹ
chaukhat

der Zeltboden
زمین کی شیٹ
zamēn ki shēt

der Reißverschluss
زپ
zip

die Luftmatratze
ہوائی نہالچہ
hawai nahalchah

der Rucksack
جھولا
jhula

die Isomatte
رول ہونے والی چٹائی
röll hönay wali chatai

der Trekkingstock
ہائیکنگ کرنے والا ڈنڈا
hiking kernay wala danda

der Wanderschuh
چلنے والے بوٹ
chalnay wale būt

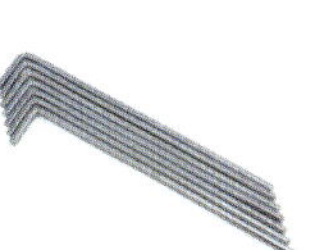

der Hering
نیزہ بازی
nezah bāzi

die Taschenlampe
ٹارچ
törch

die Petroleumlampe	paraffin chiragh	پیرافین چراغ
die Luftpumpe	pump	پمپ
die Campingtoilette	kimiyai töilet	کیمیائی ٹوائلٹ
die Entsorgungsstation	kimiyai töilet zāye kernay ka mauqa	کیمیائی ٹوائلٹ ضائع کرنے کا موقع
die Regenhaut®	pāni asar na karay	پانی اثر نہ کرے
die Thermowäsche	tharmal chaddi	تھرمل چڈڈی
das Moskitonetz	machar dāni	مچھر دانی
ein Zelt aufschlagen	khemah lagayein	خیمہ لگائیں

der Wasserkanister
پانی کا کنستر
pāni ka canister

KÖRPER UND GESUNDHEIT

جسم اور صحت

DER KÖRPER - جسم

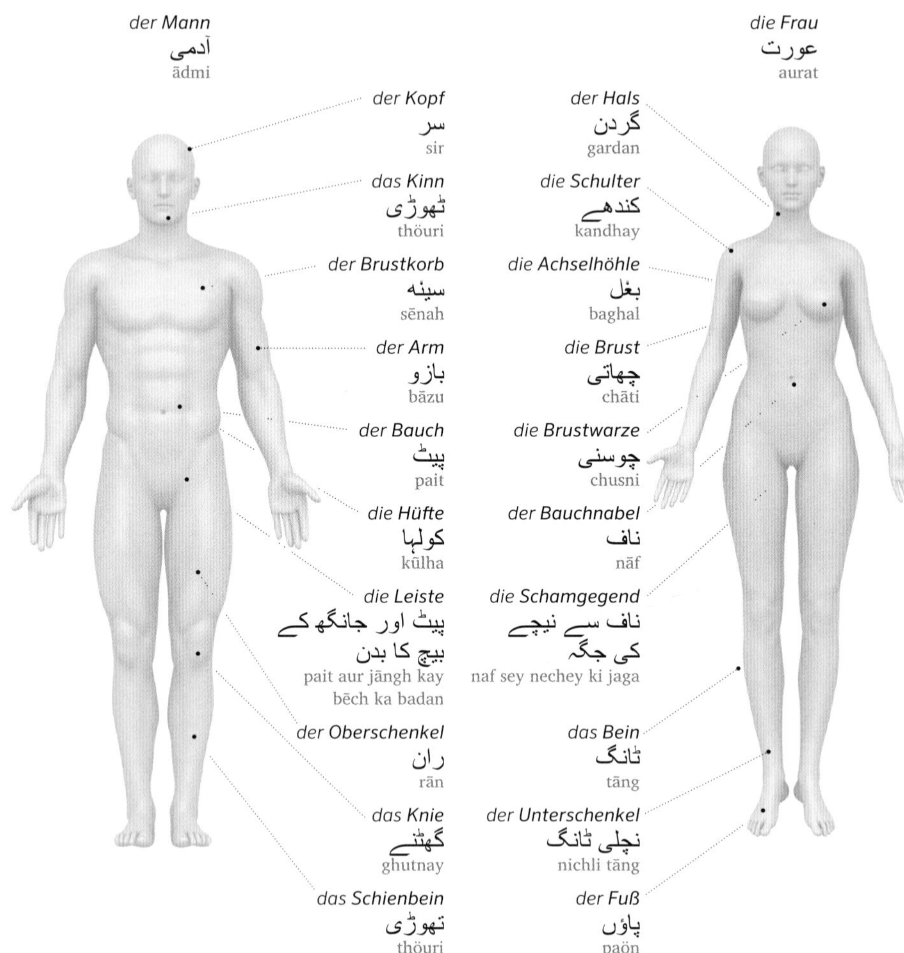

DER KÖRPER - جسم

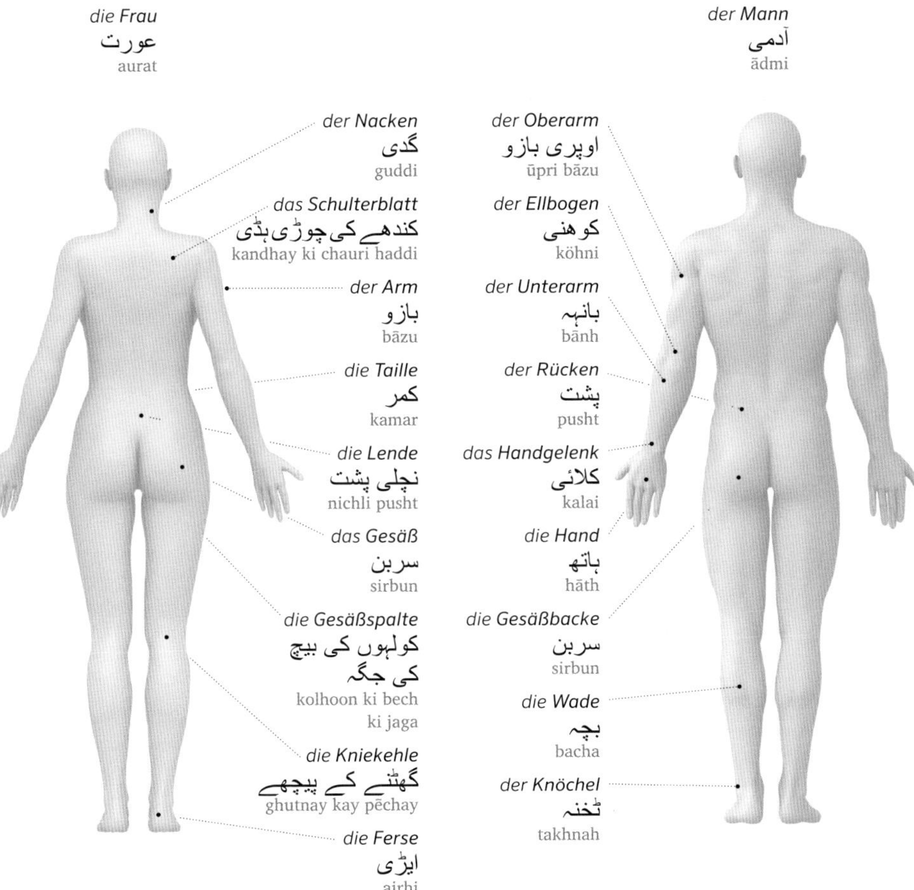

DER KÖRPER - جسم

Die Hand und der Fuß - ہاتھ اور پاؤں

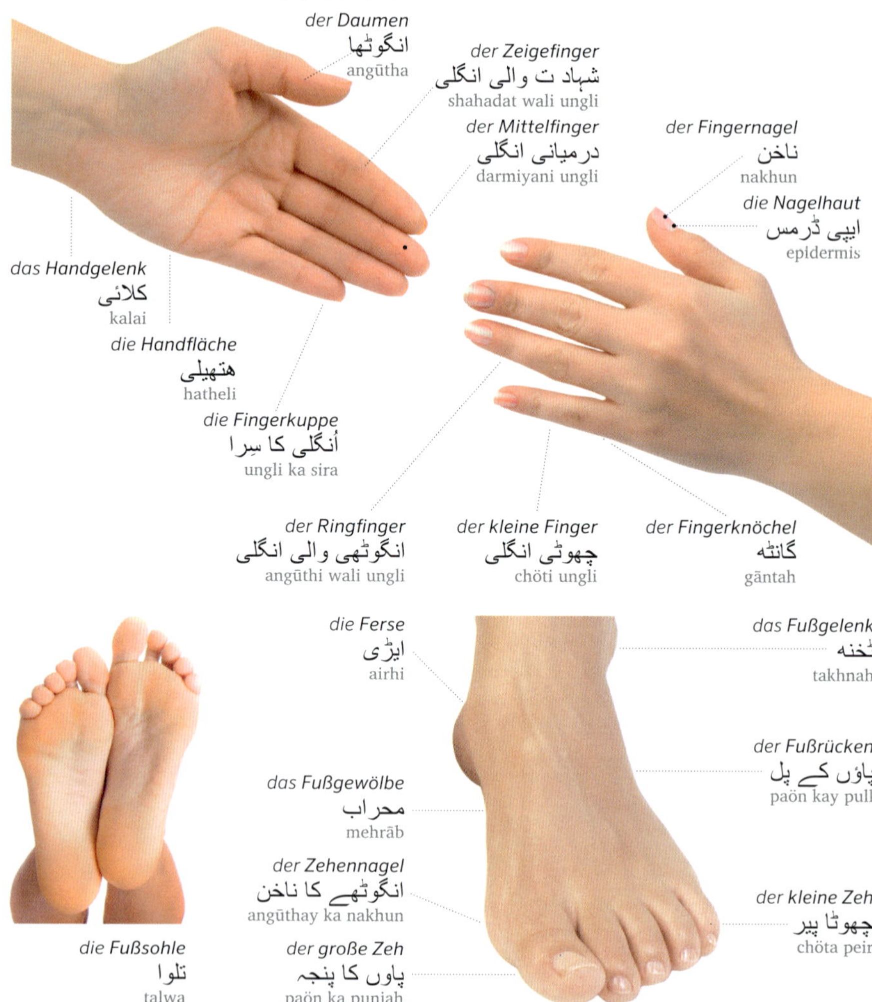

DER KÖRPER - جسم

Der Kopf - سربراہ

das Gehirn
دماغ
dimagh

das Großhirn
دماغ کا اگلا حصہ
dimagh ka agla hißah

das Kleinhirn
دماغ کا پچھلا حصہ
dimagh ka pichla hißah

der Hirnstamm
دماغ خلیہ
dimagh khaliyeh

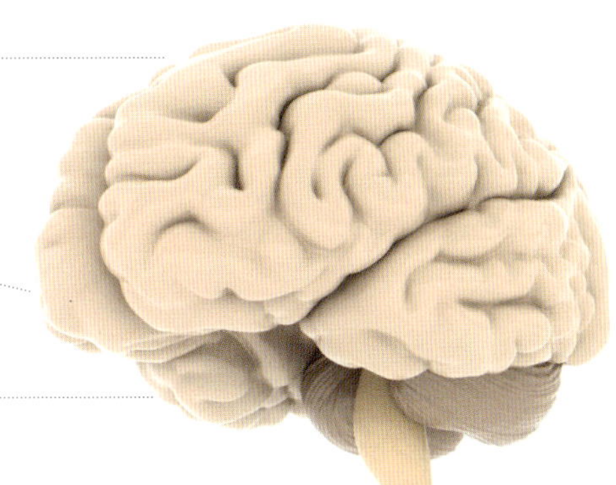

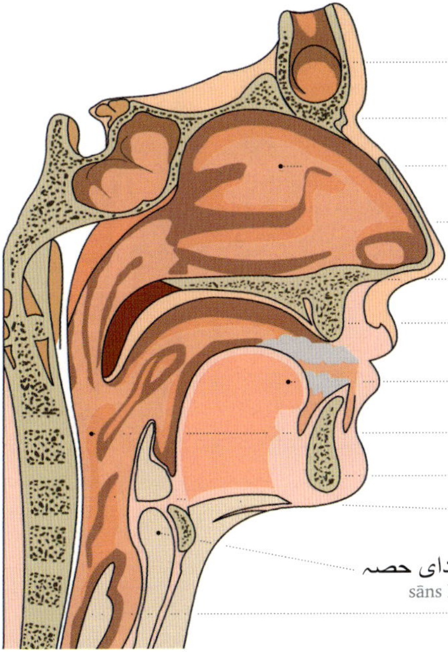

die Stirnhöhle
ماتھے کی ہڈی
māthay ki haddi

die Keilbeinhöhle
ناسُور
nāsur

die Nasenhöhle
نتھنا
nathna

das Nasenbein
ناک کی ہڈی
nāk ki haddi

der Oberkiefer
اوپری جبڑے
ūpri jabray

der Gaumen
تالُو
tālu

die Zunge
زبان
zubān

der Rachen
حلقوم
halqūm

der Unterkiefer
نچلا جبڑا
nichla jabra

die Kehle
حلق
halaq

der Kehlkopf
سانس کی نالی کا ابتدای حصہ
sāns ki nāli ka ibtidāi hißah

die Speiseröhre
نرخرا
narkhara

DER KÖRPER - جسم

Die Muskeln - پٹھوں

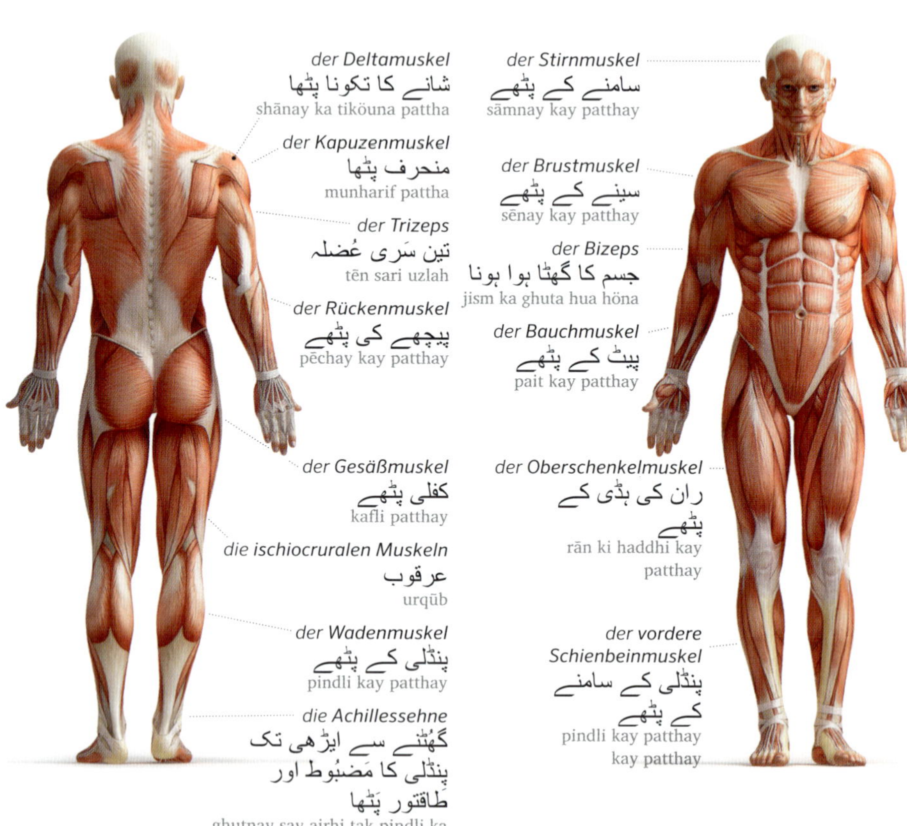

DER KÖRPER - جسم

Das Skelett - ڈھانچا

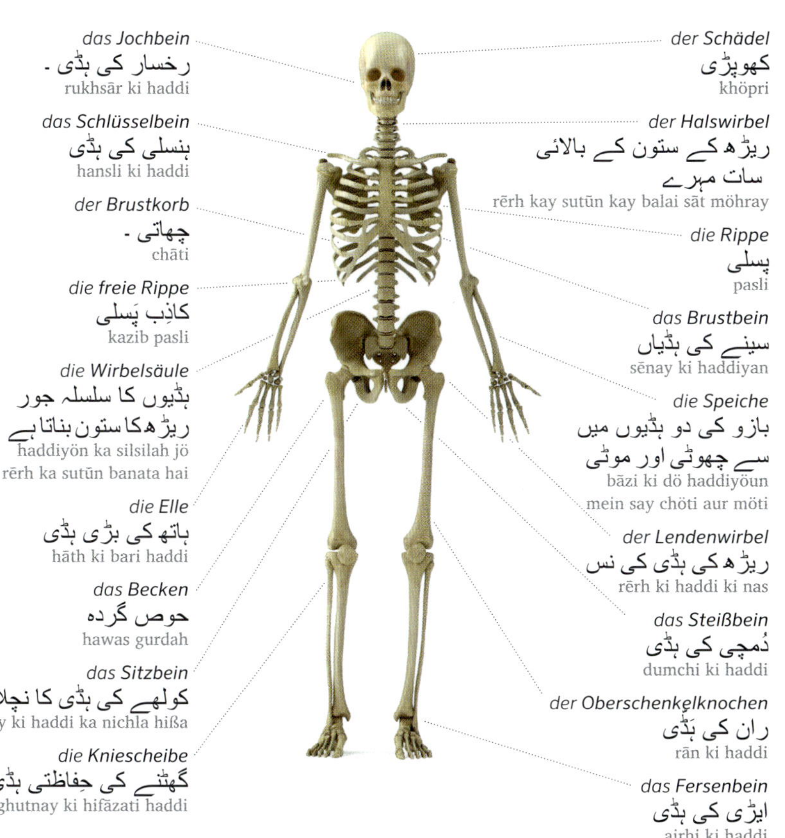

das Jochbein
رخسار کی ہڈی -
rukhsār ki haddi

das Schlüsselbein
ہنسلی کی ہڈی
hansli ki haddi

der Brustkorb
چھاتی -
chāti

die freie Rippe
کاذِب پَسلی
kazib pasli

die Wirbelsäule
ہڈیوں کا سلسلہ جور ریڑھ کا ستون بناتا ہے
haddiyön ka silsilah jö rērh ka sutūn banata hai

die Elle
ہاتھ کی بڑی ہڈی
hāth ki bari haddi

das Becken
حوص گردہ
hawas gurdah

das Sitzbein
کولھے کی ہڈی کا نچلا حصہ
köulhay ki haddi ka nichla hißa

die Kniescheibe
گھٹنے کی حِفاظتی ہڈی
ghutnay ki hifāzati haddi

der Schädel
کھوپڑی
khöpri

der Halswirbel
ریڑھ کے ستون کے بالائی سات مہرے
rērh kay sutūn kay balai sāt möhray

die Rippe
پسلی
pasli

das Brustbein
سینے کی ہڈیاں
sēnay ki haddiyan

die Speiche
بازو کی دو ہڈیوں میں سے چھوٹی اور موٹی
bāzi ki dö haddiyōun mein say chöti aur möti

der Lendenwirbel
ریڑھ کی ہڈی کی نس
rērh ki haddi ki nas

das Steißbein
دُمچی کی ہڈی
dumchi ki haddi

der Oberschenkelknochen
ران کی ہَڈی
rān ki haddi

das Fersenbein
ایڑی کی ہڈی
airhi ki haddi

DER KÖRPER - جسم

Die inneren Organe - اندرونی اعضاء

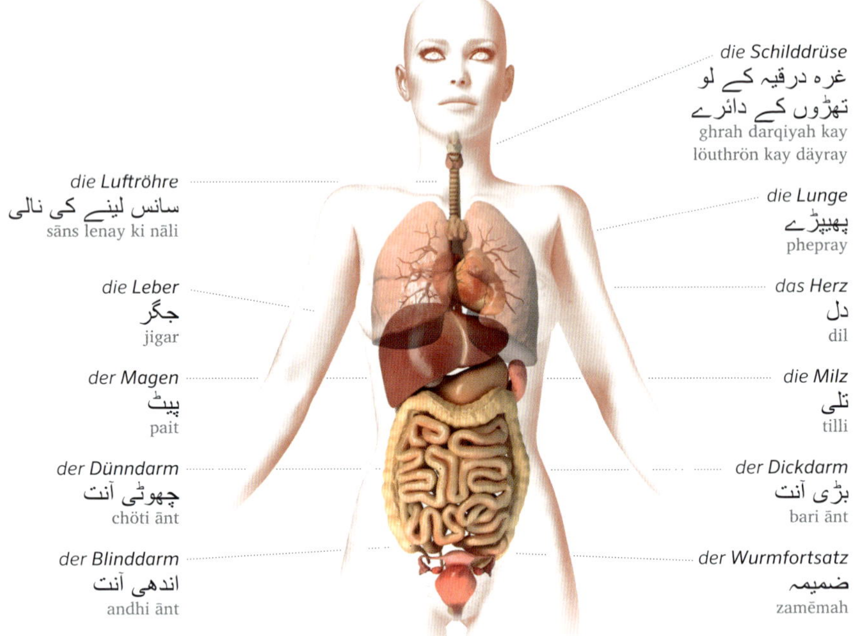

die Niere	gurday	گردے
die Bauchspeicheldrüse	bari ānt	بڑی آنت
die Gallenblase	patah	پتہ
das Zwerchfell	پردۂ شکم دو اعضاء کو جدا کرنے والی جھلی یا پردہ ۔ pardah e shikum dö āzā kö juda kernay wali jhilli ya pardah	
das Gewebe	nasējh	نسیج
die Sehne	سخت سفید ریشہ دارنس جو پٹھے کو ہڈی سے جوڑتی ہے sakht safaid reshah jö patthay kö haddi say jörti hai	
die Drüse	ghudūd	غدود

DER KÖRPER - جسم

Die Körpersysteme - جسم کا نظام

das Herz-Kreislauf-System
قَلب و عِرُوقی نظام
qalb ö iröuqi nizām

das Herz
دل
dil

die Arterie
شریان
sharyān

die Vene
نس
nas

das Harnsystem
ادراری قطعے
idāri qitay

die Niere
گردہ
gurdah

der Harnleiter
پیشاب کی نالی -
pishāb ki nāli

die Harnblase
گیس یا مائع سے پر
جھلی دار تھیلی -
gas ya maye say pur jhilli dār theli

das Atmungssystem
نظام تنفس -
nizām e tanaffus

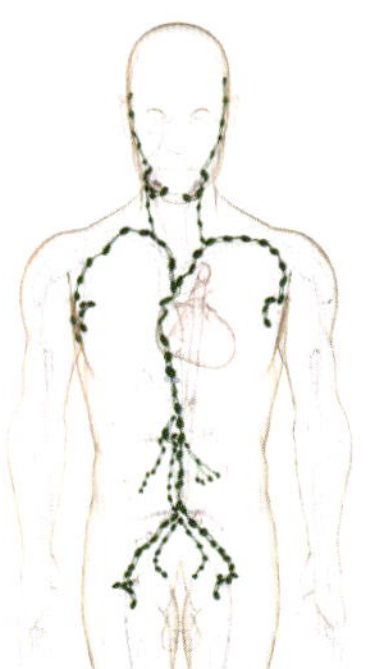

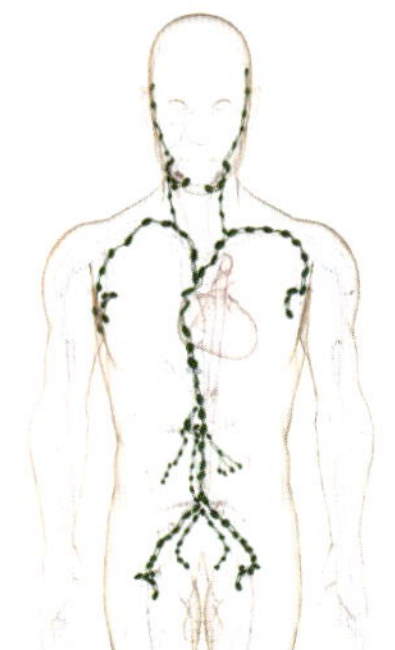

das männliche Fortpflanzungssystem
مرد تولیدی نظام
mard töulēdi nizām

as Verdauungssystem
نظام انہضام
nizām e inhizām

das endokrine System
اندرنی غدود کی ریزش کا نظامہ
andrūni ghudūd ki rezish ka nizām

das lymphatische System
مفی نظام
mafi nizām

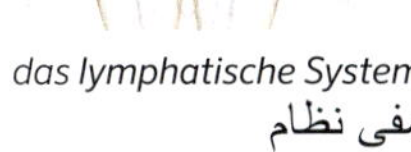

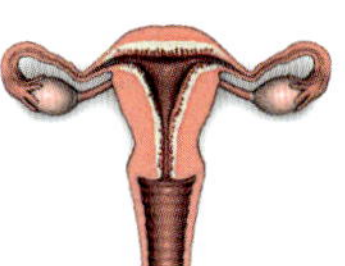

das Nervensystem	asbi nizām	عصبی نظام
der Blutkreislauf	gardish	گردش
der Tastsinn	chönay ki hiß	چھونے کی حس
der Sehsinn	dekhnay ki hiß	دیکھنے کی حس
der Hörsinn	sunnay ki hiß	سننے کی حس
der Geruchssinn	sūnghnay ki hiß	سونگھنے کی حس
der Geschmackssinn	zaiqeh ki hiß	ذائقہ کی حس

das weibliche Fortpflanzungssystem
خاتون کی تنصیب
کا نظام
khatūn ki tansēb ka nizām

DER KÖRPER - جسم

Die Geschlechtsorgane - جنسی اجزاء

die männlichen Geschlechtsorgane
مردانہ عضوئے تناسل
mardanah uzöu-e-tanasul

die Harnblase
مَثانہ
masanah

der Mastdarm
بڑی انتڑی
bari antari

das Samenbläschen
کیسہ منی ۔
kesah mani

die Prostata
ایک چھوٹی سی غدود ۔
aik chöti si ghudūd

der Samenleiter
منی پہنچانے والی نالیاں
mani pöhanchānay wali nālian

der Penis
عضو تناسل
uzöu-e-tanasul

die Harnröhre
نالی جس کے ذریعے پیشاب مثانے سے خارج ہوتا ہے
nāli jis kay zariye pishāb masānay say kharij höta hai

der Hoden
فوطَہ
fautah

der Hodensack
بیصہ دانی فوطہ
خصیوں کی تھیلی
besha dāni fautah
khasyön ki theli

die Eichel
فرج کا ابھار ۔
fridge ka ubhār

die Erektion	jama ki khwahish kö barhana	جَماع کی خَواہش کو بَڑھانا
die Beschneidung	khatnah	ختنہ
die Vorhaut	uzöu-e-tanasul ki āgay ki khāl	عضو تناسل کے آگے کی کھال
potent/impotent	taqatwar/namard	طاقتور/نامرد
das Hormon	hörmöne	ہارمون
der Geschlechtsverkehr	jama	جماع
die Geschlechtskrankheit	jinsi taur per muntaqil shudah infectiön	جنسی طور پر منتقل شده انفیکشن

DER KÖRPER - جسم

Die Geschlechtsorgane - جنسی اجزاء

die weiblichen Geschlechtsorgane
خواتین جنسی اعضاء
khawatēn jinsi āzā

der Eierstock
رحم
rehm

der Eileiter
بیض نالی
bez nāli

die Gebärmutter
بچہ دانی
bacha dani

die Harnblase
مَثانہ
masana

der Gebärmutterhals
تخم دان کی گردن ۔
takhum dān ki gardan

die Harnröhre
نالی جس کے ذریعے پیشاب مثانے سے خارج ہوتا ہے
nali jis kay zariye paishab masānay say khārij hōta hai

die Schamlippe
شُفتہ
shufta

die Klitoris
ہیچا
hēcha

die Scheide
اندام نہانی ۔
andām nihāni

der Anus
مقعد ۔
muqād

das Kondom
ذِکری غلاف
zikri ghilāf

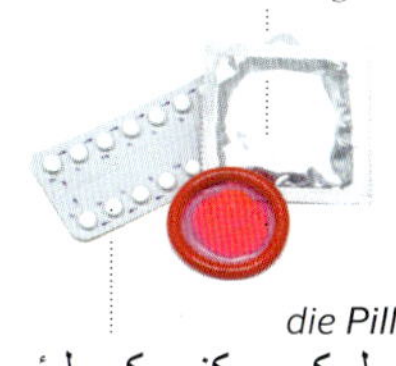

die Pille
حمل کو روکنے کے لیئے
hamal ko rakne ke liye

die Spirale	plastic kay spring utreus ya rehm kay andar rakha jata hai.	پلاسٹک کے سپرنگ یوٹرس یا رحم کے اندر رکھا جاتا ہے
das Diaphragma	parda e shikam, dō a'aza kō juda karne wali jhilli ya parda	پردۂ شکم دو اعضاء کو جدا کرنے والی جھلی یا پردہ ۔
die Empfängnisverhütung	ma'aniyat e humal	مانعیت حمل
der Eisprung	tashkēl beiza	تشکیل بیضہ
die Menstruation	heiz	حیض
unfruchtbar/fruchtbar	napaid awar/taulēd kay qabil	ناپید آور/ تولید کے قابل

SCHWANGERSCHAFT UND GEBURT – حاملہ اور پیدائش

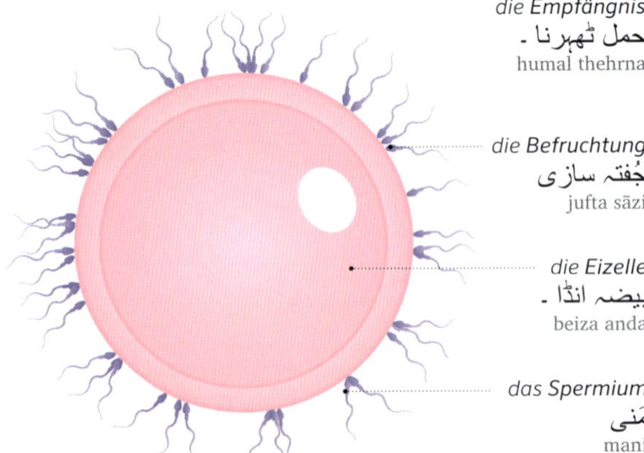

die Empfängnis
حمل ٹھہرنا ۔
humal thehrna

die Befruchtung
جُفتہ سازی
jufta sāzi

die Eizelle
بیضہ انڈا ۔
beiza anda

das Spermium
مَنی
mani

die Ultraschall-aufnahme
معائنہ
mua'ina

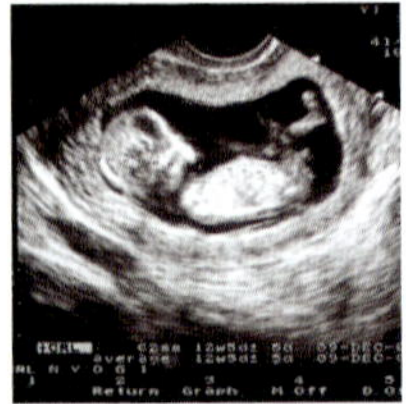

der/das Embryo
جنین
jinēn

der Schwanger-schaftstest
حمل کی جانچ ۔
humal ki jānch

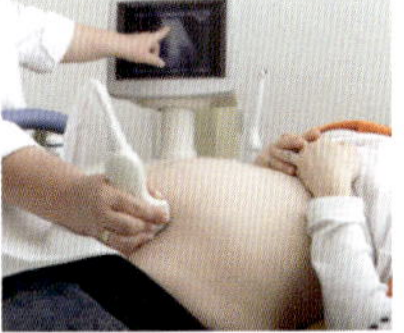

die Ultraschall-untersuchung
طِبی تَشخیص
tibbi tashkhēs

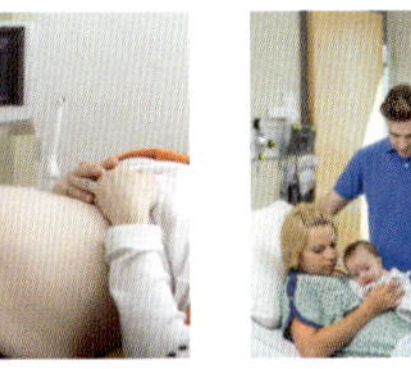

die Hebamme
دایہ
daya

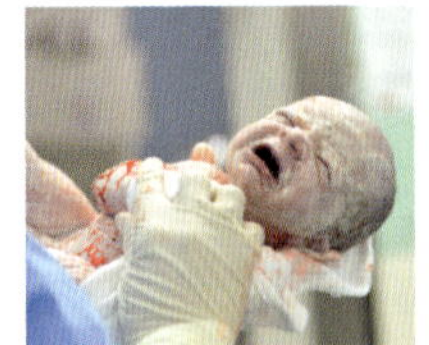

die Geburt
پیدائش
paidaish

schwanger	hamla	حاملہ ۔
die Wehen	dardza	درد زہ ۔
pressen	dhukka	دھکا
die Nabelschnur	hubal e suri	حَبَلِ سُری
die Plazenta	juft junbun	جفت جنبن
das Fruchtwasser	amniötic siyāl	امینیٹک سیال
die Fruchtblase	amniötic sac	اموناٹک ساک

SCHWANGERSCHAFT UND GEBURT – حاملہ اور پیدائش

das Fläschchen
بوتل
bötal

der Messlöffel
ناپنے کا چمچہ
napne ka chumcha

das Milchpulver
نسخہ
nuskha

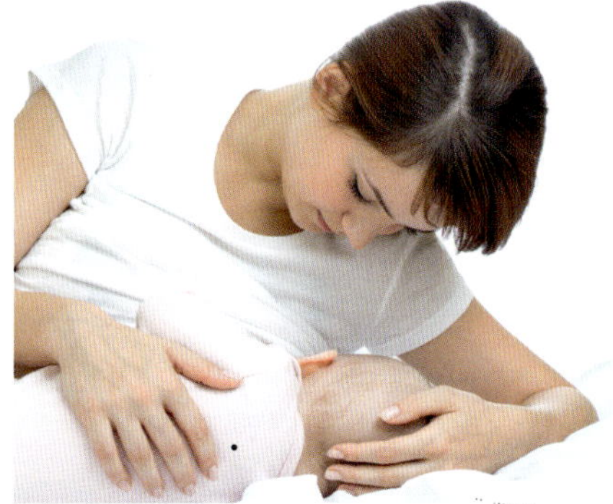

stillen
ماں کا دودھ پینا
ma'a ka dūdh pēna

der Säugling
بچہ
bacha

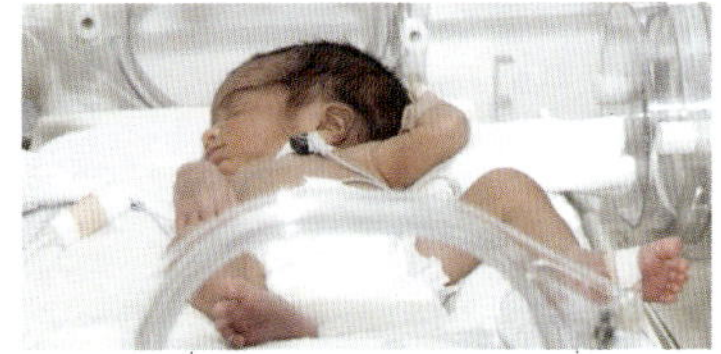

das Frühchen
پیش از وقت بچہ
paish az waqt bacha

der Brutkasten
ایسا بَکس جو جَراثیم کو خَتَم کَرتا ہے
aisa buks jö jarasēm kö khatam karta hai

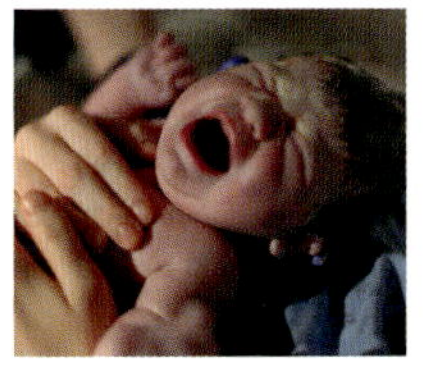

das Neugeborene
نومولود
naumaulūd

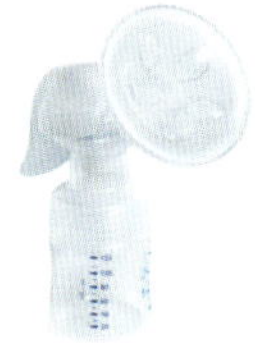

die Milchpumpe
پستانوں سے دودھ نکالنے والا آلہ
pastānö'n say dūdh nikālne wala a'ala

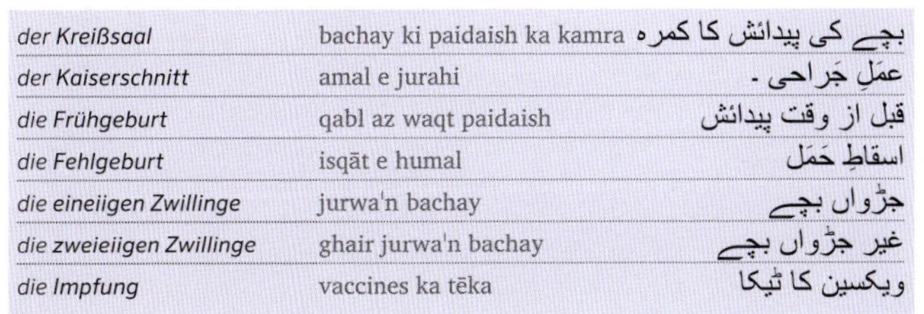

der Kreißsaal	bachay ki paidaish ka kamra	بچے کی پیدائش کا کمرہ
der Kaiserschnitt	amal e jurahi	عمَلِ جَراحی ۔
die Frühgeburt	qabl az waqt paidaish	قبل از وقت پیدائش
die Fehlgeburt	isqāt e humal	اسقاطِ حَمَل
die eineiigen Zwillinge	jurwa'n bachay	جڑواں بچے
die zweieiigen Zwillinge	ghair jurwa'n bachay	غیر جڑواں بچے
die Impfung	vaccines ka tēka	ویکسین کا ٹیکا

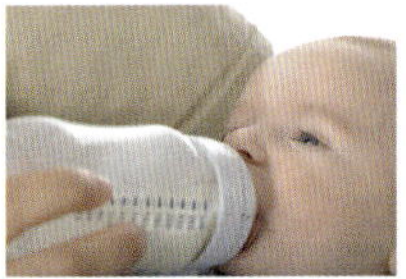

mit der Flasche füttern
بچے کو بوتل سے دودھ پلانا
bachay kö bötal say dūdh pilana

DER ARZTBESUCH – ڈاکٹر کی

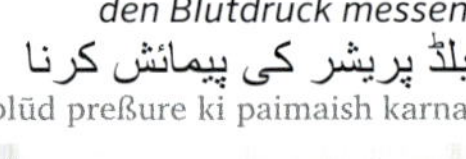

den Blutdruck messen
بلڈ پریشر کی پیمائش کرنا
blūd preßure ki paimaish karna

das Wartezimmer
انتظار گاہ
intezasr gāh

das Rezept
نسخہ
nuskha

die Ärztin
ڈاکٹر
döctör

die Patientin
مریض
marēz

die Manschette
آستین کا سرا -
āstēn ki sira

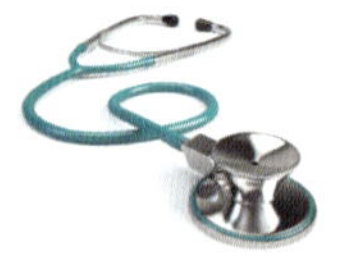

das Stethoskop
سٹیٹوسکوپ
stethöscöpe

das Sprechzimmer
مشاورت کمرہ
mushawarat kamra

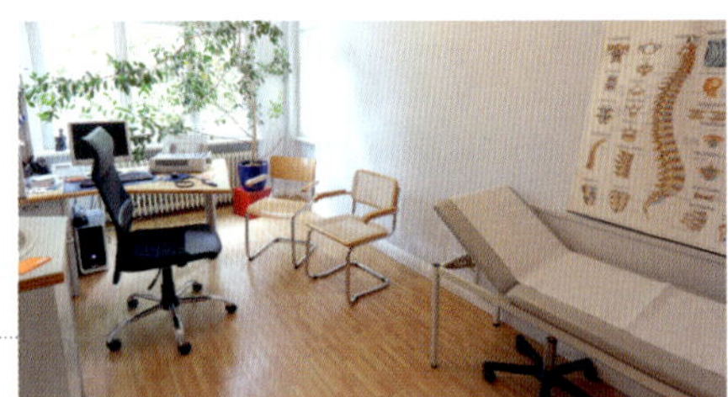

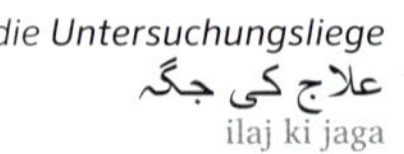

die Untersuchungsliege
علاج کی جگہ
ilaj ki jaga

das Blutdruckmessgerät
بلڈ پریشر کی نگرانی
blūd preßure ki nigrani

die Sprechstunde	surgery kay ghuntay	سرجری کے گھنٹے
jemandem Blut abnehmen	khūn ka namuna laina	خون کا نمونہ لینا
der Termin	taqurari	تقرری
die Behandlung	elāj	علاج
die Diagnose	tashkhēs	تشخیص
die Ergebnisse	nataij	نتائج
die Krankenkasse	sehat ka bēma	صحت کا بیمہ

SYMPTOME UND KRANKHEITEN - علامات اور بیماریوں

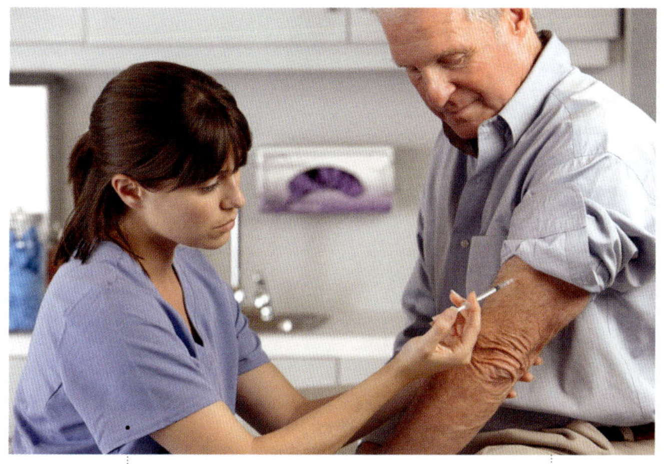

jemandem eine Spritze geben
کسی کو انجکشن دینا
kisi kö injectiön daina

eine Spritze bekommen
ایک انجکشن لگائیں
aik injectiön lagäin

die Halsschmerzen
گلے کی سوزش
galay ki sözish

die Kopfschmerzen
سر درد
sardard

die Magenschmerzen
پیٹ کا درد
pait ka dard

die Zahnschmerzen
دانتوں کا درد
dantö'n ka dard

das Virus	virus	وائرس
der Infekt	mu'atadi marz	متعدی مرض
die Allergie	allergy	الرجی
der Hautausschlag	jild lāl ubhār waley dhabbay	جِلد پر لال اُبھار والے دھبّے
die Migräne	adhay sar ka dard	آدھے سر کا درد ۔
das Nasenbluten	naksēr phūtna	نکسیر پھوٹنا
die Bindehautentzündung	āshūb chashm	آشوب چشم
die Mittelohrentzündung	darmiyāni kān ki sözish	درمیانی کان کی سوزش
der Durchfall	ishāl	اسہال
die Darmgrippe	gastric flu	گیسٹرک فلو
der Schwindel	sar chukrana	سرچکرانا
die Übelkeit	matli	متلی
der Krampf	akaran höjana	اکڑ ان ہو جانا ۔
die Bronchitis	khā'nsi	کھانسی
die Blasenentzündung	masānay ka infectiön	مثانے کا انفیکشن

SYMPTOME UND KRANKHEITEN - علامات اور بیماریوں

krank
بیمار
bēmar

der Schnupfen
سردی
sardi

der Husten
کھانسی
khā'nsi

gesund
صحت مند
sehat mand

die Erkältung
سردی
sardi

die Grippe
زکام
zukām

das Niesen
چھینکنا
chēnkna

das Fieber
بخار
bukhār

der Heuschnupfen
بخار
bukhār

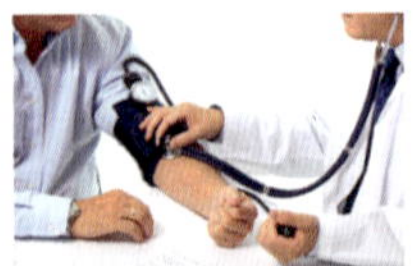

der hohe/niedrige Blutdruck
بلند/ہلکا فشار خون
bulan/halka fishār e khūn

die Entzündung	sözish	سوزش
die Mangelerscheinung	kami ala'amat	کمی علامات
die Blutvergiftung	khūn ki zehrēli	خون کی زہریلا
die Schuppenflechte	khhujli	کھجلی
die Kinderkrankheit	bachpan ki bēmari	بچپن کی بیماری
die Röteln	khusra kazib	خَسرَہ کاذِب
der/das Scharlach	lāl bukhār	لال بخار -
die Windpocken	virus say hönay wali bēmari	وائرَس سے ہونے والی بیماری
der Mumps	galay ka aik marz, ghudūdö'n ka waram	گلے کا ایک مرض ، غدودوں کا ورم
der Keuchhusten	kāli khā'nsi	کالی کھا نسی -
die Masern	khusra	خسرہ -
die Kinderlähmung	tāngö'n ka fālij	ٹانگوں کا فالج -
der Wundstarrkrampf	uzlāt ka sakht tashanj	عضلات کا سخت تشنج
die Tuberkulose	duq	دق -
die Rachitis	kasās	کساس
die Hirnhautentzündung	sarsām	سرسام
die Diphtherie	khunāq	خُناق
die Tollwut	hawla	ہاولا -

SYMPTOME UND KRANKHEITEN - علامات اور بیماریوں

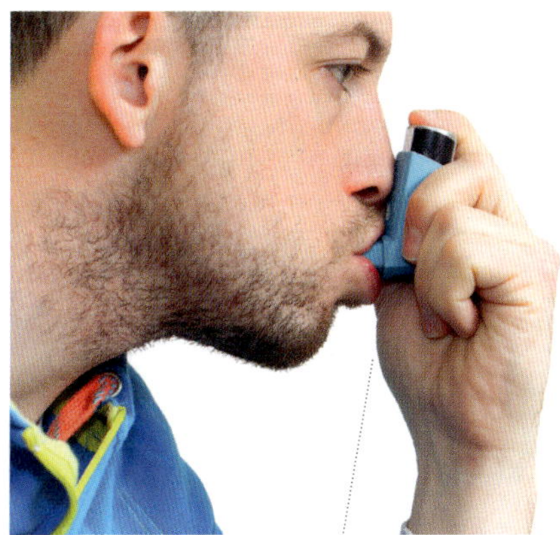

das Asthma
دمہ
dumma

der Inhalator
دَم کَش
dumkash

das Rheuma
گمنام
gumnām

der Diabetes
ذیابیطس
diabetes

die Schlafstörung
سونے کی خرابی کی شکایت
sönay ki kharabi ki shikayat

das Aids
ایڈز
aids

die Atemnot	sans lainay main dushwari	سانس لینے میں دشواری
der Alzheimer	aik dimaghi marz ka nām hai	ایک دماغی مرض کا نام ہے
die Demenz	khulal	خلل
die Parkinsonkrankheit	parkinsöns ki bēmari	پارکنسنز کی بیماری
der Krebs	sartān	سرطان
das Geschwür	ghaflat	غفلت
die Schilddrüsenkrankheit	thyröid disörder	تائیرائڈ ڈس آرڈر
der Herzinfarkt	dil ka daura	دل کا دورہ
der Schlaganfall	ströke	اسٹروک
HIV-positiv/negativ	h i v misbat/manfi	ایچ آئی وی مثبت/منفی
die multiple Sklerose	aik say ziada kāthni	ایک سے زیادہ کاٹھنی
die Epilepsie	mirgi	مرگی
die Depression	zehni dabaö	ذہنی دباؤ
die Essstörung	khanay ki kharabi ki shikayat	کھانے کی خرابی کی شکایت
die Sucht	l'ut	لت

die Transplantation
ٹرانسپلانٹ
transplant

die Dialyse
ڈائلیزیز
dylasis

BEHINDERUNGEN – معذور

der Blindenhund
رہنما کتا
rehnuma kutta

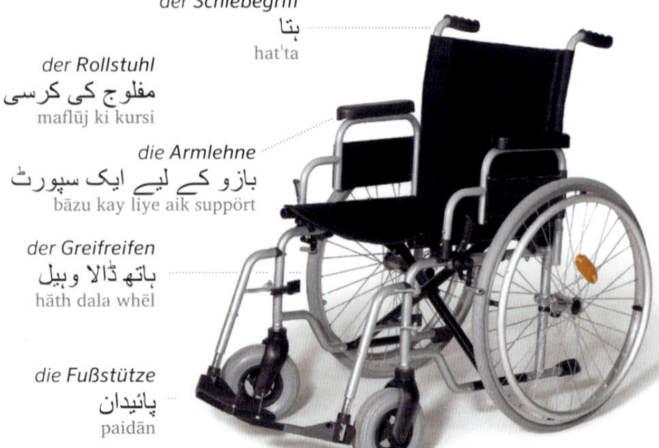

der Schiebegriff
ہتا
hat'ta

der Rollstuhl
مفلوج کی کرسی
maflūj ki kursi

die Armlehne
بازو کے لیے ایک سپورٹ
bāzu kay liye aik suppört

der Greifreifen
ہاتھ ڈالا وہیل
hāth dala whēl

die Fußstütze
پائیدان
paidān

der Blindenstock
سفید چھڑی
safaid chhuri

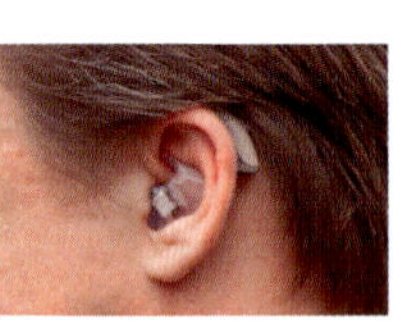

die Gebärdensprache
اشاروں کی زبان
ishārö'n ki zaban

das Hörgerät
سماعت امداد
sama'at imdād

der Rollator
پہیا واکر
pahiya walker

die Krücke
بیساکی
baisakhi

die Prothese
مصنوعی انگوٹھی
masnui angöthi

gelähmt	maflūj	مفلوج
die spastische Lähmung	spectrö parlishan	سپیکٹرو پارلیشن
hinken	lapait	لپیٹ
blind	andhay	اندھے
schwerhörig	sunnay ki sakhti	سننے کی سختی
gehörlos	behra	بہرا
behindert	ghair fa'al	غیر فعال

VERLETZUNGEN - زخمی

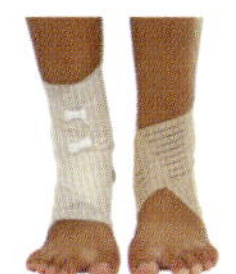

die Verstauchung
موچ
möch

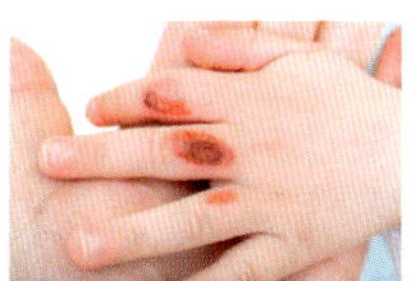

die Verbrennung
جلنا
jalna

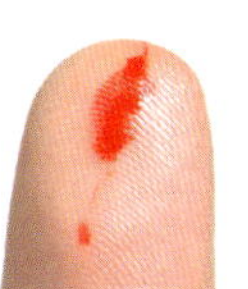

die Schnittwunde
چیرنا
chērna

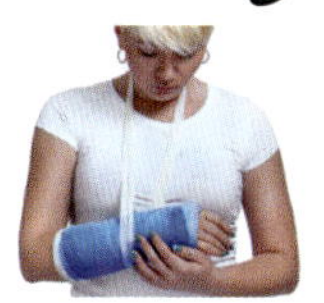

der Knochenbruch
ٹوٹنا
tūtna

die Vergiftung
زہریلا
zeharēla

der Insektenstich
کیڑے ڈھیر
kēray dhair

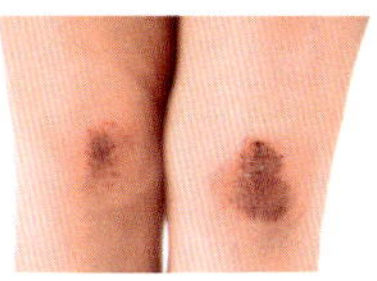

die Schürfwunde
چرانا
churana

in Ohnmacht fallen
دھیما
dhēma

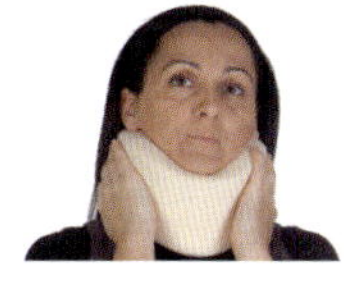

das Schleudertrauma
وائلڈش
wildish

die Blase
چھالا
chhala

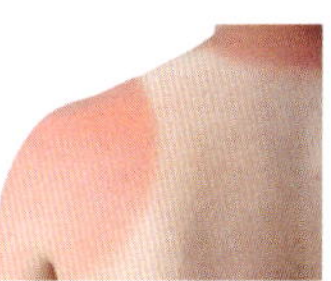

der Sonnenbrand
سورج جلا
suraj jala

der Bandscheibenvorfall
فلپ ڈسک
flipdisk

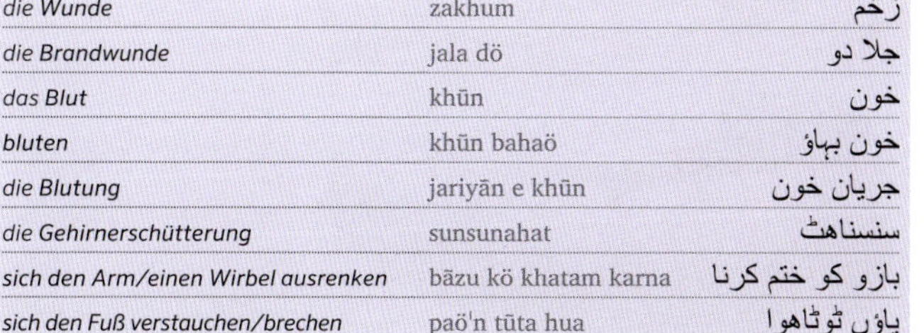

die Wunde	zakhum	زخم
die Brandwunde	jala dö	جلا دو
das Blut	khūn	خون
bluten	khūn bahaö	خون بہاؤ
die Blutung	jariyān e khūn	جریان خون
die Gehirnerschütterung	sunsunahat	سنسناہٹ
sich den Arm/einen Wirbel ausrenken	bāzu kö khatam karna	بازو کو ختم کرنا
sich den Fuß verstauchen/brechen	paö'n tūta hua	پاؤں ٹوٹاھوا

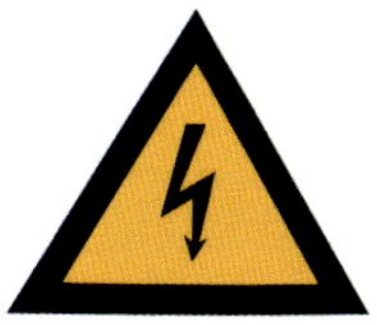

der elektrische Schlag
بجلی کے جھٹکے
bijli kay jhutkay

BEIM ZAHNARZT - دانتوں کا ڈاکٹر

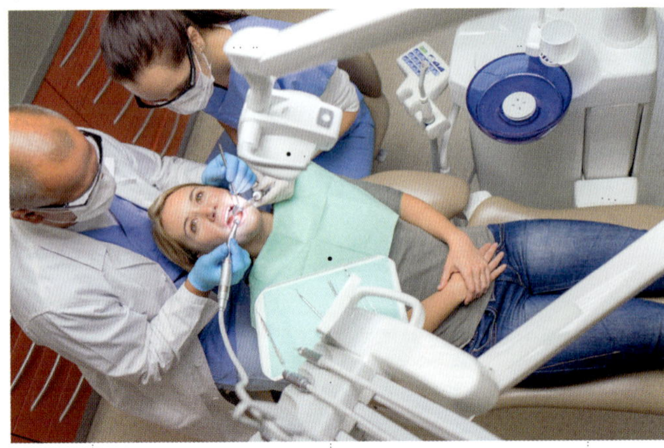

die Zahnarzthelferin
دانتوں کی نرس
dantön ki nurse

das Mundspülbecken
تسل
tusl

die Behandlungslampe
عکاس
akās

die Patientin
مریض
marēz

der Zahnarzt
دانتوں کا ڈاکٹر
dantön ka döctör

der Patientenumhang
تہبند
tehband

der Zahnarztstuhl
دانتوں کرسی
dantön kursi

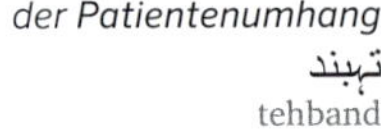

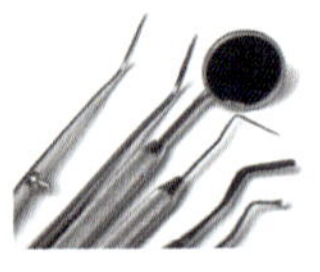

das Zahnarztbesteck
دانتوں کا سامان
dantön ka saman

der Mundschutz
جراحی پردہ
jurahi pardah

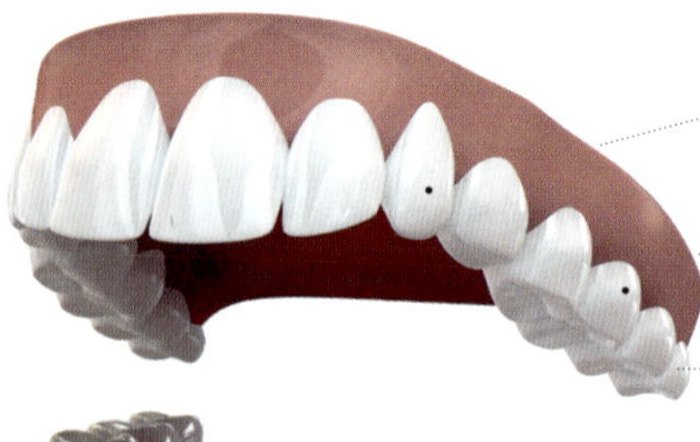

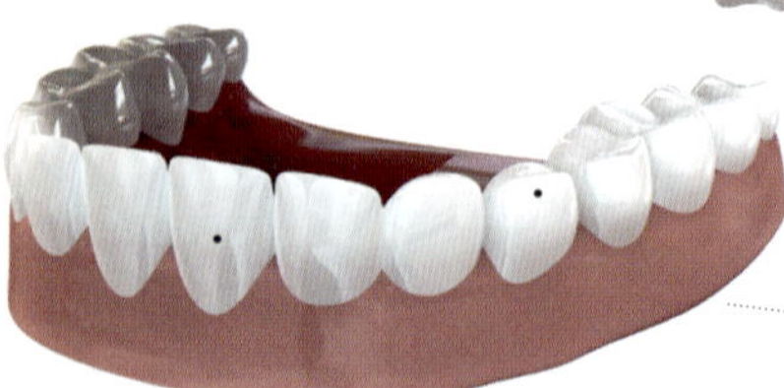

der Eckzahn
آنکھ دانت
ānkh dant

der hintere Backenzahn
ملالہ
malala

der Weisheitszahn
عقل داڑھ
aqal dārh

der vordere Backenzahn
پہلے دہلی
pehle dehli

der Schneidezahn
انکاسرس
inkasirus

BEIM ZAHNARZT - دانتوں کا ڈاکٹر

der Zahn
دانت
dant

der Zahnschmelz
انامیل
enamel

das Zahnfleisch
گم
gum

die Zahnwurzel
جڑ
jur

der Nerv
اعصابی
asābi

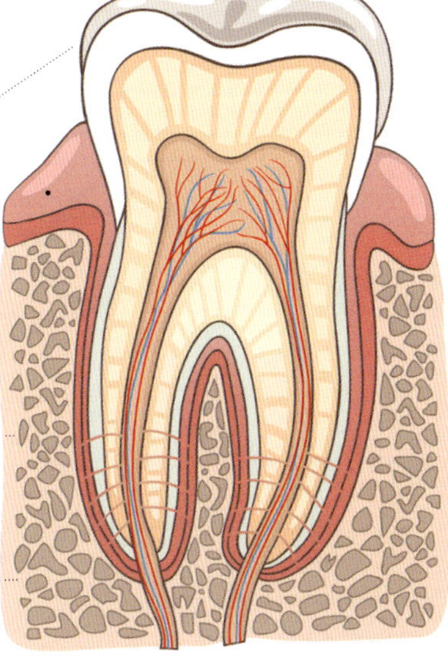

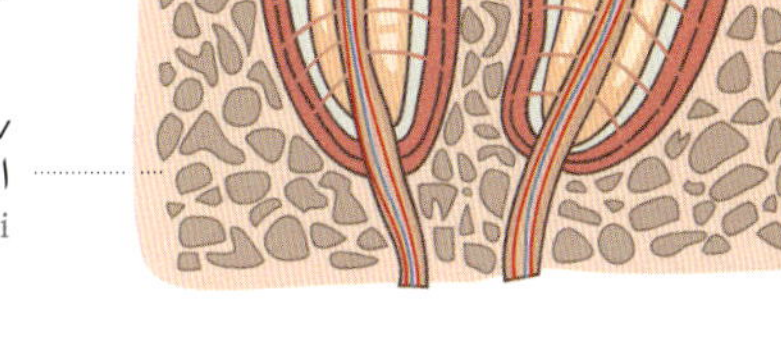

die Zahnprothese
مصنوعی دانتوں کا چوکا
masnui dantön ka chauka

die Knirscherschiene
کاٹنا لکڑی کی کھیچی
katna lakri ki khaichi

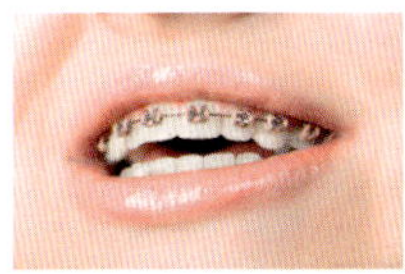

die Zahnspange
دانتوں کو قائم رَکھنے والی تاریں
dantön kö qaim rakhne wali tarein

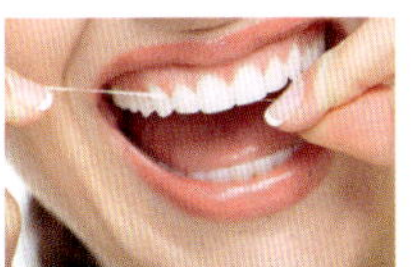

mit Zahnseide reinigen
ریشم ایک دانت
raishum aik dant

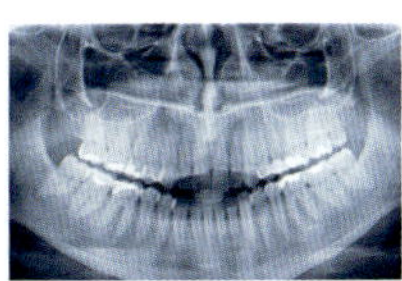

die Röntgenaufnahme
ایکس رے
x-ray

die Krone
کیپ
cap

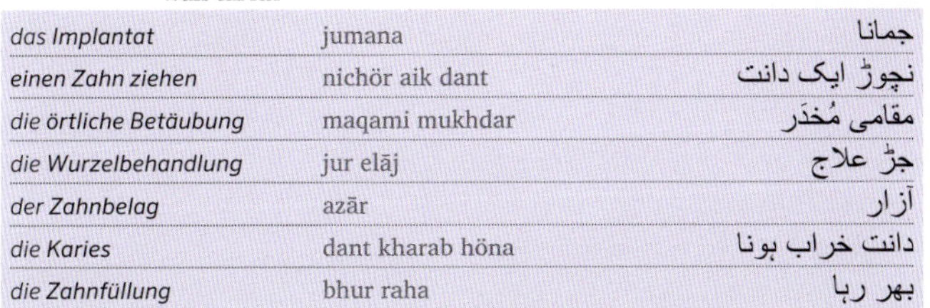

das Implantat	jumana	جمانا
einen Zahn ziehen	nichör aik dant	نچوڑ ایک دانت
die örtliche Betäubung	maqami mukhdar	مقامی مُخدَر
die Wurzelbehandlung	jur elāj	جڑ علاج
der Zahnbelag	azār	آزار
die Karies	dant kharab höna	دانت خراب ہونا
die Zahnfüllung	bhur raha	بھر رہا

das Mundwasser
منہاج
minhāj

BEIM AUGENOPTIKER - نظریات میں

das Auge
آنکھ
¯nkh

die Pupille
پتلی
putli

die Brille
عینک
ainak

der Sehnerv
آنکھ کے متعلق بل
ānkh kay mutaliq bil

die Netzhaut
آنکھ کا پہلا پردہ جس میں بصارت
ānkh ka pehla parda jis main bisārat

die Linse
عینک کا شیشہ
ainak ka shēsha

die Hornhaut
آنکھ کا شفاف پردہ
ānkh ka shafāf pardah

die Iris
آنکھ کی پتلی کی جھلی
ānkh ki putli ki jhilli

das Brillengestell
ڈھانچا
dhāncha

das Brillenglas
عدسہ
adsā

die Optikerin
عینک ساز
ainak sāz

der Sehtest
آنکھ کی جانچ
ānkh ki jānch

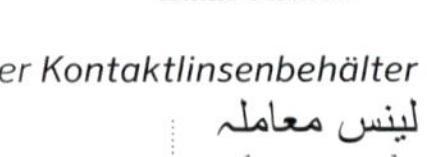

der Kontaktlinsenbehälter
لینس معاملہ
lens mamla

die Kontaktlinse
رابطہ عینک کا شیشہ
rābta ainak ka shēsha

die Augentropfen	ānkhōn kay qatray	آنکھوں کے قطرے
die Lesebrille	parhna shēshay	پڑھنا شیشے
weitsichtig	tawēl arsay say	طویل عرصے سے
kurzsichtig	mukhtasir nazar aya	مختصر نظر آیا
die Gleitsichtbrille	amūdi chalasein	عمودی چلاسیں
der graue Star	mōtiyaband	موتیابند
der grüne Star	kala mōtiya	کالا موتیا

IM KRANKENHAUS - ہسپتال میں

der *Nachttisch*
بستر بغل میز
bistar baghal maiz

das *Krankenzimmer*
ہسپتال کے کمرے
haspatal kay kamray

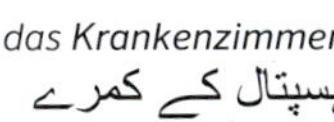

das *Einzelzimmer*
اکیلا کمرہ
akela kamra

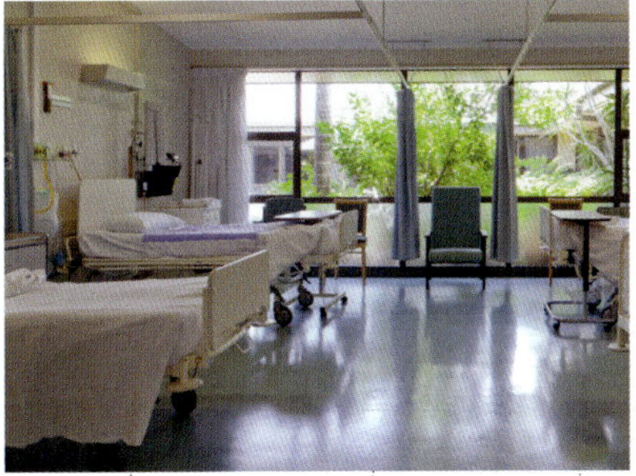

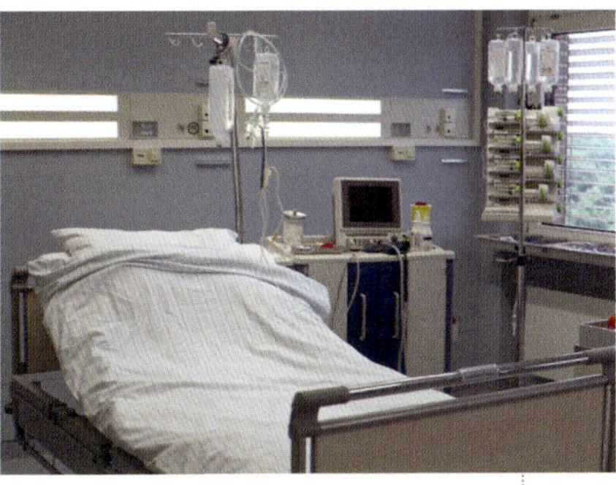

das *Krankenhausbett*
ہسپتال کے بستر
haspatal kay bistar

der *Krankentisch*
اضافی میز
izāfi maiz

der *Infusionsständer*
قطب IV
qutb iv

der *Trennvorhang*
رازداری کی پردے
razdāri kay parday

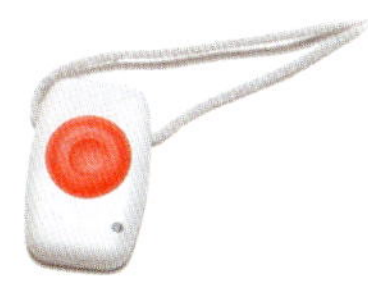

der *Notrufknopf*
ہنگامی کال بٹن
hungami call buttön

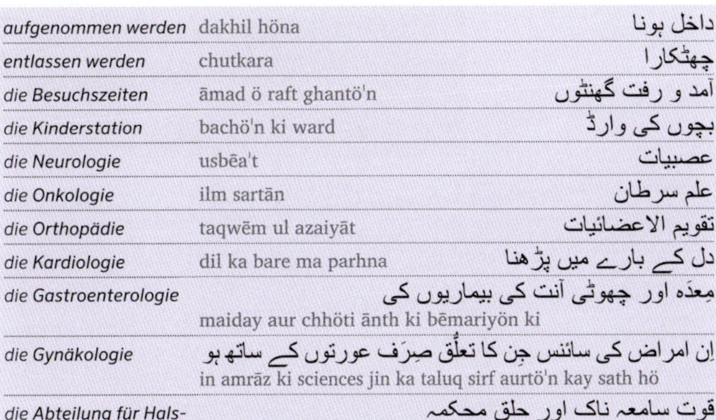

aufgenommen werden	dakhil höna	داخل ہونا
entlassen werden	chutkara	چھٹکارا
die *Besuchszeiten*	āmad ö raft ghantö'n	آمد و رفت گھنٹوں
die *Kinderstation*	bachö'n ki ward	بچوں کی وارڈ
die *Neurologie*	usbēa't	عصبیات
die *Onkologie*	ilm sartān	علم سرطان
die *Orthopädie*	taqwēm ul azaiyāt	تقویم الاعضائیات
die *Kardiologie*	dil ka bare ma parhna	دل کے بارے میں پڑھنا
die *Gastroenterologie*	maiday aur chhöti ānth ki bēmariyön ki	مِعدَہ اور چھوٹی آنت کی بیماریوں کی
die *Gynäkologie*	in amrāz ki sciences jin ka taluq sirf aurtö'n kay sath hö	اِن امراض کی سائنس جِن کا تعلُق صِرَف عورتوں کے ساتھ ہو
die *Abteilung für Hals-Nasen-Ohrenheilkunde*	quat e sam'ea nāk aur halaq mehkma	قوت سامعہ ناک اور حلق محکمہ

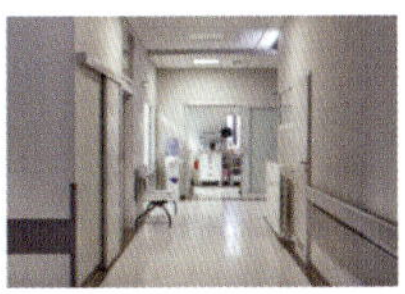

die *Station*
کمرہ
kamra

IM KRANKENHAUS - ہسپتال میں

Die Chirurgie - سرجری

die Operation
عمل
amal

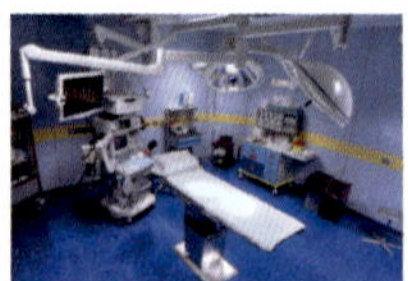

der Operationssaal
عمل جراحی کا کمرہ
amal jurahi ka kamra

der Aufwachraum
کمرہ بحالی صحت
kamra bahali sehat

das Operationsbesteck
جراحی آلات
jurahi a'alāt

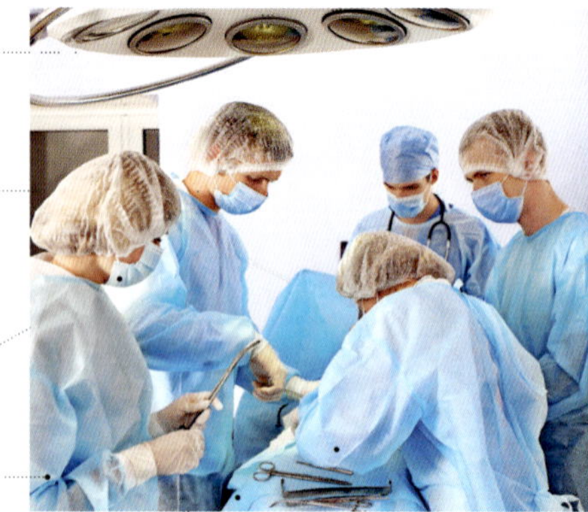

die Operationsleuchte
جراحی روشنی
jurahi röshni

der Chirurg
جراحی کرکے علاج کرنے والا
jurahi kar kay elāj karne wala

der Mundschutz
جراحی پردہ
jurahi parda

die OP-Schwester
تماشاگاہ نرس
tamasha gāh nurse

der Operationstisch
مل جراحی کے لیے مریض کو لٹانے کی میز
mil jurahi kay liye marēz kö laitanay ki maiz

der OP-Mantel
مانجنا
manjna

der Anästhesist
تحزیر کار
tehzēr kar

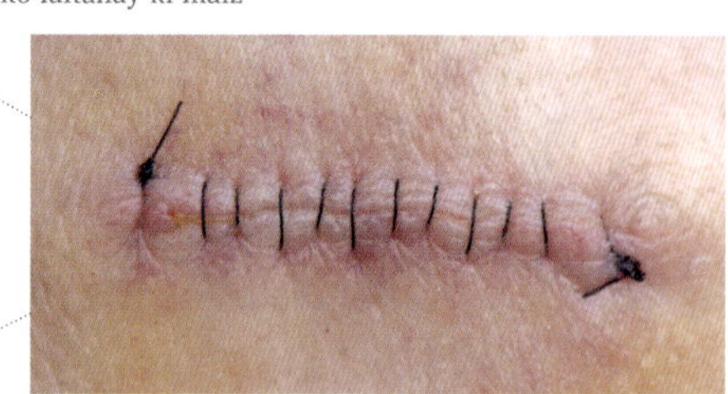

die Narbe
زخم کا نشان
zukham ka nishan

die Fäden
ٹانکا
tanka

die Lokalanästhesie	maqami mukhdar	مقامی مُخدَر
die Vollnarkose	a'am mukhdar	عام مُخدَر
die Rehabilitation	sarfarazi bahāli	سرفرازی بحالی
die medizinische Nachversorgung	dāk kārgar parwah	ڈاک کارگر پرواہ
die Bettruhe	bistar arām	بستر آرام
die Genesung	afa'aqa	افاقہ
tot	bejān	بے جان
der Tod	maut	موت

IM KRANKENHAUS - ہسپتال میں

Die Unfallstation - آرام دہ اور پرسکون

die Intensivstation
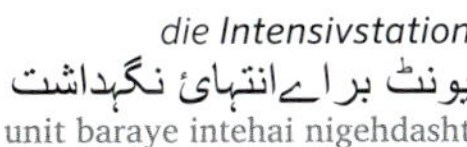
یونٹ برائےانتہائ نگہداشت
unit baraye intehai nigehdasht

die Notaufnahme
ہنگامی داخلہ
hungami dākhla

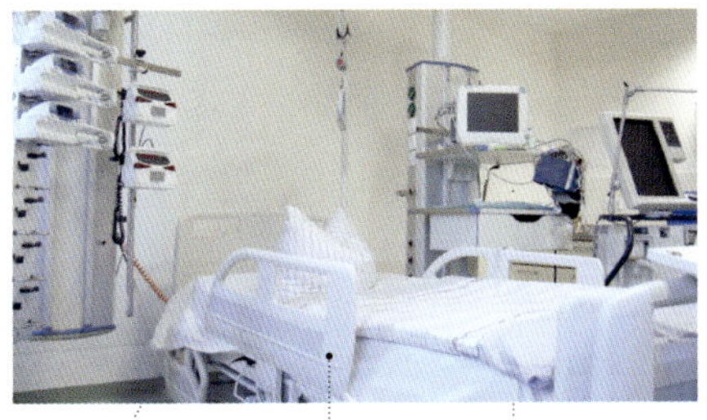

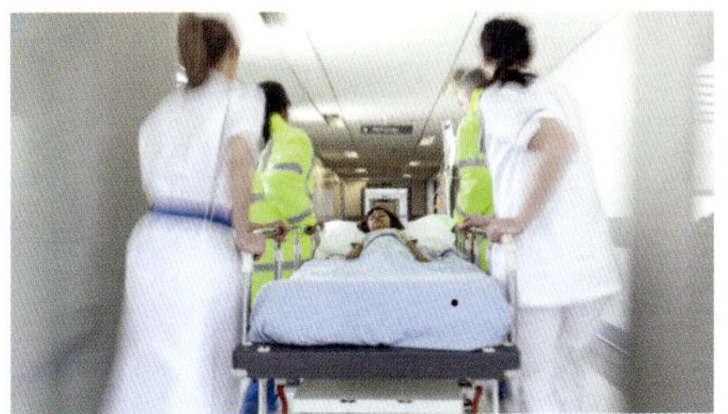

der Rufknopf
کال بٹن
call buttön

der Herzmonitor
کارڈیک مانیٹر
cardiac mönitör

die Fahrtrage
ٹرالی
trallie

das Krankenhausbett
ہسپتال کا بستر
haspatāl ka bistar

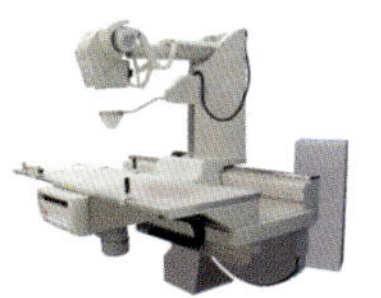

das Röntgengerät
ایکس رے کا اپریٹس
x-ray ka apparatus

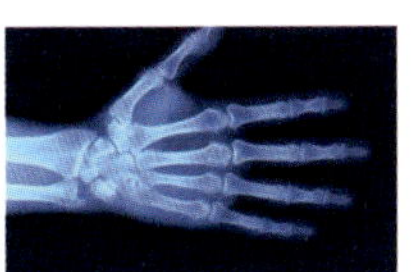

das Röntgenbild
ایکس رے
x-ray

der Warteraum
انتظار گاہ
intezar gāh

die Oberärztin
مشورہ گیر
mashwara gēr

die Computertomografie	ct scan	سی ٹی سکین
die Strahlung	tābkāri	تابکاری
eine Diagnose stellen	tashkhēs karna	تشخیص کرنا
das Koma	behöshi	بے ہوشی
bewusstlos	behöshi	بے ہوشی
die Beatmung	bādkashi	باد کشی
wieder zu Bewusstsein kommen	döbara hösh main ana	دوبارہ ہوش میں آنا
wieder gesund werden	sehat bahāl höna	صحت بحال ہونا

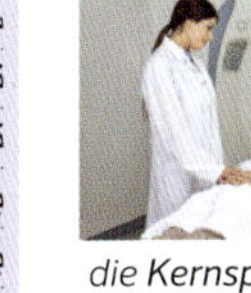

die Kernspintomografie
ایم آر آئی سکین
mri scan

DIE APOTHEKE – فارمیسی

das Medikament
ادویات
adwēyāt

die Kapsel
گولیاں
gōliya'an

der Hustensaft
کھانسی کیدوا
khānsi ki dawa

die Tablette
گولی
gōli

die Sichtverpackung
بلسٹر پیک
blister pack

die Dosierung
خوراک
khurāk

der Messbecher
ماپنے کا کپ
nāpne ka cup

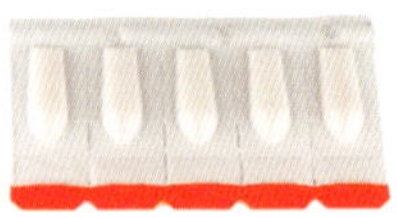

das Zäpfchen
بَتّی
batti

die Salbe
مرہم
marhum

die Spritze
سرنج
syringe

die Apothekerin
ماہر دوا سازی
mahir dawa sāzi

die Tropfen
قطرے
qatray

der/das Spray
پھوار
phuwar

die Vitamintablette
وٹامن کی گولی
vitamin ki gōli

die Brausetablette
اتیجیت گولی
atijēt gōli

DIE APOTHEKE - فارمیسی

das Nahrungs-ergänzungsmittel
ضمیمہ
zunmēma

das Sonnen-schutzmittel
سورج کریم
suraj cream

der/das Mücken-spray
کیڑے اخترشک
kērey akhtrshuk

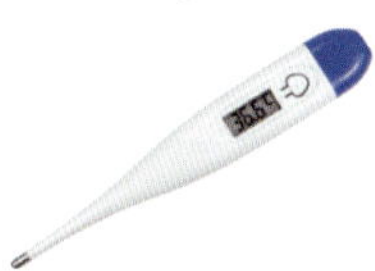

das/der Fieber-thermometer
حرارت پیما
hararat paima

die Nagelfeile
ناخن ریتی
nakhun raiti

der Tampon
ڈاٹ لگانا
döt lagana

die Slipeinlage
پینٹی لائنر
panty liner

das Feuchttuch
نم ٹشو
num tißü

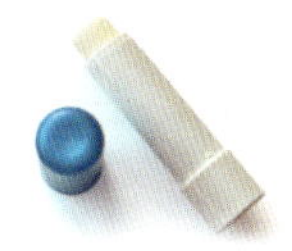

der Lippenpflegestift
ہونٹ کا بام
hönt ka balm

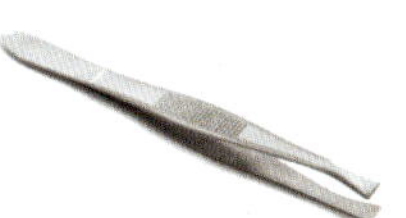

die Pinzette
مچنا
möchna

das Deodorant
عفونت ربا
afu'nat ruba

das/der Hustenbonbon
حلق شکل معین
halaq shakal mu'ēn

die Nebenwirkung	manfi asrāt	منفی اثرات
der Beipackzettel	hidayat kitabcha	ہدایات کتابچہ
die Hautpflege	jild ka khayal	جلد کا خیال
das Schmerzmittel	dard khatum karne wali dawa	درد ختم کرنے والی دوا
das Beruhigungsmittel	muskan	مسکن
die Schlaftablette	nēnd ki göli	نیند کی گولی
das Verfallsdatum	khatmay ki tarēkh	خاتمے کی تاریخ

der Ohrstöpsel
کان میں لگانے کی بتیاں
kān main laganey ki batiya'an

DIE ALTERNATIVMEDIZIN - متبادل تھراپی

die Meditation
مراقبہ
muraqba

das Yoga
یوگا
yöga

das Tai-Chi
تائی چی
tai chi

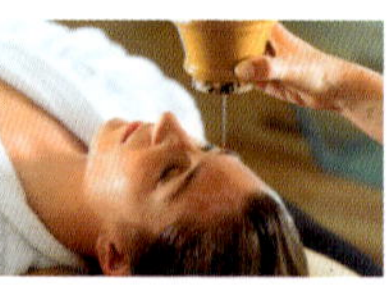

das Ayurveda
آئروےدک
ayurvedik

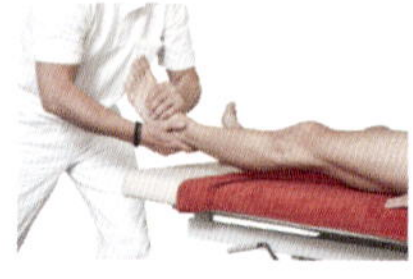

die Osteopathie
معالشی معالج
mālchi ma'alij

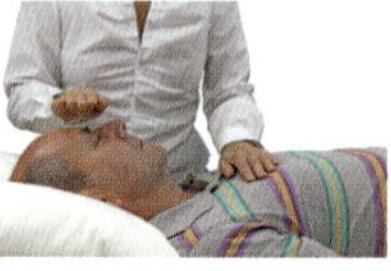

das Reiki
ریکی
raiki

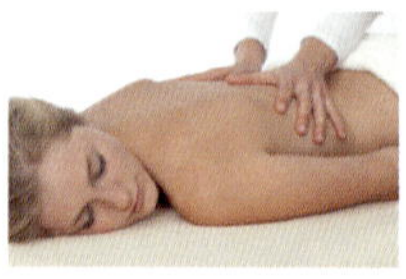

die Massage
مالش
mālish

die Hypnose
عامل تنویم
āmil e tanwēm

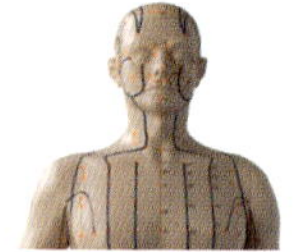

die traditionelle chinesische Medizin
روایتی چینی طب
riwayat chēni tabēb

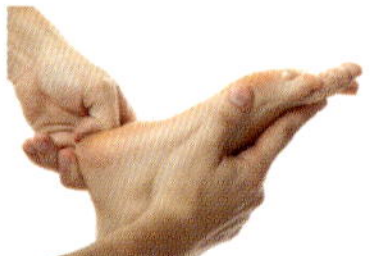

die Fußreflexzonen-massage
ریفلیکسولوجی مالش
reflexölögy mālish

das homöopathische Heilmittel
ہومیوپیتھک علاج
hömeöpathic elāj

die Kräuter-heilkunde
جڑی بوٹی سے علاج
jari būti se elāj

die Akupunktur
سوزن زنی
sözan zai

die Kur	elāj kay daurān	علاج کے دوران
die Palliativmedizin	pershāmic daikh bhal	پرشامک دیکھ بھال
die Entspannung	narmi	نرمی
die Entgiftung	sumrubai	سم ربائی
die Entziehungskur	sumrubai prögram	سم ربائی پروگرام
die Therapie	therapy	تھراپی
die Lichttherapie	röshni therapy	روشنی تھراپی

WELLNESS - سلامتی

die Sauna
سونا
söna

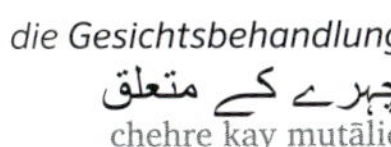

die Gesichtsbehandlung
چہرے کے متعلق
chehre kay mutāliq

die Kosmetikerin
آرائش گر
arāish gar

die Gesichtsmaske
چہرے کا نقاب
chehre ka naqāb

der Ofen
ہیٹنگ چولہا
heating chulha

die Bank
تختہ
takhta

der Kopfkeil
سر رکھنے کی آرامدہ جگہ
sar rakhne ki aramdeh jaga

der Aufgusskübel
ادخال بالٹی
adkhāl bālti

der Ruheraum
باتھ روم
bathrūm

das Mineralbad
سپا
spa

die Maniküre
ناخن تراشی
nakhun tarashi

die Pediküre
امراض پا
amrāz pa

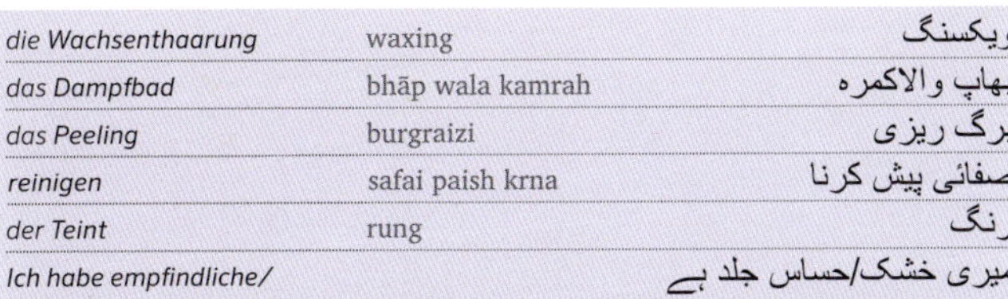

die Wachsenthaarung	waxing	ویکسنگ
das Dampfbad	bhāp wala kamrah	بھاپ والاکمرہ
das Peeling	burgraizi	برگ ریزی
reinigen	safai paish krna	صفائی پیش کرنا
der Teint	rung	رنگ
Ich habe empfindliche/ trockene Haut.	meri khushk/hasās jild hai	میری خشک/حساس جلد ہے
Ich habe fettige/normale Haut.	meri mamūli/öily jild hai	میری معمولی/آئلی جلد ہے

das Solarium
بھاپ غسل
bhāp ghusl

NOTFÄLLE

ہنگامی
حالت

ERSTE HILFE - ابتدائی طبی امداد

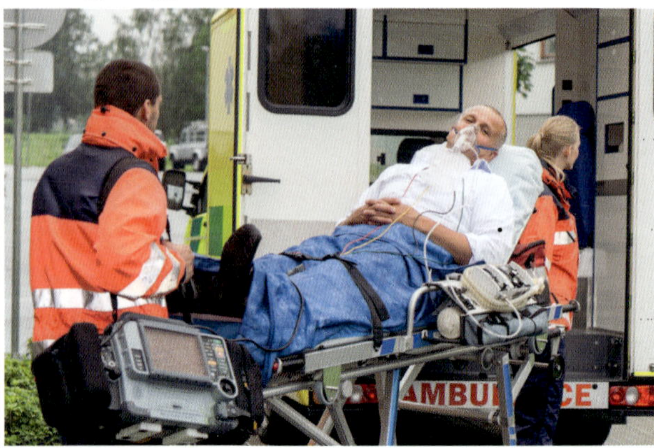

der Rettungswagen
ایمبولینس
ambulance

die Sanitäterin
طبعی معاون
tib'i ma'wun

die Sauerstoffmaske
آکسیجن ماسک
öxygen mask

das Unfallopfer
حادثے کے شکار
hādsay ka shikār

der Sanitäter
طبعی معاون
tib'i ma'wun

die Trage
سٹریچر
stretcher

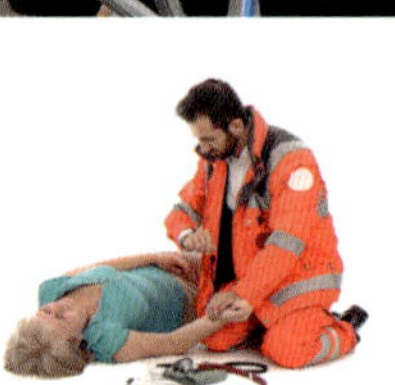

die Mund-zu-Mund-Beatmung
منہ سے منہ ریسیسیٹیشن
munh say munh resuscitatiön

die Pulsmessung
نبض کی پیمائش
nabz ki paimaish

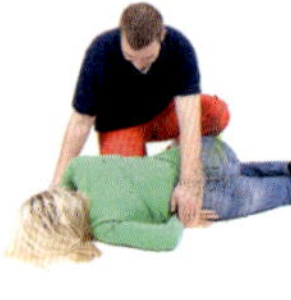

die stabile Seitenlage
بازیابی پوزیشن
baziyabi pöseatiön

der Unfallort
حادثے کے منظر
hādsay kay manzar

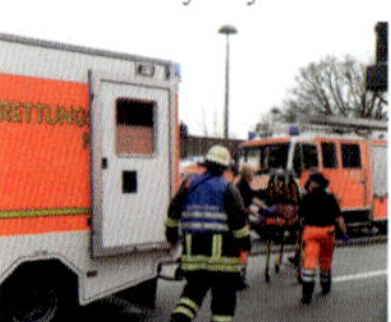
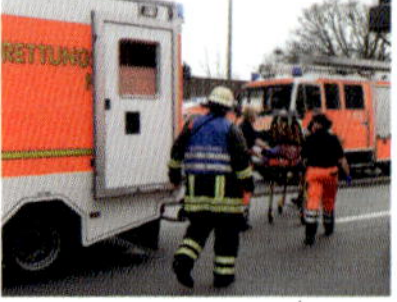

der Rettungsdienst
ایمبولینس سروس
ambulance service

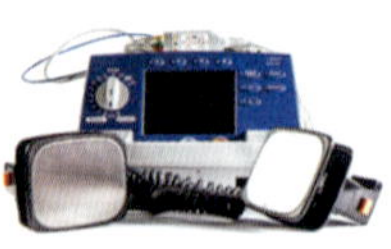

der Defibrillator
ڈیفائیبریلیٹر
defibrillatör

der Unfall	hādsa	حادثہ
die Wiederbelebung	resuscitatiön	ریسیسیٹیشن
die Herzdruckmassage	qalbi harkat ka betartēb höna	قلبی حرکت کا بے ترتیب ہونا
der Puls	nabz	نبض
bewusstlos	behösh	بے ہوش
erste Hilfe leisten	ibteda'i tib'i imda'ad karna	ابتدائی طبی امداد کرنا
der/die Notarzt/-ärztin	hungami döctör	ہنگامی ڈاکٹر

ERSTE HILFE - ابتدائی طبی امداد

das Verbandszeug
مرہم پٹی کا مواد
marhum pat'ti ka mawa'ad

der Verband
پٹی باندھنا
pat'ti bandhna

das Leukoplast®
چپکنے والا پلاسٹر
chipaknay wala plaster

das Pflaster
پلاسٹر
plaster

die Verbandschere
مرہم پٹی کی قینچی
marhum pat'ti ki qainchi

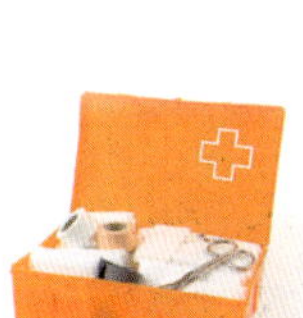

der Erste-Hilfe-Kasten
ابتدائی طبی
امداد کا بکس
ibti'dai tib'i imda'ad
ka buksa

der Erste-Hilfe-Kurs
فرسٹ ایڈ کورس
first aid cöurse

das Desinfektions-
mittel
جراثیم دور کرنا
jarasēm dūr karna

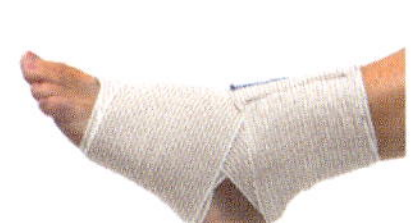

die Bandage
مرہم پٹی
marhum pat'ti

steril	aqēma	عقیمہ
überleben	zinda bach jana	زندہ بچ جانا
traumatisiert	sakht sadma pöhanchna	سخت صدمہ پہنچانا
der Schock	sadma	صدمہ
die Blutspende	khūn ka atiya	خون کا عطیہ
die Organspende	a'aza ka atiya	اعضا کا عطیہ
das Adrenalin	kalwi ratūbat	کلوی رطوبت

die Mullbinde
گوج بینڈیج
gauge bandage

DIE POLIZEI - قانون نافظ کرنے والا

der Dienstgürtel
ڈیوٹی بیلٹ
duty belt

das Handfunkgerät
واکی ٹاکی
walkie talkie

die Pistole
ہتھیار
hathiyār

der Schlagstock
چھڑی
chhar'ri

die Handschellen
ہتکڑی
hathkari

die Uniform
وردی
wardi

der Fingerabdruck
انگلیوں کے نشان
ungliyūn kay nishān

der Tatort
جائے وقوعہ
jaye waqu'a

die Polizistin
پولیس افیسر
pölice öfficer

der Polizist
پولیس افیسر
pölice öfficer

das Polizeiabzeichen
علامت
alamat

der Zeuge	gawah	گواہ
die Zeugin	gawah	گواہ
der/die Verbrecher/-in	mujrim	مجرم
der Kriminalbeamte	mujrim ka suragh rasa'an	مجرم کا سراغ رساں
die Kriminalbeamtin	mujrim ka suragh rasa'an	مجرم کا سراغ رساں
der/die Verdächtige	mashkūk	مشکوک
die Ermittlung	tehqēqat	تحقیقات

DIE POLIZEI - قانون نافظ کرنے والا

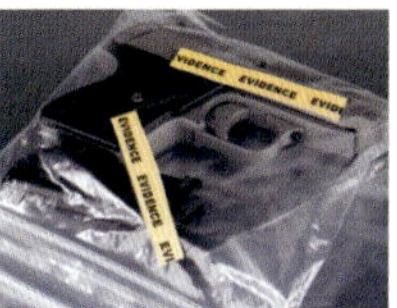

das Polizeiauto
پولیس کی گاڑی
pölice ki gāri

die Lichtleiste
روشنی کی سلاخ
röshni ki salākh

das Martinshorn
پولیس سائرن
pölice siren

das Beweisstück
ثبوت کا ٹکڑا
sabūt ka tukra

das Gefängnis
جیل
jail

der Einbruch
توڑنا
torna

der Diebstahl
چوری
chöri

die Festnahme
گرفتاری
giriftāri

die Gewalt
تشدد
tashadud

der Raubüberfall
ڈکیتی
dakaiti

der Taschendiebstahl
جیب کترنا
jaib katarna

die Entführung
اغوا
aghwa

die Straftat	jurm	جرم
die Körperverletzung	jismani nuqsan	جسمانی نقصان
die Vergewaltigung	ābrö raizi	آبرو ریزی
der Mord	qatal	قتل
der Überfall	humla	حملہ
fliehen	farār	فرار
belästigen	chhair chhar	چھیڑچھاڑ

POLICE LINE DO NOT C

POLICE LINE DO NOT C

die Polizeiabsperrung
ڈوری لگا کر علاقہ تقسیم کرنا
döri laga kar ilāqa taqsēm karna

DIE FEUERWEHR - فائر بریگیڈ

der Feuerlöscher
اگ بجھانے کا الہ
āg bujhanay ka a'ala

der Hydrant
پانی کا نل
pāni ka null

der Feuerwehrmann
فائر فائٹر
fire fighter

das Visier
نقاب
naqāb

der Feuerwehrhelm
آگ سے بچنے کا ہیلمیٹ
āg se bachnay ka helmet

die Feuerwehrschutzjacke
ٹرن آؤٹ کوٹ
turn öut cöat

der Reflexstreifen
عکاس پٹی
akās patti

der Feuerwehrschlauch
نلی
nali

die Brandbekämpfung
آگ بجھانا
āg bujhana

der Notausgang
آگ بجھانا
āg bujhana

die Axt
کلہاڑی
kulhāri

der Rauchmelder
آلہِ دھواں
a'ala e dhuwa'n

die Feuerwache
فائر اسٹیشن
fire statiön

das Löschfahrzeug
فائر انجن
fire engine

IN DEN BERGEN - پہاڑوں میں

der Helm
ہیلمیٹ
helmet

die Bergwacht
پہاڑ ریسکیو سروس
pahār rescü service

der Rettungseinsatz
ریسکیو مشن
rescü mißiön

der Karabiner
تصویر کا لنک
tasvēr ka link

das Seil
رسی
ras'si

die Einsatzkraft
امدادی کارکن
imdādi karkun

der Rettungsschlitten
ریسکیو سلی
rescü slay

das Schneemobil
برف موبائل
barf möbile

das Fangnetz
جال
jāl

die Lawine
تودہ
tö'da

das LVS-Gerät
ہمسھلن ٹرانسسیور
humsehl'n transceiver

der Rettungshund
بچاؤ کرنے والے کتے
bacha'ö karne wale kuttay

der Rettungs-hubschrauber
ریسکیو ہیلی کاپٹر
rescü helicöpter

der Lawinenschutz
ہمسھلن تحفظ
humsehl'n tahafuz

das Lawinen-warnschild
ہمسھلن انتباہ کا نشان
humsehl'n ant'aba ka nishān

DAS MEER - سمندر پر

die Schwimmweste
زنگی بچانے والا کوٹ
zindagi bachaney wala cöat

der Rettungsring
پانی میں تیرنے والی پٹی
pani ma tairni wali patti

der Sammelpunkt
اسمبلی پوائنٹ
aßembly pöint

der Sturm
طوفان
tūfan

die Rettungsboje
سہارے یا رہبری کے لیے پانی پر تیرتا ہوا نِشان
sahare ya rehbari kay liye pāni par tairta hua nishān

der Rettungsschwimmer
مُحافِظ زِندَگی
muhāfiz e zindagi

der Wachturm
پہرے کا مینار
pehray ka minār

der Tsunami
زلزلے والی سمندری لہر
zilzilay wali samandri lehar

das Küstenwachboot
ساحل گارڈ کشتی
sahil guard kashti

das Rettungsboot
زندگی بچانے والی کشتی
zindagi bachaney wali kashti

kentern
اوندھا ہونا
aundha höna

der Schiffbruch
جہاز کی تباہی
jahāz ki tabahi

der/die Vermisste	lapata shukhs	لاپتہ شخص
das Rettungstau	bachaö ras'si	بچاؤ رسی
die Wetterbedingungen	mausmi halāt	موسمی حالات
der Seewetterbericht	shipping ki paishangöi	شپنگ کی پیشن گوئی
die Suche	dhundna	ڈھونڈنا
ertrinken	dūbna	ڈوبنا
die Havarie	samundar main hādsa	سمندر میں حادثہ
in Seenot geraten	samundar main musēbat main rahö	سمندر میں مصیبت میں رہو

WEITERE NOTSITUATIONEN - دیگر اضطراب

die Explosion
دھماکہ
dhamaka

die Epidemie
وبا
waba

die Evakuierung
اخراج
ikhrāj

der Bombenalarm
بم الرٹ
bömb alert

die nukleare Katastrophe
ایٹمی آفت
atömy āfat

die Notlandung
ہنگامی لینڈنگ
hungami landing

der Terrorangriff
دہشت گرد حملہ
dehshat gard humla

retten
خطرہ یا قید سے رہائی دلانا
khatra ya qaid say re'hai'i

die Notrufnummer
ہنگامی نمبر
hungāmi number

die Überwachungskamera
کڑی نگرانی کیمرا
kari nigrāni camera

der Verletzte
زخمی شخص
zakhmi shukhs

die Verletzung
زخم
zakhm

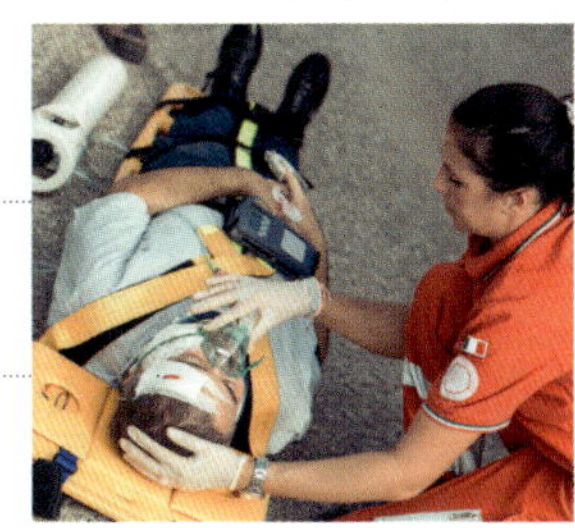

der/die Vermisste	ghaib shukhs	غائب شخص
die Suchmannschaft	talāsh party	تلاش پارٹی
die Gefahr	khatra	خطرہ
Hilfe!	madad!	مدد!
Es ist ein Unfall passiert!	aik hadsa hua hai	ایک حادثہ ہوا ہے!
Rufen Sie einen Rettungswagen!	ambulance kö bula'ö	ایمبولینس کو بلاؤ!
Rufen Sie die Polizei!	pölice kö bula'ö	پولیس کو بلاو!

Achtung, Gefahr!
خبردار!
khabardār

ERDE UND NATUR

زمین اور فطرت

DER WELTRAUM - خلائی

das Sonnensystem
نظام شمسی
nizam e shamsi

① die Sonne
سورج
suraj

② der Merkur
عطارد سیارہ
attarad siayara

③ die Venus
زہرہ
zuhra

④ die Erde
زمین
zamēn

⑤ der Mars
مریخ
marēkh

die Mondphasen
قمری حالت
qamri hālat

⑤ die Mondsichel
ہلال
halal

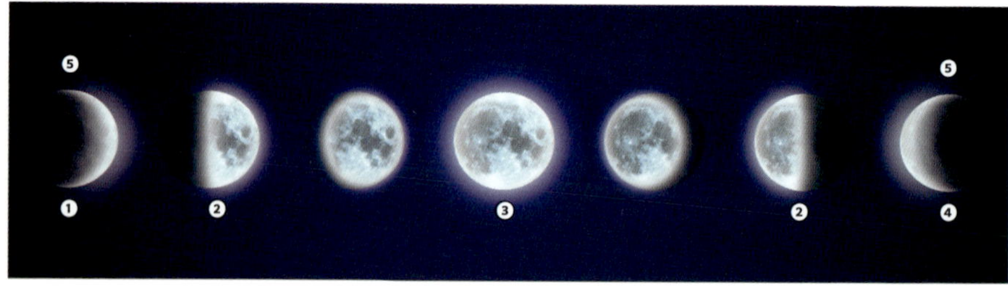

① der zunehmende Mond
بڑھتا ہوا چاند
barhta hua chānd

② der Halbmond
چاند جبکہ اس کا نصف چہرہ روشن ہو
chānd jub kay is ka nisf chehra rōshan hō

③ der Vollmond
بدر
badr

④ der abnehmende Mond
زوال پذیر چاند
zawal pazēr chānd

DER WELTRAUM - خلائی

⑥ *der Jupiter*
مشتری
mashtari

⑦ *der Saturn*
زحل
zehl

⑧ *der Uranus*
یوران
yurān

⑨ *der Neptun*
نیپون
neptune

das Raumschiff
خلائی جہاز
khalai jahaz

① *der Außentank*
بیرونی ایندھن ٹینک
bairūni ēndhan tank

② *der Booster*
بڑھتا ہوا
barhta hua

③ *der Orbiter*
گھٹتا ہوا
ghut'ta hua

DER WELTRAUM - خلائی

die Sonnenfinsternis
سورج گرہن
suraj girhan

die Galaxie
کہکشاں
kehkashan

die Milchstraße
آکاش گنگا
akāsh gunga

der Komet
دمدار ستارا
dumdar seatara

der Asteroid
ایک قسم کی آتش بازی
aik qism ki ātish bāzi

der Planet
سیارے
saiyarey

der Meteor
شہاب ثاقب
shahab e saqib

das Universum
کائنات
kainat

der Astronaut
خلباز
khulbāz

der Satellit
ثانوی سیارہ
sanwi saiyara

die Sternwarte
مشاورت
mashāwrat

das Radioteleskop
ریڈیو دوربین
radiö dūr bēn

der Nebel
ستارون کا گچھا
seatarö'n ka guchcha

die Schwerkraft	kashish e arz	کشش ارض
die Umlaufbahn	madar	مدار
das Lichtjahr	nūri sāl	نوری سال
der Urknall	bara dhamaka	بڑا دھماکہ
der Stern	seatara	ستارہ
die Raumstation	khala'i statiön	خلائی سٹیشن
die Astronomie	seatarön ka ilm	ستاروں کا علم

DIE ERDE - سیارے زمین

① *der Nordpol*
قطب شمالی
qutb shumali

② *das Binnenmeer*
اندرونی سمندر
andrūni samundar

③ *die Halbinsel*
جزیرہ نما
jazēra numa

④ *die Meerenge*
آبنائے
ābnaye

⑤ *der Golf*
خلیج
khalēj

⑥ *der Kontinent*
براعظم
bar e azam

⑦ *das Meer*
سمندر
samundar

⑧ *das Land*
زمین
zamēn

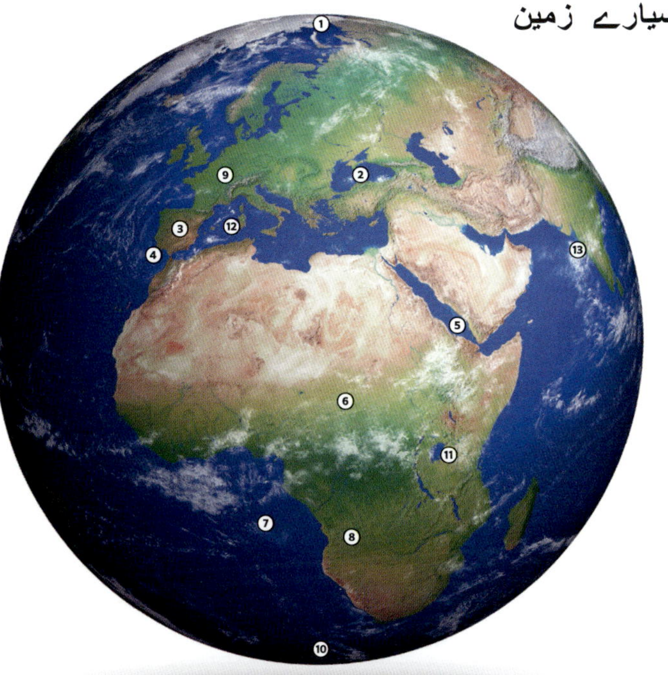

⑨ *die Gebirgskette*
پہاڑی سلسلہ
pahari silsila

⑩ *der S*
جنوبی قطب
junūbi qutb

جھیل
jhēl

جزیرہ
jazēra

⑬ *die Bucht*
خلیج
khalēj

die Atmosphäre	fizza	فضا
der Erdmantel	ungli	انگلی
die Erdkruste	zamēn ka kuchal	زمین کا کچل
der innere Erdkern	andrūni markaz	اندرونی مرکز
der äußere Erdkern	bahar ka markaz	باہر کا مرکز
die Platte	dhāt ka humwār tukra	دھات کا ہموار ٹکڑا
die Erde	mitti	مٹی

DIE WELTKARTE - دنیا کا نقشہ

① *das Nordpolarmeer*
آرکٹک اوقیانوس
arctic samundar

⑥ *der Pazifische Ozean*
بحر کاہل
behr e kahil

⑦ *der Atlantische Ozean*
بحر اوقیانوس
behr e samundar

⑧ *der Indische Ozean*
بحر ہند
behr e hind

⑨ *das Arabische Meer*
عرب سمندر
arab samundar

⑩ *das Karibische Meer*
کیریبین سمندر
carribean samundar

⑪ *das Mittelmeer*
بحیرہ روم
bahera e röme

⑫ *die Nordsee*
شمالی سمندر
shumali sumandar

⑬ *die Ostsee*
بالٹک سمندر
baltic samundar

⑭ *das Kaspische Meer*
کیسپین سمندر
caspian samundar

⑮ *das Schwarze Meer*
کالا سمندر
kala samundar

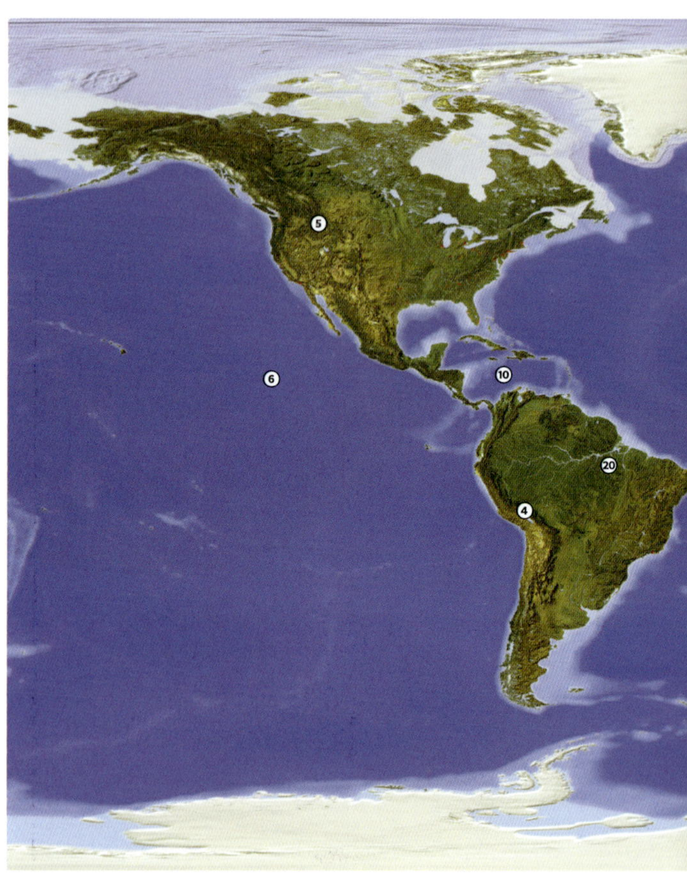

⑯ *der Ärmelkanal*
انگریزی چینل
angraizi channel

⑰ *das Rote Meer*
بحیرہ احمر
behr e ahmed

⑱ *das Südpolarmeer*
انٹارکٹک اوقیانوس
antarctic samundar

② *der Himalaja*
ہمالیہ
himalaya

③ *die Alpen*
الپس
alpus

④ *die Anden*
اینڈیز
andēz

⑤ *die Rocky Mountains*
پتھریلے پہاڑ
pathrēlay pahar

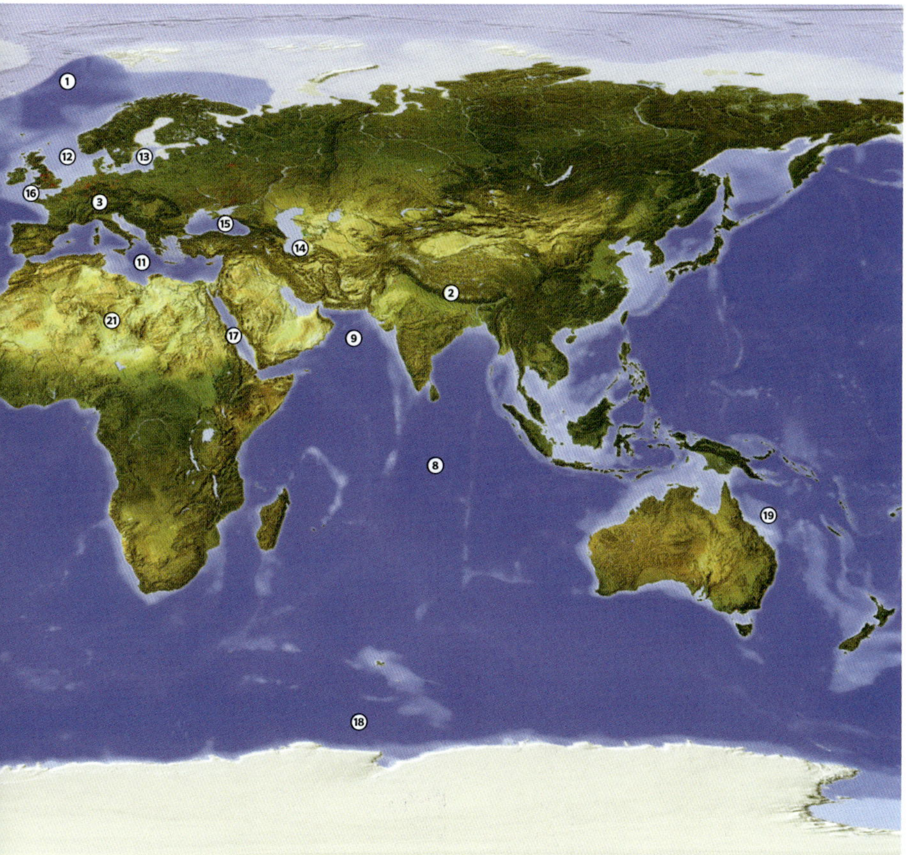

⑲ *das Great Barrier Reef*
بڑا چٹانوں کا روکاوٹی سلسلہ
bara chatanö'n ka rukawati silsila

⑳ *Amazonien*
ایمیزون بیسن
amazön basin

㉑ *die Sahara*
صحرا
sehra

DIE WELTKARTE - دنیا کا نقشہ

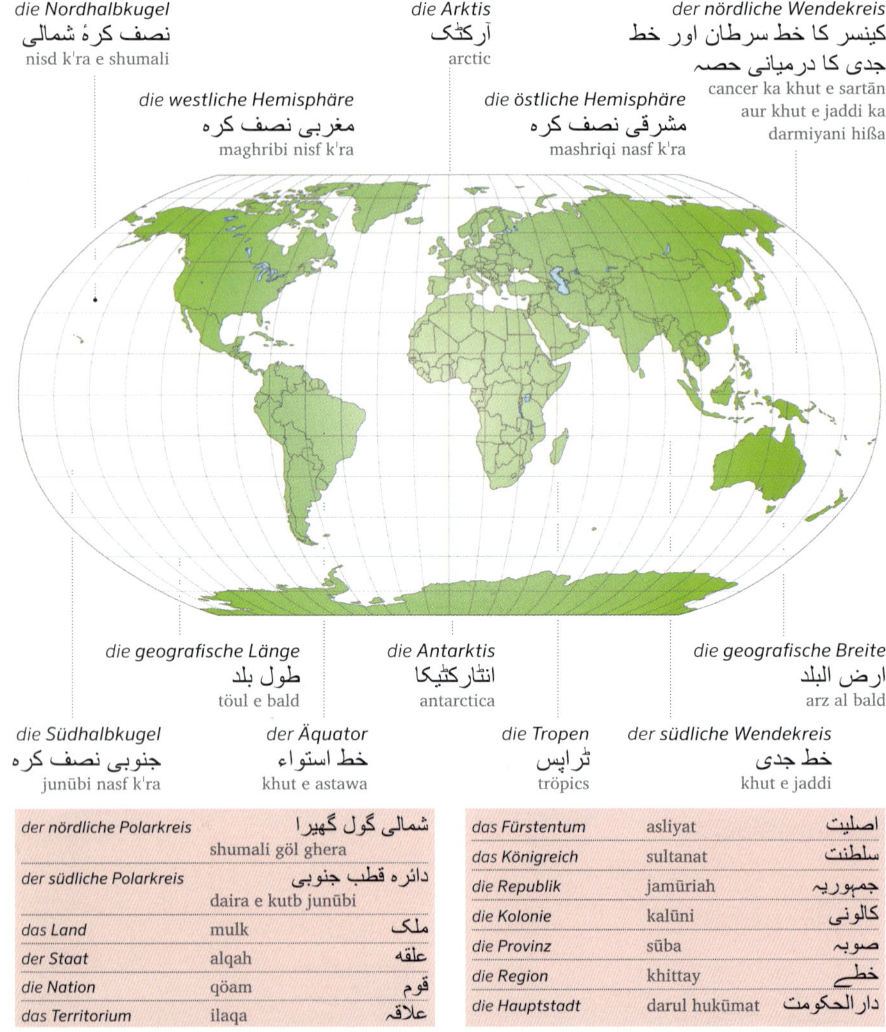

der nördliche Polarkreis	shumali göl ghera	شمالی گول گھیرا
der südliche Polarkreis	daira e kutb junūbi	دائرہ قطب جنوبی
das Land	mulk	ملک
der Staat	alqah	علقہ
die Nation	qöam	قوم
das Territorium	ilaqa	علاقہ

das Fürstentum	asliyat	اصلیت
das Königreich	sultanat	سلطنت
die Republik	jamūriah	جمہوریہ
die Kolonie	kalūni	کالونی
die Provinz	sūba	صوبہ
die Region	khittay	خطے
die Hauptstadt	darul hukūmat	دارالحکومت

UN-MITGLIEDSSTAATEN - اقوام متحدہ کے رکن

Europa - یورپ

Albanien
البانیہ
albania

Andorra
اندورا
andūra

Belgien
بیلجیم
belgium

Bosnien und Herzegowina
بوسنیا - ہرزیگوینا
bösnia- herzegövina

Bulgarien
بلغاریہ
bulgaria

Dänemark
ڈنمارک
denmark

Deutschland
جرمنی
germany

Estland
ایسٹونیا
estönia

Finnland
فن لینڈ
finland

Frankreich
فرانس
france

Griechenland
یونان
yunan

Irland
آئر لینڈ
ireland

Island
آئس لینڈ
iceland

Italien
اٹلی
italy

Kroatien
کروشیا
cröatia

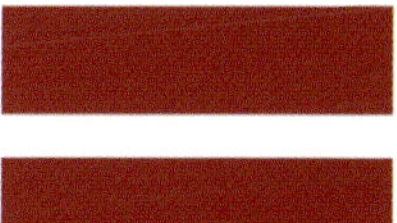
Lettland
لاتویا
latvia

UN-MITGLIEDSSTAATEN - اقوام متحدہ کے رکن

Europa - یورپ

Liechtenstein
لیچسٹنسٹین
liechtenstein

Litauen
لیتھوانیا
lithuania

Luxemburg
لیگزمبرگ
luxembourg

Malta
مالٹا
malta

Moldawien
مالڈووا
möldöva

Monaco
موناکو
mönacö

Montenegro
مونٹینیگرو
möntenegrö

die Niederlande
نیدرلینڈز
netherlands

Nordmazedonien
جنوبی مقدونیہ
junūbi maqdūnia

Norwegen
ناروے
nörway

Österreich
آسٹریا
austria

Polen
پولینڈ
pöland

Portugal
پرتگال
pörtugal

Rumänien
رومانیہ
römania

Russland
روس
rūs

San Marino
سان مارینو
san marinö

UN-MITGLIEDSSTAATEN - اقوام متحدہ کے رکن

Europa - یورپ

Schweden
سویڈن
sweden

die Schweiz
سوئٹزرلینڈ
switzerland

Serbien
سربیا
serbia

die Slowakei
سلوواکیا
slövakia

Slowenien
سلووینیا
slövenia

Spanien
سپین
spain

Tschechien
جمہوریہ چیک
jamhūria e czech

die Ukraine
یوکرین
ukraine

Ungarn
ہنگری
hungary

das Vereinigte Königreich
متحدہ سلطنت یونائیٹڈ کنگڈم
mutehda sultanat

Weißrussland
بیلاروس
belarus

Zypern
قبرص
cyprus

Nord- und Mittelamerika - شمالی اور وسطی امریکہ

Antigua und Barbuda
انٹیگوا اور باربودا
antigua and barbuda

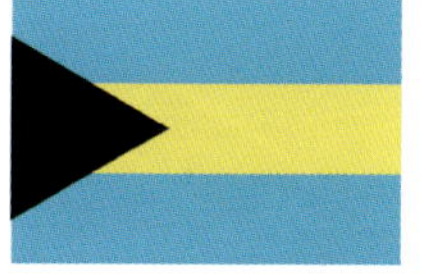

die Bahamas
بہاماس
bahamas

Barbados
بارباڈوس
barbadös

Belize
بیلیز
belize

UN-MITGLIEDSSTAATEN - اقوام متحدہ کے رکن

Nord- und Mittelamerika - شمالی اور وسطی امریکہ

Costa Rica
کوسٹا ریکا
cösta rica

Dominica
ڈومینیکا
döminica

die Dominikanische Republik
ڈومینیکن ریپبلک
döminican republic

El Salvador
ایل سلواڈور
el salvadör

Grenada
گریناڈا
grenada

Guatemala
گواتیمالا
guatemala

Haiti
ہیٹی
haiti

Honduras
ہنڈورس
hönduras

Jamaika
جمیکا
jamaica

Kanada
کینیڈا
canada

Kuba
کیوبا
cuba

Mexiko
میکسیکو
mexicö

Nicaragua
نکاراگوا
nicaragua

Panama
پاناما
panama

St. Kitts und Nevis
سٹی کٹس اور نیویس
st kitts aur nevis

St. Lucia
سینٹ لوسیا
st lucia

UN-MITGLIEDSSTAATEN - اقوام متحدہ کے رکن

Nord- und Mittelamerika - شمالی اور وسطی امریکہ

St. Vincent und die Grenadinen
سینٹ ونسنٹ اور گریناڈینز
saint vincent aur grenadines

Trinidad und Tobago
ٹرینیڈاڈ اور ٹوباگو
trinidad and töbagö

die Vereinigten Staaten
ریاستہائے متحدہ امریکہ
riyasat e mutehda amrēka

Südamerika - جنوبی امریکہ

Argentinien
ارجنٹائن
argentina

Bolivien
بولیویا
bölivia

Brasilien
برازیل
brazil

Chile
چلی
chile

Ecuador
ایکواڈور
ecuadör

Guyana
گیوانا
guyana

Kolumbien
کولمبیا
cölömbia

Paraguay
پیراگے
paraguay

Peru
پیرو
peru

Suriname
سورینام
surinam

Uruguay
یوراگوئے
uruguay

Venezuela
وینزویلا
venezüla

UN-MITGLIEDSSTAATEN - اقوام متحدہ کے رکن

Afrika - افریقہ

Ägypten
مصر
misr

Algerien
الجزائر
al jazair

Angola
انگولا
angöla

Äquatorialguinea
استوائی گنی
astawai guinea

Äthiopien
ایتھوپیا
ethiöpia

Benin
بینن
benin

Botswana
بوٹسوانا
bötswana

Burkina Faso
برکینا فاسو
burkina fasö

Burundi
برونڈی
burundi

die Demokratische Republik Kongo
کانگو جمہوریہ
cöngö jamhūria

Dschibuti
جبوٹی
djiböuti

die Elfenbeinküste
آئیوری کوسٹ
ivöry cöast

Eritrea
ایریٹریا
eritrea

Gabun
گبون
gabön

Gambia
گیمبیا
gambia

Ghana
گھانا
ghana

UN-MITGLIEDSSTAATEN - اقوام متحدہ کے رکن

Afrika - افریقہ

Guinea
گنی
guinea

Guinea-Bissau
گنی بساؤ
guinea bißau

Kamerun
کیمرون
camerūn

Kap Verde
کیپ وردے
cape verde

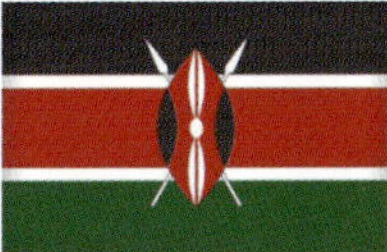

Kenia
کینیا
kenya

die Komoren
کوموروس
cömörös

Lesotho
لیسوتھو
lesöthö

Liberia
لایبیریا
liberia

Libyen
لیبیا
libya

Madagaskar
مڈغاسکر
madagascar

Malawi
مالوی
malawi

Mali
مالی
mali

Mauretanien
ماریانیاہ
mauritania

Mauritius
ماریشس
mauritius

Marokko
مراکش
marakash

Mosambik
موزمبیق
mözambiqü

UN-MITGLIEDSSTAATEN - اقوام متحدہ کے رکن

Afrika - افریقہ

Namibia
نمیبیا
namibia

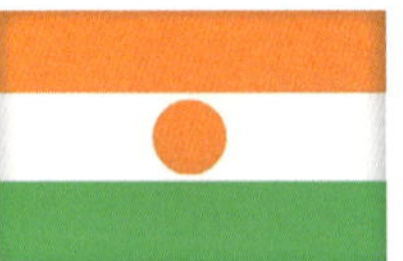

(der) Niger
تل
til

Nigeria
نائیجیریا
nigeria

die Republik Kongo
جمہوری حکومت کونگو
jamhūri hukūmat cöngö

Ruanda
روانڈا
rwanda

Sambia
زیمبیا
zambia

São Tomé und Príncipe
ساؤٹوم
saö töme

(der) Senegal
سینیگال
senegal

die Seychellen
سے شلز
seychelles

Sierra Leone
سلسلہ کوہ لیونی
silsila köh e leöne

Simbabwe
زمبابوے
zimbabwe

Somalia
صومالیہ
sömalia

Südafrika
جنوبی افریقہ
junūbi afrēqa

der Sudan
سوڈان
sudan

der Südsudan
جمہوری حکومت کا جنوب سوڈان
jamhūri hukūmat ka junūb sudan

Swasiland
سوازیلینڈ
swaziland

UN-MITGLIEDSSTAATEN - اقوام متحدہ کے رکن

Afrika - افریقہ

Tansania
تنزانیہ
tanzania

Togo
ٹوگو
tögö

der Tschad
چاڈ
chad

Tunesien
تونس
tunis

Uganda
یوگانڈا
uganda

die Zentralafrikanische Republik
مرکزی افریقی جمہوری
markazi afrēqi jamhūriat

Asien - ایشیا

Afghanistan
افغانستان
afghanistan

Armenien
ارمینیاء
armenia

Aserbaidschan
آزر بائیجان
azerbaijan

Bahrain
بحرین
behrain

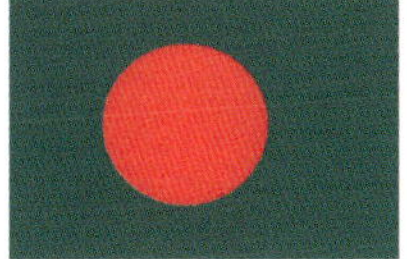

Bangladesch
بنگلہ دیش
bangladesh

Bhutan
بھوٹان
bhutan

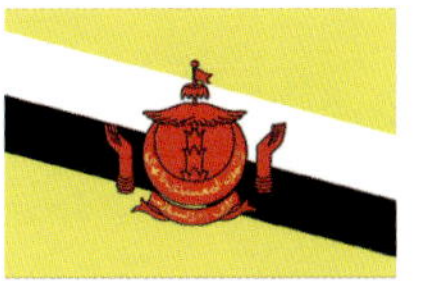

Brunei
برونائی
brunei

China
چائنا
china

UN-MITGLIEDSSTAATEN - اقوام متحدہ کے رکن

Asien - ایشیا

Georgien
جارجیا
geörgia

Indien
ہندوستان
hindustan

Indonesien
انڈونیشیاء
indönesia

(der) Irak
عراق
iraq

(der) Iran
ایران
iran

Israel
اسرائیل
israil

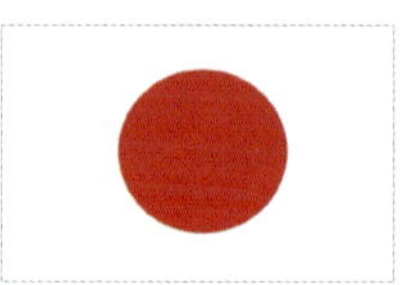

Japan
جاپان
japan

(der) Jemen
یمن
yaman

Jordanien
اردن
ardn

Kambodscha
کمبوڈیا
cambödia

Kasachstan
قازکستان
kazakhstan

Kirgisistan
کرغزستان
kyrgyzstan

Kuwait
کویت
kuwait

Laos
لاؤوس
laös

(der) Libanon
لبنان
lebnan

Katar
قطر
qatar

UN-MITGLIEDSSTAATEN - اقوام متحدہ کے رکن

Asien - ایشیا

Malaysia
ملائیشیاء
mallaysia

die Malediven
مالدیپ
maldēp

die Mongolei
منگولیا
mangōlia

Myanmar
میانمار
myanmar

Nepal
نیپال
nepal

Nordkorea
جنوبی کوریا
junūbi kōrea

Oman
عمان
amān

Osttimor
مشرق تیمور
mashriq taimūr

Pakistan
پاکستان
pakistan

die Philippinen
فلپائین
filpine

Saudi-Arabien
سعودی عرب
saudi arabia

Singapur
سنگا پور
singapōre

Sri Lanka
سری لنکا
sri lanka

Südkorea
ساوتھ کوریا
sōuth kōrea

Syrien
سائیریا
syria

Tadschikistan
تاجکستان
tajiskistan

UN-MITGLIEDSSTAATEN - اقوام متحدہ کے رکن

Asien - ایشیا

Thailand
تھائی لینڈ
thailand

die Türkei
ترکی
turkey

Turkmenistan
تُرکمانستان
turkmenistan

Usbekistan
اُزبکستان
uzbekistan

die Vereinigten Arabischen Emirate
متحدہ عرب عمارات
mutehda arab imarāt

Vietnam
ویئتنام
vietnam

Ozeanien - اوکنیا

Australien
آسٹریلیا
australia

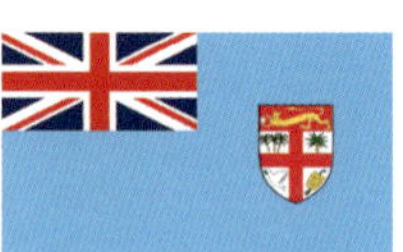

Fidschi
فیجی
fiji

Kiribati
کیریباہتی
kiribati

die Marshallinseln
مارشل جزیرہ
marshall jazēra

Mikronesien
مائیکرونیسیئا
micrōnesia

Nauru
نورو
nauru

Neuseeland
نیوزی لینڈ
new zealand

Palau
پلاؤ
palau

UN-MITGLIEDSSTAATEN - اقوام متحدہ کے رکن

Ozeanien - اوکنیا

Papua-Neuguinea
پاپوا نیو گنی
papua new guinea

die Salomonen
حضرت سلیمان علیہ السلام جزیرہ
hazrat suleman aleh salam jazēra

Samoa
سمو ا
samöa

Tonga
ٹونگا
tönga

Tuvalu
تووالو
tuvalu

Vanuatu
وانوات
vanuatu

Internationale Organisationen - بین الاقوامی تنظیمیں

die Europäische Union (EU)
یورپی یونین
euröpi uniön

die Vereinten Nationen (UN)
اقوام متحدہ
aqwām e mutehda

die Organisation des Nordatlantikvertrags (NATO)
تنظیم شمالی اوقیانوس معاہدہ
tanzēm shumali auqiyanūs muahida

die Afrikanische Union
افریقی یونین
afrēqi uniön

die Arabische Liga
عرب تنظیم
arab tanzēm

die UNESCO
اقوام متحدہ کی تعلیمی، سائنسی اور ثقافتی تنظیم
aqwām e mutehda ki talēmi, sciencie aur saqafati tanzēm

das Commonwealth
دولت مشترکہ
dölat mushtarka

DAS WETTER - موسم

sonnig
دھوپ سے ابھرا ہوا
dhūp say ubhra hua

wolkig
ابر آلود
abr ālūd

neblig
دھندلا
dhundla

windig
جہاں ہوا تیز چل رہی ہو
jahan hawa taiz chal rahi hö

heiß
گرم
garam

warm
گرم
garam

kalt
سرد
sard

bedeckt
تاریک کرنا
tarēk karna

vereist
برفیلی
barfēli

verschneit
برفانی
barfāni

regnerisch
برسات
barsāt

stürmisch
طوفانی
tūfani

feucht
نم
num

die Temperatur	darja e hararat	درجہ حرارت
der Grad	degrē	ڈگری
Celsius	darja e hararat ki paimaish	درجہ حرارت کی پیمائش
Fahrenheit	nuqta e anjemād	نقطہ انجماد
die Wettervorhersage	mausami tabdēliyön ki paish'ngöi	موسمی تبدیلیوں کی پیشین گوئی
Wie ist das Wetter?	mausam kaisa hai?	موسم کیسا ہے؟
Es ist schön/trüb/ nasskalt.	yeh acha/gēla/thanda aur masnö'i gēla hai	یہ اچھا/گیلا/ٹھنڈا اور مصنوئی گیلا ہے۔

DAS WETTER - موسم

der Regen
بارش
bārish

der Regenbogen
قوس و قزح
qaus ö qazah

der Sonnenschein
سورج کی روشنی
suraj ki röshni

der Wind
ہوا
hawa

das Gewitter
طوفانِ برق و باد
tūfan w barq ö bād

der Donner
گرج
garaj

der Blitz
آسمانی بجلی
āsmāni bijli

der Hagel
اولے
ölay

der Raureif
کہر
kauhr

der Schnee
برف
barf

der Frost
اَنجَماد
anjamād

das Eis
برف
barf

die Brise	buri ya behri hawa	بری یا بحری ہوا
die Windgeschwindigkeit	hawa ki raftār	ہوا کی رفتار
der Pollenflug	zar e gul shumār	زرگل شمار
die UV-Strahlen	bala e banafshi	بالائے بنفشی
der Ozon	fizza mein möjöud gas	فضا میں موجود گیس
die Ozonschicht	özöni kur'a	اوزونی کرہ
die Stratosphäre	kur'a	کرہ
die Troposphäre	kur'a e mutaghēr	کرہ متغیرہ

der Smog
دھندلی فضا
dhundli fizza

DAS WETTER - موسم

Naturkatastrophen - قدرتی آفات

die Dürre
قحط
qehat

der Hurrikan
طوفان باد و باراں
tūfan bād e bara'n

der Tornado
طوفانِ گرد و باد
tūfan e gard ö bād

der Monsun
مون سون
mönsūn

die Überschwemmung
سیلاب
sailab

das Erdbeben
زلزلہ
zulzala

der Vulkanausbruch
آتش فشانی خروج
ātish fishani khurūj

der Tsunami
سمندری زلزلے سے ابھرنے والی بہت بڑی لہر
samundari zulzalay say ubharne wali böhat bari lehr

der Erdrutsch
مٹی یا چٹان کا گرنا
mitti ya chattan ka girna

der Waldbrand
جنگل کی آگ
jungle ki āg

die Hitzewelle
گرمی کی لہر
garmi ki lehr

der Sturm
طوفان
tūfan

die Lawine
پہاڑ سے گرتا ہوا تکڑا
pahar se girta hua tukra

der Schneesturm
برفانی طوفان
barfāni tūfan

der (tropische) Wirbelsturm
استوائی طوفان
istawai tūfan

die Pandemie
عالمی وبا
ālmi waba

DIE LANDSCHAFT – زمین کا حصہ

der Berg
پہاڑ
pahār

der Gipfel
چوٹی
chōtˈi

das Gebirge
پہاڑی سلسلہ
pahāri silsila

der Wald
جنگل
jungle

der Berghang
پہاڑ کی ڈھلان
pahār ki dhalān

der See
جھیل
jhēl

der Felsen
پتھر
pathar

das Tal
وادی
wādi

der Fluss
دریا
dariya

die Flussmündung
دریا کا نمکین ہسا
darya ka namkin hissa

die Höhle
غار
ghār

die Klippe
چٹان
chatān

die Küste
ساحل سمندر
sāhil samundar

der Gletscher
برف کا تودہ
barf ka tōˈda

der Wasserfall
جھرنا
jhurna

DIE LANDSCHAFT - زمین کی تزئین کی

das Plateau
سطح مرتفع
satah e martafa

der Hügel
پہاڑی
pahāri

die Ebene
صاف میدان
sāf maidan

die Schlucht
گھاٹی جس میں دریا وغیرہ بہتا ہے
ghāti jis main dariya waghair behta hai

die Wüste
صحرا
sehra

die Wiese
سبز زار
subzar

das Feuchtgebiet
دلدل
duldul

die Heide
بنجر زمین
banjar zamēn

das Grasland
مرغزار
mur ghazār

der Geysir
گرم چشمہ
garam chashma

die Thermalquelle
گرم پانی کا چشمہ
garam pāni ka chashma

der Vulkan
آتِش فِشاں
ātish fisha'n

die Bucht
خلیج
khalēj

das Korallenriff
ساحلی مرجان
sahili marjān

die Insel
جزیرہ
jazēra

der Gebirgsbach
آبشار
ābshār

STEINE UND MINERALIEN - راک اور معدنیات

das Eisenerz
کچّی دھات
kachchi dhāt

der Sandstein
بھربھرا پتھر
bhur bhura pathar

der Asphalt
رال کی سَب سے زِیادَہ عام قِسَم
rāl ki sab say ziyada ām qism

der Granit
بھربھرا پتھر
bhur bhura pathar

der Kalkstein
چونا پتھر
chuna pathar

die Kreide
نرم چونا
naram chuna

die Kohle
کوئلہ
köyela

der Schiefer
فرش پر لگانے کے پتھر
farsh par lagane ka pathar

der Marmor
سنگِ مرمر
sang e mar mar

der Schwefel
گندھک
gandhak

der Grafit
کاربن کی ایک قسم
carbön ki aik qism

das Gold
سونا
söna

das Silber
چاندی
chāndi

das Kupfer
تانبا
tanba

das Quecksilber
عطارد
atarad

der Bauxit
ایلو مینم کی کچ دھات
alumunium ki kachchi dhāt

STEINE UND MINERALIEN - راک اور معدنیات

Edel- und Halbedelsteine - قیمتی اور نیم قیمتی پتھر

der Rubin
لعل
lāl

der Aquamarin
نیلگوں
nēlgö'n

der Jade
برمی فیروزہ
burmi ferōza

der Smaragd
فیروزہ سبز
ferōza e sabz

der Saphir
نیلم
nēlum

der Amethyst
نیلم یاقوت
nēlum yaqūt

der Quarz
مردہ سنگ
marda e sang

der Diamant
ہیرا
hēra

der Turmalin
ترمری
turmari

der Topas
پکھراج ۔
pukhrāj

der Granat
یاقوت
yaqūt

das/der Tigerauge
حجر القمر
hijr ul qamr

der Opal
عین الهر
ain ul har

der Bernstein
عنبری
unbari

der Türkis
فیروزہ
ferōza

der Rosenquarz
سنگ مرمر کی
ایک گلابی قسم
sang marmar ki aik gulabi qism

der Onyx
سنگ سليماني
sang e sulemāni

die Perle
موتي
mōti

der Lapislazuli
لاجورد،پتھر
lajord,pathar

der Citrin
ليموں كي طرح
limu'n ki tarhan

PFLANZEN - پودے
Bäume - درخت

die Eiche
شاہ بلوط
shah balūt

die Krone
درخت کا سب سے اونچا حصّہ
darakht ka sab say uncha hißa

das Laub
برگ
burg

das Blatt
پتہ
pat'ta

der Ast
شاخ
shākh

die Borke
چھال
chhal

der Stamm
تنا
tan'a

die Seitenwurzel
پہلو کی جڑ
pehlu ki jur

die Wurzel
جڑ
jur

die Pfahlwurzel
بیخ کا اصلی یا اول تنہ۔ موسلا
bekh ka asli ya awal tan'a- mösla

die Weide
بیس کی جنس کا کوئی درخت بان
be'es ki jins ka köi darakht bān

die Esche
راکھ
rākh

die Buche
شفتالو
shaftalu

die Ulme
سایہ دار درخت
saya dar darakht

die Birke	saza dena	سزا دینا
der Ahorn	aik darakht jis mein shukar milti hai	ایک درخت جس سے شکر ملتی ہے
die Linde	chunay ka pathar	چونے کا پتھر
die Tanne	sanöbar darakht	صنوبر درخت
die Fichte	safaida	سفیدا
der Nadelbaum	nawa e sanöbar	نوع صنوبر

der Eukalyptus
ایک پودا جسمے کی میھکنے والے درخت شامل
ik poda jisma kai mehakne wale darakht shamil

PFLANZEN - پودے

Wildpflanzen - جنگلی پودیں

die Flechte
کائی نما گھاس
kai'i numa ghā'ns

das Moos
کائی
kai'i

die Distel
ایک خاردار پودا
aik khardār pauda

der Pilz
کُلاہ باران
kula e bara'an

die Brennnessel
بچھو کا درخت
bichchu ka daraht

der Fingerhut
ایک پودا جس میں انگشت نما چھرو کے پھول آتے هیں
Ik poda jisma angasht numa charon ka phool ata ha

der Bärenklau
فالتو جنگلی پودا
faltu jangli poda

der Löwenzahn
ککروندی
kakröndi

das Gänseblümchen
گُلِ داؤدی
gul e dawūdi

das Heidekraut
امریکا کی ایک جھاڑی
amrēka ki aik jhāri

das Hasenglöckchen
سوسن کی قسم کا پودا
susan ki qisam ka poda jisma

der Klee
تپتیا پودا
tapte'a pauda

die Kamille
بابونہ کی قسم کے پودے
babuna ki qism kay pauday

das Maiglöckchen
سمن
suman

die Pusteblume
گُلِ قاصدی
gul e qaßadi

die Butterblume
گل اشرفی ۔ گُل آلالہ ۔
gul e ashrafi- gul e lala

PFLANZEN - پودے

Zierblumen - سجاوٹ پھول

die Rose
گلاب
gulāb

das Blütenblatt
پنکھڑی
pankhari

die Blüte
پھول
phūl

der Stängel
تنے
tanay

der Stiel
تنا
tana

die Knospe
کلی
kali

der Dorn
کانٹا
kānta

das Blatt
پتی
pat'ti

das Schneeglöckchen
گُل چاندنی
gul e chāndani

der Krokus
جنس زعفران
jins e za'afran

die Seerose
پانی کا پھول
pāni ka phūl

der Lavendel
حُزام
huzzam

der Flieder	gul e yās	گل یاس
blühen	phūl	پھول
duften	khushbu	خوشبو
verwelken	murjha jana	مرجھا جانا
keimen	aik sabzi	ایک سبزی
die Frühlingsblume	mausam bahar main phūl	موسم بہار میں پھول
der Rhododendron	jins e khar zera	جنس خر زیره

die Petunie
پٹونیا
patōnia

PFLANZEN - پودے

Zierblumen - سجاوٹ پھول

die Nelke
گلابی پھول
gulābi phūl

die Primel
جنگلی گلاب
jungli phūl

die Gerbera
جربیرا
jurbēra

die Tulpe
گل لالہ
gul e lala

die Narzisse
آبی نرگس پھول
ābi nargis phūl

die Iris
آیرس
iris

die Chrysantheme
گل داؤدی
gul e dawūdi

die Hyazinthe
قیمتی پتھر
qēmti pathar

die Ringelblume
دلدلی گیندا
dulduli gainda

das Stiefmütterchen
بنفشہ کے پھول
banafsha'n kay phūl

die Orchidee
ثعلب مصری
su'alab e misri

der Rosenstrauch
گلاب کی جھاڑی
gullab ki jhāri

die Lilie
سوسن
susan

die Sonnenblume
سورج مکھی
suraj mukhi

die Geranie
گل شمعدانی
gul e shamadani

die Hortensie
گل ادریسی
gul e idrēsi

PFLANZEN - پودے

Gartenpflanzen - باغ کے پودے

der/das Efeu
از سر نو اتحاد -
az sar nau itehad

der Obstbaum
پھل کا درخت
phul ka darakht

die Baumblüte
کھلنا
khilna

der Trieb
گولی مارنا
göli marna

der Formschnitt
خوش تراشی
khush tarashi

das Unkraut
گھاس
ghā'ns

blühen
پھول
phūl

verwelken
: مرجھا جانا
murjha jana

die Palme
کھجور کے درخت
khajūr kay darakht

der Rasen
باغ
bāgh

die Blumenwiese
جنگلی پھول گھاس کا میدان
jungli phūl ghā'ns ka maidan

die Mohnblume
خشخاش
khushkhāsh

die Kletterpflanze
کوہ پیمائی
köh e paimai'e

einjährig
سالانہ
salana

zweijährig
دوسالہ
dö sala

mehrjährig
سال بھر
sāl bhar

TIERE - جانوروں

Säugetiere - ماما لس

die Ratte
چوہا
chūha

der Maulwurf
چچھوندر
chahchundar

die Katze
بلی
billi

der Hund
کتا
kutta

das Kaninchen
خرگوش
khargōsh

das Meerschweinchen
گنی پگ
guinea pig

die Maus
چوہا
chūha

der Hamster
چوہے نما جانور
chūhay numa janwar

die Fledermaus
چمگادڑ
chimgadar

das Eichhörnchen
گلہری
gulheri

der Igel
خارپشت
khārpusht

das Frettchen
نیولہ
neula

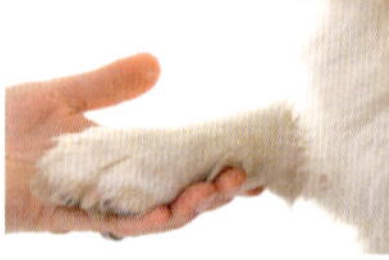
die Pfote
پنجا
panja

das Schnurrhaar	gulmuchay	گل مچھے
das Fell	röye'in	روئیں
das Maul	manta	منۃ
der Schwanz	dum	دُم
das Horn	sēngh	سینگھ
die Kralle	panja	پنجہ
der Huf	khur	کھر

TIERE - جانوروں

Säugetiere - ممالس

der Gepard
چیتا
chētah

der Puma
پیوما
puma

der Wolf
بھیڑیا
bhairiya

der Waschbär
راکون
raccūn

das Stinktier
اسکنک
skunk

das Erdmännchen
میرکاٹ
mirkāt

der Leopard
چیتا
chētah

der Dachs
پھیری والا
pheri wala

der Fuchs
لومڑی
lōmri

der Jaguar
تیندوا
taindwa

der Löwe
شیر
shair

der Tiger
شیر
shair

der Bär
ریچھ
rēch

der Eisbär
قطبی ریچھ
qutbi rēch

der Koala
کوآلا
köala

der Pandabär
پانڈا
panda

TIERE - جانوروں

Säugetiere - ممالس

das Schwein
سور
su'war

die Ziege
بکری
bakri

das Pferd
گھوڑا
ghöra

die Giraffe
جراف
girrafe

das Schaf
بھیڑ
bhair

das Lama
لاما
lama

der Esel
گدھا
gadha

das Reh
ہرن
hiran

das Rentier
قطبی ہرن
qutbi hiran

das Kamel
اونٹ
ūnth

die Kuh
گائے
gāye

der Stier
بیل
bail

das Nilpferd
گینڈا
gainda

das Nashorn
گینڈا
gainda

der Elefant
ہاتھی
hāthi

das Zebra
زیبرا
zebra

TIERE - جانوروں

Säugetiere - مامالس

das Walross
فیل البحر
fēl ul behr

der Seelöwe
دریائی شیر
dariya i machli

der Seehund
سیل
seal

der Delfin
ڈولفن
dölphin

der Schwertwal
درندہ وہیل
darinda whale

der Otter
اود
öudh

die Biberratte
دریا چوہا
dariya i chūha

der Gorilla
بن مانس
bunmanus

der Orang-Utan
ارونگ اوتان
aurangutan

der Gibbon
گبن
gibön

der Pavian
لنگور
langūr

der Schimpanse
چمپانزی
chimpanzē

das Faultier
سست
sust

der Ameisenbär
مور خور
markhör

das Känguru
کینگرو
kangarū

das Jungtier
پٹھا
patha

TIERE - جانوروں

Vögel - پرندے

der Specht
ہدہد
hud hud

der Spatz
چڑیا
chiriya

der Kolibri
شکر خورا
shukar khöra

der Tukan
لم چُونچ
lumchönch

das Rotkehlchen
لال چڑی
lāl chiri

die Schwalbe
نگلنا
nigalna

der Habicht
عقاب
uqāb

die Taube
کبوتر
kabūtar

der Rabe
پہاڑی کوا
pahari kawwa

die Krähe
کوا
kawwa

der Fink
گانے والی چڑیا
gānay wali chiriya

die Möwe
سمندری بگلا
samundari bagla

der Kanarienvogel
کنیری
kaneri

der Schnabel	bill	بَل
das Küken	chūza	چوزہ
der Flügel	par	پر
die Kralle	panjö'n	پنجوں
die Feder	pankh	پنکھ
zwitschern	chehchahana	چہچہانا
flattern	pharpharana	پھڑپھڑانا

TIERE - جانوروں

Vögel - پرندے

der Storch
بگلا
bagla

der Flamingo
فلیمنگو
flamingö

der Strauß
شترمرغ
shutarmurgh

der Adler
عقاب
uqāb

der Pinguin
پینگوئن
penguin

der Kakadu
کاکاتوا
kakatwa

der Papagei
طوطا
töta

die Eule
اللو
ullu

der Truthahn
فیل مرغ
fēlmurgh

der Schwan
ہنس
hans

die Gans
ہنس
hans

die Ente
بطخ
batakh

der Hahn
مرغا
murgha

das Huhn
مرغی
murghi

die Wachtel
بٹیر
batair

der Pfau
مور
mör

TIERE - جانوروں

Reptilien und Amphibien - رینگنے والے جانور اور امفیبینس

die Schlange
سانپ
sānp

das Krokodil
مگرمچھ
magarmach

der Alligator
مگر مچھ
magarmach

die Eidechse
چھپکلی
chipkali

das Chamäleon
گرگٹ
girgit

der Leguan
گوہ
göh

die Schildkröte
کچھوا
kachhwa

die Meeresschildkröte
سمندری کچھوا
samundari kachhwa

der Frosch
مینڈک
maindak

die Kröte
مینڈک
maindak

die Kaulquappe
مینڈک کا بچہ
maindak ka bacha

der Salamander
سلامنڈر
salamander

der Gecko
چھپکلی
chipkali

der Panzer	chhilka	چھلکا
die Schuppen	tarazu	ترازو
das Gift	zehar	زہر
der Giftzahn	lamba nökēla dant	لمبا نوکِیلا دانت
kriechen	sānp ki tarhan jana	سانپ کی طرح جانا
zischen	siskarna	سسکارنا
quaken	tar tar karna	ٹر ٹر کرنا

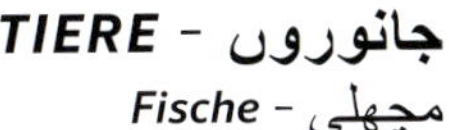

TIERE - جانوروں

Fische - مچھلی

der Kugelfisch
دھونک مچھلی
dhönak machli

der Hornhecht
گار مچھلی
gar machli

der Piranha
پیرہانہ
piranha

der Fliegende Fisch
پران مچھلی
pran machli

der Fächerfisch
بادبانی مَچھلی
badbani machli

der Rochen
رے مچھلی
ray machli

der Weiße Hai
سفید شارک
safaid shark

der Tigerhai
ٹائیگر شارک
tiger shark

der Goldfisch
سنہری مچھلی
sunehri machli

der Koi
کوئی
köi

der Aal
بام مچھلی
bam machli

der Wels
گربہ مچھلی
garba mahi

der Fischschwarm	machliyö'n ka ghöal	مچھلیوں کا غول
die Flosse	par	پر
die Kiemen	gulpharay	گلپھڑے
der Rogen	rö	رو
der Süßwasserfisch	dariya i machli	دریائی مچھلی
der Seefisch	samundari machli	سمندری مچھلی
das Aquarium	machli ghar	مچھلی گھر

das Seepferdchen
دریائی گھوڑا
dariya i machli

TIERE - جانوروں

Insekten und Spinnen - کیڑے اور مکریاں

der Schmetterling
تتلی
titli

die Raupe
سنڈی
sundi

die Puppe
پیوہا
piyuha

der Nachtfalter
پروانہ
parwana

die Biene
مکھی
makhi

die Hummel
بھوترا
bhanwra

die Wespe
بھڑ
bhir

die Hornisse
زنبور
zunbūr

die Fliege
مکھی
makhi

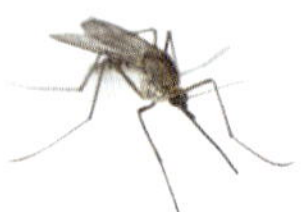

die Stechmücke
مچھر
machhar

die Zikade
جھینگر
jhēngur

der Maikäfer
طلائی بھونرا
talai'i bhanwra

die Libelle
بھنبھری
bhunbhuri

die Gottesanbeterin
کیڑا
kēra

die Heuschrecke
ٹڈا
tidda

die Grille
جھینگر
jhēngur

TIERE - جانوروں

Insekten und Spinnen - کیڑے اور مکریاں

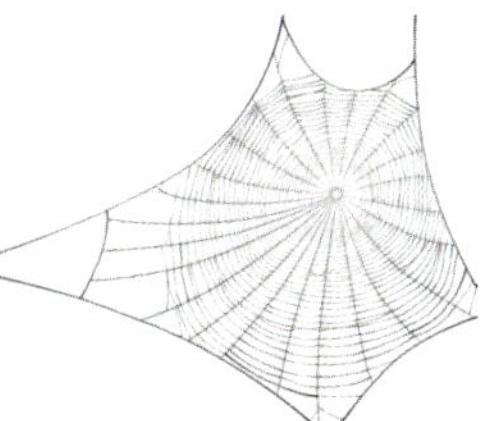
das Spinnennetz
مکڑی کا جالا
makri ka jala'a

die Spinne
مکڑی
makri

der Floh
پسو
pißu

die Assel
گھن
ghun

die Stinkwanze
شیلڈ بَگ
shieldbug

der Marienkäfer
پنبہ دوز
pu'nba döz

die Schabe
لالبیگ
lāl baig

der Wasserläufer
پونڈ اسکیٹر
pönd sketer

der Hundertfüßer
کنکھجورا
kunkhajūra

die Nacktschnecke
گھونگھی
ghunghi

die Schnecke
گھونگا
ghungha

der Wurm
کیڑا
kēra

die Termite
دیمک
dēmak

die Ameise
چیونٹی
chiyunti

die Zecke
چچڑی
chichri

der Skorpion
بچھو
bich'chu

8

ZAHLEN UND MAẞE

نمبر اور پیمائش

DIE ZAHLEN - نمبر

Die Kardinalzahlen - کارڈنل نمبر

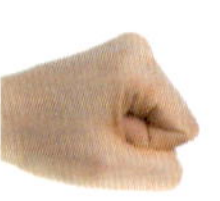

null
سِفر
sifr

eins
ایک
aik

zwei
دو
dö

drei
تین
tēn

vier
چار
chār

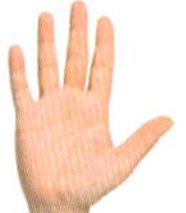

fünf
پانچ
pānch

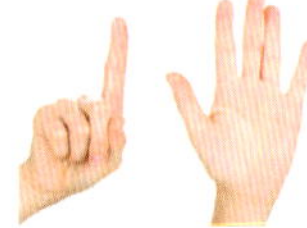

sechs
چھ
chhay

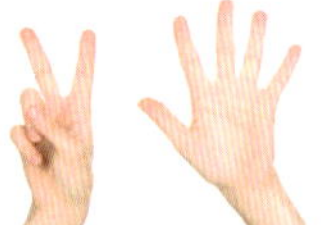

sieben
سات
sāt

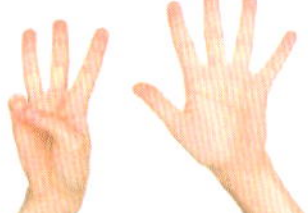

acht
آٹھ
āth

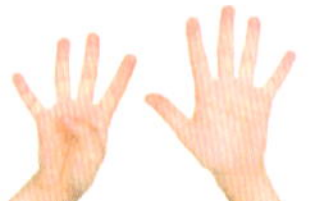

neun
نو
nau

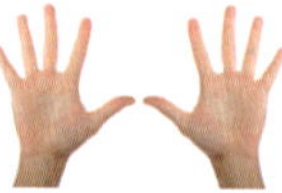

zehn
دس
dus

elf	giyarah	گیارہ
zwölf	barah	بارہ
dreizehn	te'hra	تیرہ
vierzehn	chauda	چودہ
fünfzehn	pandarah	پندرہ
sechzehn	sölah	سولہ
siebzehn	satrah	سترہ
achtzehn	athāra	اٹھارہ
neunzehn	unēs	اُنیس
zwanzig	be'es	بیس
einundzwanzig	ikēs	اکیس
zweiundzwanzig	ba'is	بائیس
dreiundzwanzig	ta'is	تئیس
dreißig	tēs	تیس
vierzig	chalēs	چالیس
fünfzig	pachās	پچاس
sechzig	sāthh	ساٹھ
siebzig	satar	ستر
achtzig	as'si	اسّی
neunzig	nauway	نوے
hundert	sau	سو

DIE ZAHLEN - نمبر

Die Kardinalzahlen - کارڈنل نمبر

zweihundertzweiundzwanzig	dö sau dö	دو سو دو
tausend	aik hazar	ایک ہزار
zehntausend	dus hazar	دس ہزار
zwanzigtausend	be'es hazar	بیس ہزار
fünfzigtausend	pacha'as hazar	بچاس ہزار
fünfundfünfzigtausend	pachpan hazar	پچپن ہزار
hunderttausend	aik lākh	ایک لاکھ
eine Million	dus lākh	دس لاکھ
eine Milliarde	aik arab	ایک ارب
eine Billion	aik khar'ab	ایک کھرب

Die Ordinalzahlen - ترتیبی اعداد

erste(r, s)	pehla	پہلا
zweite(r, s)	dūsra	دوسرا
dritte(r, s)	tēsra	تیسرا
vierte(r, s)	chautha	چوتھا
fünfte(r, s)	pānchwa	پانچوا
sechste(r, s)	chhata	چھٹا
siebte(r, s)	sātwa'an	ساتواں
achte(r, s)	āthwa'an	آٹھواں
neunte(r, s)	nawa'an	نواں
zehnte(r, s)	duswa'an	دسواں
elfte(r, s)	giyarwa'an	گیارواں
zwölfte(r, s)	bārwa'an	بارہواں
dreizehnte(r, s)	terwa'an	تیرہواں
vierzehnte(r, s)	chaudwa'an	چودواں
fünfzehnte(r, s)	pandarwa'an	پندرواں
sechzehnte(r, s)	sölwa'an	سولواں
siebzehnte(r, s)	satarwa'an	سترواں
achtzehnte(r, s)	atharwa'an	اٹھارواں
neunzehnte(r, s)	unēswa'an	اُنیسواں
zwanzigste(r, s)	be'eswa'an	بیسواں
einundzwanzigste(r, s)	ikēswa'an	ایکیسواں
zweiundzwanzigste(r, s)	ba'eswa'an	بائیسواں

DIE ZAHLEN - نمبر

Die Ordinalzahlen - ترتیبی اعداد

dreißigste(r, s)	tēswa'an	تیسواں
vierzigste(r, s)	chālēswa'an	چالیسواں
fünfzigste(r, s)	pachāswa'an	پچاسواں
sechzigste(r, s)	sathwa'an	ساٹھواں
siebzigste(r, s)	satarwe'en	سترویں
achtzigste(r, s)	ase'ewa'an	اسیواں
neunzigste(r, s)	naw'ewa'an	نوےواں
hundertste(r, s)	sau'wa'an	سوواں
zweihunderterste(r, s)	dö sau'wa'an	دوسوواں
zweihundertfünfundzwanzigste(r, s)	dhai'i sau	آڈھائی سوواں
dreihundertste(r, s)	tēn sau'wa'an	تین سوواں
tausendste(r, s)	aik hazarwa'an	ایک ہزارواں
zehntausendste(r, s)	dus hazarwa'an	دس ہزارواں
millionste(r, s)	dus lakhwa'an	دس لاکھواں
zehnmillionste(r, s)	aik karörwa'an	ایک کروڑواں
vorletzte(r, s)	ākhri sey mila hua	آخری سے ملا ہوا
letzte(r, s)	ākhri	آخری

Die Bruchzahlen - کسور

ein halber/ein halbes/eine halbe	adha	آدھا
ein Drittel	t'ehai	تہائی
ein Viertel	chauthai'e	چوتھائی
ein Fünftel	pānchhwēn	پانچویں
ein Achtel	aik āthwa'an	ایک آٹھواں
drei Viertel	tēn chauthai'e	تین چوتھائی
zwei Fünftel	dö panchhwēn	دو پانچویں
siebeneinhalb	sathay sāt	ساڑھے سات
zwei Siebzehntel	dö satarwa'an	دوسترواں
fünf und drei Achtel	tēn aur pānch āth	تین اور پانچ آتھ

DIE ZAHLEN - نمبر

Weitere Zahlwörter - مزید اعداد و شمار

einmal	aik dafa'a	ایک دفعہ
zweimal	dö dafa'a	دو دفعہ
dreimal	tēn dafa'a	تین دفعہ
viermal	chār dafa'a	چار دفعہ
mehrmals	bār bār	بار بار
manchmal	kabhi kabhi	کبھی کبھی
niemals	kabhi nahin	کبھی نہیں
einfach	aik dafa'a	ایک دفعہ
doppelt/zweifach	dö dafa'a	دو دفعہ
dreifach	tēn dafa'a	تین دفعہ
vierfach	chār dafa'a	چار دفعہ
fünffach	pānch dafa'a	پانچ دفعہ
sechsfach	chhay dafa'a	چھ دفعہ
mehrfach/vielfach	mu'atadid	متعدد

ein Paar	dö bār	دو بار
ein halbes Dutzend	adha darjan	آدھا درجن
ein Dutzend	aik darjan	ایک درجن
ein Gros	aksariyat	اکثریت
ein paar	kuch	کچھ
wenige	bamushkil köi'i	بمشکل کوئی
einige	ba'az	بعض
etliche	kāfi ziyada	کافی زیادہ
manche	kuch	کچھ
viele	böhat	بہت
beide	dönö'n	دونوں
sämtliche	sab	سب
alle	sab	سب
jeder/jede/jedes	har	ہر

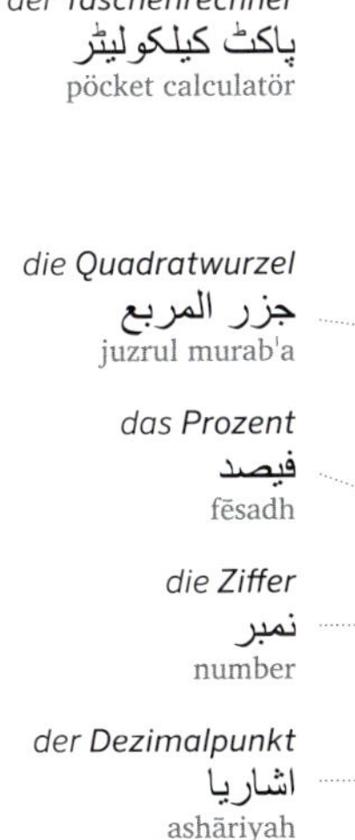

dividieren
تقسیم
taqsēm

multiplizieren
ضرب
zurb

subtrahieren
ختم کرنا
khatam karna

addieren
شامل کرنا
shamil karna

ist gleich
برابر
barabar

DIE ZEIT - وقت

Die Uhrzeit - دن کا وقت

ein Uhr
رات کے ایک بجے
rāt kay aik bajay

zwei Uhr
رات کے دو بجے
rāt kay dö bajay

drei Uhr
رات کے تین بجے
rāt kay tēn bajay

vier Uhr
رات کے چار بجے
rāt kay chār bajay

fünf Uhr
صبح کے پانچ بجے
subha kay pānch bajay

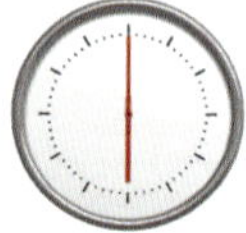

sechs Uhr
صبح کے چھ بجے
subha kay chhay bajay

sieben Uhr
صبح کے سات بجے
subha kay sāth bajay

acht Uhr
صبح کے آتھ بجے
subha kay āth bajay

neun Uhr
سبح کے نو بجے
subha kay dö bajay

zehn Uhr
صبح کے دس بجے
subha kay dus bajay

elf Uhr
صبح کے گیارہ بجے
subha kay giyarah bajay

zwölf Uhr mittags
دن کے بارہ بجے
din kay bara bajay

dreizehn Uhr
دن کے ایک بجے
din kay aik bajay

die Stunde	ghanta	گھنٹا
die Minute	minut	منٹ
eine halbe Stunde	adha ghanta	آدھا گھنٹا
die Sekunde	secönd.	سیکنڈ
Wie viel Uhr ist es?	time kiya hö raha hai, please?	ٹائم کیا ہو رہا ہے، پلیز؟
Um wie viel Uhr?	kitnay bajay?	کتنے بجے؟
Um sieben Uhr.	sāth bajay	سات بجے

DIE ZEIT - وقت

Die Uhrzeit - دن کا وقت

vierzehn Uhr
دو بجے
dō bajay

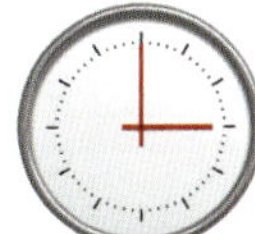

fünfzehn Uhr
تین بجے
tēn bajay

sechzehn Uhr
چار بجے
chār bajay

siebzehn Uhr
پانچ بجے
pānch bajay

achtzehn Uhr
چھ بجے
chhay bajay

neunzehn Uhr
سات بجے
sāt bajay

zwanzig Uhr
آٹھ بجے
āth bajay

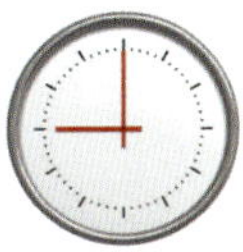

einund-zwanzig Uhr
نو بجے
nau bajay

zweiundzwanzig Uhr
دس بجے
dus bajay

dreiundzwanzig Uhr
گیارہ بجے
giyarah bajay

Mitternacht
آدھی رات
ādhi rāt

fünf nach zwölf
بارہ بج کے پانچ منٹ
bara baj kay pānch minut

halb elf	sarhay dus	ساڑھے دس
zwanzig vor sieben	sāt bajnay mein be'es minut	سات بجنے میں بیس منٹ
Viertel vor zwölf	paunay bāra	پونے بارہ
Wann?	kab?	کب؟
Vor/in zehn Minuten.	dus minut pehlay/dus minut bād	دس منٹ پہلے / دس میٹ میں
Seit wann?	kab say?	کب سے؟
Seit gestern.	kal say.	کل سے۔

Viertel nach neun
سوا نو
sawa nau

DIE ZEIT - وقت

Tag und Nacht - دن اور رات

die Mitternacht
آدھی رات
ādhi rāt

die Morgendämmerung
صبح کے وقت
subhā kay waqt

der Sonnenaufgang
طلوعِ آفتاب
tulö'u e aftāb

der Morgen
صبح
subhā

der Mittag
دوپہر
döpehr

der Nachmittag
سہ پہر
sehpehr

der Sonnenuntergang
غروبِ آفتاب
ghurö'öb e aftāb

die Abenddämmerung
شام کے پہر
shām kay bād

der Abend
شام
shām

der Frühling
بہار
bahār

der Sommer
گرمی
garmi

der Herbst
خزاں
khiza'n

der Winter
سردی
sardi

heute	āj	آج
morgen	kal	کل
übermorgen	parsö'n	پرسوں
gestern	kal	کل
vorgestern	parsö'n	پرسوں
Welches Datum haben wir heute?	āj ki tarēkh kiya hai?	آج کی تاریخ کیا ہے؟
der 9. September 2018	dö seatember dö hazār athara	نو ستمبر، دو ہزار اٹھارہ
der Feiertag	a'am tatēl	عام تعطیل

DIE ZEIT - وقت

Der Kalender - کیلنڈر

der Sonntag
اتوار
itwār

der Montag
پیر
pir

der Dienstag
منگل
mangal

der Mittwoch
بُدھ
budh

der Donnerstag
جمعرات
jumm'eh rāt

der Freitag
جُمعہ
jumma'h

der Samstag
ہفتہ
hafta

SUN MON TUE WED THU FRI SAT
1 2 3 4 5
6 7 8 9 10 11 12
13 14 15 16 17 18 19
20 21 22 23 24 25 26
27 28 29 30 31

der Wochentag
ہفتے کا کوئی دن۔
haftey ka köi din

die Woche
ہفتہ
hafta

der Tag
دن
din

das Wochenende
اختتام ہفتہ
ikhtetam e hafta

das Datum
تاریخ
tarēkh

das Jahr
سال
sāl

der Monat
مہینہ
mahēna

der Januar	janvary	جنوری
der Februar	fervary	فروری
der März	march	مارچ
der April	aprel	اپریل
der Mai	ma'e	مئی
der Juni	jö'ön	جون

der Juli	jöla'i	جولائی
der August	agast	اگست
der September	seatember	ستمبر
der Oktober	aktūber	اکتوبر
der November	növember	نومبر
der Dezember	disember	دسمبر

MAẞE - پیما ئش

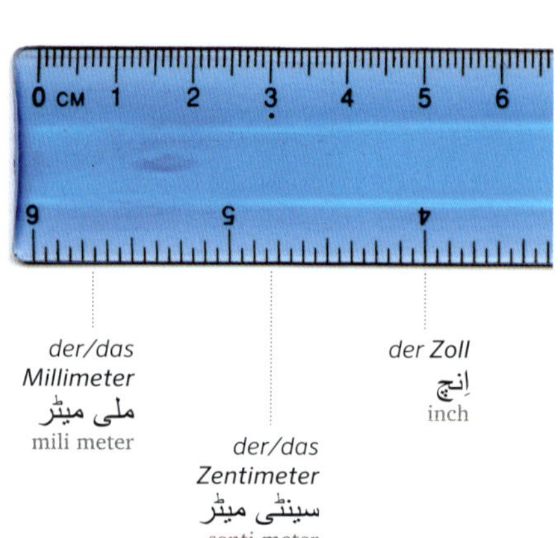

der/das Millimeter
ملی میٹر
mili meter

der/das Zentimeter
سینٹی میٹر
senti meter

der Zoll
اِنچ
inch

der/das Liter
لیٹر
lēter

der/das Milliliter
ملی لیٹر
mili meter

die Unze
آونس
aʾöuns

das Pint
پنٹ
pint

der Kilometer
کلو میٹر
kilö meter

die Meile
مائل
ma'el

das Yard
یارڈ
yard

der Acre/Morgen
ایکڑ
aikar

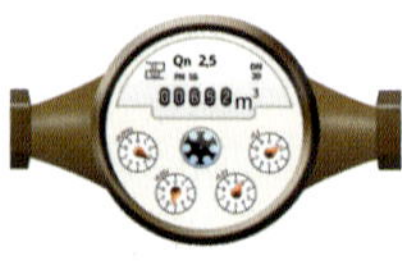

der/das Kubikmeter
کیوبک میٹر
kubik meter

der Fuß	fut	فُٹ
der/das Meter	meter	میٹر
der/das Quadratmeter	square meter	اسکوائر میٹر
der/das Hektar	hekter	ہیکٹیر
die Tasse	cup	کپ
der Esslöffel	khāney ka chamach	کھانے کا چمچ
der Teelöffel	chaye ka chamach	چائے کا چمچ

DAS GEWICHT – وزن

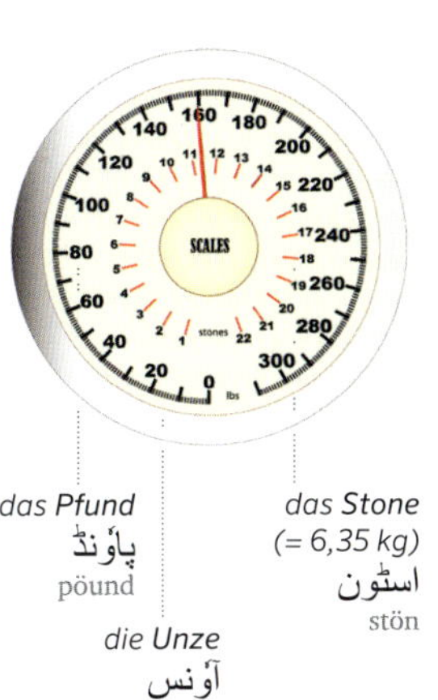

die Tonne
ٹَن
tun

das Kilogramm
کلو گرام
kilö grām

das Gramm
گرام
grām

das Pfund
پاؤنڈ
pöund

die Unze
آونس
a'öuns

das Stone
(= 6,35 kg)
اسٹون
stön

DIE WÄHRUNG – دور زمانہ

der Dollar
ڈالر
daller

das Pfund
پاؤنڈ
pöund

der Euro
یورو
eurö

der Yen
ین
yan

der Baht	bha'at	بھات
die Rupie	rupay	روپے
der Dinar	dinār	دینار
der Schweizer Franken	swiß frenk	سوئس فرانک
die Krone	krön	کرون

der Peso	pais'ö	پیسو
der Real	riyāl	ریال
der Yuan	yö'an	یوآن
der Rand	raind	رینڈ
der Rubel	röbal	روبل

DIE WICHTIGSTEN SÄTZE –
ضروری جملے

DIE VERBEN –
فعل

INDEX –
انڈیکس

DIE WICHTIGSTEN SÄTZE - ضروری جملے

Mit diesen nützlichen Wörtern und Sätzen drücken Sie sich in den wichtigsten und häufigsten Situationen mit Sicherheit aus.

IM GESPRÄCH - گفتگو میں

BEGRÜSSEN UND VERABSCHIEDEN - ہیلو اور خدا حافظ کہنا

Guten Tag!	Hello!	ہیلو!
Guten Abend!	Shām Bakhair!	شام بخیر!
Hallo!	Hi!	ہائے
Auf Wiedersehen!	Khuda Hafiz!	خدا حافظ!
Tschüss!	Alwida!	الوداع!

HÖFLICHKEIT - نرم مزاج ہونا

bitte	Baraä Mäharbani	برائے مہربانی
danke	āb ka shukrija	آپ کا شکریہ
bitte schön	käu bāt nahi	کوئی بات نہیں
Ja, bitte.	hān, baraä Mäharbani	ہاں، برائے مہربانی۔
Nein, danke.	nahi, āb ka shukrija	نہیں، آپ کا شکریہ۔
Keine Ursache!	käu bāt nahi!	کوئی بات نہیں!
Entschuldigung!	māf kiyiä	معاف کیجئے!
Entschuldigen Sie, …	māf kiyiäga	معاف کیجئے گا، …
Das tut mir leid.	mä iskä liyä māfi chahta hu.	میں اس کے لئے معافی چاہتا ہوں۔
Wie geht's?	āb kaisä hä	آپ کیسے ہیں؟
Danke, gut. Und Ihnen/dir?	thik hu, shukria, aur āb?	ٹھیک ہوں، شکریہ۔ اور آپ؟

KOMMUNIKATION - مواصلات

Wie bitte?	māf kijiä	معاف کیجئے
Ich verstehe.	mä samajhta hu.	میں سمجھتا ہوں۔
Ich verstehe nicht.	mä nahi samajhta.	میں نہیں سمجھتا۔
Könnten Sie das bitte wiederholen?	kya āb baraä mäharbani isä dohra sakdä hä?	کیا آپ برائے مہربانی اسے دہرا سکتے ہیں؟
Könnten Sie bitte langsamer sprechen?	kya āb baraä mäharbani mazid āhista awaz mä bāt kar saktä hä?	کیا آپ برائے مہربانی مزید آہستہ آواز میں بات کر سکتے ہیں؟
Könnten Sie das bitte aufschreiben?	kya āb baraä mäharbani likh sakdä hä?	کیا آپ برائے مہربانی اسے لکھ سکتے ہیں؟
Was bedeutet …?	iska… kia matlab haä	اس کا … کیا مطلب ہے؟

SICH VORSTELLEN - تعارف کرنا

Wie heißt du?	āb ka kia nām haä	آپ کا نام کیا ہے؟
Wie heißen Sie?	āb ka kia nāam haä	آپ کا نام کیا ہے؟
Ich heiße …	mära nām… haä	میرا نام ہے …
Woher kommen Sie?	āb kaha sä hä?	آپ کہاں سے ہیں؟
Woher kommst du?	āb kaha sä hä?	آپ کہاں سے ہیں؟
Ich komme aus …	mä sä hu…	میں سے ہوں …
Das ist mein Mann.	jä märä shohar hä.	یہ میرے شوہر ہیں۔

Das ist meine Frau.	یہ میری زوجہ ہیں۔ jä märi zoja hä.
Das ist mein Partner.	یہ میرا شراکت دار ہے۔ jä mära sharakat dar haä
Das ist meine Partnerin.	یہ میرا شراکت دار ہے۔ jä mära sharakat dar haä
Das ist mein Sohn.	یہ میرا بیٹا ہے۔ jä mära bäta haä.
Das ist meine Tochter.	یہ میری بیٹی ہے۔ jä märi bäti haä.
Hier ist meine E-Mail-Adresse.	میرا ای میل پتہ یہ رہا۔ mära ämail bata jä raha
Hier ist meine Telefonnummer.	میرا فون نمبر یہ رہا۔ mära von nambar jä raha

BEIM TELEFONIEREN - ٹیلی فون پر

Ich hätte gern eine SIM-Karte, bitte.	برائے مہربانی، میں ایک سم کارڈ چاہوں گا۔ baraä mäharbani mä äk sim card chahunga
Mein Akku ist leer.	میری بیٹری فلیٹ ہے۔ märi battäri flat haä.
Hier spricht …	… بول رہا ہے۔ … bol raha haä.
Mit wem spreche ich bitte?	کون کال کر رہا ہے؟ kaun call kar raha haä?
Kann ich bitte Herrn/Frau … sprechen?	کیا میں برائے مہربانی محترم/محترمہ سے بات کر سکتا ہوں…؟ kia mä baraä mäharbani mohdaram/mohdarma sä bād kar sakda hu….?
Tut mir leid, er/sie ist nicht da.	معاف کیجئے، وہ یہاں نہیں ہیں۔ māf kijiä, wo jaha nahi hä.
Kann er/sie Sie zurückrufen?	کیا وہ آپ کو دوبارہ رنگ کر سکتے/سکتی ہیں؟ kia wo ābko dobara ring kar sakdä/sakdi hä?

UNTERWEGS - راستے میں

TOILETTE UND BAD - ٹوالیٹ اور باتھ روم

Wo ist bitte die Toilette?	برائے مہربانی، ٹوائلٹ کہاں ہیں؟ baraä mäharbani, teulät kaha haä?
Damen	خواتین khawatin
Herren	مرد mard
die Damentoilette	خواتین کا ٹوائلٹ khawatin ka teulät
die Herrentoilette	مردوں کا ٹوائلٹ mardon ka teulät

BAHN - ریل

Wann fährt der nächste Zug ab?	اگلی ٹرین کب جائے گی؟ agli trän kab yaägi
Wo muss ich umsteigen?	مجھے کہاں تبدیل کرنا چاہئے؟ mujhä kaha tabdil karna chahiä?
Von welchem Gleis fährt der Zug nach …?	یہ پلیٹ فارم کس ٹرین کے لئے ہے …؟ jä baltform kis trän kä liyä haä…?
Ist dieser Platz noch frei?	کیا یہ سیٹ لی جا چکی ہے؟ kia jä sit li ja chuki haä?
Hält dieser Zug in …?	کیا یہ ٹرین … میں رک جاتی ہے؟ kia jä trän… mä ruk jāti haä?

BUS - بس

Welche Linie fährt nach …?	کون سی لائن … کو جاتی ہے؟ kaun si linä… ko jāti haä?

Welche Linie fährt zum Bahnhof?	کون سی لائن اسٹیشن کو جاتی ہے؟ kaun si linä station ko jāti haä?
Wann fährt der nächste Bus nach …?	… کو جانے والی اگلی بس کب ہے؟ … Ko janä wali agli bas kab haä?
Wo muss ich aussteigen?	مجھے کہاں جانا ہے؟ mujhä kaha jana haä?
Wie viele Haltestellen sind es?	اس میں کتنے اسٹاپس ہیں؟ ismä kitnä stob haä?
Fährt dieser Bus nach …?	کیا یہ بس … تک جاتی ہے؟ kia jä bas… tak jati haä?

AUTO - کار

der Führerschein	ڈرائیونگ لائسنس driving licäns
Entschuldigen Sie bitte, wie komme ich nach …?	معاف کیجئے گا، میں … تک کیسے پہنچوں؟ māf kijiäga, mä… tak kaisä bahunchu?
Entschuldigen Sie bitte, wo ist …?	معاف کیجئے گا، … کہاں ہے؟ māf kijiäga,… kaha haä?
Wie weit ist es?	یہ کتنی دور ہے؟ jä kitni dur haä?

BEIM ARZT - ڈاکٹر کے یہاں

Ich bin krankenversichert.	میرے پاس ہیلتھ انشورنس ہے۔ märä bās häaldh insuransä haä.
Ich möchte von einer Ärztin behandelt werden, bitte.	میں برائے مہربانی، کسی خاتون ڈاکٹر کو دکھانا چاہوں گا/چاہوں گی۔ Main baraje meherbani kisi khatoon dr. ko dikhana chahunga/chahungi.
Es tut hier weh.	یہاں پر درد ہوتا ہے۔ jaha bar dard hota haä.
Ich bin ohnmächtig geworden.	میں بے ہوش ہوگیا/ہوگئی۔ mä bähosh ho gaya/ho gai.
Ich habe mich erbrochen.	مجھے الٹی ہوئی۔ mujhä uldai huai.
Ich habe Herzbeschwerden.	مجھے دل سے متعلق مسائل ہیں۔ mujhä dil sä mutalliq masaäl hä.
Ich habe Atembeschwerden.	مجھے سانس لینے میں مشکلات ہوتی ہیں۔ mujhä sāns länä mä mushkailat hotai haä.
Ich habe Zahnschmerzen.	مجھے دانتوں کا درد ہے۔ mujhä dando ka dard haä.
Ich habe eine Füllung verloren.	میں نے فائلنگ کو کھو دیا ہے۔ mänä filing ko kho dija haä.
Ich bin allergisch gegen Antibiotika.	مجھے اینٹی بائیوٹیکٹس سے الرجی ہے۔ mujhä andai baiodaics sä älärgie haä.
Ich bin allergisch gegen Bienen.	مجھے شہد کی مکھیوں سے الرجی ہے۔ mujhä shahad kai makhaijo sä älärgie haä.
Ich bin allergisch gegen Pollen.	مجھے پولن سے الرجی ہے۔ mujhä bollän sä älärgie haä.
Ich bin Diabetiker/Diabetikerin.	مجھے ذیابطیس ہے۔ mujhä ziyabatis haä.
Ist es ansteckend?	کیا یہ متضاد ہے؟ kia jä mutazad haä?
Ich brauche ein Rezept für …	مجھے … کے لئے ایک نسخہ کی ضرورت ہے mujhä… kä lijä äk nuskhä ki zarurat haä
Ich nehme Medikamente gegen …	میں … کے لئے ادویات پر ہوں mä… kä lijä adwiyat bar hu

DIE VERBEN - فعل

Wenn es darum geht, eigene Sätze zu bilden, hilft Ihnen unsere ausführliche Verbliste, wo Sie auch abstrakte Verben, die sich nicht abbilden lassen, nachschlagen können.

A

abbeißen	kātna	کاٹنا
abbiegen	badalna	بدلنا
abbringen	rokna	روکنا
abfahren	rawana hona	روانہ ہونا
abfärben	ragarna	رگڑنا
abfinden	scharait mä āna	شرائط میں انا
abfragen	puch gach karna	پوچھ گچھ کرنا
abführen	rahnumai karna	رہنمائی کرنا
abfüllen	bharna	بھرنا
abgeben	jama karna	جمع کرنا
abgewöhnen	bhula däna	بھلا دینا
abgrenzen	hudöd mutajan karna	حدود متعین کرنا
abhaken	chäk karna	چیک کرنا
abhalten	dur rähna	دور رہنا
abhärten	sakht karna	سخت کرنا
abhauen	jaldi karna	جلدی کرنا
abheben	uthana	اٹھانا
abholen	utha läna	اٹھا لینا
abklären	wasahat karna	وضاحت کرنا
abklingen	āram pahunchana	ارام پہنچانا
abkochen	ubālna	ابالنا
abkühlen	thanda ho jāna	ٹھنڈا ہوجانا
abkürzen	khulasa karna	خلاصہ کرنا
abladen	rad karna	رد کرنا
ablaufen	khatm hona	ختم ہونا
ablecken	chātna	چاٹنا
ablegen	lät jāna	لیٹ جانا
ablehnen	namansur karna	نامنظور کرنا
ablenken	tawajuh hatana	توجہ ہٹانا
abmagern	wasan khona	وزن کھونا
abmalen	wasahat karna	وضاحت کرنا
abmelden	band karna	بند کرنا
abmessen	pämaisch karna	پیمائش کرنا
abnehmen	utārna	اتارنا
abnutzen	thakna	تھکنا
abonnieren	tasdēq karna	تصدیق کرنا
abprallen	uchālna	اچھلنا
abputzen	ragarna	رگڑنا
abraten	hausla schkni karna	حوصلہ شکنی کرنا
abräumen	safai karna	صفائی کرنا
abreagieren	bhadās nikalna	بھڑاس نکالنا
abrechnen	hisab karna	حساب کرنا
abregen	thanda par jāna	ٹھنڈا پڑ جانا
abreisen	chorna	چھوڑنا
abreißen	torna	توڑنا
abrunden	mukamal karna	مکمل کرنا،
abrutschen	phisalna	پھسلنا
absagen	mansukh karna	منسوخ کرنا
abschaffen	chutkara hāsil karna	چھٹکارہ حاصل کرنا
abschalten	bijli wagära band karna	بجلی وغیرہ بند کرنا

abschätzen	andasa karna	اندازہ کرنا
abschauen	däkh kar sēkhna	دیکھ کر سیکھنا
abschicken	päsch karna	پیش کرنا
abschleppen	raßi ki madad sä khēnchna	رسی کی مدد سے کھینچنا
abschließen	mukaml karna	مکمل کرنا
abschminken	mäk ap kö khatm karna	میک اپ کو ختم کرنا
abschneiden	munqatä karna	منقطع کرنا
abschreiben	naql karna	نقل کرنا،
abschwächen	kamsor tar karna	کمزور تر کرنا
abschweifen	mausu sä hatna	موضوع سے ہٹنا
abschwellen	bhul jana	پھول جانا
absehen	parhäs karna	پرہیز کرنا
absenden	päsch karna	پیش کرنا
absetzen	khāli karna	خالی کرنا
absichern	chamka däna	چمکہ دینا
absinken	utarna	اترنا
abspeichern	bachana	بچانا
abspielen	kirdar ada karna	کردار ادا کرنا
abspringen	valānga	پھلانگنا
abspülen	dhona	دھونا
abstammen	schuru karna	شروع ہونا
abstehen	āgä ko nikalna	اگے کو نکلنا
abstellen	khara karna	کھڑا کرنا
absterben	nāpäd hona	ناپید ہونا
abstimmen	rää däna	رائے دینا
abstoßen	wāpas dhakälna	واپس دھکیلنا
abstreiten	inkar karna	انکار کرنا
abstumpfen	schddat kam karna	شدت کم کرنا
abstürzen	gir parna	گرپڑنا
abstützen	sahara läna	سہارا دینا
absuchen	talasch karna	تلاش کرنا
abtreiben	haml girana	حمل گرانا
abtrocknen	khuschk karna	خشک کرنا
abtropfen	khāli karna	خالی کرنا
abverlangen	mutalba karna	مطالبہ کرنا
abwägen	tolna	تولنا
abwarten	muntasir hona	منتظر ہونا
abwaschen	dhulai karna	دھلائی کرنا
abwechseln	baham badalna	باہم بدلنا
abwehren	rokna	روکنا
abweichen	gumrah karna	گمراہ ہونا
abweisen	mustarad karna	مسترد کرنا
abwerten	qadr kam karna	قدر کم کرنا
abwischen	ragarna	رگڑنا
abzahlen	muawasa däna	معاویضہ دینا
abziehen	khēnchna	کھینچنا
achten	tawajuh däna	توجہ دینا
ächzen	karahna	کراہنا
addieren	schamil karna	شامل کرنا
adoptieren	apna läna	اپنا لینا
adressieren	khitab karna	خطاب کرنا
agieren	kām karna	کام کرنا
ähneln	muschabäh hona	مشابہ ہونا
ahnen	andäscha rakhna	اندیشہ رکھنا
aktivieren	qābil banana	قابل بنانا
aktualisieren	jadēd banana	جدید بنانا

akzeptieren	manna	ماننا
alarmieren	chokas karna	چوکس کرنا
amputieren	kāt däna	کاٹ دینا
amüsieren	khusch karna	خوش کرنا
analysieren	tajɛjah karna	تجزیہ کرنا
anbauen	naschonuma pāna	نشونما پانا
anbeten	ibādat karna	عبادت کرنا
anbiedern	mutmain karna	مطمئن کرنا
anbieten	päsch karna	پیش کرنا
anblicken	kisi chēs wagära ki taraf dekhna	کسی چیز وغیرہ کی طرف دیکھنا
anbrüllen	sordar chillana	زوردار چلانا
andauern	sinda bāqi rahna	زندہ باقی رہنا
ändern	tabdēl karna	تبدیل کرنا
andeuten	kisi jagah ki nischan dahi karna	کسی جگہ کی نشان دہی کرنا
androhen	khaträ sä do char hona	خطرے سے دوچار کرنا
aneignen	hasil karna	حاسل کرنا
anekeln	nafrat karna	نفرت کرنا
anerkennen	taslēm karna	تسلیم کرنا
anfangen	schuru karna	شروع کرنا
anfassen	chuna	چھونا
anfertigen	marsi ke mutabiq banana	مرضی کے مطابق بنانا
anfeuern	khusch karna	خوش کرنا
anflehen	minnat samajat karna	منت سماجت کرنا
anfordern	darkhwast karna	درخواست کرنا
anfreunden	dost banana	دوست بننا
anfühlen	mahsus karna	محسوس کرنا
anführen	sarbarahi me hona	سربراہی میں ہونا
angeben	makhsus karna	مخصوص کرنا
angehören	talluq hona	تعلق ہونا
angeln	machli kā schkar karna	مچھلی کا شکار کرنا
angewöhnen	ādi ho jāna	عادی ہوجانا
angleichen	mutabiq banana	مطابق بنانا
angreifen	hamla karna	حملہ کرنا
ängstigen	darana	ڈرانا
angucken	nasar rakhna	نظر رکھنا
anhaben	pahanna	پہننا
anhalten	rokna	روکنا
anhängen	jorna	جوڑنا
anhimmeln	ibadat karna	عبادت کرنا
anhören	kān laga kar sunna	کان لگا کر سننا
anklagen	jurm ka ilsam lagana	جرم کا الزام لگانا
ankleben	gond sä chipkana	گوند سے چپکانا
anklicken	kisi chēs wagära pr klik karna	کسی چیز وغیرہ پر کلک کرنا
anklopfen	dastak däna	دستک دینا
anknüpfen	milana	ملانا
ankommen	kisi jagah pahunchna	کسی جگہ پہنچنا
ankreuzen	tik ka nischan karna	ٹک کا نشان کرنا
ankündigen	älan karna	اعلان کرنا
anlächeln	muskurana	مسکرانا

anlachen	کسی شخص وغیر پر ہنسنا	kisi schkhs wagära par hansna
anlehnen	جھکنا	jhukna
anleiten	رہبری کرنا	rahbari karna
anlocken	کھینچنا	khēnchna
anlügen	جوٹ بولنا	jhut bolna
anmachen	شروع کرنا	schuru karna
anmaßen	بے جا مطالبہ کرنا	bäjā mutālba karna
anmelden	اکاونٹ وغیرہ میں جانا	akaunt wagära mä jāna
anmerken	دھیان دینا	dhjan däna
annähern	نزدیک جانا	naidēk jāna
annehmen	فرض کرنا	fars karna
annullieren	کالعدم قرار دینا	kaladam qarar däna
anordnen	ترتیب دینا	tartæb däna
anpacken	پکڑنا	pakarna
anpassen	مرضی کے مطابق بنانا	marsi kä mutabiq banana
anpflanzen	پودا لگانا	poda lagana
anprobieren	ازمانا	āsmana
anreden	بات کرنا	bāt karna
anrufen	فون وغیرہ پر بات کرنا	von wagära par bāt karna
ansagen	اعلان کرنا	älan karna
ansammeln	ڈھیر لگانا	dhär lagana
anschalten	چلانا	chalana
anschauen	نظر رکھنا	nasar rakhna
anschieben	زور سے دھکا دینا	sor sä dhakka däna
anschleichen	چپکے سے اگے بڑھنا	chupkä sä āgä badhana
anschließen	ملانا	milana
anschmiegen	چپکنا	chipakna
anschnallen	بکسوا، بٹن وغیرہ لگانا	bakswa, batan wagära lagana
anschnauzen	چیخنا	chēkhna
anschreien	کسی چیز یا انسان پر چلانا	kisi chēs ja insā n wagära par chalana
anschuldigen	الزام دینا	ilsam lagana
anschweigen	کچھ نہ کہنا	kuch na kahna
anschwellen	پھولنا	vulna
anschwindeln	جھوٹ بولنا	jhut bolna
ansehen	کسی چیز یا انسان کی طرف دیکھنا	kisi chēs ja insān ki taraf dekhna
anspannen	زور ڈالنا	sor dālna
anspielen	اشارہ کرنا	ischāra karna
anspitzen	اشارے سے بتانا	ischarä sä batana
anspornen	متاثر کرنا	mutaßir karna
ansprechen	خطاب کرنا	khitab karna
anspringen	چھلانگ لگانا	chalanag lagana
anspucken	تھوکنا	thukna
anstarren	نظر جما کر دیکھنا	nasara jama kar däkhna
anstecken	جراثیم سے متاثر ہونا	jarasæm sä mutaßir hona
anstehen	قطار لگانا	qatar lagana
ansteigen	زیادہ کرنا	sjada karna
anstellen	نوکر رکھنا	nokar rakhna

anstimmen	گنگنانا، gungunana
anstoßen	زور سے دھکا دینا jor sä dhakka däna
anstrahlen	روشن کرنا roschan karna
anstreben	جدوجہد کرنا jiddojahad karna
anstreichen	رنگ کرنا rang karna
anstrengen	زور ڈالنا jor dalna
antreffen	ملنا milna
antreiben	چلانا گاڑی وغیرہ chalana gari wagära
antreten	تسلیم کرنا taslēm karna
antun	نقصان پہنچا نا nuqsan pahunchana
antworten	جواب دینا jawab däna
anvertrauen	سپرد کرنا supurd karna
anweisen	سیکھانا sēkhna
anwenden	کام میں لانا kām mä lāna
anwidern	نفرت کرنا nafrat karna
anzeigen	ظاہر کرنا sāhir karna
anziehen	مضبوط کرنا masbut karna
anzünden	روشن کرنا roschan karna
anzweifeln	شک کرنا schak karna
applaudieren	سراہنا sarahna
arbeiten	کام کرنا kām karna
ärgern	تنگ کردینا tang kar däna
atmen	سانس لینا sans läna
aufarbeiten	کسی چیز وغیرہ پر کام کرنا kisi chēs wagära par kām karna
aufatmen	اہ بھرنا āh bharna
aufbauen	تعمیر کرنا tamēr karna
aufbewahren	زخیرہ کرنا sakhēra karna
aufblasen	بڑھا چڑھا کر پیش کرنا badha chadha kar päsch karna
aufbleiben	دیر تک جاگتے رہنا där tak jāgtä rahna
aufbrauchen	خرچ کرنا kharch karna
aufbrausen	چمکنا chamakna
aufbrechen	ٹوٹنا tutna
aufbringen	اونچا کرنا öncha karna
aufdecken	ظاہر کرنا sahir karna
aufdrängen	نافذ کرنا nafis karna
aufdrehen	اسان کرنا āsān karna
aufeinander-folgen	ایک دوسرے کا پیروی کرنا äk dusrä kā pärwi karna
aufessen	کھانا khana
auffallen	مارنا mārna
auffangen	پکڑنا pakarna
auffassen	مظبوطی سے پکڑنا masbuti sä pakarna
auffordern	امادہ کرنا āmada karna
aufführen	انجام دینا anjan däna
aufgeben	ترک کردینا tark kar däna
aufgreifen	کسی چیز وغیرہ کو اٹھانا kisi schēs wagära ko uthana
aufhaben	کھلا ہونا khula hona
aufhalten	رکنا rukna
aufhängen	لٹکانا latkana
aufheben	کسی چیز وغیرہ کو اٹھانا kisi chēs wagära ko uthana
aufhetzen	ترغیب دینا targhēb dena
aufholen	پکڑنا pakarna

aufhören	rukna, jāri na rakhna, khatm karna	رکنا، جاری نہ رکھنا، ختم کرنا
aufkleben	lagana	لگانا
aufladen	dobarah charge karna	دوبارہ چارج کرنا
auflassen	chutti par jāna mukhtasar waqt kä lijä	چٹھی پر جانا مختصر وقت کیلے
auflauern	kisi kä lijä intsar karna	کسی کے لئے انتظار کرنا
aufleben	sindagi kä lijä	زندگی کے لئے
auflehnen	sarkasch hona	سرکش ہونا
auflockern	dhēla chor dena	ڈھیلا چھوڑ دینا
auflösen	irada karna	ارادہ کرنا
aufmachen	schuru karna	شروع کرنا
aufmuntern	khusch hona	خوش ہونا
aufnehmen	mahfus karna	محفوظ کرنا
aufpassen	däkhna	دیکھنا
aufplatzen	bhadak uthna	بھڑک اٹھنا
aufpumpen	öpar nikalna	اوپر نکالنا
aufraffen	mutaharrik karna	متحرک کرنا
aufräumen	sāf suthra karna	صاف ستھرا کرنا
aufrechter-halten	barqarar rakhna	برقرار رکھنا
aufregen	jasbāti hona	جذباتی ہونا
aufrunden	ikatha hona	اکٹھا کرنا
aufsammeln	kisi chēs wagära ko uthana	کسی چیز وغیرہ کو اٹھانا
aufschieben	takhēr karna	تاخیر کرنا
aufschließen	band karna	بند کرنا
aufschreiben	masēd likhna	مزید لکھنا
aufspringen	chalang lagana	جھلانگ لگا نا
aufstacheln	bädar karna	بیدار کرنا
aufstehen	khara karna	کھڑا ہونا
aufstellen	tajar karna	تیار کرنا
aufstützen	sahara däna	سہارا دینا
aufsuchen	sarkāri taur par muaäna karna	سرکاری طورپر معائنہ کرنا
auftauchen	sahir karna	ظاہر ہونا
aufteilen	tukrä karna	ٹکڑے کرنا
auftragen	kām mä lāna	کام میں لانا
auftreiben	talasch karna	تلاش کرنا
auftreten	waqä hona	واقع ہونا
aufwachen	nänd sä bädar hona	نیند سے بیدار ہونا
aufwachsen	jawan hona	جوان ہونا
aufwärmen	garam hona	گرم ہونا
aufwecken	nænd sä bädar hona	نیند سے بیدار ہونا
aufweichen	naram tar karna	نرم تر کرنا
aufweisen	numaisch karna	نمایش کرنا
aufwischen	ponchna	پونچھنا
aufwühlen	bädar karna	بیدار کرنا
aufzählen	schumar karna	شمار کرنا
aufzeichnen	mahfus karna	محفوظ کرنا
aufzeigen	sahir karna	ظاہر کرنا
aufzwingen	nafis karna	نافذ کرنا
ausarbeiten	maschq karna	مشق کرنا
ausatmen	sans läna	سانس نکالنا

ausbessern	jorna	جوڑنا
ausbleiben	där sä sona	دیر سے سونا
ausbrechen	achanak schuru hona	اچانک شروع ہونا
ausbreiten	välana	پھیلانا
ausdehnen	muddat badhana	مدت بڑھانا
ausdenken	tasawwru karna	تسور کرنا
auseinander-brechen	alag alag karna	الگ الگ کردینا
ausfallen	waqä hona	واقع ہونا
ausfragen	taftēsch karna	تفتیش کرنا
ausfüllen	alag alag karna	الگ الگ کردینا
ausgeben	kharch karna	خرچ کرنا
ausgehen	bahar jāna	باہر جانا
ausgleichen	talafi karna	تلافی کرنا
aushaben	khatm karna	ختم کرنا
aushalten	bardascht karna	برداشت کرنا
aushelfen	madadgar hona	مدد گار ہونا
auskennen	mahir hona	ماہر ہونا
auskommen	sanbhalna	سنبھالنا
auslachen	kisi chēs ja insan par hansna	کسی چیز یا انسان پر ہنسنا
auslaufen	khatm hona	، ختم ہونا
ausleeren	khali karna	خالی کرنا
ausleihen	udhār läna	ادھار لینا
ausloggen	akaunt sting sä bahar jāna	اکاونٹ سٹنگ سے باہر جانا
auslösen	harkat mä lāna	حرکت میں لانا
ausmachen	pata lagana	پتہ لگانا
ausmalen	rang karna	رنگ کرنا
ausmessen	pämaisch karna	پیمائش کرنا
ausnutzen	kisi chēs se faida uthana	کسی چیز سے فائدہ اٹھانا
auspacken	päkät sä nikal däna	پیکٹ سے نکال دینا
ausplaudern	rās vasch karna	راز فاش کرنا
auspressen	nichorna	نچوڑنا
ausprobieren	āsmaisch karna	ازمائش کرنا
ausrasten	ghabrana	گھبرانا
ausrauben	lutna	لوٹنا
ausrechnen	schumar karna	شمار کرنا
ausreden	bātä khatm karna	باتیں ختم کرنا
ausreichen	kāfi hona	کافی ہونا
ausreisen	chorna	چھوڑنا
ausrichten	tartēb dena	ترتیب دینا
ausruhen	barqarar rahna	برقرار رہنا
ausrutschen	visalna	پھسلنا
ausschalten	band karna	بند کرنا
ausscheiden	kharij karna	خارج کرنا
ausschimpfen	dantna	ڈانٹنا
ausschlafen	där sä sona	دیر سے سونا
ausschließen	nikal däna	نکال دینا
ausschneiden	kharab hona	خراب ہونا
aussehen	däkhna	دیکھنا
äußern	sahir karna	ظاہر کرنا
aussetzen	muatal karna	معطل کرنا
aussprechen	raä däna, bol parna	رائے دینا۔ بول پڑنا
ausstehen	khara hona	کھڑا ہونا
aussteigen	jagah chorna, safar par jāna	جگہ چوڑنا، سفر پر جانا

aussterben مرجا جانا، مرنا
mar jāna, marna

ausstrecken پھیلانا، دراز کرنا
väalna, daras karna

aussuchen چن لینا، انتخاب کرنا
chun läna, intkhab karna

austauschen jagah badalna جگہ بدلنا

austeilen päsch karna پیش کرنا

austoben کسی چیز سے جان چڑانا
kisi chēs se jān churana

austreten chalä jāna چلے جانا

austricksen کسی کو دھوکہ دینا
kisi ko dhoka däna

austrinken pēna پینا

ausüben maschq karna مشق کرنا

auswählen intkhab karna انتخاب کرنا

auswandern hijrat karna ہجرت کرنا

auswaschen صاف ستھرا کرنا
sāf suthra karna

auswechseln jagah badalna جگہ بدلنا

ausweichen chakma däna چکمہ دینا

auswerten andāsa lagana اندازہ لگانا

auswirken asar andas hona اثر انداز ہونا

auszählen ginti karna گنتی کرنا

auszeichnen nikalna نکالنا

ausziehen chalä jāna چلے جانا

B

babysitten بچوں کا خیال رکھنا
bacho ka khjal rakhna

backen dam bakht karna دم پخت کرنا

baden nahana نہانا

baggern khodna کھودنا

basteln بے مقصد گھومنا
bă maqsad ghumna

bauen tāmēr karna تعمیر کرنا

beabsichtigen irāda karna ارادہ کرنا

beachten däkhna دیکھنا

beängstigen darana ڈرانا

beanspruchen dāwa karna دعوی کرنا

beantragen darkhwast karna درخواست دینا

beantworten jawab däna جواب دینا

bearbeiten muratab karna مرتب کرنا

beatmen hawadar banana ہوادار بنانا

beaufsichtigen nigrani karna نگرانی کرنا

beauftragen nokar rakhna نوکر رکھنا

bedanken شکریہ ادا کرنا
schukrija ada karna

bedauern paschäman hona پیشمان ہونا

bedecken dhanpna ڈھانپنا

bedenken khjal karna خیال کرنا

bedeuten matlab hona مطلب ہونا

bedienen istämal karna استعمال کرنا

bedrängen sor däna زور دینا

bedrohen dhamki däna دھمکی دینا

bedrücken majus karna مایوس کرنا

beeilen	jaldi karna	جلدی کرنا
beeindrucken	mutaßir karna	متاثر کرنا
beeinflussen	sär asar hona	زیر اثر ہونا
beeinträch-tigen	asar andas hona	اثر انداز ہونا
beenden	rukna	رکنا
beerdigen	dafan karna	دفن کرنا
befassen	muāmla taä karna	معاملہ طے پانا
befehlen	qābu karna	قابو کرنا
befestigen	maramat karna	مرمت کرنا
befeuchten	nami päda karna	نمی پیدا کرنا
befinden	fäsla karna	فیصلہ کرنا
befolgen	pärwi karna	پیروی کرنا
befragen	ruju karna	رجوع کرنا
befreien	āsad karna	اذاد کرنا
befriedigen	milna	ملنا
befruchten	itmēnan dilana	اطمینان دلانا
befürchten	dar hona	ڈر ہونا
befürworten	maschwarah karna	مشورہ کرنا
begegnen	manna	ملنا
begehen	mujrim hona	مجرم ہونا
begehren	chahna	چاہنا
begeistern	mutaßir karna	متاثر کرنا
beginnen	schuru karna	شروع کرنا
begleiten	hamrah, sāth āna	ہمراہ، ساتھ انا
beglückwün-schen	mubarak bād däna	مبارک باد دینا
begraben	dafan karna	دفن کرنا
begreifen	samajhna	سمجھنا
begrenzen	mahdud karna	محدود کرنا
begründen	dalail päsch karna	دلائل پیش کرنا
begrüßen	khusch āmdēd kahna	خوش امدید کہنا
begünstigen	āsani päda karna	اسانی پیدا کرنا
begutachten	janchna	جانچنا
behalten	jāri rakhna	جاری رکھنا
behandeln	suluk karna	سلوک کرنا
beharren	jama rahna	جما رہنا
behaupten	dawa karna	دعوی کرنا
beheben	maramat karna	مرمت کرنا
behelfen	nigrani karna	نگرانی کرنا
beherrschen	kisi kām mä maharat hona	کسی کام میں مہارت ہونا
beherzigen	tawajuh däna	توجہ دینا
behindern	rokna	روکنا
behüten	hifasat karna	حفاظت کرنا
beibehalten	qaim rakhna, bachana	قائم رکھنا، بچانا
beibringen	badhana	پڑھانا
beichten	ätraf jurm karna	اعتراف جرم کرنا
beifügen	schamil karna	شامل کرنا
beinhalten	schamil hona	شامل ہونا
beipflichten	sä rāsi hona	سے راضی ہونا
beirren	māil karna	مائل کرنا
beißen	kātna	کاٹنا
beistehen	madad karna	مدد کرنا
beitragen	hißa dalna	حصہ ڈالنا
beitreten	milana	ملانا

bejahen	pakka karna	پکا کرنا
bejubeln	khusch karna	خوش کرنا
bekämpfen	larāi karna	لڑائی کرنا
bekehren	tabdēl karna	تبدیل کرنا
bekennen	ätraf jurm karna	اعتراف جرم کرنا
beklagen	schkajat karna	شکایت کرنا
bekleckern	nikalna	نکالنا
bekommen	hasil karna	حاصل کرنا
bekräftigen	dobara taslēm karna	دوبارہ تسلیم کرنا
beladen	boih ladna	بوجھ لادنا
belasten	boih dalna	بوجھ ڈالنا
belästigen	paräschan karna	پریشان کرنا
belauschen	ilm kä bäghär sunna	علم کے بغیر سننا
beleidigen	gustakhi karna	گستاخی کرنا
bellen	bhonkna	بھونکنا
belohnen	jasa däna	جزا دینا
belügen	jhut bolna	جھوٹ بولنا
bemerken	pata lagana	پتہ لگانا
bemitleiden	kisi kä lijä afsos karna	کسی کے لئے افسوس کرنا
bemühen	koschsch karna	کوشش کرنا
benachrichtigen	itāl däna	اطلاع دینا
benehmen	suluk karna	سلوک کرنا
beneiden	hasad karna	حسد کرنا
benennen	nām läna	نام لینا
benoten	darja bandi karna	درجہ بندی کرنا
benötigen	sarurat hona	ضرورت ہونا
beobachten	nasar rakhna	نظر رکھنا
beraten	nasihat karna	نصیحت کرنا
berechnen	schumar karna	شمار کرنا
bereden	kä mutaliq bāt karna	کے متعلق بات کرنا
bereiten	tajari karna	تیاری کرنا
bereithalten	tajar hona	تیار ہونا
bereitmachen	tajari karna	تیاری کرنا
bereuen	pachtana	پچھتانا
berichten	itala dänā	اطلاع دینا
berichtigen	durust karna	درست کرنا
berücksichtigen	ghaur karna	غور کرنا
beruhigen	thanda ho jāna	ٹھنڈا ہوجانا
berühren	chuna	چھونا
beschädigen	nuqsan pahunchana	نقصان پہنچانا
beschaffen	hasil karna	حاصل کرنا
beschäftigen	sāmna karna	سامنا کرنا
bescheinigen	tasdēq karna	تصدیق کرنا
beschenken	tahaif däna	تحائف دینا
beschimpfen	dantna	ڈانٹنا
beschleunigen	täs hona	تیز ہونا
beschließen	intkhab karna	انتخاب کرنا
beschmutzen	dhabba lagana	دھبہ لگانا
beschränken	mahdud karna	محدہد کرنا
beschreiben	wasahat karna	وضاحت کرنا
beschuldigen	ilsām lagana	الزام لگانا
beschützen	mahfus rakhna	محفوظ رکھنا

beschweren	schkwa karna	شکوہ کرنا
beseitigen	khatm karna	ختم کرنا
besetzen	qabsa karna	قبضہ کرنا
besichtigen	sarkari taur par muaina karna	سرکاری طورپر معائنہ کرنا
besiegen	schkast dena	شکست دینا
besitzen	mālik hona	مالک ہونا
besorgen	hasil karna	حاصل کرنا
besprechen	guftugu karna	گفتگو کرنا
bestätigen	sābit karna	ثابت کرنا
bestatten	dafan karna	دفن کرنا
bestaunen	hairan ho jāna	حیران ہوجانا
bestehen	muschtamail hona	مشتمل ہونا
bestellen	hukm däna	حکم دینا
bestimmen	faisla karna	فیصلہ کرنا
bestrafen	sasa däna	سزا دینا
bestreiten	tardēd karna	تردید کرنا
besuchen	sarkari taur par muaina karna	سرکاری طورپر معائنہ کرنا
betätigen	dabana	دبانا
betäuben	bä hawas kar däna	بے حواس کردینا
beteiligen	schamil hona	شامل ہونا
beten	ibadat karna	عبادت کرنا
beteuern	wasuq sä kahna	وثوق سے کہنا
betonen	taēd karna	تائید کرنا
betören	dhoka däna	دھوکہ دینا
betrachten	tawajuh däna	توجہ دینا
betreuen	kā khajal karna	کا خیال رکھنا
betrügen	dhoka däna	دھوکہ دینا
betteln	iltija karna	التجا کرنا
beugen	morna	موڑنا
beunruhigen	chokas karna	چوکس کرنا
beurteilen	takhmēna lagana	تخمینہ لگانا
bevorzugen	tarjæh däna	ترجیح دینا
bewachen	hifasat karna	حفاظت کرنا
bewaffnen	tajari karna	تیاری کرنا
bewältigen	kam sä kam mawad sä kām chalana	کم سے کم مواد سے کام چلانا
bewegen	safar karna	سفر کرنا
beweisen	sābit karna	ثابت کرنا
bewerben	kām mä lāna	کام میں لانا
bewerten	andasa lagana	اندازہ لگانا
bewirken	wajah banna	وجہ بننا
bewohnen	rihaisch hona	رہائش ہونا
bewundern	tarēf karna	تعریف کرنا
bezahlen	muawasa däna	معاویضہ دینا
bezeichnen	ischar karna	اظہار کرنا
bezweifeln	schak karna	شک کرنا
biegen	morna	موڑنا
bieten	päsch kasch karna	پیش کش کرنا
bilden	wajud mä lāna	وجود میں لانا
bitten	darkhwast karna	درخواست کرنا
blamieren	bä issat karwana	بے عزت کروانا
blasen	phunkna	پھونکنا
bleiben	thaharna	ٹھرنا
blenden	ghaur sä däkhna	غور سے دیکھنا
blinken	jagmagana	جگمگانا

blinzeln	jhilmilana	جلملانا
blitzen	chamakna	چمکنا
blockieren	band kar däna	بند کردینا
blühen	vul nikalna	پھول نکلنا
bluten	khun bahna	خون بہنا
bohren	surakh karna	سوراخ کرنا
boxen	dabbä mä dālna	ڈبے میں ڈالنا
boykottieren	baikat karna	بائیکاٹ کرنا
braten	farai karna	فرائی کرنا
brauchen	saruri hona	ضروری ہونا
brechen	tutna	ٹوٹنا
bremsen	brakä marna	بریک مارنا
brennen	chalna	جلنا
bringen	lāna	لانا
bröckeln	dhär ho jāna	ڈھیر ہوجانا
brüllen	schär ka daharna	شیر کا دھاڑنا
brummen	bhinbhinana	بھنبھنانا
brüten	mansuba banana	منصوبہ بنانا
buchen	mukhtas karna	مختص کرنا
buchstabieren	hurufo sä banana	حروفوں سے بنانا
bücken	mähnat karna, koschsch karna	محنت کرنا، کوشش کرنا
bügeln	istri karna	استری کرنا
bummeln	āwara gardi karna	اوارہ گردی کرنا
bürsten	burasch sä sāf karna	برش سے صاف کرنا

C

campen	khäma lagana	خیمہ لگانا
charakterisieren	wasf bajan karna	وصف بیان کرنا
chatten	gap schap karna	گپ شپ کرنا

D

dableiben	waha qjam karna	وہاں قیام کرنا
danebenbe-nehmen	bäd suluki karna	بد سلوکی کرنا
danken	schukrija ada karna	شکریہ ادا کرنا
darstellen	numaindgi karna	نمائیندگی کرنا
dastehen	waha hän	وہاں ہیں
dauern	sinda bāqi rahna	زندہ باقی رہنا
decken	dhanpna	ڈھانپنا
dehnen	phail jāna	پھیل جانا
dementieren	inkar karna	انکار کرنا
demonstrie-ren	päsch karna	پیش کرنا
demütigen	bä issat karwana	بے عزت کروانا
denken	samajhna	سمجھنا
deprimieren	majus karna	مایوس کرنا
desinfizieren	wabai jarasēm dur karna	وبائی جراثیم دور کرنا
deuten	tajwēs dena	تجویز دینا
dienen	khidmat karna	خدمت کرنا
diskriminie-ren	imtijas karna	امتیار کرنا
diskutieren	guftugu karna	گفتگو کرنا
disqualifizie-ren	namosu qarar däna	ناموزوں قرار دینا
distanzieren	fāsla rakhna	فاصلہ رکھنا
dividieren	taqsēm karna	تقسیم کرنا
donnern	chillana	چلانا
dosieren	dawa ki khurak däna	دوا کی خوراک دینا
downloaden	download karna	ڈاون لوڈ کرنا
dramatisieren	tarqi däna	ترقی دینا
dranbleiben	däkhtä rahna	دیکھتے رہنا
drängeln	jaldi sä chalna	جلدی سے چلنا
drängen	dabana	دبانا
drankommen	kisi äk ki bāri hona	کسی ایک کی باری ہونا
drehen	rukh badalna, badalna	رخ بدلنا، بدلنا
drohen	dhamki däna	دھمکی دینا
drucken	chapna	چھاپنا
drücken	dabana	دبانا
ducken	chakma däna	چکمہ دینا
duften	sunghna	سونگھنا
dulden	bardascht karna	برداشت کرنا
durchdenken	män sä sochna	میں سے سوچنا
durcheinan-derbringen	kharab karna	خراب کرنا
durchführen	chalana	چلانا
durchsagen	älan karna	اعلان کرنا
durchschauen	män sä däkhna	میں سے دیکھنا
durchsetzen	nafis karna	نافذ کرنا
durchsickern	bāt khulna	بات کھلنا
durchstöbern	browsing karna	براوزنگ کرنا
durchstrei-chen	takrana	ٹکرانا
durchwühlen	män sä ghasætna	میں سے گھسیٹنا
durchziehen	dobara sähat mand hona	دوبارہ صحت مند ہونا
dürfen	hona	ہونا

duschen	nahana	نہانا
duzen	ghär rasmi taur par khitab karna	غیر رسمی طور پر خطاب کرنا

E

ebnen	hamwar karna	ہموار کرنا
ehren	issat däna	عزت دینا
eignen	mäjar par pura utarna	معیار پر پورا اترنا
eilen	jaldi karna	جلدی کرنا
einatmen	sans läna	سانس لینا
einbilden	tasawur karna	تصور کرنا
einbrechen	torna	توڑنا
einchecken	amad	امد
eincremen	māt däna	مات دینا
eindringen	ārpār hojāna	ارپار ہوجانا
eindrücken	andar dabana	اندر دبانا
einengen	tang hona	تنگ ہونا
einfädeln	murna	مڑنا
einfahren	bās āna	باز انا
einfallen	hamla karna	حملہ کرنا
einfangen	qaid karna	قید کرنا
einfügen	nasab karna	نصب کرنا
einfühlen	ham ihsās hona	ہم احساس ہونا
einführen	mutaraf karana	متعارف کرانا
eingeben	dakhil hona	داخل ہونا
eingestehen	taslēm karna	تسلیم کرنا
eingreifen	mudakhlat karna	مداخلت کرنا
eingrenzen	wasä karna	واضع کرنا
einholen	qābu karna	قابوکرنا
einigen	mutahid hona	متحد ہونا
einkaufen	kharēdna	خریدنا
einkleben	gond sä chipakna	گوند سے چپکانا

einklemmen	nochna	نوچنا
einladen	dawat däna	دعوت دینا
einleben	faisla karna	فیصلہ کرنا
einlenken	nakam hona	ناکام ہونا
einleuchten	mahsus banana	محسوس بنانا
einliefern	jama karna	جمع کرناا
einloggen	lāg ān hona	لاگ ان ہونا
einlösen	gunah bakhsch däna	گناہ پخش دینا
einmischen	ikatha karna	اکھٹا کرنا
einordnen	darja bandi karna	درجہ بندی کرنا
einpacken	sāth rakhna	ساتھ رکھنا
einparken	sāth rakhna	ساتھ رکھنا
einpflanzen	nasab karna	نصب کرنا
einplanen	tartēb dena	ترتیب دینا
einprägen	mutasir karna	متاثر کرنا
einräumen	ata karna	عطا کرنا
einreden	māil karna	مائل کرنا
einreiben	ragarna	رگڑنا
einreisen	dakhil hona, dakhil karna	داخل ہونا، داخل کرنا
einrosten	sang lagna	زنگ لگنا
einschalten	bharkana	بھڑکانا
einschätzen	andasa lagana	اندازہ لگانا
einschenken	undälna	انڈیلنا
einschlafen	sunghna	سونگھنا
einschließen	so jāna	سو جانا
einschränken	schamil karna	شامل کرنا
einschreiten	mudakhlat karna	مداخلت کرنا
einschüchtern	dhamki däna	دھمکی دینا
einschulen	muhassab banana	مہذب بنانا
einsehen	ihasas karna	احساس کرنا
einsetzen	nasab karna	نصب کرنا
einsperren	band karna	بند کرنا
einspringen	bharna	بھرنا
einstecken	dāt lagana	ڈانٹ لگانا
einsteigen	dakhil hona	داخل ہونا
einstellen	rakhna	رکھنا
einstürzen	gir jāna	گر جانا
eintauchen	gota lagana	غوطہ لگانا
einteilen	taqsēm karna	تقسیم کرنا
eintragen	kunda karna	کندہ کرنا
eintreffen	pahunchna	پہنچنا
eintreten	dakhil hona	داخل ہونا
einwandern	hijrat karna	ہجرت کرنا
einwechseln	tabdēl karna	تبدیل کرنا
einweichen	pāni mä dalna	پانی میں ڈالنا
einweihen	iftitah karna	افتتاح کرنا
einweisen	hidajat däna	ہدایت دینا
einwenden	ätras karna	اعتراض کرنا
einwilligen	itāt karna	اطاعت کرنا
einzahlen	jama karna	جمع کرنا
eitern	pēp par jāna	پیپ پڑ جانا
ekeln	nafrat karna	نفرت کرنا
empfangen	hasil karna	حاصل کرنا
empfehlen	sifarisch karna	سفارش کرنا
empfinden	mahsus karna	محسوس کرنا
enden	khatm karna	ختم کرنا

entdecken	darjaft karna	دریافت کرنا
entfachen	röschan karna	روشن کرنا
entfallen	akhlaqi taur par gir jāna	اخلاقی طورپر گر جانا
entfernen	hatana	ہٹانا
entführen	ighwa karna	اغوا کرنا
entgegen-bringen	āgä lāna	اگے لانا
entgegnen	muqābla karna	مقابلہ کرنا
entgleisen	patri sä utarna	پٹڑی سے اترنا
enthalten	schamil hona	شامل ہونا
entkommen	bachna	بچنا
entlanggehen	sath sath jana	ساتھ ساتھ جانا
entlassen	riha karna	رہا کرنا
entlasten	āram karna	ارام دینا
entlaufen	bachna	بچنا
entscheiden	faisla karna	فیصلہ کرنا
entschließen	intkhab karna	انتخاب کرنا
entschuldigen	masarat karna	معذرت کرنا
entsetzen	khauf sada karna	خوف ذدہ ہونا
entsorgen	vänkna	پھینکنا
entspannen	āram karna	ارام کرنا
entsprechen	sä khato wa kitabat karna	سے خط و کتابت کرنا
entstehen	taschkēl dena	تشکیل دینا
entstellen	marorna	مروڑنا
enttäuschen	nā umēd hona	نا امید کرنا
entwaffnen	ghair musallah karna	غیر مسلح کرنا
entweichen	bachna	بچنا
entwerfen	namuna banana	نمونہ بنانا
entwickeln	taraqi karna	ترقی کرنا
erben	wirsä mä pāna	ورثے میں پانا
erbrechen	qä karna	قے کرنا
ereignen	waqä hona	واقع ہونا
erfahren	sēkhna	سیکھنا
erfinden	ijad karna	ایجاد کرنا
erforschen	darjaft karna	دریافت کرنا
erfrieren	sardi sä mar jāna	سردی سے مر جانا
erfrischen	tasa karna	تازہ کرنا
erfüllen	milna	ملنا
ergänzen	munsalik karna	منسلک کرنا
ergeben	natēja hona	نتیجہ ہونا
erhalten	hasil karna	حاصل کرنا
erhoffen	kä lijä umæd karna	کیلیے امید کرنا
erhöhen	sjada karna	زیادہ کرنا
erholen	dobara hasil karna	دوبارہ حاصل کرنا
erinnern	jād karna	یاد کرنا
erkälten	sukām lagna	زکام لگنا
erkennen	schanakht karna	شناخت کرنا
erklären	taschrēh karna	تشریح کرنا
erkundigen	darjaft karna	دریافت کرنا
erlauben	ijasat däna	اجازت دینا
erläutern	taschrēh karna	تشریح کرنا
erleben	tajsija karna	تجربہ کرنا
erledigen	karna	کرنا
erleichtern	āraisch däna	ارائیش دینا
erlösen	tasawur karna	تصرر کرنا

ermahnen	josch badhana	جوش بڑھانا
ermitteln	pakka irada karna	پکا ارادہ کرنا
ermöglichen	qābil banana	قابل بنانا
ermorden	qatl krna	قتل کرنا
ermuntern	tasalli däna	تسلی دینا
ermutigen	hausla däna	حوصلہ دینا
ernähren	khurak däna	خوراک دینا
ernennen	muqarrar hona	مقرر ہونا
erneuern	naja karna	نیا کرنا
ernten	fasl katna	فصل کاٹنا
eröffnen	khulna	کھلنا
erpressen	dhamki dä kar dabao dalna	دھمکی دے کر دباو ڈالنا
erregen	josch dilana	جوش دلانا
erreichen	pahunchna	پہنچنا
erscheinen	sahir hona	ظاہر ہونا
erschrecken	darana	ڈرانا
erschüttern	schakä karna	شیک کرنا
erschweren	bigarna	بگاڑنا
ersetzen	tabdēl karna	تبدیل کرنا
erstaunen	hairat mä dalna	حیرت میں ڈالنا
ersticken	qabu karna	قابو کرنا
ertappen	pakarna	پکڑنا
ertragen	bardascht karna	برداشت کرنا
ertrinken	dubna	ڈوبنا
erwähnen	sikr karna	ذکر کرنا
erwarten	tawaqu karna	توقع کرنا
erwidern	wapas hona	واپس ہونا
erwürgen	gala ghontna	گلا گھونٹنا
erzählen	batana	بتانا
erzeugen	paida karna	پیدا کرنا
erziehen	tālæm däna	تعلیم دینا
erzwingen	maibur karna	مجبور کرنا
essen	khana	کھانا
existieren	mojud hona	موجود ہونا
explodieren	dhmaka karna	دھماکہ کرنا

F

Deutsch	Umschrift	Urdu
fahren	chalana	چلانا
fallen	girna	گرنا
fälschen	ki naql karna	کی نقل کرنا
falten	murna	مڑنا
fangen	pakarna	پکڑنا
färben	bāl wagāra ko rang dāna	بال وغیرہ کو رنگ دینا
fassen	masbuti sä pakarna	مضبوطی سے پکڑنا
fasten	täs karna	تیز کرنا
faszinieren	moh läna	موہ لینا
faulen	kharab hona	خراب ہونا
faulenzen	kahil hona	کاہل ہونا
fechten	char dēwari karna	چار دیواری کرنا
fegen	jhāru däna	جھاڑو دینا
fehlen	jād karna	یاد کرنا
feiern	jaschn manana	جشن منانا
feilen	adalat mä drkhwast dāir karna	عدالت میں درخواست دائر کرنا
fernsehen	tv däkhna	ٹی وی دیکھنا
fernsteuern	täli control karna	ٹیلی کنٹرول کرنا
fertigmachen	tajar karna	تیار کرنا
fesseln	bandhna	باندھنا
festhalten	pakarna	پکڑنا
festnehmen	pakarna	پکڑنا
feststehen	jaqēni hona	یقینی ہونا
feststellen	irada karna	ارادہ کرنا
filmen	film karwana	فلم کروانا
filtern	sāf karna	صاف کرنا
finanzieren	kisi kām kä lijä raqm däna	کسی کام کے لئے رقم دینا
finden	talasch karna	تلاش کرنا
flehen	iltija karna	التجا کرنا
flicken	jorna	جوڑنا
fliegen	urna	اڑنا
fliehen	bach jana	بچ جانا
fließen	bahna	بہنا
flimmern	varvarana	پھڑپھڑانا
flirten	nas wa nakhrä karna	ناز و نخرے کرنا
fluchen	bakwas karna	بکواس کرنا
flüchten	bach jana	بچ جانا
flüstern	āhista āwas mä bolna	اہستہ اواز میں بولنا
föhnen	khuschk karnä kä lijä hawa däna	خشک کرنے کے لئے ہوا دینا
folgen	tāqub karna	تعقب کرنا
folgern	natēja hona	نتیجہ ہونا
foltern	asijat däna	اذیت دینا
fordern	darkhwast karna	درخواست کرنا
fördern	taraqi karna, taraqi däna	ترقی کرنا، ترقی دینا
formulieren	wasa karna	وضع کرنا
forschen	tahqēq karna	تحقیق کرنا
fortbilden	tarbijat däna	تربیت دینا
fortfahren	schuru karna	شروع کرنا
fortsetzen	jāri rakhna	جاری رکھنا
fotografieren	taswēr khēnchna	تصریر کھینچنا
fragen	puchna	پوچھنا

frankieren	stamp lagana	سٹمپ لگانا
freigeben	āsā d karna	ازاد کرنا
freihaben	äk chutti karna	ایک چھٹی ہونا
freilassen	āsā d karna	ازاد کرنا
freisprechen	kharij karna	خارج کرنا
fremdgehen	dhoka däna	دھوکہ دینا
fressen	tabah hona	تباہ ہونا
freuen	āgä däkhna	اگے دیکھنا
frieren	baraf banana	برف بنانا
frühstücken	nāschta karna	ناشتہ کرنا
frustrieren	nā umēd karna	نا امید کرنا
fühlen	ähsas karna	احساس کرنا
führen	rahnumai karna	رہنمائی کرنا
füllen	bharna	بھرنا
funktionieren	chalana	چلانا
fürchten	darana	ڈرنا

G

gähnen	khila hona	کھلا ہونا
garantieren	jaqēni banana	یقیینی بنانا
geben	däna	دینا
gefährden	khaträ mä dalna	خطرے میں ڈالنا
gefallen	khusch karna	خوش کرنا
gehen	jāna	جانا
gehorchen	iatāt karna	اطاعت کرنا
gehören	schamil hona	شامل ہونا
gelangen	hasil karna	حاصل کرنا
gelingen	kamjab hona	کامیاب ہونا
gelten	darkhwast dena, ästemal me lāna	درخواست دینا،استعال میں لانا
genehmigen	mansur karna	منظور کرنا
genesen	dobara hasil karna	دوبارہ حاصل کرنا
genieren	diqqat mahsus karna	دقت محسوس کرنا
genießen	masä läna	مزے لینا
genügen	kāfi hona	کافی ہونا
geschehen	waqä hona	واقع ہونا
gestatten	ijasat däna	اجازت دینا
gestehen	ätraf karna	اعتراف کرنا
gestikulieren	ischaron sä ischar karna	اشاروں سے اظہار کرنا
gewinnen	jit jāna	جیت جانا
gewittern	gir jāna	گرجنا
gewöhnen	ādi hona	عادی ہونا
gießen	undälna	انڈیلنا
glänzen	chamakna	چمکنا

glätten	naram karna	نرم کرنا
glauben	jaqēn karna	یقین کرنا
gleichen	muschabah hona	مشابہ ہونا
gleiten	urna glidär wagära mä	اڑنا گلائڈر وغیرہ میں
gliedern	jakja karna	یکجا کرنا
glitzern	chamakna	چمکنا
glühen	chamakna	چمکنا
gönnen	apnä āp sä suluk karna	اپنے اپ سے سلوک کرنا
graben	khodna	کھودنا
gratulieren	mubarakbad däna	مبارکباد دینا
greifen	rasai	رسائی
grenzen	tang karna	تنگ کرنا
grillen	angäthi par bhonna	انگھیٹی پر بھوننا
grinsen	hansna	ہنسنا
grübeln	sochna	سوچنا
gründen	qaim karna	قائم کرنا
grunzen	pāk qism ki awas	پاک قسم کی اواز
gruseln	khauf ka ähsas karna	خوف کا احساس ہونا
grüßen	khusch āmdēd kahna	خوش امدید کہنا
gucken	däkhna	دیکھنا
gurgeln	ghargharana	غرغرانا
gutmachen	talafi karna	تلافی کرنا

H

haaren	bāl	بال
haben	kä pās hona	کے پاس ہونا
hacken	kātna	کاٹنا
hadern	jhagra karna	جھگڑا کرنا
hageln	tarēf karna	تعریف کرنا
häkeln	kuroschja karna	کروشیا کرنا
halbieren	ādha katna	ادھا کاٹنا
halten	rakhna	رکھنا
hämmern	hathori sä mārna	ہاتھوڑی سے مارنا
handeln	amal karna	عمل کرنا
handhaben	pakarna	پکڑنا
hängen	latkana	لٹکانا
harmonieren	ham āhamgi hona	ہم اہنگی ہونا
hassen	nafrat karna	نفرت کرنا
hauen	mārna	مارنا
heben	uthana	اٹھانا
hecheln	panpna	پانپنا
heften	pitai karna	پٹائی کرنا
hegen	mahsub banana	محنوب بنانا
heilen	sähat mand hona	صحت مند ہونا
heimfahren	mansil tak pahunchna	منزل تک پہنچنا
heimzahlen	jasa pāna	جزا پانا
heiraten	schadi karna	شادی کرنا
heißen	bulaja jaä	بلایا جائے
heizen	garam karna	گرم کرنا
helfen	madad karna	مدد کرنا

herausfordern	inkar karna	انکار کرنا
herrschen	hukumat karna	حکومت کرنا
hervorrufen	wajah banna	وجہ بننا
hetzen	jaldi karna	جلدی کرنا
heucheln	bahana karna	بہانہ کرنا
heulen	chillana	چلانا
hinken	qaid karna	قید کرنا
hinrichten	anjam däna	انجام دینا
hinterfragen	sawal karna	سوال کرنا
hinweisen	ischara karna	اشارہ کرنا
hinzufügen	schamil karna	شامل کرنا
hobeln	hatana	ہٹانا
hocken	kulho kä bal baithna	کولہوں کے بل بیٹھنا
hoffen	umēd rakhna	امید رکھنا
holen	hasil karna	حاصل کرنا
hören	sunna	سننا
humpeln	langra kar chalna	لنگڑا کر چلنا
hungern	bhuka hona	بھوکا ہونا
hupen	önchi ā was päda karna	اونچی اواز پیدا کرنا
hüpfen	wapas uchlana	واپس اچھلنا
husten	khansna	کھانسنا
hüten	khidmat karna	خدمت کرنا
hypnotisieren	sulana	سلانا

I

identifizieren	schanakht karna	شناخت کرنا
ignorieren	nasar andas karna	نظر انداز کرنا
impfen	wacsine lagana	ویکسین لگانا
infizieren	maraj lagna	مرض لگنا
informieren	itlā däna	اطلاع دینا
innehaben	pakarna	پکڑنا
inspirieren	mutasir karna	متاثر ہونا
installieren	nasab karna	نصب کرنا
integrieren	jakja karna	یکجا کرنا
interessieren	kisi chēs me dilchaspi lena	کسی چیر میں دلچسپی لینا
interpretieren	tarjamani karna	ترجمانی کرنا
interviewen	interview lena	انٹرویو لینا
investieren	sarmaja kā ri karna	سرمایہ کاری کرنا
irreführen	gumarah karna	گمراہ کرنا
irren	ghalti karna	غلطی کرنا
irritieren	tang karna	تنگ کرنا
isolieren	juda karna	جدا کرنا

J

jagen	schkar karna	شکار کرنا
jammern	chilla uthna	چلا اٹھنا
joggen	halkä dorna	ہلکے دوڑنا
jubeln	khusch hona	خوش ہونا
jucken	kharisch hona	خارش ہونا

K

kämmen	kanghi karna	کنگھی کرنا
kämpfen	jhagra karna	جھگڑا کرنا
kapitulieren	hā r mā n läna	ہارمان لینا
kaputtgehen	torna	توڑنا
kassieren	raqm läna	رقم لینا
kauen	chabana	چبانا
kauern	ähtaram sä jhukna	احترام سے جھکنا
kaufen	kharēdna	خریدنا
kehren	jharu däna	جھاڑو دینا
kehrtmachen	halat mukammal badalna	حالت مکمل بدلنا
kennen	janna	جاننا
kennzeichnen	nischan lagana	نشان لگانا
keuchen	hanpna	ہانپنا
kichern	khilkhilana	کھلکھلانا
kidnappen	ighwa karna	اغوا کرنا
kitzeln	gudgudana	گدگدانا
klaffen	hairangi sä däkhna	حیرانگی سے دیکھنا
klagen	qanuni karwai karna	قانونی کاروائی کرنا
klammern	chimatna	چمٹنا
klappen	tah karna	تہ کرنا
klappern	kharkharahat karna	کھڑکھڑاہٹ کرنا
klären	wajahat karna	وضاحت کرنا
klargehen	wasä hona	واضح ہونا
klarkommen	kam mawad sä kām chalana	کم مواد سے کام چلانا
klatschen	tāli bajana	تالی بجانا
kleben	gond lagana	گوند لگانا
kleckern	be tartēb karna	بے ترتیب کرنا
klettern	öpar charna	اوپر چڑھنا
klicken	tik karna	ٹک کرنا
klingeln	von karna	فون کرنا
klingen	mahsus karna	محسوس کرنا
klopfen	khufsa taur par räcord karna	خفیہ طور پر ریکارڈ کرنا
knabbern	katarna	کترنا
knacken	chatkhana	چٹخانا
knallen	bahar nikalna	باہر نکلنا
kneifen	chutki läna	چٹکی کاٹنا
kneten	gundhna	گُوندھنا
knicken	morna	موڑنا
knien	ghutnä jhukana	گھٹنے جھکانا
knirschen	kutna	کوٹنا
knistern	karkarana	کڑکڑانا
knittern	schkan dalna	شکن ڈالنا
knöpfen	batan lagana	بٹن لگانا
knurren	ghurrana	غرانا
kochen	pakana	پکانا
kombinieren	jorna	جوڑنا
kommen	āna	آنا
kommentieren	tabsarah karna	تبصرہ کرنا
können	kar sakna	کر سکنا
konstruieren	tamēr karna	تعمیر کرنا
konsumieren	ästmal karna	استعمال کرنا
kontrollieren	qābu karna	قابو کرنا

konzentrieren	tawajuh däna	توجہ دینا
kooperieren	tāwun karna	تعاون کرنا
koordinieren	munassam karna	منظم کرنا
kopieren	naql karna	نقل کرنا
korrigieren	durust karna	درست کرنا
kosten	lagat hona	لاگت ہونا
krabbeln	rängna	رینگنا
krankmelden	bēmari ki itlā dena	بیماری کی اطلاع دینا
kratzen	khujlana	کھجلانا
kraulen	pjar sä chuna	پیار سے چھونا
kräuseln	lahrana	لہرانا
kreisen	ghär läna	گھیر لینا
kreuzen	gusra jāna	گزر جانا
kribbeln	chubhna	چبھنا
kriechen	rängna	رینگنا
kriegen	hasil karna	حاصل کرنا
kritisieren	tanqēd karna	تنقید کرنا
krümeln	dhär ho jāna	ڈھیر ہو جانا
krümmen	murna	مڑنا
kühlen	thanda karna	ٹھنڈا کرنا
kümmern	khasal rakhna	خیال رکھنا
kündigen	istäfa däna	استعفیٰ دینا
kürzen	kam karna	کم کرنا
kuscheln	banhon mä läna	باہوں میں لینا
küssen	chumna	چومنا

L

lächeln	muskurana	مسکرانا
lachen	hansna	ہنسنا
laden	boih lādna	بوجھ لادنا
lagern	sakhēra karna	ذخیرہ کرنا
lähmen	maflēj karna	مفلوج کرنا
lahmlegen	band karna	بند کرنا
landen	samēn par utarna	زمین پر اترنا
langweilen	surakh karna	سوراخ کرنا
lassen	ijasat däna	اجازت دینا
lästern	gap schap lagana	گپ شپ لگانا
lauern	ghat lagana	گھات لگانا
laufen	bhagna	بھاگنا
läuten	von karna	فون کرنا/گھنٹی بجانا
leben	sinda rahana	زندہ رہنا
lecken	chatna	چاٹنا
leeren	khali karna	خالی کرنا
legen	rakhna	رکھنا
lehnen	jhukna	جھکنا
lehren	padhana	پڑھانا
leiden	taklæf sahna	تکلیف سہنا
leihen	kirae par dena	کرائے پر دینا
leisten	anjam däna	انجام دینا
leiten	rahnumai karna	رہنمائی کرنا
lenken	rāh dikhana	راہ دکھانا
lernen	sēkhna	سیکھنا
lesen	padhna	پڑھنا
leugnen	inkar karna	انکار کرنا
lieben	pjar karna	پیار کرنا

liebkosen	pjar sä chuna	پیار سے چھونا
liefern	hawalä karna	حوالے کرنا
liegen	jhut bolna	جھوٹ بولنا
lispeln	sargosch karna	سرگوشی کرنا
loben	tarēf karna	تعریف کرنا
locken	bal däna	بل دینا
lockern	dhēla karna	ڈھیلا کرنا
löffeln	chamchä sä däna	چمچے سے دینا
lohnen	muāwsa däna	معاوضہ دینا
löschen	hasaf karna	حذف کرنا
lösen	hal karna	حل کرنا
losfahren	gari chala kä lä jāna	گاڑی چلا کے لے جانا
loswerden	chutkara pāna	چھٹکارا پانا
lüften	naschr karna	نشر کرنا
lügen	jhut bolna	جھوٹ بولنا
lutschen	chusna	چوسنا

M

machen	banana	بنانا
mahnen	dantna	ڈانٹنا
mailen	ämail karna	ای-میل کرنا
malen	rang karna	رنگ کرنا
manipulieren	hasb ä manscha chalana	حسب منشاء چلانا
markieren	nischan lagana	نشان لگانا
massieren	malisch karna	مالش کرنا
meditieren	soch mä dubna	سوچ میں ڈوبنا
meiden	ähtaras karna	احتراز کرنا
meinen	matlab hona	مطلب ہونا
meistern	maharat hona	مہارت ہونا
melden	dastawäs päsch karna	دستاویز پیش کرنا
merken	sād karna	یاد کرنا
messen	napna	ناپنا
miauen	billi ki awas nikalna	بلی کی آواز نکالنا
mieten	kiraä par däna	کرائے پر دینا
mindern	ghatana	گھٹانا
mischen	milana	ملانا
missachten	nasar andas karna	نظر انداز کرنا
missbilligen	napasand karna	ناپسند کرنا
missbrauchen	gāli däna	گالی دینا
missen	chor däna	چھوڑ دینا
missfallen	nakhusch karna	ناخوش کرنا
missglücken	nakam hona	ناکام ہونا
misshandeln	gāli däna	گالی دینا
misslingen	nakam hona	ناکام ہونا

misstrauen	ätamad na karna	اعتماد نہ کرنا
missverstehen	ghalat samajhna	غلط سمجھنا
mitbekommen	mulahsa karna	ملاحظہ کرنا
mitfahren	sath sath sawari karna	ساتھ ساتھ سواری کرنا
mitfühlen	sor däna	زور دینا
mitmachen	schamil hona	شامل ہونا
mitteilen	mutala karna	مطلع کرنا
mixen	milana	ملانا
mögen	pasand karna	پسند کرنا
morden	qatl karna	قتل کرنا
motivieren	targhēb dena	ترغیب دینا
multiplizieren	kai guna badhana	کئی گنا بڑھانا
murmeln	halki awas sä bolna	ہلکی آواز سے بولنا
müssen	saruri hona	ضروری ہونا
mutmaßen	qijas karna	قیاس کرنا

N

nachahmen	naqal utarna	نقل اتارنا
nachdenken	sochna	سوچنا
nachgeben	dast bardar hona	دست بردار ہونا
nachholen	pakarnä kä lijä	پکڑنے کے لیے
nachkommen	tamēl karna	تعمیل کرنا
nachtragen	duschmani karna	دشمنی رکھنا
nagen	katarna	کترنا
nahekommen	nasdēk hona	نزدیک ہونا
nahen	band karna	بند کرنا
nähen	sēna	سینا
nähern	rasai hasil karna	رسائی حاصل کرنا
nahestehen	qarēb hona	قریب ہونا
naschen	halki phulki ghisa läna	ہلکی پھلکی غذا لینا
necken	tang karna	تنگ کرنا
nehmen	läna	لینا
neiden	raschk karna	رشک کرنا
neigen	khidmat karna	خدمت کرنا
nennen	von karna	فون کرنا
nerven	naras karna	ناراض کرنا
nicken	sar hilana	سر ہلانا
niederknien	nēche jhukna	نیچے جھکنا
niederlassen	pur sukun rihaisch ho jāna	پر سکون رہائشی ہو جانا
nieseln	bunda bandi hona	بوندا باندی ہونا
niesen	chēnkna	چھینکنا
nörgeln	jharna	جھاڑنا

nummerieren	dobara nambar lagana	دوبارہ نمبر لگانا
nuscheln	halki awas mä bolna	ہلکی آواز میں بولنا

O

öffnen	kholna	کھولنا
ölen	täl däna	تیل دینا
operieren	chalana	چلانا
opfern	qurbani däna	قربانی دینا
ordnen	tartæb däna	ترتیب دینا
organisieren	munassam karna	منظم کرنا
orientieren	manus hona	مانوس ہونا

P

packen	bandhna	باندھنا
paddeln	chappu chalana	چپو چلانا
parken	gari khari karna	گاڑی کھڑی کرنا
passen	tarēqe se lagana	طریقے سے لگانا
passieren	gusarna	گزرنا
petzen	mukhbiri karna	مخبری کرنا
pfeffern	mirch lagana	مرچ لگانا
pfeifen	sēti bajana	سیٹی بجانا
pflanzen	poda lagana	پودا لگانا
pflegen	tēmardari karna	تیمارداری کرنا
pflücken	chunna	چننا
picknicken	bahar tafrih par jana	باہر تفریح پر جانا
piepen	önchi āwas päda karna	اونچی آواز پیدا کرنا
piepsen	chahchahahat paida karna	چہچہاہٹ پیدا کرنا
plagen	tabah karna	تباہ کرنا
planen	mansuba banana	منصوبہ بنانا
planschen	chēnte udana	چھینٹے اڑانا
plappern	rās ifscha karna	راز افشاں کرنا
platzen	phatna/bharakna	پھٹنا/بھڑکنا
platzieren	jagah par rakhna	جگہ پر رکھنا
plaudern	gap schap lagana	گپ شپ لگانا
pleitegehen	kangal ho jāna	کنگال ہو جانا
pokern	pokär khälna	پوکر کھیلنا
posieren	dikhawa karna	دکھاوا کرنا
prägen	schakal däna	شکل دینا

prahlen	schäki marna	شیخی مارنا
prallen	uchal kar wapas āna	اچھل کر واپس آنا
präsentieren	päsch karna	پیش کرنا
pressen	dabana	دبانا
probieren	koschsch karna	کوشش کرنا
protestieren	ähtajaj karna	احتجاج کرنا
provozieren	ischtiāl däna	اشتعال دینا
prüfen	janchna	جانچنا
prügeln	mārna	مارنا
pupsen	pād mārna	پاد مارنا
pusten	phunk mārna	پھونک مارنا
putzen	sāf karna	صاف کرنا

Q

quaken	tar tar karna	ٹرٹر کَرنا
quälen	asijat däna	اذیت دینا
qualmen	tambaku nosch karna	تمباکو نوشی کرنا
quengeln	farjad karna	فریاد کرنا
quieken	chēkhna	چیخنا
quietschen	chillana	چلانا

R

rächen	badla läna	بدلہ لینا
radeln	saikil chalana/gardisch däna	سائیکل چلانا/گردش دینا
rascheln	sursurana	سر سرانا
rasen	jaldi karna	جلدی کرنا
rasieren	dadhi mundna	داڑھی مونڈنا
rasseln	kharkharana	کھڑکھڑانا
raten	andasa lagana	اندازہ لگانا
rätseln	ulajhna	الجھانا
rattern	kharkharana	کھڑکھڑانا
rauben	lutna	لُوٹنا
rauchen	tambaku nosch karna	تمباکو نوشی کرنا
rauschen	schor karna	شور کرنا
räuspern	khangarna	کھنگارنا
rausschmeißen	bahar phänkna	باہرپھینکنا
reagieren	raddä amal däna	رد عمل دینا
realisieren	mahsus karna	محسوس کرنا
rebellieren	baghawat karna	بغاوت کرنا
rechnen	ginna	گننا
rechtfertigen	sahi sabit karna	صحیح ثابت کرنا
recyceln	dobara ästämal karna	دوبارہ استعمال کرنا
reden	bāt karna	بات کرنا
regeln	muwafiq banana	موافق بنانا
regen	harkat däna	حرکت دینا
regieren	raddä amal däna	ردِ عمل دینا
registrieren	darj karna	درج کرنا

regnen	barisch hona	بارش ہونا
reiben	malna	ملنا
reichen	hath däna	ہاتھ دینا
reimen	schär banana	شعر بنانا
reinigen	sāf karna	صاف کرنا
reinlegen	masahija naqal utarna	مزاحیہ نقل اتارنا
reisen	safar karna	سفر کرنا
reißen	pharna	پھاڑنا
reiten	sawari karna	سواری کرنا
reizen	tapana	تپانا
rekeln	āwarah virna	آوارہ پھرنا
rennen	dor lagana	دوڑ لگانا
renovieren	taidēd karna	تجدید کرنا
reparieren	marammat karna	مُرمّت کرنا
reservieren	mukhtas karna	مختص کرنا
respektieren	issat karna	عزت کرنا
retten	bachana	بچانا
revanchieren	taraf dari lotana	طرف داری لوٹانا
richtigstellen	durust karna	درست کرنا
riechen	sunghna	سونگھنا
riskieren	khatra mol läna	خطرہ مول لینا
rollen	gol karna	گول کرنا
röntgen	äksrä karna	ایکس-رے کرنا
rosten	sang sadah hona	زنگ زدہ ہونا
rubbeln	khujlana	کھجلانا
rückerstatten	wapas ādaiegi karna	واپس ادئیگی کرنا
rudern	munh māri karna/qatar banana	منہ ماری کرنا/قطار بنانا
rufen	kāl karna	کال کرنا
ruhen	āram karna	آرام کرنا
rühren	chamcha wagära chalana	چمچہ وغیرہ چلانا
ruinieren	barbad karna	برباد کرنا
rutschen	phisalna	پھسلنا
rütteln	hilana	ہلانا

S

sagen	kahna	کہنا
sägen	chērna	چیرنا
salzen	namak dalna	نمک ڈالنا
sammeln	ikatha karna	اکٹھا کرنا
säubern	sāf karna	صاف کرنا
saugen	chusna	چوسنا
schaden	nuqsan däna	نقصان دینا
schaffen	paida karna	پیدا کرنا
schälen	chēlna	چھیلنا
schalten	tabadla karna	تبادلہ کرنا
schämen	scharam sä surkh ho jāna	شرم سے سُرخ ہوجانا
schätzen	andasa lagana	اندازہ لگانا
schauen	nasar rakhna	نظر رکھنا
schaufeln	vaorä sä khodna	پھاوڑے سے کھودنا
schaukeln	jhullana	جھلانا
schäumen	jhag banana	جھاگ بنانا
scheinen	mahsus hona	محسوس ہونا
scheitern	nakam hona	ناکام ہونا
schenken	ata karna	عطا کرنا
scherzen	masaq karna	مذاق کرنا
scheuchen	goli mārna	گولی مارنا
scheuen	darna	ڈرنا
schicken	bhäjna	بھیجنا
schieben	dhakälna	دھکیلنا
schiefgehen	ghalti karna	غلطی کرنا
schielen	tirchi nasar sä däkhna	ترچھی نظر سے دیکھنا
schießen	goli chalana	گولی چلانا
schildern	taschrēh karna	تشریح کرنا
schimmeln	dhalna	ڈھالنا
schimpfen	chilla kar bolna	چلا کر بولنا
schlafen	sona	سونا
schlagen	mārna	مارنا
schlecken	chatna	چاٹنا
schleichen	chori chipä däkhna	چوری چھپے دیکھنا
schleppen	khēnchna	کھینچنا
schließen	band karna	بند کرنا
schluchzen	siskijan bharna	سِسکیاں بھرنا
schlucken	nigalna	نگلنا
schlüpfen	andon par baithna/mansuba banana	انڈوں پر بیٹھنا/منصوبہ بنانا
schmarotzen	dusro ka muhtaj hona	دوسروں کا محتاج ہونا
schmatzen	thapad marna	تھپّڑ مارنا
schmecken	saiqa chakhna	ذائقہ چکھنا
schmeißen	vänkna	پھینکنا
schmelzen	pighlana	پگھلانا
schmerzen	taklēf de kar bēmar karna	تکلیف دے کر بیمار کَرنا
schminken	āraisch karna/kami puri karna	آرائش کرنا/کمی پوری کرنا
schmollen	munh phulana	منہ پھلانا
schmücken	sanwarna	سنوارنا
schmunzeln	muskurana	مسکرانا
schnarchen	kharratä läna	خراٹے لینا

schnauben	نتھنوں کے ذریعے زور زور سے سانس لینا	nathno kä sariä sor sor sä sans läna
schnaufen	ناراض ہونا	naras hona
schneiden	کاٹنا	kātna
schneien	برف گرنا	baraf girna
schnurren	دھیمی آواز نکالنا	dhēmi awās nikalna
schocken	صَدمہ پہنچانا	sadma pahunchana
schockieren	مَجرُوع کَرنا	majruh karna
schonen	بچانا	bachana
schrauben	جُل دینا	jul däna
schreiben	لکھنا	likhna
schreien	چیخ مارنا	chikh marna
schubsen	جھٹکا دینا	jhatka däna
schummeln	دھوکہ دینا	dhoka däna
schütteln	ہلانا	hilana
schütten	ڈالنا	dalna
schützen	بچانا	bachana
schwächen	کمزور کرنا	kamsor karna
schwanken	ڈگمگانا	dagmagana
schwänzen	پھلانگنا	phalangana
schwärmen	بکواس کرنا/تعریف کرنا	bakwas karna/tarēf karna
schwarzfah-ren	حیلے بہانے کرنا	hēle bahane karna
schweben	تیرنا	tärna
schweigen	خاموش ہونا	khamosch hona
schwerfallen	مشکل وقت ہونا	muschkil waqt hona
schwimmen	تیرنا (جاندار کا)	tärna (jandar ka)
schwindeln	ٹھگنا	thagna
schwingen	جھولنا	jhulna
schwirren	سرگوشی کرنا	sargosch karna
schwitzen	پسینہ نکلنا	pasēna nikalna
schwören	قسم اٹھانا	qasam uthana
segeln	بحری سفر کرنا	bahri safar karna
sehen	دیکھنا	däkhna
sehnen	التجا کرنا	iltija karna
sein	ہونا	hona
senden	بھیجنا	bhäjna
senken	نیچے کرنا	nēche karna
servieren	خِدمَت کَرنا	khidmat karna
setzen	تعین کرنا	täjun karna
seufzen	آہ بھرنا	āh bharna
sichergehen	یقینی بنانا	jaqæni banana
sichern	محفوظ بنانا/حاصل کرنا	mahfus banana/hasil karna
sicherstellen	یقینی بنانا	jaqēni banana
siegen	جیتنا	jētna
siezen	رسمی خطاب کرنا	rasmi khitab karna
simsen	لکھ کر دینا	likh kar däna
singen	گانا گانا	gāna gāna
sinken	ڈوبنا	dubna
sitzen	بیٹھنا	baithna
skaten	اسکیٹنگ کرنا	äskäting karna

sollen	hona	ہونا
sonnen	dhup mä rakhna	دُھوپ میں رکھنا
sorgen	paräschan hona	پریشان ہونا
sortieren	darja bandi karna	درجہ بندی کرنا
sparen	bachana	بچانا
spaßen	masaq karna	مذاق کرنا
spazieren	chahal qadmi karna	چہل قدمی کرنا
speichern	bachana	بچانا
speisen	khana khana	کھانا کھانا
spekulieren	andasa lagana	اندازہ لگانا
spenden	atja karna	عطیہ کرنا
sperren	qufl lagana	قفل لگانا
spiegeln	āinä jaisa aks banana	آئینے جیسا عکس بنانا
spielen	khälna	کھیلنا
spinnen	ghumana	گھمانا
spitzen	qalam banana	قلم بنانا
spotten	naqal utarna	نقل اتارنا
sprechen	bāt karna	بات کرنا
spreizen	phailana	پھیلانا
sprengen	dhamaka karna	دھماکہ کرنا
sprießen	ugna	اگنا
springen	phalangana	پھلانگنا
spritzen	pichkari mārna	پچکاری مارنا
sprudeln	bulbulä banana/dakar läna	بلبلے بنانا/ڈکار لینا
sprühen	chirkao karna	چھڑکاؤ کرنا
spucken	thukna	تھوکنا
spuken	tāqub karna	تعاقُب کرنا
spülen	khangalna	کھنگالنا
spüren	mahsus karna	محسوس کرنا
stammen	nēche utarna	نیچے اترنا
stapeln	anbar lagana	انبار لگانا
stärken	masbut karna	مضبوط کرنا
starren	ghurna	گھورنا
starten	schuru karna	شروع کرنا
stattfinden	uqu pasēr hona	وقوع پذیر ہونا
staunen	hairan hona	حیران ہونا
stechen	surakh karna	سوراخ کرنا
stecken	dāt lagana	ڈاٹ لگانا
stehen	kharä hona	کھڑے ہونا
stehlen	chori karna	چوری کرنا
steigen	tarqi karna	ترقی کرنا
steigern	badhana	بڑھنا
stellen	jagah par rakhna	جگہ پر رکھنا
sterben	marna	مرنا
steuern	qābu karna	قابو کرنا
stieren	tiktiki laga kar däkhna	ٹِکٹِکی لگاکر دیکھنا
stillen	pistano sä dudh pilana	پستانوں سے دودھ پلانا
stillhalten	pakar kar sakin rakhna	پکڑ کر ساکن رکھنا
stillliegen	jhut bolna	جھوٹ بولنا
stimmen	wot däna	ووٹ دینا
stinken	badbu āna	بدبو آنا
stöbern	tatolna	ٹٹولنا

stocken	mutasalsil hona	متزلزل ہونا
stöhnen	karahna	کراہنا
stolpern	larkharana	لڑکھڑانا
stoppen	rokna	روکنا
stören	paräschan karna	پریشان کرنا
stoßen	takrana	ٹکرانا
stottern	haklana	ہکلانا
strafen	sasa däna	سزا دینا
straffen	hamwar banana	ہموار بنانا
strahlen	chamakna	چمکنا
strampeln	jid o jahad karna	جدوجہد کرنا
strapazieren	sor dalna/channa	زور ڈالنا/چھاننا
sträuben	rukawat dalna	رکاوٹ ڈالنا
streben	chahna	چاہنا
strecken	khēnchna	کھینچنا
streicheln	sarab lagana	ضرب لگانا
streichen	hasaf karna	حذف کرنا
streifen	sēdha jāna	سیدھا جانا
streiken	hartal karna	ہڑتال کرنا
streiten	larai karna	لڑائی کرنا
streuen	chirkao karna	چھڑکاؤ کرنا
stricken	bunai karna	بنائی کرنا
studieren	mutalā karna	مطالعہ کرنا
stürmen	gussa karna	غصہ کرنا
stürzen	gharq karna	غرق کرنا
stutzen	qainchi sä kātna	قینچی سے کاٹنا
stützen	himajat karna	حمایت کرنا
subtrahieren	minha karna	منہا کرنا
suchen	talasch karna	تلاش کرنا
summen	sargosch karna	سرگوشی کرنا
sündigen	gunah karna	گناہ کرنا
surfen	moj takhtä par sawar hona	موج تختے پر سوار ہونا
süßen	mētha karna	میٹھا کرنا

T

tadeln	ilsam lagana	الزام لگانا
tanken	bharna (farm wagära)	بھرنا (فارم وغیرہ)
tanzen	nāchna	ناچنا
tapezieren	dēwari kaghas lagana	دیواری کاغذ لگانا
tappen	khufja taur par record karna	خفیہ طور پر ریکارڈ کرنا
tarnen	schakal tabdēl karna	شکل تبدیل کرنا
tasten	kisi schaä ko andhäpan sä talasch karna	کِسی شے کو اندھے پن سے تلاش کَرنا
tauchen	ghota lagana	غوطہ لگانا
tauen	ghair munjamid karna	غیر منجمد کرنا
taufen	baptisma däna	بپتسمہ دینا
taugen	acha hona	اچھا ہونا
taumeln	dagmaga kar gir jāna	ڈگمگا کر گر جانا
tauschen	tabadla karna	تبادلہ کرنا
täuschen	bäwaquf banana	بیوقوف بنانا
teilen	batana/hissädar banana	بتانا/حصے دار بنانا
teilnehmen	hissa läna	حصہ لینا
telefonieren	von karna	فون کرنا
testen	imtihan läna	امتحان لینا
ticken	tik ka nischan lagana	ٹک کا نشان لگانا
tippen	taiping karna	ٹائیپنگ کرنا
toben	gussa karna	غصہ کرنا
tolerieren	bardascht karna	برداشت کرنا
töten	mārna	مارنا
totfahren	khub chalana	خوب چلانا
totschießen	goli mārna	گولی مارنا
totschlagen	kuchal däna	کچل دینا
tragen	pahanna	پہننا
trainieren	tarbijat däna	تربیت دینا
trampeln	nimatna	نمٹنا
tränen	ānsu bahna	آنسو بہانا
transportieren	muntaqil karna	منتقل کرنا
trauen	ätmad karna	اعتماد کرنا
trauern	ghamgēn hona	غمگین ہونا
träumen	khwab däkhna	خواب دیکھنا
treffen	milna	ملنا
trennen	alahda hona	علیحدہ کرنا
treten	rābta karna	رابطہ کرنا
trinken	pēna	پینا
trocknen	khuschk karna	خشک کرنا
trödeln	bäkar phirna	بیکار پھرنا
trommeln	dhol bajana	ڈھول بجانا
tröpfeln	risna	رسنا
tropfen	tapakna	ٹپکنا
trösten	sukun pahunchana	سکون پہنچانا
trotzen	muqabla karna	مقابلہ کرنا
trügen	dhoka däna	دھوکہ دینا
tun	karna	کرنا
turnen	gimnastik karna	جمناسٹکس کرنا
tyrannisieren	dhamkana	دھمکانا

U

üben	warsischh karna	ورزش کرنا
überanstrengen	moch āna	موچ آنا
überarbeiten	dohrana	دوہرانا
überblicken	nasar sä chukna	نظر سے چوکنا
überbringen	tarsēl karna	ترسیل کرنا
überbrücken	pul banana	پل بنانا
überdenken	dobara sochna	دوبارہ سوچنا
übereinstimmen	mumasil banana	مماثل بنانا
überfahren	bahna	بہنا
überfallen	hamla karna	حملہ کرنا
überfordern	ghar jāna	گھر جانا
übergeben	pās āna	پاس کرنا
überholen	āgä nikalna	آگے نکلنا
überhören	ansuni karna	ان سنی کرنا
überlappen	öpar charhna	اوپر چڑھنا
überlassen	chor däna	چھوڑ دینا
überleben	sinda rahna	زندہ رہنا
überlegen	sä mutaliq sochna	سے متعلق سوچنا
überlisten	bartari hasil karna	برتری حاصل کرنا
übernachten	rāt bhar rukna	رات بھر رکنا
übernehmen	qābu mä lāna	قابو میں لانا
überprüfen	partāl karna	پڑتال کرنا
überqueren	croß karna	کراس کرنا
überraschen	hairan karna	حیران کرنا
überreden	targhēb dena	ترغیب دینا
überreichen	päsch karna	پیش کرنا
überschatten	mand karna	ماند کرنا
überschätzen	sjada qadr samjhna	زیادہ قدر سمجھنا
überschlagen	chor däna	چھوڑ دینا
überschnappen	pagal hona	پاگل ہونا
überschneiden	öpar charhna	اوپر چڑھنا
überschütten	dalna	ڈالنا
überschwemmen	sailab āna	سیلاب آنا
übersehen	nasar sä chukna	نظر سے چوکنا
übersetzen	tarjama karna	ترجمہ کرنا
überspielen	muntaqil karna	منتقل کرنا
übersteigen	āgä badhna	آگے بڑھنا
überstrapazieren	bahut sjada sor däna	بہت زیادہ زور دینا
überstürzen	jaldi karna	جلدی کرنا
übertragen	muntaqil karna	منتقل کرنا
übertreffen	āgä badhna	آگے بڑھنا
übertreiben	bahut sjada karna	بہت زیادہ کرنا
überwachen	nigrani karna	نگرانی کرنا
überwältigen	ghar jāna	گھر جانا
überweisen	muntaqil karna	منتقل کرنا
überwiegen	sjada aham hona	زیادہ اہم ہونا
überwinden	qābu pāna	قابو پانا
überzeugen	qāil karna	قائل کرنا
überziehen	ähata karna	احاطہ کرنا
umarmen	qubul karna	قبول کرنا
umbauen	dobara tāmēr karna	دوبارہ تعمیر کرنا

umbenennen	nām badalna	نام بدلنا
umblättern	paltana	پلٹانا
umbringen	khatm karna	ختم کرنا
umdrehen	wapas murna	واپس مڑنا
umfallen	so jāna	سو جانا
umfassen	schamil karna	شامل کرنا
umgehen	tālna	ٹالنا
umhängen	ghumna	گھومنا پھرنا
umkehren	pēche karna	پیچھے کرنا
umkippen	tajwēs karna	تجویز کرنا
umklammern	ghärna	گھیرنا
umkommen	tabah karna	تباہ کرنا
umleiten	muntaqil karna	منتقل کرنا
umräumen	dobara tartēb dena	دوبارہ ترتیب دینا
umreißen	āut line banana	آؤٹ لائن بنانا
umrühren	hilana	ہلانا
umschalten	togal karna	ٹوگل کرنا
umsehen	ird gird nasar dalna	ارد گرد نظر ڈالنا
umsetzen	lāgu karna	لاگو کرنا
umsteigen	par tabdēl karna	پر تبدیل کرنا:
umstimmen	nai dhun nikalna	نئی دُھن نِکالنا
umstürzen	so jāna	سو جانا
umtauschen	tabadla karna	تبادلہ کرنا
umwerfen	paräschan karna	پریشان ہونا
umziehen	harkat däna	حرکت دینا
unterbrechen	mudakhlat karna	مداخلت کرنا
unterdrücken	dabana	دبانا
untergehen	nēche jāna	نیچے جانا
unterhalten	tafrēh karna	تفریح کرنا
unterlassen	se gures karna	سے گریز کرنا
unternehmen	simäsari läna	ذمہ داری لینا
unterrichten	padhana	پڑھانا
untersagen	mana karna	منع کرنا
unterschätzen	haqēr janna	حقیر جاننا
unterscheiden	tamēs karna	تمیز کرنا
unterschreiben	dastakhat karna	دستخط کرنا
unterstellen	dil mä bithana	دل میں بٹھانا
unterstreichen	nēchä satar lagana	نیچے سطر لگانا
unterstützen	muawanat karna	معاونت کرنا
untersuchen	muaena karna	معائنہ کرنا
untertauchen	gharq hona	غرق ہونا
unterteilen	taqsēm karna	تقسیم کرنا
urteilen	janch karna	جانچ کرنا

V

verabreden	bandobast karna	بندوبست کرنا
verabschieden	khuda hafis kahna	خدا حافظ کہنا
verachten	haqarat sä däkhna	حقارت سے دیکھنا
verallgemeinern	ām ästämal mä lāna	عام استعمال میں لانا
verändern	tabdēl karna	تبدیل کرنا
verängstigen	darana	ڈرانا
verantworten	ke lije simädar hona	کے لئے ذمہ دار ہونا
verarbeiten	amal karna	عمل کرنا
verärgern	gußa dilana	غصہ دلانا
verarzten	bahas khatm karna	بحث ختم کرنا
verbergen	chupana	چھپانا
verbessern	behtar banana	بہتر بنانا
verbeugen	sarahna wa taslēm karna	سراہنا و تسلیم کرنا
verbiegen	jhukna	جھکنا
verbieten	pabandi lagana	پابندی لگانا
verbinden	munsalik karna	منسلک کرنا
verbleiben	baqi rahna	باقی رہنا
verbluten	mot sä hamkinar karna	موت سے ہمکنار کرنا
verbrauchen	kharch karna	خرچ کرنا
verbreiten	välna	پھیلنا
verbrennen	jala däna	جل جانا
verbringen	kharch karna	خرچ کرنا
verdächtigen	schak karna	شک کرنا
verdanken	qarsdar hona	قرض دار ہونا
verdauen	hasm karna	ہضم کرنا
verdecken	ähata karna	احاطہ کرنا
verderben	kharab karna	خراب کرنا
verdeutlichen	wasahat karna	وضاحت کرنا
verdienen	kamana	کمانا
verdoppeln	dohara karna	دوہرا کرنا
verdrängen	jagah tabdēl karna	جگہ تبدیل کرنا
verdursten	pjasä marna	پیاسے مرنا
verehren	ibadat karna	عبادت کرنا
vereinbaren	mutafiq hona	متفق ہونا
vereinen	mutahid karna	متحد کرنا
vereinfachen	sada banana	سادہ بنانا
vereinheitlichen	mutahid karna	متحد کرنا
vereinigen	mutahid karna	متحد کرنا
verfallen	mäjad khatm karna	معیاد ختم ہونا
verfälschen	bigarna	بگاڑنا
verfassen	tahrēr karna	تحریر کرنا
verfaulen	sarana	سرانا
verfehlen	jād karna	یاد کرنا
verfeinern	bähtar banana	بہتر بنانا
verfluchen	kosna	کوسنا
verfolgen	suragh rakhna	سراغ رکھنا
verfügen	hukm däna	حکم دینا
verführen	lubhana	لبھانا
vergehen	pās karna	پاس کرنا
vergelten	badla läna	بدلہ لینا

vergessen	bhul jāna	بھول جانا
vergeuden	sāä karna	ضائع کرنا
vergewaltigen	issat lutna	عزت لوٹنا
vergewissern	jaqēni banana	یقینی بنانا
vergiften	sahar däna	زہر دینا
vergleichen	muasna karna	موازنہ کرنا
vergnügen	masä karna	مزے کرنا
vergraben	dafan karna	دفن کرنا
vergrößern	bara karna	بڑا کرنا
verhaften	giraftar karna	گرفتار کرنا
verhalten	bās rakhna	باز رکھنا
verhandeln	musakrat karna	مذاکرات کرنا
verhängen	āid karna	عائد کرنا
verharmlosen	nēcha dikhna	نیچا دکھانا
verharren	bāqi rahna	باقی رہنا
verheilen	schifa dilana	شفا دینا
verheimlichen	chupana	چھپانا
verherrlichen	schan badhana	شان بڑھانا
verhexen	badqismat hona	بد قسمت ہونا
verhindern	bachna	بچنا
verhören	sawalat puchna	سوالات پوچھنا
verhüllen	ihata karna	احاطہ کرنا
verhungern	fāqo marna	فاقوں مرنا
verhüten	bachna	بچنا
verirren	kho jāna	کھو جانا
verjagen	mār bhagana	مار بھگانا
verkaufen	farokht karna	فروخت کرنا
verklagen	muqadma karna	مقدمہ کرنا
verkleiden	kaprä pahnna	کپڑے پہننا
verkleinern	sikurna	سکڑنا
verknoten	ganth lagana	گانٹھ لگانا
verknüpfen	jorna	جوڑنا
verkommen	saä ho jana	ضائع ہو جانا
verkörpern	tajsēm karna	تجسیم کرنا
verkraften	sä muqabla karna	سے مقابلہ کرنا
verkrampfen	akran hona	اکڑن ہونا
verkümmern	murjhana	مرجھانا
verkürzen	mukhtasar karna	مختصر کرنا
verlangen	taqasa karna	تقاضا کرنا
verlängern	toasē karna	توسیع کرنا
verlangsamen	raftar kam karna	رفتار کم کرنا
verlassen	chor däna	چھوڑ دینا
verlaufen	kho jāna	کھو جانا
verleihen	qars däna	قرض دینا
verlernen	bhul jāna	بھول جانا
verletzen	majruh karna	مجروع کرنا
verleugnen	inkar karna	انکار کرنا
verleumden	ilsam lagana	الزام لگانا
verlieben	mohabbat mä parna	محبت میں پڑنا
verlieren	khona	کھونا
verloben	mangni hona	منگنی ہونا
vermehren	sarb däna	ضرب دینا
vermeiden	guräs karna	گریز کرنا
vermieten	kiraä par däna	کرایہ پر دینا
vermischen	baham milana	باہم ملانا
vermissen	jād karna	یاد کرنا

vermitteln	pahunchna	پہنچانا
vermuten	schak karna	شک کرنا
vernachlässigen	nasar amdas karna	نظر انداز کرنا
vernehmen	sunna	سننا
verneigen	jhukna	جھکنا
verneinen	inkar karna	انکار کرنا
vernichten	tanah karna	تباہ کرنا
veröffentlichen	schaä karna	شائع کرنا
verordnen	tajwēs karna	تجویز کرنا
verpacken	päk karna	پیک کرنا
verpassen	jād karna	یاد کرنا
verpflichten	irtkab karna	ارتکاب کرنا
verprügeln	mārna pētna	مارنا پیٹنا
verraten	dagha däna	دغا دینا
verrechnen	chargä karna	چارج کرنا
verreisen	safar karna	سفر کرنا
verrenken	jor alag hona	جوڑ الگ ہونا
verriegeln	muqaffal karna	مقفل کرنا
verringern	kam karna	کم کرنا
versagen	nakam hona	ناکام ہونا
versammeln	jama karna	جمع کرنا
versäumen	nasar amdas karna	نظر انداز کرنا
verschenken	dä däna	دے دینا
verschicken	bhäjna	بھیجنا
verschieben	multawi karna	ملتوی کرنا
verschimmeln	boßeda banna	بوسیدہ بننا
verschlafen	sjada sona	زیادہ سونا
verschlechtern	kharab karna	خراب کرنا
verschließen	band karna	بند کرنا
verschlimmern	badtar karna	بدتر کرنا
verschlucken	nigalna	نگلنا
verschmutzen	āluda karna	آلودہ کرنا
verschonen	chor däna	چھوڑ دینا
verschönern	khubsurat banana	خوبصورت بنانا
verschütten	girana	گرانا
verschweigen	khamosch rahna	خاموش رہنا
verschwenden	saä karna	ضائع کرنا
verschwimmen	dhundhla karna	دھندلا کرنا
verschwinden	ghaib karna	غائب کرنا
verschwören	sasisch karna	سازش کرنا
versenden	bhäjna	بھیجنا
versetzen	naqlä makani karna	نقل مکانی کرنا
verseuchen	aluda karna	آلودہ کرنا
versichern	jaqēn dilana	یقین دلانا
versickern	risna	رسنا
versinken	dubona	ڈبونا
versöhnen	samjhota karna	سمجھوتہ کرنا
versorgen	faraham karna	فراہم کرنا
verspäten	där hona	دیر ہونا
versperren	masdud karna	مسدود کرنا
verspotten	munh chirana	منہ چڑانا
versprechen	wada karna	وعدہ کرنا
verspüren	mahsus karna	محسوس کرنا

verständigen	rabta karna	رابطہ کرنا
verstärken	mustahkam karna	مستحکم کرنا
verstauben	mitti jama hona	مٹی جمع ہونا
verstauchen	moch āna	موچ آنا
verstecken	chipana	چھپانا
verstehen	samajhna	سمجھنا
versteigern	nēlam karna	نیلام کرنا
verstellen	mutabiq banana	مطابق بنانا
verstopfen	rokna	روکنا
verstoßen	khilaf warsi karna	خلاف ورزی کرنا
verstreichen	gusarna	گزرنا
verstummen	khamosch ho jana	خاموش ہو جانا
versuchen	koschisch karna	کوشش کرنا
versüßen	mētha karna	میٹھا کرنا
vertagen	multawi karna	ملتوی کرنا
vertauschen	adla badla karna	ادلہ بدلہ کرنا
verteidigen	difā karna	دفاع کرنا
verteilen	taqsēm karna	تقسیم کرنا
vertiefen	gahra karna	گہرا کرنا
vertragen	sath sath chalna	ساتھ ساتھ چلنا
vertrauen	ätmad karna	اعتماد کرنا
vertreiben	taqsēm karna	تقسیم کرنا
vertreten	numaindgi karna	نمائندگی کرنا
vertrocknen	khuschk karna	خشک کرنا
vertrödeln	bäkar virna	بیکار پھرنا
vertrösten	parä karna	پرے کرنا
vertuschen	ihata karna	احاطہ کرنا
verübeln	ilsam lagana	الزام لگانا
verüben	irtkab karna	ارتکاب کرنا
verunglücken	hadsa hona	حادثہ ہونا
verunsichern	parähsan karna	پریشان کرنا
verunstalten	chähra bigarna	چہرہ بگاڑنا
verursachen	wajah banna	وجہ بننا
verurteilen	masammat karna	مذمت کرنا
verwechseln	paräschan hona	پریشان ہونا
verweigern	inkar karna	انکار کرنا
verwelken	murjhana	مرجھانا
verwenden	ästämal karna	استعمال کرنا
verwirklichen	maddi banana	مادی بنانا
verwirren	paräschan hona	پریشان ہونا
verwischen	dhundhla karna	دھندلا کرنا
verwöhnen	lād lagana	لاڈ لگانا
verwunden	sakhmi karna	زخمی کرنا
verzaubern	nārä lagana	نعرے لگانا
verzehren	kharch karna	خرچ کرنا
verzeichnen	indraj karna	اندراج کرنا
verzeihen	māf karna	معاف کرنا
verzerren	bigarna	بگاڑنا
verzichten	chor däna	چھوڑ دینا
verzieren	ārasta karna	آراستہ کرنا
verzögern	takhēr karna	تاخیر کرنا
verzweifeln	majus karna	مایوس کرنا
voraussagen	päschgeu karna	پیشگوئی کرنا
vorbeifahren	pās karna	پاس کرنا
vorbereiten	tajar karna	تیار کرنا
vorbeugen	bachna	بچنا
vordrängeln	mä kātna	میں کاٹنا

vorenthalten	mahrum karna	محروم کرنا
vorfallen	waqä hona	واقع ہونا
vorfinden	dhundhna	ڈھونڈنا
vorgeben	bahana karna	بہانہ کرنا
vorhaben	mansuba banana	منصوبہ بنانا
vorhersehen	päschgeu karna	پیشگوئی کرنا
vorkommen	waqä hona	واقع ہونا
vorlesen	ba awas buland parhna	باآواز بلند پڑھنا
vormachen	dikhana	دکھانا
vornehmen	simädari läna	ذمہ داری لینا
vorschlagen	tajwēs däna	تجویز دینا
vorschreiben	tajwēs karna	تجویز کرنا
vorsorgen	kä lijä muhaja karna	کے لئے مہیا کرنا
vorstellen	tasawwur karna	تصور کرنا
vortäuschen	ullu banana	اُلو بنانا
vortragen	tilawat karna	تلاوت کرنا
vorübergehen	pās karna	پاس کرنا
vorweisen	päsch karna	پیش کرنا
vorwerfen	ilsam lagana	الزام دینا
vorzeigen	dikhana	دکھانا
vorziehen	tarjēh dena	ترجیح دینا

W

wachsen	padhna	بڑھنا
wackeln	larkharana	لڑکھڑانا
wagen	jurāt karna	جرات کرنا
wählen	muntkhab karna	منتخب کرنا
wahrnehmen	tasawwur karna	تصور کرنا
wandern	pädal safar karna	پیدل سفر کرنا
warnen	mutnabah karna	متنبہ کرنا
warten	intsar karna	انتظار کرنا
waschen	dhona	دھونا
wechseln	tabdē l karna	تبدیل کرنا
wecken	jagana	جگانا
wegfahren	mār bhagana	مار بھگانا
wegfallen	munqatä hona	منقطع ہونا
weggehen	dur jāna	دور جانا
weglassen	nasar amdas karna	نظر انداز کرنا
wegnehmen	dur karna	دور کرنا
wegrennen	bhag jāna	بھاگ جانا
wegschicken	dur bhäjna	دور بھیجنا
wegschmei-ßen	phänk däna	پھینک دینا
wehren	nigrani karna	نگرانی کرنا
weigern	inkar karna	انکار کرنا
weinen	rona	رونا
welken	murjhana	مرجھانا
wellen	hilana	ہلانا
wenden	nalija banana	نالیاں بنانا
werden	ban jana	بن جانا
werfen	phänkna	پھینکنا

wetten	schart lagana	شرط لگانا
wickeln	lapätna	لپیٹنا
widerlegen	tardēd karna	تردید کرنا
widersetzen	mukhalafat karna	مخالفت کرنا
widerspiegeln	muakis karna	منعکس کرنا
widerstehen	muasahamat karna	مزاحمت کرنا
widmen	mansub karna	منسوب کرنا
wiedergeben	gunj hona	گونج ہونا
wiederholen	dobarah koschhs karna	دوبارہ کوشش کرنا
wiederkehren	wapas karna	واپس کرنا
wiederkommen	wapas āna	واپس آنا
wiedersehen	dobarah milna	دوبارہ ملنا
wiegen	wasan karna	وزن کرنا
wiehern	hinhinana	ہنہنانا
wimmeln	undäl däna	اُنڈیل دینا
wimmern	bisorna	بسورنا
winden	hawa chalna	ہوا چلنا
winken	hilana	ہلانا
winseln	chinkna	جھینکنا
wippen	larkhara kar chalna	لڑکھڑا کر چلنا
wirken	takkar marna	ٹکر مارنا
wischen	ponchna	پونچھنا
wispern	sargosch karna	سرگوشی کرنا
wissen	janna	جاننا
wohnen	rahna	رہنا
wollen	chahna	چاہنا
wundern	hairan rah jāna	حیران رہ جانا
wünschen	khwahisch karna	خواہش کرنا
würdigen	kharaj tahsēn pesch karna	خراج تحسین پیش کرنا
würfeln	ānkra khälna	آنکڑہ کھیلنا
würgen	dam ghutna	دم گھٹنا
würzen	masdalah dalna	مصالحہ ڈالنا

Z

zahlen	ada karna	ادا کرنا
zählen	schumar karna	شمار کرنا
zähmen	sidhana	سدھانا
zanken	mamuli bato par ulajhna	معمولی باتوں پر الجھنا
zappeln	mustarab hona	مُضطرَب ہونا
zaubern	jādu karna	جادو کرنا
zeichnen	banana	بنانا
zeigen	dikhana	دکھانا
zelten	kämp lagana	کیمپ لگانا
zerbrechen	waqfa karna	وقفہ کرنا
zerdrücken	kuchalna	کچلنا
zerfallen	räsa räsa karna	ریزہ ریزہ کرنا
zerkleinern	kuchalna	کچلنا
zerknüllen	kuchalna	کچلنا
zerkratzen	khurachna	کھرچنا
zerkrümeln	räsa räsa karna	ریزہ ریزہ کرنا
zerreißen	chak karna	چاک کرنا
zerren	khinchna	کھینچنا
zerschlagen	takrana	ٹکرانا
zerspringen	torna	توڑنا
zerstören	tanah karna	تباہ کرنا
zertreten	kuchalna	کچلنا
zertrümmern	takrana	ٹکرانا
ziehen	khinchna	کھینچنا
zielen	nischana lagana	نشانہ لگانا
zieren	dilkasch banana	دلکش بنانا
zischen	pakana	پکانا
zittern	kanpna	کانپنا
zögern	hichkichna	ہچکچانا
zoomen	sum karna	زوم کرنا
zubeißen	katna	کاٹنا
zubereiten	tajar karna	تیار کرنا
zubinden	bandhna	باندھنا
zublinzeln	jalna bujhna	جلنا بجھنا
zucken	halka jhatka däna	ہلکا جھٹکا دینا
zücken	korä mārna	کوڑے مارنا
zudecken	ihata karna	احاطہ کرنا
zudrehen	band karna	بند کرنا
zufrieden-geben	mutmain hona	مطمعن ہونا
zufrieden-lassen	akälä chorna	اکیلے چھوڑنا
zufügen	schamil karna	شامل کرنا
zugeben	taslēm karna	تسلیم کرنا
zugreifen	rasai karna	رسائی کرنا
zugucken	däkhna	دیکھنا
zuhören	ki bāt sunna	کی بات سننا
zujubeln	khusch ka iaschar karna	خوش کا اظہار کرنا
zuknöpfen	batan band karna	بٹن بند کرنا
zulächeln	muskurana	مسکرانا
zulassen	iajasat däna	اجازت دینا
zumachen	nband karna	بند کرنا
zumuten	kisi ki schä ka kahna	کسی کی شے کا کہنا
zünden	jalana	چلانا
zunehmen	iasafa karna	اضافہ کرنا
zunichte-machen	takrana	ٹکرانا

zunicken	سر کا اشارہ کرنا	sar ka ischara karna
zuordnen	شریک کرنا	scharēk karna
zupacken	سنجیدگی سے کر دکھانا	sanjēdgi se kar dikhana
zupfen	چننا	chunna
zurechtfinden	اپنا راستہ تلاش کرنا	apna rasta talasch karna
zurücknehmen	واپس لینا	wapas läna
zurufen	ژالہ باری ہونا	sāla bāri hona
zusagen	قبول کرنا	qubul karna
zusammenhängen	آپس میں تعلق بنانا	āpas mä taulluq banana
zusammenprallen	تصادم ہونا	tasadum hona
zusammenschreiben	ایک لفظ میں لکھنا	äk lafs mä likhna
zuschicken	کو بھیجنا	ko bhäjna
zuschlagen	زور سے بند کرنا	sor sä band karna
zuschließen	بند کرنا	band karna
zuschrauben	پیچ کسنا	päch kasna
zusehen	دیکھنا	däkhna
zusichern	بیک اپ بنانا	bäk ap banana
zuspielen	پاس کرنا	pās karna
zuspitzen	رفتہ رفتہ کم ہونا	rafta rafta kan hona
zustimmen	متفق ہونا	mutfiq hona
zustoßen	واقع ہونا	waqä hona
zutrauen	جرات کرنا	jurāt karna
zutreffen	متعلق ہونا	mutalliq hona
zuvorkommen	پیش بینی سے کام لینا	päsch bini sä kām läna
zuwenden	سامنا کرنا	sāmna karna
zuziehen	سخت کرنا	sakht karna
zwängen	بھینچنا	bhinchna
zweifeln	شک کرنا	schak karna
zwicken	مروڑنا	marorna
zwingen	مجبور کرنا	majbur karna
zwinkern	آنکھ مارنا	ānkh mārna

INDEX DEUTSCH – جرمن انڈیکس

INDEX URDU – اردو انڈیکس

INDEX DEUTSCH - جرمن انڈیکس

C

G

H

L

M

T

ن

گ

ٹ

ت

INDEX URDU - اردو انڈیکس

BILDNACHWEIS

* - © Fotolia.com

14 */Csaba Peterdi, **16** */Alexander Raths, **16** */Jeanette Dietl, **16** */Forgiss, **16** */paulmz, **16** */fotodesign-jegg.de, **16** */mimage-photos, **16** */Syda Productions, **16** */iko, **16** */Jeanette Dietl, **16** */drubig-photo, **16** */oocoskun, **17** */damato, **17** */vbaleha, **17** */Rido, **17** */Ljupco Smokovski, **17** */Jeanette Dietl, **17** */Janina Dierks, **17** */Valua Vitaly, **17** */Rido, **17** */Andres Rodriguez, **17** */Syda Productions, **17** */Valua Vitaly, **18** */Dmitry Lobanov, **18** */Samuel Borges, **18** */DenisNata, **18** */Pavel Losevsky, **18** */Gabriel Blaj, **18** */WONG SZE FEI, **18** */vgstudio, **18** */Picture-Factory, **18** */Ariwasabi, **19** */endostock, **19** */mma23, **19** */Jasmin Merdan, **19** */Tom Wang, **19** */Michael Gray, **19** */JanMika, **19** */BeTa-Artworks, **19** */michaeljung, **19** */Savannah1969, **19** */patpitchaya, **19** */Sabphoto, **19** */Cello Armstrong, **19** */eyetronic, **20** */Danilo Rizzuti, **20** */Ruth Black, **20** */Smileus, **20** */chesterF, **20** iStockphoto/Catherine Yeulet, **20** */DenisNata, **20** */Melinda Nagy, **20** */Kaarsten, **20** */MISHELA, **20** */Eray, **20** */Unclesam, **20** */satin_111, **20** */Michael Fritzen, **21** */yanlev, **21** */BeTa-Artworks, **21** */Margit Power, **21** */Brenda Carson, **21** */Africa Studio, **21** */Piotr Marcinski, **21** */Fotowerk, **21** */AVRORA, **21** */stockyimages, **21** */Tyler Olson, **21** */ExQuisine, **21** */Glenda Powers, **21** Thinkstock/iStockphoto, **22** */Valua Vitaly, **22** */codiarts, **23** */Jaimie Duplass, **23** */krimar, **23** */magann, **23** */Stefan Balk, **23** */Kaponia Aliaksei, **23** */koji6aca, **23** */yuriyzhuravov, **23** */yuriyzhuravov, **23** */Ermolaev Alexandr, **23** */V.R.Murralinath, **23** */badmanproduction, **23** */Anton Zabielskyi, **23** */auremar, **23** */koji6aca, **24** */mimagephotos, **24** */Tiler84, **24** */velazquez, **24** */giorgiomtb, **24** */apops, **24** */dusk, **24** */Knut Wiarda, **24** */stokkete, **24** */Taiga, **24** */Taiga, **24** */Taiga, **24** */Taiga, **25** */Karramba Production, **25** */Robert Kneschke, **25** */cantor pannatto, **25** */Garrincha, **25** */Picture-Factory, **25** */bevangoldswain, **25** */WavebreakMediaMicro, **25** */Rido, **25** */Minerva Studio, **25** */cantor pannatto, **25** */Fotowerk, **25** */Fotowerk, **26** */Gelpi, **26** */stockyimages, **26** */WavebreakmediaMicro, **26** */pathdoc, **26** */Ilike, **26** */pathdoc, **26** */Andres Rodriguez, **26** */Garrincha, **26** */cantor pannatto, **26** */pressmaster, **26** */vladimirfloyd, **26** */Elnur, **26** */Klaus Eppele, **27** */boumenjapet, **27** */Vera Anistratenko, **27** */carol_anne, **27** */Andrey Armyagov, **27** Thinkstock/NikolayK, **27** */srdjan111, **27** */Zbyszek Nowak, **27** */Pamela Uyttendaele, **27** */Michaela Pucher, **27** */Katrina Brown, **28** */ghoststone, **28** */nito, **28** */zhekos, **28** */chiyacat, **28** */Alexandra Karamyshev, **28** */BEAUTYofLIFE, **28** */Lucky Dragon, **29** */Karramba Production, **29** */BEAUTYofLIFE, **29** */Khvost, **29** */Khvost, **29** */Elnur, **29** */Popova Olga, **29** */Artem Gorohov, **29** */Elnur, **29** */Ruslan Kudrin, **29** */Gordana Sermek, **29** */Alexandra Karamyshev, **30** */alaterphotog, **30** */Elnur, **30** */Elnur, **30** */Ruslan Kudrin, **30** */Alexandra Karamyshev, **30** */Alexandra Karamyshev, **30** */Oliver Preißner, **30** */Robert Lehmann, **30** */Alexandra Karamyshev, **31** */mimagephotos, **31** */Alexandra Karamyshev, **31** */Alexandra Karamyshev, **31** */ludmilafoto, **31** */okinawakasawa, **31** Thinkstock/Alexandru Chiriac, **31** */cedrov, **31** */Khvost, **31** */hifashion, **31** */Alexandra Karamyshev, **31** */Alexandra Karamyshev, **32** */Little_wine_fly, **32** */Jiri Hera, **32** */rangizzz, **32** */Jiri Hera, **32** */Andrew Buckin, **32** Thinkstock/Danny Chan, **32** */Artem Merzlenko, **32** */Cobalt, **32** */fotomatrix, **32** */Rozaliya, **32** */adisa, **32** */Kira Nova, **32** */Shariff Che'Lah, **32** */venusangel, **32** */Unclesam, **32** */srki66, **33** */adisa, **33** */adisa, **33** */lalouetto, **33** */PRILL Mediendesign, **33** */Africa Studio, **33** */adisa, **33** */Andrey Bandurenko, **33** */Nadinelle, **33** */design56, **33** */Sergey Rusakov, **33** */Jiri Hera, **33** */gemenacom, **33** */Andre Plath, **33** */Alexander Raths, **33** */Liaurinko, **33** */thaikrit, **33** */humbak, **34** */wiedzma, **34** */kontur-vid, **34** */Tharakorn, **34** */picsfive, **34** */pattarastock, **34** */NilsZ, **34** */picsfive, **34** */picsfive, **34** */ksena32, **34** */cristi180884, **34** */bpstocks, **34** */nito, **34** */Tarzhanova, **34** */bpstocks, **34** */terex, **34** */ibphoto, **35** */Gennadiy Poznyakov, **36** */stockone, **38** */JSB, **38** */stocker1970, **38** */photo 5000, **38** */Tiberius Gracchus, **38** */Ralf Gosch, **38** */visivasnc, **38** */Lasse Kristensen, **38** */Speedfighter, **38** */Bokicbo, **38** */typomaniac, **38** */O.M., **38** */designsstock, **38** */Tatty, **39** */Kurhan, **39** */selensergen, **39** */Brilliant Eagle, **39** */Iriana Shiyan, **39** */terex, **39** */Sashkin, **39** */bcdesign, **39** */pyzata, **39** */Thomas Aumann, **39** */Tiberius Gracchus, **39** */Igor Kovalchuk, **39** */Maksym Yemelyanov, **39** */pabijan, **40** */Magda Fischer, **41** */Kasia Bialasiewicz, **41** */bennnn, **41** */Bert Folsom, **41** */Aleksandar Jocic, **41** */yevgenromanenko, **41** */Aleksandr Ugorenkov, **42** */Iriana Shiyan, **42** */luchshen, **42** */sokrub, **42** */sokrub, **42** */okinawakasawa, **43** */pics721, **43** */Delphimages, **43** */arteferretto, **43** */Kitch Bain, **43** */Chris Brignell, **44** */stock_for_free, **44** */kornienko, **45** */mrgarry, **45** */mariocigic, **45** Thinkstock/Hemera, **45** */Alexander Morozov, **45** */Denis Gladkiy, **45** */Sergii Moscaliuk, **45** */sutsaiy, **45** */sutsaiy, **45** */okinawakasawa, **45** */Alexander Morozov, **45** */venusangel, **45** */bergamont, **45** */Alexander Morozov, **45** */sutsaiy, **45** */manipulateur, **45** */kmiragaya, **46** */fotyma, **46** */Denisa V, **46** */jonnysek, **46** */Kitch Bain, **46** */pholien, **46** */Alona Dudaieva, **46** */M.R. Swadzba, **46** Thinkstock/iStockphoto, **46** */bennyartist, **46** */Nikola Bilic, **46** */cretolamna, **46** */Igor Syrbu, **46** */Piotr Pawinski, **47** */cretolamna, **47** */Harald Biebel, **47** */gavran333, **47** */M.R. Swadzba, **47** */IrisArt, **47** */Diana Taliun, **47** */cretolamna, **47** */M S, **47** */nito, **47** */Bombaert Patrick, **47** */scol22, **47** */cretolamna, **47** */picsfive, **48** */Sunshine Pics, **48** */VRD, **48** */petrsalinger, **48** */cretolamna, **48** */gavran333, **48** */Uwe Landgraf, **48** */nito, **48** */Schwoab, **48** */cretolamna, **48** */Stefan Balk, **48** */karandaev, **48** */Lucky Dragon, **48** */PhotoSG, **49** */2mmedia, **50** */Andres Rodriguez, **50** */simmittorok, **50** */Liliia Rudchenko, **50** */venusangel, **50** */Ljupco Smokovski, **50** */Maksim Kostenko, **50** Thinkstock/Stockbyte, **50** */Xuejun li, **50** */Ljupco Smokovski, **50** */Coprid, **50** */Yingko, **51** */poligonchik, **52** */arsdigital, **53** */adpePhoto, **53** */Africa Studio, **53** */Tiler84, **53** */NilsZ, **53** */Africa Studio, **53** */Coprid, **54** */magraphics.eu, **54** */sommersby, **54** */ermess, **54** */AndG, **55** */ILYA AKINSHIN, **55** */Lusoimages, **55** */HamsterMan, **55** */jlcst, **55** */Foto-Ruhrgebiet, **55** */Dmytro Akulov, **55** */picsfive, **55** */ibphoto, **55** */Jonathan Stutz, **55** */Jackin, **55** */ganko, **55** */artmim, **55** */Klaus Eppele, **56** */Sashkin, **56** */Creatix, **56** */Andreja Donko, **56** */Katrina Brown, **56** */Ljupco Smokovski, **57** */Okea, **58** */kmit, **58** */luckylight, **58** */tuja66, **58** */tuja66, **58** */corund, **58** */tuja66, **58** */Rynio Productions, **58** */mick20, **58** */Denis Dryashkin, **58** */tuja66, **58** */claudio, **58** */CE Photography, **58** */tuja66, **58** */Бурдюков Андрей, **58** */vav63, **59** */Rynio Productions, **59** */Rynio Productions, **59** */Rynio Productions, **59** */PRILL Mediendesign, **59** */fefufoto, **59** */antonsov85, **60** */andersphoto, **60** */scis65, **60** */venusangel, **60** */Coprid, **60** */f9photos, **60** */tuja66, **60** */Konovalov Pavel, **60** */Freer, **60** */Nik, **60** */chungking, **60** */mariusz szczygieł, **61** */auremar, **61** */Africa Studio, **61** */ankiro, **61** */Ionescu Bogdan, **61** */piai, **61** */Denys Rudyi, **62** */Nomad_Soul, **62** */gradt, **62** */twister025, **62** */egorovvasily, **62** */womue, **62** Thinkstock/

iStockphoto, **62** Thinkstock/iStockphoto, **62** */cherezoff, **62** */by-studio, **63** */coco, **63** */D. Ott, **63** */D. Ott, **63** */federicofoto, **63** */babsi_w, **63** */Stibat Studio, **63** */Kara, **63** */Jeanette Dietl, **63** */sonne fleckl, **63** */keller, **63** */miket, **63** */WoGi, **63** */M. Schuppich , **63** */Marco Becker , **63** */kobra78 , **63** */Kalle Kolodziej, **64** */mallivan, **64** */Zbyszek Nowak, **64** */opasstudio, **64** */hsagencia, **64** */photka , **64** */photka , **64** */photka , **64** */photka , **64** */Gerald Bernard , **64** */Jaimie Duplass , **64** */steamroller , **64** */tompet80 , **64** */schankz, **64** */keerati, **65** */hopfi23, **65** */Alex Petelin, **65** */Patryssia, **65** */D. Ott, **65** */Horticulture, **65** */Kasia Bialasiewicz, **65** */mopsgrafik, **65** */B. Wylezich, **65** */fotoschab, **65** */Miredi, **65** */udra11, **65** */NinaMalyna, **65** */rupbilder, **66** */mates, **68** */unpict, **68** */Teamarbeit, **68** */Christian Jung, **68** Dreamstime/Christianjung, **68** */HLPhoto, **68** */ExQuisine , **68** */rdnzl, **68** */uckyo, **68** */ExQuisine, **68** */lefebvre_jonathan, **68** */Cornerman, **68** */Mara Zemgaliete, **68** iStockphoto/Vasko, **68** */Diana Taliun, **68** Thinkstock/Alena Dvorakova, **68** Shutterstock/marco mayer, **69** */ExQuisine, **69** */ExQuisine, **69** */fotomaster, **69** */Eric Isselée, **69** */boguslaw, **69** */Eric Isselée, **69** */nito, **69** */Irina Khomenko, **69** */Viktor, **69** */Oran Tantapakul, **69** */lightpoet, **70** */Rémy MASSEGLIA, **70** */Natalia Merzlyakova, **70** Dreamstime/Witoldkr1, **70** */Picture Partners, **70** */antonio scarpi, **70** */Gaetan Soupa, **70** */o.meerson, **70** */ExQuisine, **70** Dreamstime/Pipa 100, **70** */lunamarina, **70** */HelleM, **70** */Dalmatin.o , **70** */Witold Krasowski, **70** */Andrei Nekrassov, **70** */Dionisvera, **70** */Dionisvera, **71** */angorius, **71** */Dani Vincek, **71** */felinda, **71** */Andrey Starostin, **71** */pedrolieb, **71** */ExQuisine, **71** Dreamstime/Onepony, **71** */dulsita, **71** */Giuseppe Lancia, **71** */margo555, **71** */BSANI , **71** */womue, **71** */Jiri Hera, **72** */ExQuisine, **72** Dreamstime/Sethislav, **72** */volff , **73** */dimakp, **73** Shutterstock/Multiart, **73** Shutterstock/Krzysztof Slusarczyk, **73** */Daddy Cool, **73** */Brad Pict, **73** Dreamstime/Jack14, **73** */cynoclub, **73** */Picture Partners, **73** */Lsantilli , **73** */Coprid, **73** */Fotofermer, **73** */Brad Pict, **73** */Mara Zemgaliete, **74** */Dani Vincek , **74** */Natika, **74** */Luis Carlos Jiménez, **74** */angorius, **74** */marrfa, **74** */Natika, **74** */fotogal, **74** */Shawn Hempel, **74** */Jessmine, **74** */Daorson, **74** */Jérôme Rommé, **74** */gcpics, **74** */Picture Partners, **75** */valeriy555, **75** */valeriy555, **75** */Barbara Pheby, **75** */volga1971, **75** Dreamstime/Robynmac, **75** */Anna Kucherova, **76** */jerome signoret, **76** */boguslaw, **76** */fotomatrix, **76** */World travel images, **76** */margo555 , **76** */margo555 , **76** */margo555 , **76** */margo555 , **76** */Wolfgang Jargstorff, **77** */valeriy555, **77** */silencefoto, **77** */valeriy555, **77** */valeriy555, **77** */silencefoto, **77** */valeriy555, **77** */photocrew, **77** */valeriy555, **77** */Anna Kucherova, **77** */valeriy555, **77** */Malyshchyts Viktar, **77** */charlottelake, **77** */valeriy555, **78** */tycoon101, **78** */Zbyszek Nowak, **78** */M.R. Swadzba, **78** */Schlierner, **78** */Ekaterina Lin, **78** */Andrey Starostin, **79** */azureus70, **79** */azureus70, **79** */valeriy555, **79** */Dionisvera, **79** Thinkstock/anna1311, **79** */valeriy555, **79** */Andrea Wilhelm, **79** */valeriy555, **79** */valeriy555, **79** */valeriy555, **79** */valeriy555, **79** */valeriy555, **79** */valeriy555, **79** */Anna Kucherova, **80** */Malyshchyts Viktar, **80** */Malyshchyts Viktar, **80** */Malyshchyts Viktar, **80** */Malyshchyts Viktar, **80** */Malyshchyts Viktar, **80** */Malyshchyts Viktar, **80** */Malyshchyts Viktar, **80** */Malyshchyts Viktar, **80** */Malyshchyts Viktar, **80** */Malyshchyts Viktar, **80** */Natika, **80** */Malyshchyts Viktar, **80** */Malyshchyts Viktar, f9photos, **80** */Malyshchyts Viktar, **80** */Oleksiy Ilyashenko, **80** */Tim UR, **80** */valeriy555, **80** */valeriy555, **80** */Natika, **80** */valeriy555, **81** Dreamstime/Skyper1975, **81** */Werner Fellner, **81** */marilyn barbone, **81** */nblxer, **81** */goodween123, **82** */Popova Olga, **82** */Popova Olga, **82** */mates, **82** */Popova Olga, **82** */Popova Olga, **82** */Popova Olga, **82** */Popova Olga, **82** */Popova Olga, **82** */pimponaco, **82** */Schlierner, **82** */svl861, **82** */svl861, **82** Dreamstime/Margouillat, **83** */Team 5, **83** MDB/seli8, **83** */unpict, **83** */Tomboy2290, **83** */nbriam, **83** */Vera Kuttelvaserova, **83** */Vesna Cvorovic, **83** */Maceo, **83** */scis65, **84** Thinkstock/iStockphoto, **84** Thinkstock/iStockphoto, **84** Thinkstock/iStockphoto, **84** Thinkstock/iStockphoto, **84** Thinkstock/iStockphoto, **84** Thinkstock/iStockphoto, **84** Thinkstock/iStockphoto, **84** Thinkstock/iStockphoto, **84** */Popova Olga, **84** Thinkstock/iStockphoto, **84** Thinkstock/iStockphoto, **84** Thinkstock/iStockphoto, **84** Thinkstock/iStockphoto, **84** Thinkstock/iStockphoto, **84** Thinkstock/iStockphoto, **84** Thinkstock/iStockphoto, **85** Dreamstime/Sergioz, **85** */Africa Studio, **85** */Orlando Bellini, **85** */Inga Nielsen, **85** */Inga Nielsen, **85** */Inga Nielsen, **85** */Boris Ryzhkov, **86** */Popova Olga, **86** */Popova Olga, **86** */Popova Olga, **86** */Popova Olga, **86** */Popova Olga, **86** */Popova Olga, **86** */Popova Olga, **86** */Popova Olga, **86** */Popova Olga, **86** */Popova Olga, **86** */Popova Olga, **86** */Popova Olga, **86** */Popova Olga, **86** */Popova Olga, **86** */Elena Schweitzer, **86** */Picturefoods.com, **87** Dreamstime/Jirkaejc, **87** Dreamstime/Glasscuter, **87** */Andrzej Tokarski, **87** Dreamstime/Pryzmat, **87** */Stefano Neri , **87** */Roxana, **87** */enzo4, **87** */Stefano Neri, **87** */akulamatiau, **87** */zorandim75, **87** */marilyn barbone, **88** */pico, **88** */Sergejs Rahunoks, **88** Dreamstime/Givaga, **88** */Piovanello, **88** */Piovanello, **88** */the_pixel, **88** */Liaurinko, **88** */nemez210769, **88** */midosemsem, **88** */Jiri Hera, **88** */juri semjonow, **88** */Brad Pict, **88** Dreamstime/Travelling-light, **88** Dreamstime/Synchronista, **88** */Julian Weber, **88** */IrisArt , **89** */BeTa-Artworks, **89** */Sergii Moscaliuk, **89** */Diana Taliun, **89** */Daniel Wiedemann, **89** Dreamstime/Nagme, **89** */lantapix, **89** */Olegich, **89** */scis65, **89** */Vidady, **89** */komar.maria, **90** */Petrov Vadim, **90** */unpict, **90** */Smart7, **90** */tycoon101, **90** */M. Schuppich, **90** */digifood, **90** */Schwoab, **90** */photocrew, **90** */chrisdorney, **90** */anakondasp, **90** */unpict, **90** */sorcerer11, **90** */Lucky Dragon, **91** */MarFot, **91** */ppi09, **91** */Kesu, **91** */Andrea Wilhelm, **91** */kehr design, **91** */gtranquillity, **91** */Corinna Gissemann, **91** */Lucky Dragon, **91** */Jiri Hera, **91** */sergojpg, **91** */Daryl Musser, **91** */robysaba, **91** */unpict, **92** */Jiri Hera, **92** */Nitr, **92** */Nitr, **92** */ExQuisine, **92** */Natika , **92** */Inga Nielsen, **92** */Nitr, **92** */Nitr, **92** */Taffi, **92** */karandaev, **92** */unpict, **92** */baibaz, **92** */Africa Studio, **93** */pabijan, **93** */amenic181, **93** */Viktor, **93** */blende40, **93** */Fotofermer, **93** */Rob Stark, **93** */gtranquillity, **93** */gtranquillity, **93** */gtranquillity, **93** */gtranquillity, **93** */gtranquillity, **93** */Inga Nielsen, **94** Thinkstock/puchkovo48, **94** */neirfy, **94** */Nitr, **94** */Nitr, **94** */Nitr, **94** */Taffi, **94** */Taffi, **94** */Taffi, **94** */Taffi, **94** */karandaev, **94** */karandaev, **94** */karandaev, **95** */Hemeroskopion, **95** */Hemeroskopion, **95** */Hemeroskopion, **95** */Hemeroskopion, **95** */Hemeroskopion, **95** */Hemeroskopion, **95** */Hemeroskopion, **95** */Hemeroskopion, **95** */Hemeroskopion, **95** */Hemeroskopion, **95** */Hemeroskopion, **95** */Hemeroskopion, **95** */Hemeroskopion, **96** */kab-vision, **96** Shutterstock/Multiart - Shutterstock.com, **96** */Volodymyr Shevchuk, **96** */Sergejs Rahunoks, **96** */sspice, **96** */Corinna Gisseman, **96** */azureus70, **96** */Popova Olga, **96** */baibaz, **97** */Whitebox Media, **97** */angorius, **97** */Andrea Wilhelm, **97** Dreamstime/Margouillat, **97** */Viktor, **97** */Kesu, **97** */Peredniankina, **97** */margo555, **97** */Aleksandar Jocic, **98** */Jiri Hera, **98** */victoria p., **98** */djama, **98** */vagabondo, **98** */Jiri Hera, **98** */scis65, **98** */blende40, **98** */MUNCH!, **98** */Africa Studio, **98** */arinahabich, **98** */Marius Graf, **98** */Marius Graf, **98** */Marius Graf, **98** */Liaurinko, **98** */Brad Pict, **98** */juniart, **99** */Dmytro Sukharevskyy, **99** */Dmytro Sukharevskyy, **99** */Dmytro Sukharevskyy, **99** */Sergejs Rahunoks, **99** */canoncam, **99** */uckyo, **99** */torsakarin, **99** */Thibault Renard, **99** */eyewave, **99** */Orlando Bellini, **99** */Blue Wren, **99** */Dmytro Sukharevskyy, **99** */Dmytro Sukharevskyy, **100** */Jacek

Chabraszewski, **100** */Inga Nielsen, **100** */dusk, **100** */Road King, **100** */Jack Jelly, **100** Dreamstime/Tomislav Pinter, **100** */Jacek Chabraszewski, **100** */ExQuisine, **100** */aktifreklam, **100** */zhekos , **100** */Jess Yu, **100** */illustrez-vous, **100** */Andrea Wilhelm, **101** */Minerva Studio, **101** */Boris Ryzhkov, **101** */Nitr, **101** */unpict, **101** */Jacek Chabraszewski, **101** */photocrew, **101** */Viktor, **101** */eyewave, **101** Dreamstime/Lightzoom, **101** iStockphoto/Gordana Sermek, **102** */Africa Studio, **102** */Vitaly Korovin, **102** */Coprid, **102** */Schlierner, **102** */Fotofermer, **103** */ashka2000, **103** */womue, **103** */EM Art, **103** */ExQuisine, **103** */photocrew, **103** */jeehyun, **103** */reineg, **103** */reineg, **103** */reineg, **103** */reineg, **103** */Subbotina Anna, **103** */rangizzz, **103** */sjhuls, **104** */Fotofermer, **106** Thinkstock/Keith Levit Photography, **106** Thinkstock/iStockphoto, **106** Thinkstock/iStockphoto, **106** Thinkstock/iStockphoto, **106** Thinkstock/iStockphoto, **106** Thinkstock/iStockphoto, **106** Thinkstock/iStockphoto, **106** Thinkstock/iStockphoto, **106** Thinkstock/Fuse, **107** Thinkstock/Fuse, **107** Thinkstock/iStockphoto, **107** Thinkstock/iStockphoto, **107** Thinkstock/iStockphoto, **107** Thinkstock/Comstock, **107** */Alexandra Gl, **108** */leremy, **108** */leremy, **108** */leremy, **108** */leremy, **108** */leremy, **108** */leremy, **108** */mrtimmi, **108** */mrtimmi, **108** */mrtimmi, **108** */mrtimmi, **108** */mrtimmi, **108** */mrtimmi, **108** */Bobo, **108** */leremy, **108** */leremy, **108** */FelixCHH, **109** Thinkstock/iStockphoto, **109** */Eisenhans, **109** Thinkstock/iStockphoto, **109** Thinkstock/iStockphoto, **109** Thinkstock/Hemera, **109** Thinkstock/Hemera, **109** Thinkstock/Hemera, **109** */Bombaert Patrick, **109** */algre, **109** Thinkstock/Hemera, **109** Thinkstock/iStockphoto, **109** Thinkstock/Hemera, **110** */Vladimir Kramin, **110** */algre, **111** */algre, **111** */apttone, **112** Thinkstock/iStockphoto, **112** */Jenny Thompson, **112** */Aaron Amat, **112** */overthehill, **112** */eldadcarin, **112** */Michael Seidel, **113** Thinkstock/iStockphoto, **113** */gradt, **113** */Lasse Kristensen, **113** */Željko Radojko, **113** */golandr, **114** Thinkstock/iStockphoto, **114** Thinkstock/Stockbyte, **115** Thinkstock/iStockphoto, **115** Thinkstock/Hemera, **115** Thinkstock/iStockphoto, **115** Thinkstock/iStockphoto, **115** Thinkstock/iStockphoto, **115** */Bikeworldtravel, **116** */Idelfoto, **116** Thinkstock/iStockphoto, **116** Thinkstock/Hemera, **116** Thinkstock/Hemera, **116** Thinkstock/Hemera, **117** Thinkstock/iStockphoto, **117** Thinkstock/iStockphoto, **117** Thinkstock/iStockphoto, **118** Thinkstock/iStockphoto, **119** Thinkstock/Hemera, **119** Thinkstock/iStockphoto, **119** Thinkstock/iStockphoto, **119** Thinkstock/iStockphoto, **119** Thinkstock/iStockphoto, **119** Thinkstock/iStockphoto, **119** Thinkstock/iStockphoto, **119** Thinkstock/iStockphoto, **119** Thinkstock/iStockphoto, **119** Thinkstock/iStockphoto, **119** Thinkstock/iStockphoto, **119** Thinkstock/iStockphoto, **119** Thinkstock/iStockphoto, **119** Thinkstock/iStockphoto, **119** Thinkstock/Hemera, **119** Thinkstock/iStockphoto, **120** Thinkstock/iStockphoto, **120** Thinkstock/Hemera, **120** Thinkstock/Photos.com, **120** Thinkstock/iStockphoto, **120** */photo 5000, **120** Thinkstock/iStockphoto, **120** Thinkstock/iStockphoto, **120** Thinkstock/Hemera, **120** Thinkstock/Hemera, **121** */Eisenhans, **121** Thinkstock/iStockphoto, **121** Thinkstock/iStockphoto, **121** Thinkstock/Stockbyte, **121** Thinkstock/Hemera, **121** Thinkstock/iStockphoto, **121** Thinkstock/Julio de la Higuera Rodrigo, **121** */DeVIce, **121** */Artem Gorohov, **121** */Lukas Sembera, **121** Thinkstock/iStockphoto, **121** Thinkstock/iStockphoto, **121** */Eisenhans, **121** Thinkstock/iStockphoto, **121** Thinkstock/iStockphoto, **121** */auremar, **122** */laurenthuet, **122** */Nikolai Sorokin, **122** */Dmitry Vereshchagin, **122** */Ettore, **122** */tr3gi, **122** */12ee12, **122** Thinkstock/Vladimir Arndt, **123** */Fotito, **123** */mschick, **123** */BlueSkyImages, **123** */contrastwerkstatt, **123** Thinkstock/iStockphoto, **123** Thinkstock/Hemera Technologies, **124** */Okea, **124** */Marcus Lindström - iStockphoto.com, **125** */CandyBox Images, **125** */TMAX, **125** */michaeljung, **125** */Maygutyak, **125** */Steve Mann, **125** */nui7711, **125** */Jörg Hackemann, **126** */Sashkin, **126** */virtabo, **126** Thinkstock/iStockphoto, **126** */Ben Chams, **126** */Ben Chams, **126** */Ben Chams, **126** */mindscanner , **126** */swx, **126** */michaeljung, **126** */alexmillos, **126** Thinkstock/iStockphoto, **126** */Bergringfoto, **126** Thinkstock/iStockphoto, **126** */chalabala, **126** */Ben Burger, **127** */Tupungato, **127** */Pink Badger, **127** */HappyAlex, **127** */monticellllo, **127** */monticellllo, **127** */monticellllo, **128** */Masyanya, **128** */Dmitry Vereshchagin, **128** */Dmitry Vereshchagin, **128** */Dmitry Vereshchagin, **128** */Photobank kiev, **129** */vichie81, **129** */Uschi Hering, **129** */skampixelle, **129** */DOC RABE Media, **129** */Nadine Klabunde, **129** */AndreasJ. **130** */Farinoza, **132** */Marco2811, **132** */phant, **132** */Crobard, **132** */A.Karnholz, **132** */ermess, **133** */sborisov, **133** */XtravaganT, **133** */Mihai-Bogdan Lazar, **133** */jacek_kadaj, **133** */ArTo, **133** */hansenn, **133** */Marcel Schauer, **133** Thinkstock/iStockphoto, **133** */Jörg Lantelme, **133** */vaitekune, **133** */apops, **133** */motivation1965, **133** */steschum, **133** Thinkstock/iStockphoto, **133** Thinkstock/iStockphoto, **133** */HaywireMedia, **134** */Scanrail, **134** */anshar73, **134** */XtravaganT, **134** Thinkstock/iStockphoto, **134** Thinkstock/iStockphoto, **134** */A_Lein, **134** Thinkstock/iStockphoto, **134** */jovannig, **134** */Patryk Kosmider, **134** */Max, **134** Thinkstock/Getty Images, **134** */miket, **134** */Ciaobucarest, **134** */Paul Liu, **134** Thinkstock/iStockphoto, **134** */Adrian v. Allenstein, **135** */Pabkov, **135** Thinkstock/iStockphoto, **135** Thinkstock/iStockphoto, **135** Thinkstock/photodisc/David De Lossy, **135** */Anchels, **135** Thinkstock/Ingram Publishing, **135** */Ichbins11, **135** */MIMOHE, **135** */blas, **135** */Franz Pfluegl, **135** */Petra Beerhalter, **135** */davidundderriese, **136** */contrastwerkstatt, **136** */Berni, **136** */Berni, **136** */Berni, **136** */slava296, **136** */Berni, **136** */Berni, **136** */xy, **136** */lunamarina, **136** */Berni, **137** Thinkstock/Hemera, **137** */oranhall, **137** */Kzenon, **137** Thinkstock/iStockphoto, **137** */Margo Harrison, **137** Thinkstock/iStockphoto, **137** Thinkstock/iStockphoto, **137** */JackF, **137** */Africa Studio, **137** */Hirurg, **137** */stockyimages, **138** */qech, **138** */contrastwerkstatt, **138** Thinkstock/iStockphoto, **138** Thinkstock/iStockphoto, **138** Thinkstock/photodisc/Keith Brofsky, **138** */LVDESIGN, **138** */Santiago Cornejo, **139** */eyewave, **139** */jogyx, **139** */Joop Hoek, **139** */T. Michel, **139** Thinkstock/iStockphoto, **139** */dextroza, **139** Thinkstock/iStockphoto, **139** */lowtech24, **139** Thinkstock/iStockphoto, **139** Thinkstock/iStockphoto, **139** Thinkstock/Comstock, **139** */Picture-Factory, **139** Thinkstock/iStockphoto, **140** Thinkstock/iStockphoto, **140** Thinkstock/iStockphoto, **140** */zhu difeng, **140** */Gina Sanders, **140** */Bauer Alex, **140** */Andres Rodriguez, **140** */Kzenon, **140** */Alex Tihonov, **140** */Alex Tihonov, **140** */Christophe Fouquin, **140** */Sven Weber, **140** */mediagram, **140** */bradleyhebdon, **140** */Africa Studio, **140** */paul prescott, **140** */Tyler Olson, **141** */shotsstudio, **141** */luanateutzi, **141** */adisa, **141** */scaliger, **141** Thinkstock/Fuse, **141** Thinkstock/Andrey Burmakin, **141** Thinkstock/Digital Vision/RL Productions, **141** */Pumba, **141** */lightpoet, **141** Thinkstock/Fuse, **141** Thinkstock/iStockphoto, **141** */chamillew, **141** */gemenacom, **141** */mangostock, **141** */Tyler Olson, **141** */Kzenon, **142** */photocreo, **142** Thinkstock/photodisc/Siri Stafford, **142** */T. Michel, **142** */filtv, **142** */apops, **142** */Monkey Business, **143** */JJAVA, **143** */JJAVA, **143** */JackF, **143** */Pavel Losevsky, **143** */Pavel Losevsky, **143** */erwinova, **143** */JJAVA, **143** */Art Allianz, **143** */Sam Spiro, **143** */adisa, **143** */JackF, **143** */JackF, **143** */rufeh, **143** Thinkstock/Hemera, **143** */M. studio, **143** Thinkstock/iStockphoto, **144** */Minerva Studio, **144** */eyetronic, **144** */paul prescott, **144** */corepics, **144** */AlienCat, **144** */Thomas Francois, **144** */ag visuell, **144** */Minerva Studio, **144** */contrastwerkstatt, **145** */Art Allianz, **145** */adisa, **145** */Pumba, **145** */adisa, **145** */Vitaly Maksimchuk, **145** Thinkstock/iStockphoto, **145** */amlet, **145** Thinkstock/Brand X Pictures, **145** */

Joshhh, **145** */karandaev, **145** */808isgreat, **145** Thinkstock/iStockphoto, **145** */Andres Rodriguez, **146** */ruigsantos, **146** */Pixel & Création, **146** Thinkstock/iStockphoto, **146** */robert, **146** Thinkstock/Ingram Publishing, **146** */by-studio, **146** Thinkstock/Digital Vision, **146** */viperagp, **146** */OlegDoroshin, **146** */Pixelwolf2, **146** */VL@D, **146** */rekemp, **146** */Natalia Merzlyakova, **146** */spaxiax, **146** */Sunshine Pics, **146** */eyewave, **147** */nicknick_ko, **147** Thinkstock/iStockphoto, **147** Thinkstock/iStockphoto, **147** */Mingis, **147** */nyul, **147** Thinkstock/iStockphoto, **147** */Africa Studio, **147** */Minerva Studio, **147** Thinkstock/iStockphoto, **147** */fottoo, **147** */Africa Studio, **147** Thinkstock/iStockphoto, **147** */Digitalpress, **148** Thinkstock/Hemera, **148** Thinkstock/iStockphoto, **148** */cottonfioc, **148** */goodluz, **148** */Alen Ajan, **148** */Artur Bogacki, **148** */leungchopan, **148** */Paul Vinten, **148** Thinkstock/Jupiterimages, **148** */amarok17wolf, **148** */Scott Griessel, **148** */fxegs, **148** */terex, **149** */kameraauge, **149** */LianeM, **149** */XtravaganT, **149** */vom, **149** */dbvirago, **149** */Stuart Monk, **149** */legeartispics, **149** */phant, **149** */ArTo, **149** */Sorry, **149** */bbourdages, **149** */Furan, **149** */bluclementine, **150** Thinkstock/iStockphoto, **150** */AV, **150** Thinkstock/Mikhail Markovskiy, **150** */DragonImages, **150** */piccaya, **150** */Leonid Tit, **150** */ArtHdesign, **150** */womue, **150** */Maurizio Malangone, **151** */alex200464, **151** Thinkstock/iStockphoto, **151** */Arkady Chubykin, **151** Thinkstock/iStockphoto, **151** */djama, **151** */Schulz-Design, **151** */Martinan, **151** */Ammentorp, **151** */Gerhard Seybert, **151** Thinkstock/Digital Vision, **151** */travis manley, **152** */Nika Novak, **154** */Gennadiy Poznyakov, **154** */sdenness, **154** */contrastwerkstatt, **154** */Monkey Business, **154** */Robert Kneschke, **154** */shock, **154** */Monkey Business, **154** Thinkstock/iStockphoto, **154** */Cozyta, **154** Thinkstock/Comstock, **154** */tiero, **154** */contrastwerkstatt, **154** */hues, **155** */Gennadiy Poznyakov, **155** */kritchanut, **156** */luminastock, **156** */robert, **156** */yeyen, **156** */auremar, **156** */Javier Castro, **156** */peshkova, **156** */Gennadiy Poznyakov, **156** */Kzenon, **156** */sunabesyou, **156** */gemenacom, **156** */shock, **156** */Jürgen Fälchle, **156** */Nosvos, **156** */luminastock, **156** */kartos, **156** */peshkova, **157** */Olga Galushko, **157** */AVAVA, **157** */Tyler Olson, **157** */Sven Bähren, **157** */alco81, **157** */paylessimages, **157** */Robert Kneschke, **157** */auremar, **157** */ayutaroupapa, **157** */Aiwendyl, **157** */kmiragaya, **157** */contrastwerkstatt, **157** */Tomasz Trojanowski, **158** Thinkstock/iStockphoto, **158** */Africa Studio, **158** */Zerbor, **158** */dkimages, **158** */babimu, **158** */phloxii, **158** */Africa Studio, **158** */Vlad Ivantcov, **158** */Vladyslav Danilin, **159** */ThorstenSchmitt, **159** Thinkstock/PhotoObjects.net, **159** */lily, **160** Thinkstock/iStockphoto, **160** */leszekglasner, **160** */Mat Hayward, **160** */Konstantin L, **160** */josje71, **160** */xy, **160** */Creativa, **160** */Monkey Business, **160** */Monkey Business, **160** */aidaricci, **161** Thinkstock/iStockphoto, **161** */Marius Graf, **161** */muro, **161** */BEAUTYofLIFE, **161** */ia_64, **161** */lu-photo, **162** */Jörg Lantelme, **162** */Berni, **162** */Jeanette Dietl, **162** Thinkstock/Brand X Pictures, **162** */Randall Reed, **162** */Minerva Studio, **162** */trotzolga, **162** */johannesspreter, **162** */Africa Studio, **162** */Alexander Raths, **162** */contrastwerkstatt, **162** */agenturfotografin, **162** */lightpoet, **163** Thinkstock/James Woodson, **163** */CandyBox Images, **163** */Igor Mojzes, **163** */WavebreakmediaMicro, **163** */Africa Studio, **163** */Andres Rodriguez, **163** */xy, **163** */apops, **163** */pearl, **163** */Robert Kneschke, **163** */Markus Haack, **163** */lightpoet, **164** */Minerva Studio, **164** */WavebreakmediaMicro, **164** */goodluz, **164** */lightpoet, **164** */goodluz, **164** */Kzenon, **164** */CandyBox Images, **164** */Fuse, **164** */goodluz, **164** */pearl, **164** */mangostock, **164** Thinkstock/iStockphoto, **164** Thinkstock/Digital Vision, **165** */contrastwerkstatt, **165** */A_Bruno, **165** */WavebreakmediaMicro, **165** */Geo Martinez, **165** */Geo Martinez, **165** */endostock, **166** */Minerva Studio, **166** */apops, **166** */bevangoldswain, **166** */Adam Gregor, **166** */Kzenon, **166** */Kzenon, **166** */michaeljung, **166** */ontrastwerkstatt, **166** */Tyler Olson, **166** */Valentina R., **166** */contrastwerkstatt, **166** */Iurii Sokolov, **166** */Kzenon, **166** */Picture-Factory, **166** */Rido, **166** */nyul, **167** */goodluz, **167** */Kadmy, **167** */Peter Atkins, **167** */jörn buchheim, **167** */Kadmy, **167** */Kurhan, **167** */krizz7, **167** */Kadmy, **167** */ikonoklast_hh, **167** */Marén Wischnewski, **167** */apops, **167** */goodluz, **167** */Cyril Comtat, **167** Thinkstock/Andriy Fomenko, **167** */manu, **167** */petert2, **168** */Monika Wisniewska, **168** Thinkstock/iStockphoto, **168** */goodluz, **168** */Minerva Studio, **168** */Kzenon, **168** */Kzenon, **168** Thinkstock/Photodisc, **168** */Kzenon, **168** */Claudia Nagel, **168** */Minerva Studio, **168** */Kzenon, **168** */contrastwerkstatt, **168** */CandyBox Images, **168** */Kzenon, **168** */Kzenon, **168** */Kurhan, **169** */goodluz, **169** */contrastwerkstatt, **169** */Igor Mojzes, **169** */mezzotint, **169** */claudiaveja, **169** */Andrey Kiselev, **169** */WavebreakmediaMicro, **169** */Elnur, **169** */diego cervo, **169** */Africa Studio, **169** */Africa Studio, **169** */berc, **169** */Natali_ua, **169** Thinkstock/Fuse, **169** */lightpoet, **169** */contrastwerkstatt, **172** */terex, **172** Thinkstock/iStockphoto, **172** */nikkytok, **172** */marcoprati, **172** */eyewave, **172** */Africa Studio, **173** */Africa Studio, **173** */Diana Taliun, **173** */Rulan, **173** */interklicks, **173** Thinkstock/iStockphoto, **173** Thinkstock/iStockphoto, **173** */Corwin, **173** */rangizzz, **173** */monstersparrow, **174** */Picture-Factory, **174** */Carlos Caetano, **174** */vda_82, **174** */vetkit, **174** */Jacek Fulawka, **174** */masterzphotofo, **175** */Viorel Sima, **175** */Mi.Ti., **175** */Brian Jackson, **175** */juniart, **175** */Oksana Kuzmina, **175** */Marcin Sadlowski, **176** */Gelpi, **178** */TAlex, **178** */karandaev, **179** */Maksym Yemelyanov, **179** */Vitas, **179** */romantiche, **179** */rawcaptured, **179** */AVD, **179** */Sergey Dashkevich, **179** Thinkstock/iStockphoto, **179** */Artur Synenko, **179** */dimakp, **179** */heigri, **179** */Lusoimages, **179** */Apart Foto, **179** */sonne fleckl, **179** */Manuela Fiebig, **179** */Klaus Eppele, **179** */Artur Synenko, **180** */Gina Sanders, **180** */snyfer, **180** */snyfer, **180** */Iurii Timashov, **180** */Iurii Timashov, **180** */Iurii Timashov, **180** */Iurii Timashov, **180** */Iurii Timashov, **180** */WonderfulPixel, **180** */Iurii Timashov, **180** */Iurii Timashov, **180** */Iurii Timashov, **181** */WonderfulPixel, **181** */WonderfulPixel, **181** */WonderfulPixel, **181** */WonderfulPixel, **181** */WonderfulPixel, **181** */vasabii, **181** */grgroup, **181** */Skipio, **181** */vector_master, **181** */Scanrail, **181** */Vectorhouses, **181** */Vectorhouses, **181** */Vectorhouses, **182** */Metin Tolun, **182** */inal09, **182** */electriceye, **182** */Do Ra, **182** */Do Ra, **182** */Do Ra, **182** */Do Ra, **182** */Do Ra, **182** */Do Ra, **182** */Do Ra, **182** */Palsur, **182** */marog-pixcells, **182** */Palsur, **183** */mtkang, **183** */Taffi, **183** */pizuttipics, **183** */by-studio, **183** */Scanrail, **183** */RTimages, **183** */Aleksandr Bryliaev, **183** */JcJg Photography, **183** */Coprid, **183** */tanatat, **183** */Palsur, **183** */Andrew Barker, **184** */ashumskiy, **184** */Gewoldi, **184** */Vitas, **184** */singkham, **185** */Sebalos, **185** */tomispin, **185** */manaemedia, **185** */Niceregionpics, **185** */thanomphong, **185** */Lusoimages, **186** Thinkstock/Alexander Podshivalov, **186** */wellphoto, **186** */Stefan Körber, **186** */Pavel Losevsky, **187** */TrudiDesign, **187** */WavebreakmediaMicro, **187** */ArtHdesign, **187** */valdis torms, **187** */cirquedesprit, **187** */Alexandra Gl, **187** */Sergey Nivens, **187** */imkenneth, **187** */WavebreakMediaMicro, **188** */jfv, **188** */pressmaster, **188** */jminso679, **188** */Marco2811, **188** */Johanna Mühlbauer, **188** */A_Bruno, **189** */pedrosala, **189** */fotomatrix, **189** */Uwe Bumann, **189** */robert, **189** */Milan Surkala, **189** */the_builder, **189** */reich, **190** */Scanrail, **190** */Dron, **190** */drubig-photo, **190** */mirabella, **190** */gradt, **191** */gradt, **191** Thinkstock/iStockphoto, **191** */JiSIGN, **191** */JiSIGN, **191** */JiSIGN, **191** */Rido, **191** */auremar, **192** */Elenathewise, **194** */mirpic, **194** */KB3, **194** Thinkstock/Stockbyte, **195** */lesniewski, **195** */Lario Tus, **195** */Melinda Nagy, **195** */kostasaletras, **195** */contrastwerkstatt, **195** */

beachboyx10, **196** Thinkstock/iStockphoto, **196** */Val Thoermer, **197** Thinkstock/Dorling Kindersley RF, **197** */snaptitude, **198** */Pavel Losevsky, **198** */.shock, **198** */Nicholas Piccillo, **198** Thinkstock/Photodisc, **198** Thinkstock/Photodisc, **198** Thinkstock/Photoobjects.net, **198** */.shock, **198** */micromonkey, **199** */kromkrathog, **199** Thinkstock/Fuse, **199** */Stian Iversen, **200** */Tan Kian Khoon, **200** */modestil, **200** */Igor Sokolov, **200** */piai, **200** */Will Hughes, **200** */Actionpics, **200** */Kelpfish, **200** */Africa Studio, **200** */Brocreative, **200** */karaboux, **200** */Lance Bellers, **200** */Sean Gladwell, **200** */by-studio, **201** */kanate, **201** */by-studio, **201** */Michael Pettigrew, **201** Thinkstock/Ingram Publishing, **202** */Katya Constantine, **202** */Nicholas Piccillo, **203** */Dmitry Vereshchagin, **203** */PinkBlue, **203** */PinkBlue, **203** */PinkBlue, **204** */Kris Strach, **204** */Kzenon, **204** */Kzenon, **205** */Quasarphoto, **205** */sumnersgraphicsinc, **205** */sumnersgraphicsinc, **205** */Veniamin Kraskov, **205** */Apart Foto, **205** */RTimages, **206** */zozulinskyi, **206** */Stefan Schurr, **206** */berc, **206** */mezzotint, **206** */ekarin, **206** Thinkstock/Digital Vision, **207** */Sportlibrary, **207** */lilufoto, **207** */roibu, **207** Thinkstock/TongRo Images, **207** */lilufoto, **207** Thinkstock/iStockphoto, **207** Thinkstock/iStockphoto, **207** */Michael Rosskothen, **207** */Oscar Brunet, **207** */Oscar Brunet, **207** Thinkstock/Comstock/JupiterImages, **208** */alessandro0770, **208** */Stefan Schurr, **208** */Maridav, **208** Thinkstock/moodboard, **208** */endostock, **208** */lightpoet, **208** */yanlev, **208** Thinkstock/Fuse, **208** */Wong Hock Weng, **209** */Andres Rodriguez, **209** */goldenangel, **209** */wellphoto, **209** Thinkstock/Digitial Vision, **209** */wellphoto, **209** */Cpro, **209** */Cpro, **209** */Birgit Reitz-Hofmann, **209** */Kitch Bain, **209** */Tony Taylor Stock, **209** */xy, **210** */marsyk, **210** */Sportlibrary, **210** */agentur2728.de, **210** Thinkstock/Hemera @ Getty Images, **211** Thinkstock/iStockphoto, **211** Thinkstock/iStockphoto, **211** Thinkstock/Comstock, **212** Thinkstock/iStockphoto, **212** */dima266f, **212** */Maridav, **212** */Anion, **212** */beatrice prève, **212** Thinkstock/Hemera, **212** */EpicStockMedia, **212** Thinkstock/iStockphoto, **212** Thinkstock/iStockphoto, **212** Thinkstock/Monkey Business, **213** Thinkstock/Fuse, **213** Thinkstock/iStockphoto, **213** Thinkstock/Pixland, **213** */attltibi, **213** */attltibi, **213** */belinka, **213** */Andrey Kiselev, **213** */auremar, **213** */tunedin, **213** Thinkstock/Hemera, **213** */Dmitry Vereshchagin, **213** */Elnur, **214** */Kseniya Abramova, **215** */Thierry RYO, **215** */Kseniya Abramova, **215** */Kseniya Abramova, **215** Thinkstock/Thomas Northcut @ Getty Images, **215** */Margo Harrison, **215** */fifranck, **215** */hosphotos, **215** */Heike und Hardy, **215** Thinkstock/iStockphoto, **215** */PackShot, **215** */auremar, **216** */Ljupco Smokovski, **216** */SS1001, **216** */Vadim Bukharin, **216** */Dmitry DG, **217** */ftlaudgirl, **217** */U. Woell, **217** */Anton Gvozdikov, **217** */project1photography, **217** */Volker Skibbe, **217** */Marcelo Dufflocq, **217** Thinkstock/iStockphoto, **217** */roblan, **217** */andreshka, **217** */stoonn, **217** */daseaford, **217** */sablin, **217** */garry_images, **218** */dell, **218** */Silvano Rebai, **218** */dell, **218** */victor zastol'skiy, **218** */mradlgruber, **218** Thinkstock/iStockphoto, **218** */© Olympixel, **218** */Val Thoermer, **218** */terranova_17, **219** Thinkstock/iStockphoto, **219** Thinkstock/moodboard, **219** */Galina Barskaya, **219** Thinkstock/Hemera, **219** */Dreef, **219** */Steeve ROCHE, **219** Thinkstock/iStockphoto, **219** Thinkstock/Photodisc/Ryan McVay, **219** */corepics, **219** */Lsantilli, **220** Thinkstock/iStockphoto, **220** */Netzer Johannes, **220** */Stefan Schurr, **220** */inigocia, **220** */Netzer Johannes, **220** */Jan Kranendonk, **220** */monster85, **220** */Avant-garde, **220** */photomag, **220** */storm, **220** */Fotoimpressionen, **220** */Marco2811, **220** */yanlev, **220** */lassedesignen, **220** */Stefan Schurr, **220** */Grigorenko, **221** */lilufoto, **221** */3dmentat, **221** */maxoidos, **221** */Bergringfoto, **221** */Marin Conic, **221** */Dimitar Marinov, **221** */just2shutter, **221** Thinkstock/iStockphoto, **221** */Shmel, **221** */olly, **221** Thinkstock/iStockphoto, **221** Thinkstock/Cameron Spencer @ Getty Images, **221** */ChantalS, **221** */Felix Mizioznikov, **221** Thinkstock/Digital Vision, **221** */artjazz, **222** Thinkstock/iStockphoto, **222** */okinawakasawa, **222** */VIPDesign, **222** */okinawakasawa, **222** */starush, **222** */Hetizia, **223** Thinkstock/Wavebreak Media, **223** */Lerche & Johnson, **223** */Lerche & Johnson, **223** */Lerche & Johnson, **223** */Lerche & Johnson, **223** Thinkstock/iStockphoto, **223** Thinkstock/iStockphoto, **223** */Lerche & Johnson, **223** */Wisky, **223** */nito, **223** */Kzenon, **224** */Africa Studio, **226** Thinkstock/iStockphoto, **226** Thinkstock/Digital Vision, **226** Thinkstock/iStockphoto, **226** Thinkstock/Purestock, **226** Thinkstock/iStockphoto, **226** */Andrey Burmakin, **226** */Andrey Burmakin, **226** */Nejron Photo, **226** Thinkstock/JupiterImages © Getty Images, **227** Thinkstock/Digital Vision, **227** Thinkstock/Digital Vision, **227** Thinkstock/Digital Vision, **228** Thinkstock/iStockphoto, **228** */Africa Studio, **228** */Kalim, **228** Thinkstock/iStockphoto, **228** */ysbrandcosijn, **229** */Klaus Eppele, **229** */scalaphotography, **229** */cynoclub, **229** */Brian Jackson, **229** */mekcar, **229** */by-studio, **229** */Henry Schmitt, **229** */Henry Schmitt, **229** */alephcomo1, **229** */Henry Schmitt, **229** */deusexlupus, **229** */apops, **229** */MUE, **229** */MUE, **229** */MUE, **229** thinkstock/Hemera (Cagri Oner), **230** */ReMuS, **230** */soerenkuhrt, **230** */Maruba, **230** */cjansuebsri, **230** Thinkstock/iStockphoto, **230** */Constantinos, **230** */ILYA AKINSHIN, **230** */dvs71, **230** */Jürgen Fälchle, **230** */Uros Petrovic, **230** */Distrikt3, **230** */Lucky Dragon USA, **230** */Denis Ivatin, **230** */photlook, **230** */Klaus Eppele, **230** */venusangel, **231** Thinkstock/iStockphoto, **231** */visivasnc, **231** */sumnersgraphicsinc, **231** */ArtFamily, **231** Thinkstock/iStockphoto, **231** */ysbrandcosijn, **231** */jehafo, **232** */Andrey Armyagov, **232** Thinkstock/iStockphoto, **232** */G.Light, **232** Thinkstock/Digital Vision/A J James, **232** Thinkstock/iStockphoto, **232** */bizoo_n, **233** */Bombaert Patrick, **233** */tuja66, **233** */Giuseppe Porzani, **233** */ILYA AKINSHIN, **233** */jiggo, **234** */starman963, **234** */Kirill Zdorov, **234** */tobago77, **234** */Steve Mann, **234** */Michael Flippo, **234** Thinkstock/iStockphoto, **234** */Martina Berg, **234** */st-fotograf, **234** */imagika, **234** Thinkstock/iStockphoto, **234** */WavebreakMediaMicro, **234** */jillchen, **234** */Alexander Raths, **235** */Warren Millar, **235** Thinkstock/Stockbyte, **235** Thinkstock/iStockphoto, **235** Thinkstock/iStockphoto, **235** Thinkstock/iStockphoto, **235** Thinkstock/iStockphoto, **235** */ksena32, **235** Thinkstock/iStockphoto, **235** */AllebaziB, **235** */Barbara Pheby, **235** Thinkstock/Hemera, **235** */womue, **235** */Liliia Rudchenko, **235** Thinkstock/iStockphoto, **235** */jogyx, **235** */Marius Graf, **236** */Regina Jersova, **236** */bittedankeschön, **236** Thinkstock/iStockphoto, **236** */franzgustincich, **236** */openlens, **236** */bruniewska, **236** */Amid, **236** Thinkstock/iStockphoto, **236** */Gino Santa Maria , **236** Thinkstock/iStockphoto, **236** */krimzoya46, **236** */sandis94, **236** */tsaplia, **236** */tigger11th, **236** */neirfy, **236** */bahrialtay, **237** */akekoksom, **238** Thinkstock/iStockphoto, **238** Thinkstock/iStockphoto, **238** */Sergiogen, **238** Thinkstock/iStockphoto, **238** */babimu, **239** */uckyo, **239** */RTimages, **239** */Africa Studio, **239** */Africa Studio, **239** */luiscarceller, **239** */Neyro, **239** */kornienko, **239** Thinkstock/thinstock Ablestock.com @ Getty Images, **239** */Mushy, **239** */maestria_diz, **239** Thinkstock/iStockphoto, **239** */U. Hardberck, **239** */Andreja Donko, **239** */koosen, **239** Thinkstock/iStockphoto, **239** Thinkstock/Hemera @ Getty Images, **240** */Printemps, **240** */Africa Studio, **240** Thinkstock/iStockphoto, **240** */shooarts, **240** */Vyacheslav Plyasenko, **240** */Artranq, **240** Thinkstock/JupiterImages © Getty Images, **240** */Firma V, **240** */ronstik, **240** */lunamarina, **240** */iampuay, **240** */Kuzmick, **240** */marysa03, **241** Thinkstock/Fuse, **241** Thinkstock/Creatas Images, **241** Thinkstock/Fuse, **241** */Kzenon, **241** */nyul, **241** */

Sergey Nivens, **241** */Nejron Photo, **242** */Robert Neumann, **242** */ratana_k, **242** */Marius Graf, **242** Thinkstock/iStockphoto, **242** */Unclesam, **242** */indigolotos, **242** */Birgit Reitz-Hofmann, **242** */fotomanu21, **242** */Hamik, **243** */Lichtmaler, **243** */Cmon, **243** Thinkstock/iStockphoto, **243** */DoraZett, **243** */NoName, **243** */RTimages, **243** */avtor_ep, **243** Thinkstock/Comstock, **243** */Dan Race, **243** Thinkstock/Digital Vision/Ryan McVay, **243** Thinkstock/Ingram Publishing, **243** Thinkstock/iStockphoto, **243** */seen, **244** Thinkstock/Zoonar, **244** */donfiore, **244** Thinkstock/iStockphoto, **244** */eldadcarin, **244** */eldadcarin, **244** */Anja Roesnick, **244** */Anja Roesnick, **244** */Anja Roesnick, **244** */Africa Studio, **244** */Foto-Ruhrgebiet, **244** Thinkstock/Zoonar, **244** */eldadcarin, **244** */STUDIO12, **245** Thinkstock/iStockphoto, **245** */sergign, **245** */schoki_01, **245** */aleciccotelli, **245** */Fyle, **245** */frank peters, **245** */Christer Tvedt, **246** */benjaminnolte, **246** Thinkstock/iStockphoto, **246** Thinkstock/Digital Vision/Alexander Hassenstein, **246** */Aleksandar Todorovic, **247** Thinkstock/iStockphoto, **247** */f9photos, **247** Thinkstock/iStockphoto, **247** */photocrew, **247** Thinkstock/iStockphoto, **247** */Aleksandar Todorovic, **247** */mikesch112, **247** */rangizzz, **247** */chulja, **247** Thinkstock/iStockphoto, **247** */pressmaster, **247** Thinkstock/iStockphoto, **247** */arnau2098, **248** */B. Wylezich, **248** */philipus, **248** */Angus , **248** */od - pictureworks, **248** */bergamont , **248** */risto0, **248** */full image, **248** */Coprid, **248** */f9photos, **248** */sss78, **248** */federicofoto, **249** */Africa Studio, **249** */Ljupco Smokovski, **249** */Danicek, **249** Thinkstock/iStockphoto, **249** */Alexey Potapov, **249** */scphoto48 , **249** */tolism, **250** */babimu, **252** */CLIPAREA.com, **252** */CLIPAREA.com, **253** */CLIPAREA.com, **253** */CLIPAREA.com, **254** Thinkstock/Zoonar, **254** Thinkstock/Hemera @ Getty Images, **254** Thinkstock/iStockphoto, **255** */mrgarry, **255** */turhanerbas, **256** */adimas, **257** */adimas, **258** */pixelcaos, **259** */3drenderings, **259** */3drenderings, **259** */3drenderings, **259** */3drenderings, **259** */3drenderings, **259** */3drenderings, **259** */arsdigital, **259** */pixelcaos, **260** */pixelcaos, **261** */pixelcaos, **261** */Diana Taliun, **262** */vectorus, **262** */Lsantilli, **262** */Sven Bähren, **262** */Tyler Olson, **262** */GordonGrand, **262** */iStockphoto, **263** */reflektastudios, **263** Thinkstock/oksun70, **263** */Robert Angermayr, **263** */silverrobert, **263** */Popova Olga, **263** */gradt, **264** */Alexander Raths, **264** */fhmedien_de, **264** */Creativa, **264** */ISO K° - photography, **264** */Sashkin, **264** */Africa Studio, **265** */Monkey Business, **265** */dalaprod, **265** */drubig-photo, **265** */drubig-photo, **265** */vladimirfloyd, **266** */Africa Studio, **266** */iko, **266** */DoraZett, **266** */Creativa, **266** */Gina Sanders, **266** */Subbotina Anna, **266** */drubig-photo, **266** */Ocskay Bence, **266** */detailblick, **266** */Kurhan, **267** */Creativa, **267** */underdogstudios, **267** */Dmitry Lobanov, **267** */rangizzz, **267** */Dan Race, **267** */Eisenhans, **267** */smikeymikey1, **268** Thinkstock/iStockphoto, **268** */Guido Grochowski, **268** */Dmitry Vereshchagin, **268** */HBK, **268** */treetstreet, **268** */Peter Atkins, **268** */Bandika, **268** */wckiw, **269** */ksena32, **269** */Igor Mojzes, **269** */st-fotograf, **269** */Vidady, **269** */Maridav, **269** Thinkstock/iStockphoto, **269** Thinkstock/iStockphoto, **269** */Kondor83, **269** */Gelpi, **269** */Volker Witt, **269** */apops, **269** */juefraphoto , **269** */Joss, **270** */CandyBox Images, **270** */alswart, **270** */hitdelight, **270** */unclepodger, **271** */Igor Zakowski, **271** */Rade Lukovic, **271** */draw05, **271** */blende40, **271** */Kurhan, **271** */Jessmine, **271** */contrastwerkstatt, **271** */apops, **272** */Alexandr Mitiuc, **272** Thinkstock/iStockphoto, **272** */Tyler Olson, **272** */Africa Studio, **273** */malajscy, **273** */Gerhard Brée, **273** */ep stock, **273** */ksl, **274** */Gennadiy Poznyakov, **274** */Tobilander, **274** */malajscy, **274** */starman963, **274** */Jim Vallee, **275** */danutelu, **275** */spotmatikphoto, **275** */Robert Kneschke, **275** */Dmitry Vereshchagin, **275** */itsmejust, **275** */Robert Kneschke, **275** */WONG SZE FEI, **276** */Africa Studio, **276** */Africa Studio, **276** */contrastwerkstatt, **276** */khuntapol, **276** */Coprid, **276** */Anatoly Repin, **276** */adisa, **276** */Borys Shevchuk, **276** */Manuel Schäfer, **276** */Nataraj, **277** */Gordon Saunders, **277** */seen, **277** */only4denn, **277** Thinkstock/Hemera, **277** */Coprid, **277** */blondina93, **277** */by-studio, **277** */Jiri Hera, **277** */Johanna Goodyear, **277** */Nazzu, **277** */Tharakorn, **277** */Tarzhanova, **277** */terex, **278** */Tatjana Balzer, **278** */Tyler Olson, **278** */Schlierner, **278** */Kzenon, **278** */modul_a, **278** */Nikki Zalewski, **278** */Khorzhevska, **278** */bertys30, **278** */Tran-Photography, **278** */Zdenka Darula, **278** */WONG SZE FEI, **278** */pearl, **278** */Taffi, **279** */Gennadiy Poznyakov, **279** */ecobo, **279** */pukall-fotografie, **279** */goodluz, **279** Thinkstock/Dorling Kindersley RF, **279** Thinkstock/iStockphoto, **279** */Artem Merzlenko, **280** */Han van Vonno, **282** */CandyBox Images, **282** */Roman Milert, **282** */Volker Witt, **282** */AK-DigiArt, **282** */Dario Lo Presti, **282** */benjaminnolte, **283** */Michael Schütze, **283** */brozova, **283** */Rodja, **283** Thinkstock/iStockphoto, **283** */cristi180884, **283** */Lisa F. Young, **284** Thinkstock/iStockphoto, **284** Thinkstock/Photodisc, **284** */VRD, **284** */Andre Bonn, **284** */shutswis, **285** */Lukas Sembera, **285** Thinkstock/liquidlibrary, **285** */marog-pixcells, **285** Thinkstock/iStockphoto, **285** */koszivu, **285** */Photographee.eu, **285** Thinkstock/iStockphoto, **285** */Monkey Business, **285** */Photographee.eu, **285** */Gerhard Seybert, **285** */Artem Furman, **286** */PictureArt, **286** */Pavel Losevsky, **286** */davis, **286** */Arcady, **286** */playstuff, **286** */beermedia, **286** */Lucky Dragon USA, **286** */Igor Kovalchuk, **287** */Christa Eder, **287** */Svetlana Gryankina, **287** */creAtive, **287** */Berry, **287** */Maygutyak, **287** */WoGi, **287** */Tobboo, **287** */jogyx, **287** */rouakcz, **287** */Silvano Rebai, **288** */Fiedels, **288** */nupsik284, **288** */Birgit Reitz-Hofmann, **288** */Claudio Divizia, **288** */GP, **288** */S.Kobold, **288** */amorfati.art, **288** */CPJ Photography, **288** */Zacarias da Mata, **288** */Hugh McKean, **288** */aquapix, **288** */Eric Gevaert, **289** */andrewburgess, **289** Thinkstock/iStockphoto, **289** */lassedesignen, **289** */Heinz Waldukat, **289** */Sergey Kamshylin, **289** */Nazzalbe, **289** */Kalle Kolodziej, **289** */Roy Pedersen, **289** */MacX, **289** */reeel, **289** */marqs, **289** */william87, **290** */Igor Kovalchuk, **292** Thinkstock/iStockphoto, **292** */Artenauta, **293** */fergregory, **294** */Jürgen Fälchle, **294** */peresanz, **294** */magann, **294** */vencav, **294** */virtua73, **294** */Kovalenko Inna, **294** */creatifixus, **294** */cbpix, **294** */Florent DIE, **294** */ping han, **294** */peresanz, **294** */kevron2001, **294** */peresanz, **295** */jeremyculpdesign, **297** */Arid Ocean, **298** */artalis, **299** */jokatoons, **299** */Thomas Röske, **299** */jokatoons, **299** */jokatoons, **299** */jokatoons, **299** */jokatoons, **299** */jokatoons, **299** */jokatoons, **299** */jokatoons, **299** */jokatoons, **299** */jokatoons, **299** */jokatoons, **299** */jokatoons, **299** */jokatoons, **299** */jokatoons, **299** */jokatoons, **300** */jokatoons, **300** */jokatoons, **300** */jokatoons, **300** */jokatoons, **300** */jokatoons, **300** */jokatoons, **300** */jokatoons, **300** */jokatoons, **300** */jokatoons, **300** */jokatoons, **300** */jokatoons, **300** */jokatoons, **300** */jokatoons, **300** */jokatoons, **300** */jokatoons, **301** */jokatoons, **301** */jokatoons, **301** */Thomas Röske, **301** */jokatoons, **301** */jokatoons, **301** */Pekchar, **301** */jokatoons, **301** */jokatoons, **301** */jokatoons, **301** */jokatoons, **301** */jokatoons, **301** */jokatoons, **301** */jokatoons, **302** Thinkstock/Hemera, **302** Thinkstock/Hemera, **302** Thinkstock/Hemera, **302** Thinkstock/Hemera, **302** Thinkstock/Hemera, **302** Thinkstock/Hemera, **302** Thinkstock/Hemera, **302** Thinkstock/Hemera, **302** Thinkstock/Hemera, **302** Thinkstock/Hemera, **302** Thinkstock/Hemera, **302** Thinkstock/Hemera, **302** Thinkstock/Hemera, **302** */Route66, **302** Thinkstock/Hemera, **302** Thinkstock/Hemera, **303** Thinkstock/Hemera, **303** Thinkstock/Hemera, **303** Thinkstock/Hemera, **303** Thinkstock/Hemera, **303**

Thinkstock/Hemera, **303** Thinkstock/Hemera, **303** Thinkstock/Hemera, **303** Thinkstock/iStockphoto, **303** Thinkstock/iStockphoto, **303** Thinkstock/iStockphoto, **303** Thinkstock/iStockphoto, **303** Thinkstock/iStockphoto, **303** Thinkstock/iStockphoto, **303** Thinkstock/iStockphoto, **303** Thinkstock/iStockphoto, **304** Thinkstock/iStockphoto, **304** Thinkstock/iStockphoto, **304** Thinkstock/iStockphoto, **304** Thinkstock/iStockphoto, **304** */romantiche, **304** */romantiche, **304** */romantiche, **304** */romantiche, **304** */romantiche, **304** */romantiche, **304** */romantiche, **304** */romantiche, **304** */romantiche, **304** */romantiche, **304** */romantiche, **304** */romantiche, **305** */romantiche, **305** */romantiche, **305** */romantiche, **305** */romantiche, **305** */romantiche, **305** */romantiche, **305** */romantiche, **305** */romantiche, **305** */romantiche, **305** */romantiche, **305** */romantiche, **305** */romantiche, **305** */romantiche, **305** */romantiche, **305** */romantiche, **305** */romantiche, **306** */romantiche, **306** */romantiche, **306** */romantiche, **306** */romantiche, **306** */romantiche, **306** */romantiche, **306** */romantiche, **306** */romantiche, **306** */romantiche, **306** */romantiche, **306** */romantiche, **306** */romantiche, **306** */romantiche, **306** */romantiche, **306** */romantiche, **306** */romantiche, **307** */romantiche, **307** */romantiche, **307** */romantiche, **307** */romantiche, **307** */romantiche, **307** */romantiche, **307** */romantiche, **307** */romantiche, **307** */romantiche, **307** */romantiche, **307** */petra b., **307** */petra b., **307** */petra b., **307** */petra b., **308** */petra b., **308** */petra b., **308** */petra b., **308** */petra b., **308** */petra b., **308** */petra b., **308** */petra b., **308** */petra b., **308** */petra b., **308** */petra b., **308** */petra b., **308** */petra b., **308** */petra b., **308** */petra b., **308** */petra b., **309** */petra b., **309** */petra b., **309** */petra b., **309** */petra b., **309** */petra b., **309** */petra b., **309** */petra b., **309** */Yotama, **309** */petra b., **309** */petra b., **309** */petra b., **309** */petra b., **309** */petra b., **309** */petra b., **309** */petra b., **309** */petra b., **310** */petra b., **310** */petra b., **310** */petra b., **310** */petra b., **310** */petra b., **310** */petra b., **310** */petra b., **310** */petra b., **310** */Pekchar, **310** */megastocker, **310** Thinkstock/iStockphoto, **310** */Thomas Röske, **310** Thinkstock/iStockphoto, **310** Thinkstock/iStockphoto, **310** Thinkstock/iStockphoto, **310** Thinkstock/iStockphoto, **311** Thinkstock/iStockphoto, **311** */Thomas Röske, **311** Thinkstock/iStockphoto, **311** Thinkstock/iStockphoto, **311** Thinkstock/iStockphoto, **311** Thinkstock/iStockphoto, **311** Thinkstock/iStockphoto, **311** */jokatoons, **311** */yannik LABBE, **311** */Dream Cursor, **311** */sunt, **311** Thinkstock/iStockphoto, **311** */Andreas Meyer, **311** */DomLortha, **312** */Elena Petrova, **312** */Christian Pedant, **312** */Tomas Sereda, **312** Thinkstock/Fuse, **312** */Masson, **312** */Alliance, **312** */marog-pixcells, **312** */byheaven, **312** */joda, **312** */Miredi, **312** */momanuma, **312** */pictureguy32, **312** */bugphai, **313** */Nathan Jaskowiak, **313** */Vera Kuttelvaserova, **313** */rangizzz, **313** Thinkstock/Image Source, **313** */Leonid Tit, **313** */hjschneider, **313** */tiplyashina, **313** */Serg Zastavkin, **313** */Vera Kuttelvaserova, **313** */Vera Kuttelvaserova, **313** */RyszardStelmachowicz, **313** */Hamik, **313** */rangizzz, **314** */Sunny Forest, **314** Thinkstock/iStockphoto, **314** */Minerva Studio, **314** Thinkstock/iStockphoto, **314** */steffendia, **314** */FrankBirds, **314** */Sunshine Pics, **314** */Christophe Fouquin, **314** Thinkstock/iStockphoto, **314** */lassedesignen, **314** Thinkstock/iStockphoto, **314** Thinkstock/iStockphoto, **314** */Maygutyak, **314** */mario beauregard, **314** */victor zastol'skiy, **314** */macky_ch, **315** */scattomatto74, **315** */Sabine Kipus, **315** */Cmon, **315** */Dario Bajurin, **315** */jacare35, **315** */kohy, **316** */nni94, **316** Thinkstock/Ingram Publishing, **316** */ollirg, **316** */Martin M303, **316** */mrks_v, **316** */doris oberfrank-list, **316** Thinkstock/iStockphoto, **316** */steffus, **316** */smereka, **316** */Ben Burger, **316** */kentauros, **316** */Bernd S., **316** */Dario Bajurin, **316** */acceleratorhams, **316** */Fyle, **316** */Alena Stalmashonak, **317** */siimsepp, **317** */siimsepp, **317** */siimsepp, **317** */siimsepp, **317** */siimsepp, **317** */Tyler Boyes, **317** */siimsepp, **317** */Tyler Boyes, **317** */vvoe, **317** */wlad074, **317** */Tyler Boyes, **317** */iraries, **317** */Ekaterina Fribus, **317** */Ekaterina Fribus, **317** */marcel, **317** */siimsepp, **318** */boykung, **318** */Alexander Hoffmann, **318** */Alexander Hoffmann, **318** */Atiketta Sangasaeng, **318** */byjeng, **318** */Alexander Hoffmann, **318** */Alexander Hoffmann, **318** */apttone, **318** */Alexander Hoffmann, **318** */bigjo, **318** */Rozaliya, **318** */VL@D, **318** */Alexander Hoffmann, **318** */Alex Shadrin, **318** */Alexander Hoffmann, **318** */Alexander Hoffmann, **318** */Digipic, **318** */volff, **318** */Alexander Hoffmann, **318** */Alexander Hoffmann, **319** */Alexander Potapov, **319** */Tiler84, **319** */Tiler84, **319** */Tiler84, **319** */Tiler84, **319** */lamax, **320** */vladimirkim3722, **320** */k_kron, **320** Thinkstock/iStockphoto, **320** */iko, **320** */ürgen Fälchle, **320** */ondrej83, **320** */Heinz Waldukat, **320** */termis1983, **320** */Tom, **320** */mubus, **320** */veneratio, **320** */Roman Pyshchyk, **320** */Picture-Factory, **320** */Omika, **320** */funnycreature, **320** */Almgren, **321** */Nik, **321** */Tonanakan, **321** */motorlka, **321** */Pavlo Vakhrushev, **321** */Miroslawa Drozdowski, **321** */pia-pictures, **322** */Gang, **322** */Africa Studio, **322** */felinda, **322** */sergio37_120, **322** */eyetronic, **322** */sergio37_120, **322** */VICUSCHKA, **322** */tr3gi, **322** */Tim UR, **322** */alfastudiofoto, **322** */sergio37_120, **322** */lenkusa, **322** */sergio37_120, **322** */Friedberg, **322** */Africa Studio, **322** */Roxana, **323** */anankkml , **323** */Daniel Strauch, **323** */Stefan Körber, **323** */hans klein, **323** */juiceteam2013, **323** */audioscience, **323** */keller , **323** */flucas , **323** */ijacky , **323** */Tomashko , **323** */Serghei Velusceac , **323** */Andrea Wilhelm, **323** */tab62, **323** */lchbins11, **323** */Studio Barcelona, **323** */volkerr, **324** */Farinoza, **324** */Eric Isselée, **324** */jagodka, **324** */Azaliya Elya Vatel, **324** */Eric Isselée, **324** */Uros Petrovic, **324** */Katrina Brown, **324** */eastmanphoto, **324** */nn-fotografie, **324** */cynoclub, **324** */biglama, **324** */Eric Isselée, **324** */grafikplusfoto, **325** Thinkstock/iStockphoto, **325** */Eric Isselée, **325** */JackF, **325** */Eric Isselée, **325** */Eric Isselée, **325** */Aaron Amat, **325** */Eric Isselée, **325** */Eric Isselée, **325** */anekoho, **325** */Christian Musat, **325** */Eric Isselée, **325** */Eric Isselée, **325** */Christian Musat, **325** */ILYA AKINSHIN, **325** */Eric Isselée, **325** */Eric Isselée, **326** */Eric Isselée, **326** */StarJumper, **326** */Eric Isselée, **326** */Anatolii, **326** */Vera Kuttelvaserova, **326** */Eric Isselée, **326** */Coprid, **326** */Eric Isselée, **326** */JackF, **326** */nexusseven, **326** */EwaStudio, **326** */cynoclub, **326** */anankkml, **326** */tiero, **326** */Taalvi, **326** */Eric Isselée, **327** */Alexander Potapov, **327** */Eric Isselée, **327** */Eric Isselée, **327** */Eric Isselée, **327** Thinkstock/iStockphoto, **327** Thinkstock/iStockphoto, **327** */Mike Price, **327** */Roman Samokhin, **327** */Eric Isselée, **327** */Eric Isselée, **327** Thinkstock/iStockphoto, **327** */maz12, **327** */Eric Isselée, **327** */Smileus, **327** */XK, **327** */anankkml, **328** */Eric Isselée, **328** */Steve Byland, **328** */Eric Isselée, **328** */Eric Isselée, **328** */Eric Isselée, **328** */Eric Isselée, **328** */Eric Isselée, **328** */fotomaster, **328** */jakgree, **328** */Farinoza, **328** */Farinoza, **328** Thinkstock/iStockphoto, **328** */Eric Isselée, **329** */Uryadnikov Sergey, **329** */phant, **329** */Eric Isselée, **329** */Eric Isselée, **329** */ILYA AKINSHIN, **329** */Janis Smits, **329** */Aaron Amat, **329** */ILYA AKINSHIN, **329** */Eric Isselée, **329** */fotomaster, **329** */Roman Samokhin, **329** */shishiga, **329** */Nicolette Wollentin, **329** */sval7, **329** */Eric Isselée, **329** */Eric Isselée, **330** */eastmanphoto, **330** */eastmanphoto, **330** */Smileus, **330** */Daniel Nimmervoll, **330** */kurapy, **330** */Eric Isselée, **330** */jagodka, **330** */Richard Carey, **330** */Anatolii, **330** */antpkr, **330** Thinkstock/iStockphoto, **330** */Eric Isselée, **330** */eastmanphoto, **331** */Irochka, **331** */Giuseppe Porzani, **331** */eyeblink, **331** */manuart, **331** */Eric Isselée, **331** */lunamarina, **331** */pistol7, **331** */Richard Carey, **331** */Witold Krasowski, **331** Thinkstock/Hemera, **331** Thinkstock/

iStockphoto, **331** */Coprid, **331** */tongdang, **332** */Oliver Klimek, **332** */Valeriy Kirsanov, **332** */defun, **332** */Alekss, **332** */JPS, **332** */Gewoldi, **332** */Henrik Larsson, **332** */vnlit, **332** */Klaus Eppele, **332** */xiaoliangge, **332** */VRD, **332** */Alekss, **332** */Marco Uliana, **332** */morelia1983, **332** */Zbyszek Nowak, **332** */npps48, **333** Thinkstock/iStockphoto, **333** */defun, **333** */Cosmin Manci, **333** Thinkstock/Hemear, **333** */fancyfocus, **333** */gertrudda, **333** */xjbxjhxm, **333** Thinkstock/iStockphoto, **333** */defun, **333** */emer, **333** */chungking, **333** */Coprid, **333** Thinkstock/iStockphoto, **333** */eastmanphoto, **333** */Carola Schubbel, **333** */natara, **334** */tescha555, **336** */DDRockstar, **336** */Denys Prykhodov, **336** */Denys Prykhodov, **336** */Denys Prykhodov, **336** */Denys Prykhodov, **336** */Denys Prykhodov, **336** */Denys Prykhodov, **336** */Africa Studio, **336** */Africa Studio, **336** */Africa Studio, **336** */DB, **339** */robert, **340** */magann, **340** */magann, **340** */magann, **340** */magann, **340** */magann, **340** */magann, **340** */magann, **340** */magann, **340** */magann, **340** */magann, **340** */magann, **340** */magann, **341** */magann, **341** */magann, **341** */magann, **341** */magann, **341** */magann, **341** */magann, **341** */magann, **341** */magann, **341** */magann, **341** */magann, **341** */magann, **341** */vvoe, **341** */Lucky Dragon, **342** */tomreichner, **342** */Marco2811, **342** */merydolla, **342** */in-foto-backgrounds, **342** */Reicher, **342** */ARochau, **342** */Yahya Idiz, **342** */motorradcbr, **342** */Beboy, **342** */Dmytro Smaglov, **342** */Anton Gvozdikov, **342** */sborisov, **342** */Netzer Johannes, **343** Stockphoto/Juffin, **344** */Juulijs, **344** */m.u.ozmen, **344** */lucato, **344** */www.strubhamburg.de, **344** */guynamedjames, **344** */Jörg Hackemann, **344** */MaxWo, **345** */Al, **345** */hayo, **345** */ufotopixl10, **345** */vector icon, **345** */vector icon, **345** */vector icon, **345** */vector icon

Frisch weiterlernen mit den PONS Bildwörterbüchern:

ISBN 978-3-12-516241-9

ISBN 978-3-12-516415-4

ISBN 978-3-12-516409-3

ISBN 978-3-12-516411-6

ISBN 978-3-12-516412-3

ISBN 978-3-12-516413-0

ISBN 978-3-12-516277-8

ISBN 978-3-12-516417-8

ISBN 978-3-12-516273-0

ISBN 978-3-12-516433-8

ISBN 978-3-12-516432-1

ISBN 978-3-12-516431-4

ISBN 978-3-12-516428-4

ISBN 978-3-12-516414-7

ISBN 978-3-12-516429-1

Weitere Sprachen:

Bulgarisch
Chinesisch
Dänisch
Griechisch
Hebräisch
Kroatisch
Kurdisch
Norwegisch
Portugiesisch
Schwedisch
Serbisch
Thai
Tigrinisch
Tschechisch
Ukrainisch
Ungarisch
Urdu

PONS

Bildwörterbuch Urdu-Deutsch

Bearbeitet von: eLocalize for Technology SAE, Anette Dralle

1. Auflage 2018 (1,03 – 2025)

www.pons.com/kontakt

Projektleitung: Christiane Mackenzie
Innenlayout: Petra Michel, Essen
Satz: Satzkasten, Stuttgart
Umschlagfotos von links nach rechts: Thinkstock/Kenishirotie; Thinkstock/SuriyaPhoto; Shutterstock/Kai19
Logoentwurf: Erwin Poell, Heidelberg
Logoüberarbeitung: Sabine Redlin, Ludwigsburg
Druck und Bindung: Publikum d.o.o.

ISBN: 978-3-12-516157-3